L'ALLEMAND

de A à Z

JEAN JANITZA
Professeur à l'université Paris III

GUNHILD SAMSON
Maître de conférences à l'université Paris III

HATIER

Introduction

*C*e livre est une grammaire alphabétique de la langue allemande, ainsi qu'une présentation des principaux problèmes lexicaux que les francophones peuvent rencontrer. Il est destiné aux élèves du second cycle des lycées, aux étudiants de l'enseignement supérieur et aux adultes souhaitant vérifier ou approfondir leurs connaissances.

Description générale

L'allemand de A à Z comporte 283 fiches traitant de morphologie (forme des mots), de syntaxe (ordre des mots dans la phrase) et de sémantique (sens et emploi de mots dont l'utilisation est délicate). Chaque fiche est accompagnée d'exemples et complétée par des exercices de contrôle dont les corrigés se trouvent en fin de volume. Un index très développé (entrées en français, en allemand et termes grammaticaux) permet de trouver rapidement le point recherché.

Caractéristiques

Les explications contenues dans les fiches :

- sont rédigées dans une langue claire et accessible à tous,

- tiennent toujours compte des difficultés spécifiques aux francophones,

- sont illustrées d'exemples empruntés à la langue d'aujourd'hui et souvent à plusieurs registres de langue,

- sont assorties d'expressions idiomatiques immédiatement réutilisables dans des situations de communication.

Les exercices variés qui ponctuent chaque fiche permettent une première auto-évaluation rapide, grâce aux corrigés en fin de volume.

Utilisation

L'allemand de A à Z est d'abord un livre de consultation ponctuelle, qui fournit les réponses aux questions que se posent fréquemment les francophones. Cependant, le travail systématique en auto-apprentissage ou en apprentissage guidé avec un professeur est non seulement possible, mais vivement recommandé.

© HATIER, PARIS, MARS 1994   ISSN 1140-0048   ISBN 2-218-71800-6

Toute représentation, traduction, adaptation ou reproduction, même partielle, par tous procédés, en tous pays, faite sans autorisation préalable est illicite et exposerait le contrevenant à des poursuites judiciaires. Réf. : *loi du 11 mars 1957, alinéas 2 et 3 de l'article 41* • Une représentation ou reproduction sans autorisation de l'éditeur ou du Centre Français d'Exploitation du droit de Copie (20, rue des Grands Augustins, 75006 Paris) constituerait une contrefaçon sanctionnée par les articles 425 et suivants du Code Pénal.

Pour compléter votre entraînement

Pour compléter votre entraînement, vous trouverez dans la même collection les **Exercices A à Z**. Cet ouvrage vous propose :

● un test d'entrée pour orienter votre travail,
● des exercices progressifs sur les principaux points de grammaire,
● des évaluations à travers une série de bilans.

Les renseignements suivants faciliteront la consultation.

Pictogrammes et abréviations

▲   Attention !   °   signe d'accentuation de la syllabe suivante

▶   renvoi à d'autres fiches concernant un point particulier de l'article   ▶   renvoi à d'autres fiches concernant l'ensemble de l'article

Abréviation en allemand

A	Akkusativ
D	Dativ
etw.	etwas
G	Genitiv
jmm	jemandem
jmn	jemanden
jms	jemandes
N	Nominativ

Abréviation en français

acc.	accusatif
All.	Allemagne
gén.	génitif
dat.	datif
GN	groupe nominal
GV	groupe verbal
pl.	pluriel
qqch.	quelque chose
qqn	quelqu'un
sg.	singulier

Les auteurs seraient reconnaissants à tous les lecteurs de leur communiquer – aux Éditions Hatier, 6, rue d'Assas, 75278 Paris Cedex 06 – leurs remarques, suggestions ou critiques.

Sommaire

TITRES DES FICHES . . . . p. 7-373

1 *Ab, von... an, von... aus*
2 *Aber*
3 *Aber* et *sondern*
4 Accusatif : emplois
5 *Achten, beachten, achtgeben, aufpassen*

ADJECTIFS

6 Adjectifs : généralités
7 Adjectif épithète dans les deux types de groupes nominaux
8 Adjectifs épithètes après *all-, ander-, beid-, einig-, folgend-, manch-, mehrer-, sämtlich-, solch-, viel-, welch-*
9 Adjectifs épithètes invariables
10 Adjectifs substantivés
11 Adjectifs dérivés : formation
12 Adjectifs composés : formation
13 Adjectifs démonstratifs
14 Adjectifs possessifs

ADVERBES

15 Adverbes de lieu
16 Adverbes de temps

17 Aimer
18 *Allein*
19 Aller
20 *Als* ou *wenn* ?
21 *Alt* et *ehemalig*
22 *Ander-, anderes, anders*
23 *Anfang, Mitte, Ende*
24 Apposition
25 Apprendre
26 Approuver, être d'accord
27 Après
28 Arrêter et s'arrêter
29 Arriver

ARTICLE

30 Article défini : formes et emplois
31 Article indéfini : formes et emplois

32 Attendre et s'attendre à
33 Attribut
34 *Auch*
35 *Auch nicht, auch kein, auch nicht mehr, auch kein... mehr*
36 Aucun
37 Auparavant
38 Autant
39 Avant
40 Avis : être d'avis que, être du même avis
41 Avoir l'air
42 Avoir chaud, avoir froid, avoir mal
43 Avoir envie
44 Avoir faim, avoir soif, avoir sommeil
45 Avoir peur
46 Avoir raison, avoir tort
47 Beau : il a beau...
48 Beaucoup de...

49 *Beinahe* et *fast*
50 *Benutzen, gebrauchen, verwenden*
51 *Bewußt*
52 Bien
53 *Bitten* et *danken*
54 *Bleiben*
55 *Brauchen*
56 Certain, certainement
57 Cesser de, continuer à
58 C'est..., il est...
59 C'est... qui..., c'est... que...
60 C'est à... de
61 Changer de
62 Commencer

COMPARATIF

63 Comparatifs d'égalité et d'infériorité
64 Comparatif de supériorité (degré 1 de l'adjectif et de l'adverbe)
65 Comparatif avec *je... desto/um so*

66 Concerner, en ce qui concerne
67 Concession
68 Condition

CONJONCTIONS

69 Conjonctions de coordination
70 Conjonctions de subordination

71 Conseiller
72 Considérer comme, tenir pour, se prendre pour
73 Contractions : préposition + article défini
74 Date
75 Datif : emplois
76 Décider
77 Demander
78 *Derselbe* et *der gleiche*
79 Devoir
80 Directionnel
81 Discours indirect
82 Dont
83 *Dürfen* : emplois
84 Ellipse du verbe

EN

85 En : pronom
86 En + participe présent

87 *Endlich* et *schließlich*
88 (S') Endormir, se réveiller
89 *Erst* et *nur*
90 *Es*
91 Être en train de, être sur le point de
92 Excepté, à l'exception de, sauf
93 Exclamatives
94 (S') Excuser, demander pardon, pardonner, regretter
95 (Se) Faire + infinitif
96 Faux amis
97 Féliciter, souhaiter, présenter ses vœux
98 Finir

99 Futur
100 *Ganz, all-, jeder*
101 *Gegenteil, Gegensatz*
102 *Gehören, gehören zu, angehören*

GÉNITIF
103 Génitif : emplois
104 Génitif saxon

105 Genre des noms communs
106 *Genug* et *ziemlich*
107 Groupe nominal
108 Groupe verbal
109 *Haben* : conjugaison
110 *Haben* ou *sein* : parfait et autres temps composés
111 *Halb, die Hälfte*
112 *Her* et *hin*
113 Homonymes
114 *Hören (von/auf), anhören, zuhören*

IL Y A
115 Il y a : sens temporel
116 Il y a : sens non temporel

117 *Immer noch nicht, ... nichts, ... niemand, ... kein*
118 Impératif

INFINITIF
119 Infinitif et groupe infinitif : formes, fonctions
120 Groupes infinitifs subordonnés
121 Infinitif substantivé
122 Infinitif et groupe infinitif français

INTERROGATION
123 Interrogation
124 Interrogatifs autonomes déclinables
125 Interrogatifs autonomes invariables
126 Interrogatifs non autonomes
127 Interrogatif + infinitif

128 Jamais
129 Jusque, jusqu'à
130 Juste
131 Justement
132 *Kaum*
133 *Können* : emplois
134 *Lang, lange*
135 *Längs, längst*
136 *Leihen, ausleihen, verleihen*
137 Lettre : comment la rédiger ?
138 (Se) Lever, (se) coucher
139 Locatif

MASCULIN
140 Masculins et neutres forts
141 Masculins faibles
142 Masculins mixtes

143 *Meist, meistens, am meisten*
144 Mesures et quantités
145 *Mieten* et *vermieten*
146 *Mögen* : emplois
147 *Müssen* : emplois

NÉGATION
148 *Nicht*
149 *Nicht* ou *kein* ?
150 *Nicht mehr, kein... mehr*
151 *Nichts/etwas* + adjectif
152 *Nicht..., sondern.../nicht nur..., sondern auch...*
153 *Noch nicht, noch kein*

NOMBRES
154 Nombres cardinaux
155 Nombres ordinaux

156 Nominatif : emplois

NOMS
157 Noms composés : formation
158 Noms d'habitants de villes
159 Noms de pays : article et genre
160 Noms de pays et nationalités
161 Noms propres et noms propres avec titre

162 Notes de musique
163 Ordre : donner des ordres

ORDRE DES MOTS
164 Ordre des mots dans le groupe infinitif
165 Ordre des mots : place du verbe
166 Ordre des mots : première place dans la proposition
167 Ordre des mots : place du sujet
168 Ordre des mots : place des adverbes de liaison
169 Ordre des mots : place des compléments dans la proposition
170 Ordre des mots dans la subordonnée
171 Ordre des mots : place des compléments dans la subordonnée

ORTHOGRAPHE
172 Orthographe : majuscule ou minuscule ?
173 Orthographe : *ss* ou *ß*

PARTICIPE
174 Participe passé (participe II) : formation
175 Participe passé (participe II) : emplois
176 Participe passé (participe II) : à forme d'infinitif
177 Participe présent (participe I) : formes et emplois
178 Participes substantivés

179 Particules modales (particules du discours)

PASSIF
180 Passif : formation
181 Passif personnel
182 Passif impersonnel
183 Passif : équivalents

PLURIEL DES NOMS
184 Pluriel des noms : tableau des marques
185 Pluriel des noms : listes
186 Pluriel des noms : particularités

187 Préférer
188 Premier, dernier, seul

PRÉPOSITIONS

189 Prépositions + accusatif
190 Prépositions + datif
191 Prépositions + génitif
192 Prépositions spatiales + locatif ou directionnel
193 Prépositions spatiales et compléments de lieu

194 Près de

PRÉVERBES

195 Préverbes : définition
196 Préverbes accentués séparables
197 Préverbe inaccentué : *be-*
198 Préverbe inaccentué : *ent-/emp-*
199 Préverbe inaccentué : *er-*
200 Préverbe inaccentué : *ge-*
201 Préverbe inaccentué : *ver-*
202 Préverbe inaccentué : *zer-*
203 Préverbes "mixtes"

PRONOMS

204 Pronoms démonstratifs
205 Pronoms indéfinis
206 Pronoms personnels : formes
207 Pronoms personnels : particularités d'emploi
208 Pronoms personnels : place et ordre
209 Pronoms possessifs
210 Pronoms relatifs
211 Pronoms et adverbes d'annonce et de reprise

212 Prononciation
213 Qualificative
214 Quel est... ? Quels sont... ?
215 Question : être question de...

RECTION

216 Rection des adjectifs
217 Rection des noms
218 Rection des verbes

219 Refuser
220 Réussir, échouer
221 *Richtig, gerecht, recht*
222 *Sagen, sprechen, reden*
223 Saluer, présenter qqn, prendre congé
224 *Scheinen* et *erscheinen*
225 *Sehen, schauen, ansehen, zusehen*
226 *Sehr* et *viel*
227 *Sein* : conjugaison
228 *Sein* ou *werden* ?
229 *Selb-, selbst, sogar*
230 *Sich* ou *einander* ?
231 *Sich* + adjectif/GN + verbe (groupe verbal résultatif)
232 *So*
233 *Sollen* : emplois

SUBJONCTIF

234 Subjonctif I : formation
235 Subjonctif I : emplois
236 Subjonctif II hypothétique : formation
237 Subjonctif II irréel : formation

238 Subjonctif II : emplois
239 Subordonnées de comparaison introduite par *als ob, als wenn, als*
240 Suivre
241 Superlatif des adjectifs et adverbes (ou degré 2 de l'adjectif et de l'adverbe)
242 Supposer, être sûr, douter

TEMPS DU VERBE

243 Temps du verbe et compléments de temps : introduction
244 Temps du verbe : compléments au jour J
245 Temps du verbe : compléments avant le jour J
246 Temps du verbe : compléments après le jour J
247 Temps du verbe : durée
248 Temps du verbe : répétition
249 Temps et modes du verbe : différences avec le français

250 *Tod, tot, sterben*
251 Toujours
252 Traverser, à travers
253 *Überhaupt (nicht, nichts, kein, niemand)*
254 *Übrigbleiben* et *übrig sein*
255 Valoir
256 Venir de + infinitif, aller + infinitif

VERBES

257 Verbes faibles : conjugaison
258 Verbes forts : conjugaison
259 Verbes : particularités de conjugaison
260 Verbes : forme de politesse
261 Verbe faible ou verbe fort ?
262 Verbes faibles irréguliers
263 Verbes forts : liste
264 Verbes impersonnels
265 Verbes de modalité et *wissen* : définition et conjugaison
266 Verbes de position
267 Verbes pronominaux
268 Verbes réfléchis

269 Virgule
270 *Weder... noch..., entweder... oder...*
271 *Weit... entfernt, weit*
272 *Welch-* ou *was für* ?
273 *Wenn* ou *ob* ?
274 *Wenn* ou *wann* ?
275 *Werden* : conjugaison
276 *Wissen, können, kennen*
277 *Wollen* : emplois
278 *Y* pronom
279 *Zahlen, zählen, rechnen*
280 *Zeit, Stunde, Uhr*

ZU

281 *Zu* : place dans le groupe infinitif
282 *Zu* : présence ou absence devant un infinitif ou un groupe infinitif

283 *Zwei, beide, doppelt*
CORRIGÉS DES EXERCICES . . p. 374-401
INDEX . . . . p. 402-415

1. Ab, von... an, von... aus

Ces expressions correspondent à "à partir de", "depuis", "dès".

1. Sens spatial : "à partir de, depuis".

- *Ab* + datif.

Ab *der letzten Haltestelle hatte ich einen Sitzplatz.*
A partir du dernier arrêt, j'ai eu une place assise.

Ab est fréquemment suivi du nom sans article.

Ab *München waren wir allein im Abteil.*
A partir de Munich, nous étions seuls dans le compartiment.
*Die Waren werden **ab** Werk geliefert.*
Les marchandises sont livrées départ usine.

- *Von... an / von... aus*.

Von... an apporte une nuance temporelle.

Vom *Bahnhof* **aus** *braucht man 5 Minuten zu Fuß.*
A partir de la gare, il faut compter 5 minutes à pied.
Von *Köln* **an** *war der Zug vollbesetzt.*
A partir de Cologne, le train était bondé.

Expressions

von hier aus   **von dieser Stelle an**
à partir d'ici   à partir de cet endroit

2. Sens temporel : "à partir de, depuis, dès".

- *Ab* + datif ou + accusatif.

Ab est souvent suivi du nom sans article, surtout à l'accusatif.

Ab *der nächsten Woche (ab nächster Woche,* **ab** *nächste Woche) wird der Fahrplan geändert.*
A partir de la semaine prochaine, l'horaire changera.
Ab *ersten (erstem) Januar wird der Benzinpreis erhöht.*
A partir du premier janvier, le prix de l'essence sera augmenté.

Expressions

ab 10 Uhr
à partir de 10 heures

ab Montag
à partir de lundi

ab morgen
à partir de demain

ab Oktober
à partir d'octobre

● *Von... an / von... auf.*

*Ich wußte es **von** Anfang **an**.*
Je le savais dès le début.

*Ich kenne ihn **von** Kindheit **auf (an)**.*
Je le connais depuis ma plus tendre enfance.

Expressions

von nun an
dès maintenant

von Jugend auf
dès la jeunesse

von heute an
dès aujourd'hui

von klein auf
dès l'enfance

von morgen an
dès demain

von da an
à partir de ce moment

▣ Sens quantitatif.

● *Ab* + datif ou accusatif.

*Kleider **ab** 100 DM.*
Robes à partir de 100 DM.

*Kinder **ab** 12 Jahre(n) bezahlen den vollen Fahrpreis.*
Les enfants à partir de 12 ans paient plein tarif.

● *Von... an.*

*Alle Schüler **von** der sechsten Klasse **an** bekommen Unterricht in Informatik.*
Tous les élèves à partir de la sixième auront des cours d'informatique.

Exercice

Traduisez en allemand :
1. A partir de cet instant, il décida de partir. 2. De sa fenêtre, on peut voir la mer. 3. A partir de cinq exemplaires, une remise est accordée (eine Ermäßigung gewähren). 4. Dès demain, je me lèverai plus tôt. 5. Tous les trains au départ de la gare centrale auront du retard. 6. D'ici ce n'est pas très loin. 7. Depuis la tour de télévision (der Fernsehturm), on voit toute la ville. 8. A partir du premier mai, le théâtre sera fermé.

② *Aber*

▣ *Aber* = "mais" en tant que **conjonction de coordination** relie deux groupes ou deux propositions indépendantes et marque l'opposition. Ce *aber* n'est pas obligatoirement placé entre les propositions, il peut être intégré dans la seconde.

*Sie ist groß, **aber** er ist klein (er ist **aber** klein).*
Elle est grande, mais lui, il est petit.

*Klein **aber** schlau.*
Petit mais futé.

a

2 *Aber* = "mais", "cependant", **peut porter directement sur un élément qu'il met en relief** et qui, de ce fait, porte un accent. Ce *aber* peut précéder ou suivre ce terme.

*Alle waren gekommen, °er **aber** war zu Hause geblieben.*
*(**aber** °er war zu Hause geblieben.)*
Tous étaient venus, lui cependant, était resté à la maison.

3 *Aber* en tant que particule de discours (voir n° 179) traduit l'attitude subjective du locuteur à l'égard des faits énoncés. Ce *aber* se trouve souvent dans des exclamatives et exprime l'admiration ou l'impatience du locuteur.

*Bist °du **aber** gewachsen !*   *Jetzt wird es **aber** °Zeit !*
Qu'est-ce que tu as grandi !   Il est grand temps maintenant !

Remarquez que *zwar... aber* note la concession.

*Großvater ist **zwar** alt, **aber** noch sehr rüstig.*
Certes, grand-père est âgé, mais il est encore très en forme.

E x e r c i c e

Mettez aber au bon endroit dans la phrase.
1. Das ist fein ! 2. Jetzt kann ich nicht kommen, morgen abend habe ich Zeit. 3. Es regnet, die Sonne scheint. 4. Ist das eine Freude ! 5. Nun schnell zu Bett !

---

3 *Aber* et *sondern*

Aber et *sondern* se traduisent tous les deux par "mais" ; ils ne sont cependant pas employés de la même façon.

1 *Aber* coordonne deux propositions en introduisant une **opposition.** La première proposition peut être positive ou négative.

*Ich war sehr müde, **aber** ich konnte nicht schlafen.*
J'étais très fatigué, mais je ne pouvais pas dormir.

*Er ist nicht groß, **aber** er ist ein guter Schwimmer.*
Il n'est pas grand, mais il est bon nageur.

2 *Sondern* introduit une rectification après une négation partielle.

*Nicht °Peter hat angerufen, **sondern** sein °Bruder.*
Ce n'est pas Pierre qui a appelé, mais son frère.

*Er kommt nicht °morgen, **sondern** erst °übermorgen.*
Il ne viendra pas demain, mais seulement après-demain.

*Sie ist nicht mit dem °Zug gekommen, **sondern** mit dem °Flugzeug.*
Elle n'est pas venue en train, mais en avion.

▶ Pour la négation avec *sondern,* voir aussi n° 152.

3 ***Nicht nur... , sondern auch...*** = "non seulement..., mais aussi…".

*Er ist **nicht nur** ein bekannter Journalist, **sondern auch** ein guter Schriftsteller.*
Il est non seulement un journaliste connu, mais aussi un bon écrivain.

E x e r c i c e

Traduisez en allemand :
1. Le train partit à l'heure (rechtzeitig), mais arriva avec du retard. 2. Il n'a pas bu du vin, mais de l'eau. 3. Sa maison n'est pas très grande, mais elle est confortable (gemütlich). 4. Ce journal n'est pas d'aujourd'hui, mais d'hier. 5. Cette montre n'est pas très jolie, mais elle est pratique. 6. Il est non seulement aimable (liebenswürdig), mais il est aussi sincère (aufrichtig).

4 *Accusatif : emplois*

On trouve des groupes nominaux ou des pronoms à l'accusatif :

1 Après les verbes transitifs.

● Les verbes transitifs, par exemple *abholen, betrachten, treffen,* exigent un complément d'objet direct.

*Wo hast du **ihn** getroffen ?*
Où l'as-tu rencontré ?

Remarquez que l'accusatif est aussi obligatoire avec des verbes comme *geben, schenken, kaufen* qui peuvent avoir un complément au datif.

*Ich kaufe ihm **eine Schallplatte.***
Je lui achète un disque.

● L'accusatif peut être élidé avec certains verbes.

Jetzt überholt er.
A présent, il effectue un dépassement.

à côté de : *Er überholt **einen Mercedes.***
　　　　　Il double une Mercédes.

● L'accusatif est obligatoire avec les verbes réfléchis et pronominaux.

*Wäscht er **sich** ?*　　　　　*Beeil **dich** !*
Se lave-t-il ?　　　　　　　Dépêche-toi !

2 Après des verbes qui exigent un double accusatif.

*Sein Vater lehrt **ihn die Grammatik**.*
Son père lui enseigne la grammaire.

*Das kostete **ihn die Goldmedaille**.*
Cela lui coûta la médaille d'or.

3 **Dans des compléments de temps exprimant la durée, la répétition, ou la date.**

*Er arbeitet **den ganzen Tag**.*
Il travaille toute la journée.

*Er spielt **jeden Abend** Skat.*　　*Montag, **den 31. Juli***
Il joue tous les soirs au skat.　　lundi le 31 juillet

4 **Dans des compléments de l'espace parcouru.**

*Er läuft **den Berg** hinab.*
Il descend de la montagne en courant.

De même avec *herunterkommen, hinaufklettern...*

5 Après **les prépositions *in, an, auf, unter, über, vor, hinter, neben, zwischen*** pour exprimer un directionnel.

*Ich gehe **in die Stadt**.*
Je vais en ville.

▶ Pour la définition du directionnel, voir n° 80.

6 **Après les prépositions *durch, für, gegen, ohne, um,* obligatoirement.**

*Dieses Buch habe ich für **meinen Bruder** gekauft.*
J'ai acheté ce livre pour mon frère.

▶ Pour les prépositions qui entraînent un accusatif, voir n° 189.

7 **Après les verbes qui exigent un accusatif.**

● En français, il peut s'agir d'un verbe entraînant un datif.

*Frag **ihn**, wo er wohnt.*
Demande-lui où il habite.

● Certains verbes exigent une préposition + accusatif.

*Wartest du auf **ihn** ?*
L'attends-tu ?

▶ Pour la rection des verbes, voir n° 218.

8 **Après les adjectifs qui exigent une préposition + accusatif.**

*Der Vater ist stolz auf **seinen Sohn**.*
Le père est fier de son fils.

▶ Pour la rection des adjectifs, voir n° 216.

Exercice

Traduisez en allemand :
1. Demande à ce monsieur où se trouve la gare. 2. Où va-t-il tous les après-midi ?
3. Est-il monté au sommet (der Gipfel) de la montagne ? 4. Aujourd'hui, il se promène sans son chien. 5. Elle pense à ses vacances. 6. Il est jaloux (neidisch auf + acc.) de sa sœur.

5 Achten, beachten, achtgeben, aufpassen

1 Achten.

● *Auf jmn, auf etw.* (acc.) *achten* = "faire attention à" ; "prendre garde à".

Achte auf die Kinder !
Fais attention aux enfants !

Achte darauf, daß er pünktlich ist.
Fais attention à ce qu'il vienne à l'heure.

● *Jmn, etw.* (acc.) *achten* = "estimer qqn", "considérer qqn".

*Er war ein sehr **geachteter** Mann.*
C'était un homme très considéré.

2 Beachten.

● *Jmn, etw.* (acc.) *beachten* = "faire attention à" dans le sens de "suivre", "respecter", "observer", "tenir compte de" (conseil, avertissement, règlement, mode d'emploi, panneaux de signalisation...).

*Man muß die Gebrauchsanweisung **beachten.***
Il faut suivre le mode d'emploi.

● *Jmn, etw. nicht beachten* = "ne pas respecter, négliger".

*Er hat die Vorfahrt nicht **beachtet.***
Il n'a pas respecté la priorité.

3 Achtgeben : *auf jmn, auf etw.* (acc.) *achtgeben* = "faire attention", "prendre garde".

Gib acht, da kommt ein Auto !
Fais attention, voilà une voiture !

4 Aufpassen.

● *Auf jmn, auf etw.* (acc.) *aufpassen* = "faire attention", "garder", "surveiller".

*Ich **passe** heute abend gern **auf** eure Kinder auf.*
Je veux bien garder vos enfants ce soir.

*Würden Sie bitte **auf** meinen Koffer **aufpassen ?***
S'il vous plaît, pourriez-vous surveiller ma valise ?

Notez que "Attention !" peut se traduire par *Achtung !, Vorsicht !* ou *Paß auf !*

Exercice

Complétez en utilisant le verbe qui convient :
1. Du mußt die Verkehrszeichen ... ! 2. Du mußt besser ... deine Sachen ...
3. Sie ... gern auf ihren kleinen Bruder ... 4. Sie hat mein Geschenk überhaupt nicht ... 5. ... deine Eltern ! 6. Dar ... müssen wir unbedingt ... 7. Die Vorschriften müssen ... werden. 8. ..., daß uns niemand sieht !

6 Adjectifs : généralités

Les adjectifs peuvent être attributs du sujet (ou de l'objet) ou épithètes.

1 Lorsqu'ils sont **attributs du sujet (ou de l'objet),** ils sont **invariables** (contrairement au français) et font partie du groupe verbal.

Diese Blumen sind schön.
Ces fleurs sont belles.

Pour le groupe verbal, voir n° 108.

2 Lorsqu'ils sont **épithètes,** ils font partie d'un groupe nominal. Ils sont toujours placés à gauche du nom et sont généralement **variables** (sauf exceptions, voir n° 9).

Diese schönen Blumen habe ich auf dem Markt gekauft.
Ces belles fleurs, je les ai achetées au marché.

Leurs terminaisons varient selon :

– le cas du groupe (nominatif, accusatif, datif, génitif) ;
– le nombre (singulier ou pluriel) ;
– le genre du nom (masculin, neutre, féminin) ;
– le type du groupe (type I ou type II).

▶ Pour le groupe nominal, voir n° 107.

7 Adjectif épithète dans les deux types de groupes nominaux

Il y a deux types de groupes nominaux.

1 Le type I.

● Le type I est caractérisé par la présence d'un déterminatif. Les déterminatifs du groupe nominal du type I peuvent être :

– l'article défini *der, das, die* ;
– l'article indéfini *ein* (et *kein*) et les adjectifs possessifs *mein, dein, sein, ihr, unser, euer, ihr, Ihr*, sauf à trois cas : le nominatif masculin singulier, les nominatif et accusatif neutre singulier ;
– les adjectifs démonstratifs *dieser, dieses, diese, jener, jenes, jene* ;
– *jeder, jedes, jede* ;
– et les pluriels *alle, welche*.

● Ce déterminatif (D) peut prendre une des cinq marques *-er, -en, -em, -es, -e.*

● L'adjectif qualificatif (A) peut prendre une des deux marques *-e, -en*.

Tableau des marques du type I

D : déterminatif
A : adjectif

	Masculin		Neutre		Féminin		Pluriel	
	D	A	D	A	D	A	D	A
Nominatif	er	e	a(e)s	e	e	e	e	en
Accusatif	en	en	a(e)s	e	e	e	e	en
Datif	em	en	em	en	er	en	en	en
Génitif	es	en	es	en	er	en	er	en

L'adjectif épithète du type I peut ainsi prendre deux marques.

● -e aux cas suivants.

N. masc. sg. : *Der **alte** Wagen steht vor der Tür.*
La vieille voiture est devant la porte.

N. neutre sg. : *Das **große** Schiff ist verkauft worden.*
Le grand bateau a été vendu.

N. fém. sg. : *Die **berühmte** Kirche befindet sich in der Stadtmitte.*
La célèbre église se trouve au centre de la ville.

A. neutre sg. : *Siehst du das **weiße** Haus ?*
Vois-tu la maison blanche ?

A. fém. sg. : *Kennst du diese **seltsame** Geschichte ?*
Connais-tu cette étrange histoire ?

● -en à tous les autres cas.

*Fährst du mit diesem **alten** Wagen nach Spanien ?*
Vas-tu en Espagne avec cette vieille voiture ?

2 **Le type II**.
Le type II est caractérisé par :

● Soit l'absence de déterminatif.

Liebe Eltern !
Chers parents

● Soit la présence de *ein, kein* et des possessifs à l'un des cas suivants : nominatif masculin singulier, nominatif et accusatif neutre singulier.

***Ein schöner Wagen** steht vor der Tür.*
Il y a une belle voiture devant la porte.

● Le transfert sur l'adjectif (ou les adjectifs, s'il y en a plusieurs) de l'une des cinq marques *-er, -en, -em, -es, -e.*

Tableau des marques du type II

D : déterminatif
A : adjectif

	Masculin		Neutre		Féminin		Pluriel	
	D	**A**	**D**	**A**	**D**	**A**	**D**	**A**
Nominatif	*(ein)* ø	**er**	*(ein)* ø	**es**	ø	**e**	ø	**e**
Accusatif	ø	**en**	*(ein)* ø	**es**	ø	**e**	ø	**e**
Datif	ø	**em**	ø	**em**	ø	**er**	ø	**en**
Génitif	ø	**en**	ø	**en**	ø	**er**	ø	**er**

L'adjectif épithète du type II peut donc prendre cinq marques.

-er	*Lieber Peter !*	Cher Pierre !
-en	*Guten Abend !*	Bonsoir !
-e	*Gute Reise !*	Bon voyage !
-em	*Bei schlechtem Wetter bleibe ich zu Hause.*	Par mauvais temps, je reste à la maison.
-es	*Ich möchte kaltes Wasser.*	Je voudrais de l'eau fraîche.

▲ **Attention :** au génitif masculin et neutre singulier, on ne transfère pas *-es* (de *des*), mais *-en*.

Er ging frohen Herzens spazieren.
Il alla se promener le cœur joyeux.

Exercices

A. Indiquez le type du groupe nominal imprimé en gras :
1. Hast du **meine neuen Schuhe** geputzt ? 2. **Lieber Onkel** ! 3. Sie wohnen in **einem schönen Haus**. 4. Sie haben zwei **große Söhne**. 5. **Unser neuer Lehrer** ist krank. 6. Hast du **meinen blauen Hut** gesehen ? 7. Wo hast du **diesen grauen Anzug** gekauft ? 8. Er hat sich die Glasfenster **der alten Kirche** angeschaut. 9. **Welche deutschen Städte** kennst du ? 10. Hast du schon **ein interessanteres Buch** gelesen ?

B. Complétez les marques manquantes, s'il y a lieu :
1. Sein... ehemalig... Nachbarn sind heute zu Besuch. 2. Unser... best... Freund ist im Krankenhaus. 3. Er hat ein... lang... Mantel aus schwarz... Leder an. 4. Das war ein... schlimm... Unfall. 5. Wo hast du mein... blau... Jacke hingelegt ?

8 *Adjectifs épithètes* après *all-, ander-, beid-, einig-, folgend-, manch-, mehrer-, sämtlich-, solch-, viel-, welch-*

All- (tous les), *ander-* (d'autres), *beid-* (les deux), *einig-* (quelques), *folgend-* (les... suivants), *manch-* (plus d'un), *mehrer-*

(plusieurs), **solch-** (un tel, de tels), **sämtlich-** (tous les, l'ensemble de), **viel-** (beaucoup de), **welch-** (quel, quels).

Selon les cas et selon le singulier ou le pluriel, ces éléments peuvent prendre les marques de l'article défini et former des groupes nominaux du type n° 1 (voir n° 7), ou bien ils sont considérés comme des adjectifs, et ils forment alors des groupes nominaux du type n° 2.

Les règles suivantes sont une simplification, mais en les observant, on est à l'abri de reproches éventuels...

1 Les éléments suivants prennent les **marques de l'article défini** (voir le groupe nominal type I, n° 7).

● *All-.*

Alle anwesenden Kinder *waren begeistert.*
Tous les enfants présents étaient ravis.

● *Beid-.*

Ich kenne **beide jungen Damen.**
Je connais les deux jeunes dames.

● *Solch-.*

Wir haben **solches schöne Wetter !**
Nous avons si beau temps !

On peut dire aussi *solch ein schönes Wetter* (*solch* invariable ! → groupe nominal type II) ou *so ein schönes Wetter*.

● *Welch-.*

Welcher gute Schachspieler *möchte gegen mich spielen ?*
Quel bon joueur d'échecs voudrait jouer contre moi ?

On peut dire aussi *welch guter Schachspieler* (*welch* invariable ! → groupe nominal type II).

2 Les éléments suivants sont **considérés comme des adjectifs** (voir le groupe nominal type II, n° 7).

● *Ander-.*

Ich habe noch **andere interessante Bücher.**
J'ai encore d'autres livres intéressants.

● *Mehrer-.*

Sie haben **mehrere kleine Kinder.**
Ils ont plusieurs petits enfants.

3 Les éléments suivants prennent les **marques de l'article au singulier** (emploi rare). **Au pluriel** ils sont **considérés comme des adjectifs.**

● *Einig-.*

*Bei **einigem guten Willen** wirst du es schaffen !*
Avec un peu de bonne volonté tu y arriveras !

*Sie haben **einige alte Bäume** im Garten.*
Ils ont quelques vieux arbres dans le jardin.

● *Folgend-.*

*Könnten Sie **folgendes sehr interessante Kapitel** kopieren ?*
Pourriez-vous copier le chapitre suivant fort intéressant ?

***Folgende französische Werke** habe ich gelesen : ...*
J'ai lu les œuvres françaises suivantes : ...

● *Manch-.*

*Aus **mancher schwierigen Situation** hat er einen Ausweg gefunden.*
Il s'est sorti de plus d'une situation délicate.

***Manche Angestellte** haben gestreikt.*
Quelques employés ont fait grève.

Manch peut aussi rester invariable. Dans ce cas, l'adjectif suit le type II : *aus **manch schwieriger Situation.***

● *Sämtlich-.*

*Sie sind mit **sämtlichem gestohlenen Geld** verschwunden.*
Ils ont disparu avec la totalité de l'argent volé.

*Er besitzt **sämtliche klassische Werke** der deutschen Literatur.*
Il possède la totalité des œuvres classiques de la littérature allemande.

● *Viel-.*

*Mit **vielem heißen Wasser** könnte man das Eis zum Schmelzen bringen.*
Avec beaucoup d'eau chaude on pourrait faire fondre la glace.

*Dort sieht man **viele hohe Häuser.***
Là-bas on voit beaucoup de maisons hautes.

On peut dire aussi *mit viel heißem Wasser* (*viel* invariable ! → groupe nominal type II).

Exercices

A. Complétez :
1. All... gut... Restaurants befinden sich in diesem Viertel. 2. Dort sind einig... deutsch... Bücher zu kaufen. 3. Bei solch... schlecht... Wetter gehe ich nicht spazieren. 4. Ich habe in Deutschland schon manch... gut... Bier getrunken. 5. Welch... bekannt... Weine gibt es in dieser Gegend ?

B. Traduisez en allemand :
1. J'ai vu d'autres films intéressants. 2. Quelques amis allemands m'ont rendu visite. 3. En Italie, il y a plusieurs villes agréables à visiter. 4. As-tu beaucoup de timbres étrangers ? 5. J'ai lu toutes les poésies connues de Heine.

9 Adjectifs épithètes invariables

Dans deux cas tout à fait particuliers l'adjectif épithète est invariable en allemand.

1 Les **noms de villes en -er,** avec une majuscule, peuvent se trouver dans un groupe nominal en position d'adjectif épithète ; ils sont alors invariables.

der **Kölner** Dom   im **Kölner** Dom
la cathédrale de Cologne   dans la cathédrale de Cologne

mais *kölnisch* ou *kölnisches Wasser* = "de l'eau de Cologne".

2 Certains adjectifs de couleur sont invariables, comme ***rosa*** = "rose", ***lila*** = "lila", ***beige*** = "beige", ***orange*** = "orange".

*Wo hast du dieses **rosa** Kleid gekauft ?*
Où as-tu acheté cette robe rose ?

On peut cependant toujours former un adjectif composé avec *-farben* ou *-farbig*, qui sera alors décliné.

*Ich habe einen **orangefarbenen** Hut.*
J'ai un chapeau orange.

E x e r c i c e

Traduisez en allemand :
1. As-tu déjà visité la cathédrale (das Münster) de Strasbourg ? 2. Mets ta robe lila ! 3. Je connais le port de Hambourg. 4. Pourquoi emportes-tu ton chapeau rose ? 5. La mode (die Mode) parisienne a beaucoup de succès (der Erfolg).

10 Adjectifs substantivés

● Des adjectifs peuvent jouer le rôle d'un nom : ils prennent alors une majuscule et les mêmes marques que l'adjectif épithète.

*Heute morgen habe ich einen **Blinden** gesehen.*
Ce matin, j'ai vu un aveugle.

Les différentes formes possibles de l'adjectif substantivé ***Blind-*** :

Singulier				Pluriel	
N. der	Blinde	ein	Blinder	N.	Blinde
A. den	Blinden	einen	Blinden	N.	Blinde
D. dem	Blinden	einem	Blinden	D.	Blinden
G. des	Blinden	eines	Blinden	G.	Blinder

● Il ne faut pas confondre cet adjectif substantivé avec l'adjectif épithète d'un groupe nominal dont le nom est sous-entendu (référence au contexte antérieur ou à la situation d'énonciation) : dans ce cas, l'adjectif ne prend pas de majuscule.

Du hast aber einen schönen Rock ! Ich hab auch einen **hübschen.**
*(*sous-entendu : *Rock)*
Tu en as une belle jupe ! Moi aussi j'en ai une jolie.

Montrant des poires à l'étalage :
Haben Sie **reifere ?** *(*sous-entendu : *Birnen)*
En avez-vous des plus mûres ?

● Certains noms, formés à partir d'adjectifs, sont en réalité des noms masculins faibles (voir n° 141), par exemple *der Junge, der Invalide*.

Ein **Junge** *wartet auf dich* (et non : ~~ein Junger !~~).
Un garçon t'attend.

E x e r c i c e

Introduisez l'adjectif indiqué en le mettant à la bonne forme (substantivé ou non) :
1. Ich bin kein … (heilig). 2. Ich wünsche Ihnen alles … (gut). 3. Ein … sitzt vor seinem Haus (alt). 4. (Vor einem Aquarium) : Schauen Sie sich mal diese … an (gelb) ! 5. Möchtest du mit diesem … spazierengehen (jung) ? 6. Das … ist, man fühlt sich wohl (wichtig au superlatif).

11 *Adjectifs dérivés : formation*

Les adjectifs dérivés se forment au moyen de suffixes et préfixes à partir de noms, de verbes, d'adjectifs et d'adverbes.

1 Formation avec des suffixes.

● Formation à partir de noms.

-lich

das Glück	*glück**lich***	*der Osten*	*öst**lich***
le bonheur	heureux	l'est	oriental

-bar

die Furcht	*furcht**bar***	*die Frucht*	*frucht**bar***
la peur	terrible	le fruit	fertile

-haft

der Vorteil	*vorteil**haft***	*der Frühling*	*frühlings**haft***
l'avantage	avantageux	le printemps	printanier

-ig

die Freude	*freud**ig***	*der Bart*	*bärt**ig***
la joie	joyeux	la barbe	barbu

-en/-ern (noms de matière)

das Gold	*gold**en***	*der Stein*	*stein**ern***
l'or	d'or	la pierre	de pierre

-isch (noms d'habitant de pays)

der Franzose	franz**ösisch**	der Europäer	europä**isch**
le français	français	l'européen	européen

-er (noms de villes)

Köln	Köln**er**	Dresden	Dresdn**er**
Cologne	de Cologne	Dresde	de Dresde

-los et *-frei* (sens négatif)

der Erfolg	erfolg**los**	der Alkohol	alkohol**frei**
le succès	sans succès	l'alcool	sans alcool

-voll et *-mäßig*

der Wert	wert**voll**	das Recht	recht**mäßig**
la valeur	précieux	le droit	de droit (légal)

● Formation à partir de verbes.

-sam

folgen	folg**sam**	sparen	spar**sam**
suivre	obéissant	économiser	économe

-bar

essen	eß**bar**	trinken	trink**bar**
manger	comestible	boire	potable

● Formation à partir d'adjectifs.

-sam

lang	lang**sam**	selten	selt**sam**
long	lent(ement)	rare	bizarre

-lich

krank	kränk**lich**	blau	bläu**lich**
malade	maladif	bleu	bleuâtre

● Formation à partir d'adverbes.

-ig

morgen	morg**ig**	dort	dort**ig**
demain	de demain	là-bas	de là-bas

2 Formation avec des préfixes.

un- (sens contraire)

unglaublich	**un**glücklich	**un**bekannt	**un**verständlich
incroyable	malheureux	inconnu	incompréhensible

miß- (sens négatif)

mißtrauisch	**miß**mutig
méfiant	de mauvaise humeur

Exercice

Formez des adjectifs dérivés avec le suffixe adéquat :
1. Vater 2. tragen 3. Nikotin 4. wirken 5. froh 6. heute 7. Rätsel 8. Chinese
9. Glas 10. rot 11. Hamburg 12. Winter 13. klein 14. Freund 15. Arbeit 16. Fehler

12 **Adjectifs composés : formation**

Les adjectifs composés se forment par juxtaposition de deux termes, le premier étant le **déterminant**, le second le **déterminé** ou terme de base. **Le déterminant porte l'accent principal**.

hell	+	*grün*	⟶ °*hellgrün* (vert clair)
déterminant	+	**déterminé**	

Les termes qui entrent dans la composition peuvent être :

1 **Adjectif ou adverbe + adjectif ou participe 1 ou 2.**

dunkelrot
rouge foncé

halbautomatisch
semi-automatique

weitblickend
qui voit loin ; clairvoyant

dichtbevölkert
très peuplé (**dicht** = dense)

2 **Nom + adjectif.**
Le premier terme introduit une comparaison et sert de ce fait souvent à exprimer un degré élevé.

himmelblau
bleu ciel

schneeweiß
blanc comme neige

kinderleicht
très facile

riesengroß
très grand (**der Riese** = le géant)

3 **Radical de verbe (ou radical + *e*) + adjectif.**

waschecht
résistant au lavage

pflegeleicht
facile à entretenir

E x e r c i c e

Formez des adjectifs composés à partir des explications :
1. blond wie Stroh 2. schwarz wie ein Rabe 3. zu Hause gemacht 4. krank auf der See 5. blind für Farben 6. grün wie Gras 7. von prächtiger (= somptueux) Farbe 8. notwendig zum Leben

13 **Adjectifs démonstratifs**

1 **Der, das, die** accentués.
Der, das, die accentués ont la valeur d'un adjectif démonstratif et se déclinent comme l'article défini (voir n° 30).

*Schau dir mal °**die** Blume an !*
Regarde voir cette fleur-là !

Der, das, die sont souvent renforcés par *da* ou *dort*.

*Gib mir mal °**den** Apfel **da** !*
Donne-moi voir cette pomme-là !

2 *Dieser, dieses, diese.*

Dieser, dieses, diese se déclinent comme l'article défini.

*Hast °du **diesen** Brief geschrieben ?*
Est-ce toi qui as écrit cette lettre ?

3 *Jener, jenes, jene.*

Jener, jenes, jene se déclinent comme l'article défini. Ce démonstratif s'emploie dans les cas suivants.

● En corrélation avec *dieser* pour désigner un élément plus éloigné du locuteur.

***Dieser** Baum ist recht groß geworden.*
Cet arbre-ci a bien grandi.

***Jener** Baum (der Baum dort) ist am Sterben.*
Cet arbre là-bas est en train de mourir.

● Seul, avec une nuance emphatique, surtout pour le passé.

*Zu **jener** Zeit hatte er noch einen Bart.*
En ce temps-là, il avait encore la barbe.

▶ Pour les pronoms démonstratifs, voir aussi n° 204.

4 *Solcher, solches, solche.*

● *Solch-* indique la qualité ou l'intensité ; il se traduit par "un tel...". Il peut être décliné (comme l'article défini), ou non décliné.

*Hast du schon **solche** Schuhe gesehen ?*
As-tu déjà vu de pareilles chaussures ?

● Il peut être non décliné, mais uniquement dans les cas suivants.

– Devant un article indéfini.

*Ist er bei **solch** einem Wetter spazierengegangen ?*
Il est allé se promener par un temps pareil ?

– Devant un adjectif.

*Ich habe noch nie **solch** gutes Bier getrunken.*
Je n'ai encore jamais bu de la bière aussi bonne.

Remarquez que *solch-* est souvent remplacé par *so* invariable.

*Wie kann man nur **so** einen Tee trinken ?*
Comment peut-on boire un thé comme ça ?

Exercice

Traduisez en allemand :
1. As-tu déjà vu cet homme quelque part ? 2. Cette maison-ci appartient à ses parents ; cette maison là-bas ne leur appartient plus. 3. Pourquoi y a-t-il (herrschen) ici un tel silence ? 4. J'ai une de ces soifs ! 5. Avec un parapluie comme ça, tu vas certainement te faire remarquer (auffallen). 6. J'ai rarement mangé de la viande aussi bonne.

14 — Adjectifs possessifs

Genre et nombre de l'objet possédé			
Masculin	Neutre	Féminin	Pluriel

● Possesseur unique

1ʳᵉ personne

	Masculin	Neutre	Féminin	Pluriel
N	mein	mein	meine	meine
A	meinen	mein	meine	meine
D	meinem	meinem	meiner	meinen
G	meines	meines	meiner	meiner

2ᵉ personne

	Masculin	Neutre	Féminin	Pluriel
N	dein	dein	deine	deine
A	deinen	dein	deine	deine
D	deinem	deinem	deiner	deinen
G	deines	deines	deiner	deiner

3ᵉ personne

	Masculin	Neutre	Féminin	Pluriel
N	sein/ihr	sein/ihr	seine/ihre	seine/ihre
A	seinen/ihren	sein/ihr	seine/ihre	seine/ihre
D	seinem/ihrem	seinem/ihrem	seiner/ihrer	seinen/ihren
G	seines/ihres	seines/ihres	seiner/ihrer	seiner/ihrer

● Possesseurs multiples

1ʳᵉ personne

	Masculin	Neutre	Féminin	Pluriel
N	unser	unser	unsere	unsere
A	unseren	unser	unsere	unsere
D	unserem	unserem	unserer	unseren
G	unseres	unseres	unserer	unserer

2ᵉ personne

	Masculin	Neutre	Féminin	Pluriel
N	euer	euer	eure	eure
A	euren	euer	eure	eure
D	eurem	eurem	eurer	euren
G	eures	eures	eurer	eurer

3ᵉ personne

	Masculin	Neutre	Féminin	Pluriel
N	ihr	ihr	ihre	ihre
A	ihren	ihr	ihre	ihre
D	ihrem	ihrem	ihrer	ihren
G	ihres	ihres	ihrer	ihrer

● Possesseur unique ou possesseurs multiples

Forme de politesse :

	Masculin	Neutre	Féminin	Pluriel
N	Ihr	Ihr	Ihre	Ihre
A	Ihren	Ihr	Ihre	Ihre
D	Ihrem	Ihrem	Ihrer	Ihren
G	Ihres	Ihres	Ihrer	Ihrer

A la troisième personne du singulier, le choix du possessif dépend du genre du possesseur.

● Si le possesseur est masculin ou neutre, on utilise *sein*.

*Mein Onkel wohnt in Berlin ; **seine** Tochter lebt in Hamburg.*
Mon oncle habite à Berlin ; sa fille vit à Hambourg.

● Si le possesseur est féminin, on utilise *ihr*.

*Brigitte ist heute zu Hause ; sie macht **ihre** Schulaufgaben.*
Brigitte est aujourd'hui à la maison ; elle fait ses devoirs.

E x e r c i c e

Traduisez en allemand :
1. Ma sœur a invité ses amis. 2. Pierre, où avez-vous posé vos lunettes ? 3. Notre voiture est grise. 4. Paul a déménagé (umziehen) ; connais-tu son nouvel appartement ?
5. Inge ressemble (jmm ähnlich sehen) à son frère. 6. Leurs valises ont disparu.

15 *Adverbes de lieu*

Ils peuvent exprimer le locatif (le lieu où l'on est), la direction et la provenance.

1 Le locatif.

hier = ici	*drinnen* = dedans
da = là	*draußen* = dehors
dort = là-bas	*drüben* = de l'autre côté
oben = en haut	*rechts* = à droite *vorn* = devant
unten = en bas	*links* = à gauche *hinten* = derrière

*Warum bleibst du **draußen** ?*
Pourquoi restes-tu dehors ?

***Oben** sind noch vier Zimmer.*
En haut, il y a encore quatre chambres.

*Meine Eltern wohnen **drüben**.*
Mes parents habitent de l'autre côté (de la frontière, par exemple).

▶ Pour le locatif, voir n° 139.

2 La direction (directionnel).
Dahin, dorthin, nach oben, nach unten, nach vorn, nach hinten, nach rechts, nach links, nach innen, nach außen.

*Warum schaust du **nach oben** ?*   *Er fährt **nach links**.*
Pourquoi regardes-tu en l'air ?   Il tourne à gauche.

▶ Pour le directionnel, voir n° 80.

E x p r e s s i o n s

pour des véhicules :
vorwärtsfahren = avancer   ***rückwärtsfahren*** = reculer

3 **La provenance.**

Von hier, von da, von dort ; von oben, von unten ; von vorn, von hinten ; von rechts, von links ; von drinnen, von draußen, von drüben.

*Bist du **von hier ?***
Es-tu d'ici ?

*Ich kam **von rechts.***
Je venais de la droite.

▶ Pour *her* et *hin*, voir aussi n° 112.

═══════════════ E x e r c i c e ═══════════════

Traduisez en allemand :
1. Viens-tu de dehors ? 2. En haut, j'ai trouvé ton manteau. 3. Regarde vers l'avant ! 4. Va à droite ! 5. Il vient d'en bas. 6. Avance un peu !

---

16 **Adverbes de temps**

Les adverbes de temps expriment différentes manières d'appréhender le temps.

1 **Le passé plus ou moins lointain.**

einst, früher
autrefois

damals
à cette époque-là

Il faut bien distinguer *früher* et *damals*. *Früher* fait référence à un moment du passé vu à partir du moment où l'on parle, alors que *damals* fait référence à un moment du passé à partir d'un autre moment du passé.

Früher *fuhr man mit dem Schiff nach Amerika.*
Autrefois, on prenait le bateau pour aller en Amérique.

*Er lebte im 19. Jahrhundert ; **damals** gab es das Flugzeug noch nicht.*
Il vécut au dix-neuvième siècle ; à cette époque-là, l'avion n'existait pas.

2 **Le passé proche.**

gerade, soeben
à l'instant, venir de

vorhin
tout à l'heure

kürzlich, vor kurzem
récemment

neulich
l'autre jour

*Er hat **soeben** angerufen.*
Il vient de téléphoner.

*Ich habe ihn **vor kurzem** getroffen.*
Je l'ai rencontré il y a peu de temps.

▶ Pour "venir de + infinitif", voir n° 256.

3 **Le présent.**

jetzt, nun	**gegenwärtig**	**heutzutage**
maintenant	actuellement	de nos jours

Heutzutage *liest man weniger als früher.*
De nos jours, on lit moins qu'autrefois.

4 **Le futur proche.**

gleich, sofort
tout de suite, à l'instant, aller + infinitif

bald
bientôt

demnächst
prochainement

Demnächst in unserem Theater : …
Bientôt dans nos salles (de théâtre) : …

▶ Pour "venir de + infinitif", voir n° 256.

5 **La durée.**

lange
longtemps

Das Konzert hat **lange** gedauert.
Le concert a duré longtemps.

▶ Pour *lang, lange*, voir n° 134.

6 **La permanence.**

immer noch
toujours

stets
sans cesse

dauernd
en permanence

beständig
constamment

Sie ist **dauernd** krank.
Elle est constamment malade.

▶ Pour la traduction de "toujours", voir aussi n° 251.

7 **La répétition et la fréquence.**

wieder, von neuem
à nouveau

immer wieder
toujours

oft, öfters
souvent

selten
rarement

meistens
la plupart du temps

Beim Skilaufen ist er **immer wieder** hingefallen.
Au ski il n'arrêtait pas de tomber.
Er ist **wieder** in die Vereinigten Staaten gefahren.
A nouveau, il est parti aux États-Unis.

▲ **Attention :** Il ne faut pas confondre ce *wieder* qui est adverbe et se place devant le groupe verbal, avec le préverbe séparable *wieder* qui est attaché au verbe dans la subordonnée et aux temps composés. Pour l'exemple ci-dessus il serait donc faut de dire :
~~Er ist in die Vereinigten Staaten wiedergefahren.~~

▶ Pour le groupe verbal, voir n° 108.
Pour les préverbes séparables, voir n° 196.
Pour "toujours", voir n° 251.
Pour *meist, meistens* voir n° 143.

8 **La progression.**

allmählich, nach und nach
peu à peu

immer mehr
toujours plus

immer weniger
toujours moins

Es wird **allmählich** hell.
Le jour se lève peu à peu.

9 La discontinuité.

manchmal, ab und zu, zuweilen, von Zeit zu Zeit
de temps en temps

bald... bald...
tantôt... tantôt...

*Es hat **ab und zu** geregnet.*
Il a plu de temps en temps.

10 La succession.

zuerst, zunächst, erst
d'abord

dann
ensuite

zuletzt, schließlich
à la fin, finalement

***Zuerst** gehe ich zum Bäcker, **dann** zum Fleischer, und **zuletzt** kaufe ich noch Blumen.*
D'abord je vais chez le boulanger, ensuite chez le boucher et à la fin, j'achèterai des fleurs.

▶ Pour *endlich* et *schließlich*, voir aussi n° 87.
Pour les compléments de temps, voir également les n°s 243 à 248.

Exercice

Traduisez en allemand :
1. Il vient tout de suite. 2. Autrefois, il n'y avait pas d'autoroute ici. 3. Je viens de m'acheter une nouvelle robe. 4. Est-ce qu'il a à nouveau de la fièvre ? 5. J'y pense toujours. 6. Il gagne toujours plus. 7. Vient-il souvent ici ? 8. De nos jours, on mange de moins en moins de pain. 9. Il est constamment enrhumé (einen Schnupfen haben). 10. A cette époque-là, il y avait une école dans chaque village.

17 *Aimer (traductions)*

1 ***Jmn, etw.*** (acc.) ***lieben*** = "éprouver de l'amour pour qqn, pour qqch." (sentiment profond).

*Die Mutter **liebt** ihre Kinder.*
La mère aime ses enfants.

*Er **liebt** klassische Musik.*
Il aime la musique classique.

2 ***Jmn liebhaben*** = "éprouver de l'affection, de l'amour pour qqn" (exprime la tendresse).

*Ich **hab** dich **lieb**.*
Je t'aime.

3 ***Jmn, etw.*** (acc.) ***gern haben*** = "aimer bien qqn ; qqch." (atténué).

*Ich **hab** dich **gern**.*
Je t'aime bien.

4 ***Jmn (gern) mögen ; jmn nicht mögen*** = "aimer bien qqn" ; "ne pas aimer qqn".

***Magst** du ihn ?*
Est-ce que tu l'aimes bien ?

*Niemand **mochte** diesen Lehrer.*
Personne n'aimait ce professeur.

5 **Etw. gern essen, gern trinken ; etw. mögen** = "aimer boire ou manger qqch.".

Essen Sie **gern** Fisch ?   **Trinkst** du **gern** Wein ?   Ich **mag** kein Bier.
Aimez-vous le poisson ?   Aimes-tu le vin ?   Je n'aime pas la bière.

6 **Etw. gern tun** (**gern** + verbe) = "aimer faire qqch.".

Liest du **gern ?**   Er reist **gern.**
Aimes-tu lire ?   Il aime voyager.

7 **Etw. lieber mögen, lieber haben, lieber tun (als)** = "aimer mieux, préférer" (voir aussi n° 187).

Sie **mag** dein erstes Buch **lieber als** dein zweites.
Elle aime mieux ton premier livre que ton second.

Das **tue** ich **lieber.**
J'aime mieux faire cela.

8 **Ich möchte (gern) etw.** (acc.) ; **ich möchte (gern) etw. tun** = "j'aimerais, je voudrais qqch. ; j'aimerais, je voudrais faire qqch.".

Möchten Sie noch etwas Eis ?
Voudriez-vous encore de la glace ?

Ich **möchte gern** heute abend ausgehen.
J'aimerais bien sortir ce soir.

E x e r c i c e

Traduisez en allemand :
1. Elle aime jouer du piano. 2. Je n'aime pas les escargots (Schnecken). 3. Elles n'aiment pas cet acteur (der Schauspieler). 4. Voudrais-tu sortir avec moi ? 5. J'aime mieux aller au cinéma qu'au théâtre. 6. Il aime Pierre comme un frère.

18 *Allein*

1 **Allein en tant qu'adverbe** en relation avec un verbe signifie "être, faire qqch. seul".

Das Kind kann schon **allein** laufen.
L'enfant sait déjà marcher seul.

Ich möchte jetzt **allein** bleiben.
J'aimerais rester seul maintenant.

2 **Allein peut précéder ou suivre directement un groupe nominal** qui est alors accentué. Dans ce cas, *allein* porte sur ce GN et a un **sens restrictif**. Il peut être remplacé par *nur*.

Allein der Ge°danke an diese Arbeit macht mich krank.
(Der Ge°danke **allein...**).
Rien que de penser à ce travail me rend malade.
(litt. : la seule pensée de ce travail me rend malade).

Er **allein** kann mich verstehen.
Lui seul peut me comprendre.

3 *Allein* **en tant que conjonction de coordination** relie deux propositions indépendantes et **marque l'opposition**. *Allein* a alors le sens de "seulement", "mais", et peut être remplacé par *aber* ; cet emploi relève du style élevé. *Allein* ne compte pas comme premier élément de la proposition.

*Er hätte sie gern eingeladen, **allein** er wußte nicht, wie sie reagieren würde.*
Il aurait bien voulu l'inviter, seulement il ne savait pas quelle serait sa réaction.

Remarquez que "un seul", "une seule personne" se traduisent par *ein einziger, eine einzige, ein einziges* qui sont déclinés.

*Der **einzige** (der einzige Mensch), zu dem ich Vertrauen habe...*
La seule personne en qui j'aie confiance...

Exercice

Traduisez en allemand :
1. Lui seul est capable de réparer cette voiture. 2. J'étais extrêmement fatigué (todmüde), seulement je ne pouvais pas dormir. 3. As-tu le droit de partir seul (verreisen) ?

---

19 *Aller* *(traductions)*

1 *Gehen* a le sens général de "se déplacer à une allure normale", "aller à pied". Il peut être renforcé par *zu Fuß* = "à pied".

Geh doch bitte mal zum Bäcker !   *Gehst du zu Fuß zur Schule ?*
S'il te plaît, va chez le boulanger !   Vas-tu à pied à l'école ?

2 *Laufen* peut signifier "courir", mais également "aller à pied", opposé à *fahren*.

Lauf doch schnell mal zum Fleischer !
Va vite chez le boucher !

*Heute wollen wir in die Stadt **laufen** (ou **zu Fuß** in die Stadt **gehen**), nicht fahren.*
Aujourd'hui, nous allons à pied en ville, pas en voiture.

3 *Fahren* signifie "se déplacer avec un véhicule quelconque".

*Wie **fahre** ich am schnellsten nach Hamburg ? Mit dem Auto, mit dem Zug oder mit dem Schiff ?*
Quel est le moyen le plus rapide pour aller à Hambourg ? La voiture, le train ou le bateau ?

4 *Fliegen* a le sens de "voyager en avion".

*Oder soll ich lieber **fliegen** ?*
Ou dois-je plutôt prendre l'avion ?

| E x e r c i c e |

Complétez en ajoutant le verbe qui convient :
1. Wie lange ... wir bis nach Berlin (en avion) ? 2. Dieser Bus ... nur sonntags.
3. Komm, wir wollen in den Garten ... 4. ... du mit Air France oder Lufthansa ?
5. Im Urlaub sind wir am Strand viel ... 6. Wir sind mit dem Schiff nach
Griechenland ...

20 **Als** *ou* **wenn ?**

1 **Als,** comme conjonction de subordination temporelle, marque un
événement ponctuel du passé ; le verbe de la subordonnée est le
plus souvent à l'indicatif prétérit.

Als er ankam, hatten wir schon gegessen.
Lorsqu'il arriva, nous avions déjà fini de manger.

On peut trouver aussi après *als* "le présent historique".

Gerade als die Tür aufgeht, hört man einen Schrei.
Au moment précis où s'ouvre la porte, on entend un cri.

2 **Wenn,** comme conjonction de subordination temporelle, peut être
employé avec les temps suivants.

● Un verbe au présent ou au prétérit de l'indicatif : il signifie alors
"quand" au sens de "chaque fois que". Il peut être précédé de
jedesmal (chaque fois).

Jedesmal wenn er die Zeitung liest, setzt er seine Brille auf.
Chaque fois qu'il lit le journal, il met ses lunettes.

Wenn es regnete, blieben wir zu Hause.
Quand il pleuvait, nous restions à la maison.

● Un verbe au futur.

Wenn er diesen Brief lesen wird, werde ich schon in Bonn sein.
Quand il lira cette lettre, je serai déjà à Bonn.

| E x e r c i c e s |

A. Introduisez als *ou* wenn *dans les phrases suivantes :*
1. ... das Telefon klingelte, war ich gerade draußen. 2. Gerade ... er bezahlen
wollte, ging das Licht aus. 3. Jedesmal ... er Geld brauchte, besuchte er
seine Eltern. 4. ... ich in Deutschland bin, verstehe ich die Leute kaum.

B. Traduisez en allemand :
1. Quand il se leva, on se demanda ce qui allait se passer. 2. Quand je suis
en Angleterre, je bois du thé. 3. Quand il parlait en allemand, on le compre-
nait à peine (kaum). 4. Quand j'arriverai à Vienne (Wien), tu seras déjà aux
États-Unis (die Vereinigten Staaten).

21 **_Alt_** et **_ehemalig_**

1 *Alt* a deux sens.

● *Alt* = "vieux".

alte *Bücher*   *ein* **_alter_** *Freund*   **_alte_** *Möbel*
de vieux livres   un vieil ami   de vieux meubles

● *Alt* = "ancien", "existant de longue date", "antique".

alte *Möbel*   **_alte_** *Sprachen*
des meubles anciens   des langues anciennes
das **_Alte_** *Testament*   **_alte_** *Völker*
l'Ancien Testament   des peuples anciens

Selon le contexte, *alte Bücher, ein altes Haus* peuvent donc signifier "de vieux livres" et "des livres anciens", une "vieille maison" et "une maison ancienne".

2 **_Ehemalig_** = "ancien" au sens "d'autrefois" (qui n'existe plus en tant que tel).

eine **_ehemalige_** *Schülerin des Gymnasiums*
une ancienne élève du lycée

der **_ehemalige_** *Direktor der Fabrik*
l'ancien directeur de l'usine

ein **_ehemaliger_** *Freund*
un ancien ami

Exercice

Traduisez en allemand :
1. un vieux monsieur 2. l'ancienne Grèce (Griechenland) 3. l'association (Vereinigung) des anciens élèves 4. une vieille voiture 5. mon ancien maître d'école 6. une église ancienne.

---

22 **_Ander-, anderes, anders_**

1 **_Ander-_** = "autre", adjectif indéfini, se décline comme l'adjectif épithète.

der **_andere_** *Roman*   *ein* **_anderer_** *Krimi*   *ein* **_anderes_** *Kino*
l'autre roman   un autre roman policier   un autre cinéma

● Le substantif peut être élidé.

Sie liebt einen **_anderen_**.   *Kein* **_anderer_** *war so nett wie er.*
Elle en aime un autre.   Personne d'autre n'était aussi gentil que lui.

● Non précédé d'article, mais suivi d'un adjectif épithète ou d'un adjectif substantivé, *ander-* et cet adjectif portent généralement la marque de l'article défini (marques selon le type II, voir n° 7).

andere *interessante Länder*   **_andere_** *Bekannte*
d'autres pays intéressants   d'autres connaissances

2 *Ander-* précédé de *etwas, nichts, jemand, niemand* se comporte comme un adjectif substantivé (cf. *etwas Neues*), mais ne prend pas de majuscule.

etwas anderes
quelque chose d'autre

nichts anderes
rien d'autre

jemand ander(e)s
quelqu'un d'autre

niemand ander(e)s
personne d'autre

*Willst du nicht **mit etwas anderem (mit jemand anderem)** spielen ?*
Ne veux-tu pas jouer avec autre chose (avec quelqu'un d'autre) ?

*Er hatte nie **etwas anderes** gesehen als die Stadt.*
Il n'avait jamais rien vu d'autre que la ville.

Après *jemand* et *niemand* on préfère aujourd'hui la forme non déclinée *anders.*

*Er wollte mit **niemand anders** sprechen.*
Il ne voulait parler avec personne d'autre.

3 *Anders* est la forme utilisée pour l'attribut et l'adverbe : "autrement", "différent", "différemment".

*Das Klima ist hier **anders.***
Le climat est différent ici.

*Das mußt du **anders** machen.*
Il faut que tu fasses cela autrement.

4 *Anders* peut entrer en relation avec *wo* (locatif) et *wohin* (directionnel) = "ailleurs", "à un autre endroit".

● *Woanders* et *anderswo* (le dernier est plus familier).

*Er wohnt **woanders.***
Il habite ailleurs.

***Anderswo** ist es auch nicht besser.*
Ailleurs ce n'est pas mieux.

● De même : *woandershin* et *anderswohin*.

*Möchtest du mit mir **woandershin (anderswohin)** fahren ?*
Voudrais-tu partir ailleurs avec moi ?

5 *Der eine..., der andere... :* "l'un... l'autre...".

*Die **einen** kamen, die **anderen** gingen.*
Les uns arrivaient, les autres partaient.

***Einer** nach dem **anderen** sprangen sie ins Wasser.*
Ils sautaient dans l'eau l'un après l'autre.

Exercice

Traduisez en allemand :
1. Personne d'autre ne voulait être candidat. 2. D'un jour à l'autre (von... zu). 3. L'un était venu, les deux autres manquaient. 4. Il faut traduire ce texte autrement. 5. Ne veux-tu rien manger d'autre ? 6. Il est parti ailleurs.

23 Anfang, Mitte, Ende

der Anfang	**die Mitte**	**das Ende**
le début	le milieu	la fin

1 *Anfang, Mitte, Ende* s'emploient **seuls**, sans préposition ni article, **avec les dates et les noms de mois.** Ceux-ci ne sont pas déclinés.

*Der Kongreß findet **Anfang / Mitte / Ende** 1994 statt.*
Le congrès aura lieu au début / au milieu / à la fin de l'année 1994.

*Sie kommt uns **Anfang / Mitte / Ende** Juli besuchen.*
Elle nous rendra visite début juillet, mi-juillet, fin juillet.

2 *Anfang, Mitte, Ende* s'emploient **seuls** pour indiquer **un âge approximatif**.

*Er ist **Anfang, Mitte, Ende** fünfzig.*
Il est entré dans la cinquantaine./Il a environ 55 ans./Il approche de la soixantaine.

3 Avec un complément de temps au génitif, *Anfang, Mitte, Ende* peuvent s'employer **soit seuls, soit avec une préposition.**
- *Am*, quelquefois aussi *zu*, pour *Anfang* et *Ende*.
- *In* + article pour *Mitte*.

***Anfang / Mitte / Ende** des Monats gibt er ein Konzert in München.*
Il donnera un concert à Munich au début / au milieu / à la fin du mois.

*Dies geschah **am Anfang / in der Mitte / am Ende** des vorigen Jahrhunderts.*
Cela se passait au début / au milieu / à la fin du siècle dernier.

*Er schrieb uns immer **zu(m) Anfang** des Jahres.*
Il nous écrivait toujours au début de l'année.

4 Des prépositions comme ***gegen*** = "vers" ou ***seit*** = "depuis" peuvent précéder *Anfang, Mitte, Ende*.

***Seit Anfang** der neunziger Jahre nimmt die Arbeitslosigkeit zu.*
Depuis le début des années quatre-vingt-dix, le chômage augmente.

***Gegen Ende** Dezember / des Monats hat er kein Geld mehr.*
Vers la fin décembre / du mois, il n'a plus d'argent.

5 *Anfang / Ende* sans complément doivent être **précédés de am**.

***Am Anfang** war alles in Ordnung.*
Au début tout était normal.

Exercice

Traduisez en allemand :
1. Je l'ai rencontré au début de la semaine. 2. Il est né vers la fin du siècle dernier. 3. Fin mai, nous avons eu beau temps. 4. Début 1995, il fera un voyage en Afrique. 5. Elle est entrée dans la soixantaine. 6. Au commencement, Dieu créa (schaffen) les cieux (der Himmel, sg.) et la terre (die Erde). 7. Je partirai seulement à la mi-août. 8. Il neigeait depuis fin novembre.

24 Apposition

1 Définition.

L'apposition est une information supplémentaire apportée sur un élément de la phrase ; elle pourrait être supprimée ; elle est séparée de cet élément par une virgule et elle pourrait être remplacée par une relative appositionnelle.

*Peter, **mein bester Freund,** wohnt in der Schweiz.*
Pierre, mon meilleur ami, habite en Suisse.

2 Les différentes sortes d'apposition.

● Les groupes nominaux : lorsqu'ils comportent un article ou un autre déterminatif (possessif, démonstratif...), ils se mettent au même cas que l'élément auquel ils sont apposés.

*Ich bin mit Peter, **meinem besten Freund,** spazierengegangen.*
       datif   datif
Je suis allé me promener avec Pierre, mon meilleur ami.

● Mais cette règle ne s'applique pas aux groupes nominaux sans déterminatif apposés à un génitif.

*Das ist das Auto des berühmten Professors Schmitt, **Mitglied der Prüfungskommission.***
       génitif   nominatif
C'est la voiture du célèbre professeur Schmitt, membre du jury.

▶ Pour l'emploi de l'article, voir n°s 30 et 31.

● Les relatives appositionnelles : voir n° 269.

● Les adjectifs et participes apposés sont toujours invariables.

*Zwei Schweden, **blond und blauäugig,** standen auf dem Bahnsteig.*
Deux Suédois, blonds aux yeux bleus, étaient sur le quai.

*Dieter, **auf einem Ast sitzend,** liest einen Roman.*
Dieter, assis sur une branche, lit un roman.

● Certaines appositions sont toujours à l'accusatif.

*Herr Meier, **den Hut auf dem Kopf,** geht mit seinen Kindern spazieren.*
Monsieur Meier, le chapeau sur la tête, va se promener avec ses enfants.

3 La place de l'apposition.

En principe l'apposition suit l'élément auquel elle est apposée ; il existe cependant des appositions placées devant cet élément.

***Diesen Film,** den habe ich schon gesehen.*
(Diesen Film apposé à den, virgule obligatoire après diesen Film).
Ce film, je l'ai déjà vu.

Exercice

Traduisez en allemand :

1. Il habite chez son oncle, un ancien employé de banque. 2. Mon père, le manteau sur l'épaule (die Schulter), se promenait dans la forêt. 3. Les touristes, couchés sur le sable (im Sand), se font bronzer (sich bräunen lassen). 4. Cet homme, je l'ai déjà rencontré quelque part (irgendwo). 5. A Munich, capitale de la Bavière (Bayern), j'ai visité une brasserie (die Brauerei).

25 *Apprendre* (traductions)

Pour les deux principaux sens d'"apprendre" il faut distinguer :
– la perspective de l'élève = *lernen,*
– la perspective de l'enseignant = *lehren.*

1 *Etw. lernen* = "apprendre", "acquérir des connaissances".

● *Lernen* + infinitif.
*Peter **lernt** schwimmen.*
Pierre apprend à nager.

● *Lernen* + accusatif.
*Inge **lernt** gern Deutsch.*
Inge aime bien apprendre l'allemand.

2 *Jmn etwas lehren* = "apprendre", "enseigner".

● *Lehren* + accusatif + infinitif.
*Er hat ihn schwimmen **gelehrt**.*
Il lui a appris à nager.

● *Lehren* + accusatif + accusatif.
*Er hat ihn Deutsch **gelehrt**.*
Il lui a appris l'allemand.

● En allemand courant, *lehren* est le plus souvent remplacé par : *jmm etw. beibringen.*
*Er hat mir (das) Schwimmen **beigebracht**.*
Il m'a appris à nager.

3 *Etw.* (acc.) *hören* ou *hören, daß* = "apprendre", "entendre dire", "apprendre des nouvelles" (voir n° 114).
*Ich habe **gehört**, daß Gisela geheiratet hat.*
J'ai appris que Gisela s'était mariée.

● *Von etw.* (dat.) *hören.*
*Ich habe **von** seiner Ernennung **gehört**.*
J'ai appris sa nomination.

4 *Etw.* (acc.) *erfahren* ou *erfahren, daß* = "apprendre par ouï-dire", "apprendre des nouvelles".

*Wir haben **erfahren**, daß er sein Haus verkauft hat.*
Nous avons appris qu'il a vendu sa maison.

E x p r e s s i o n s

auswendig lernen   **einen Beruf erlernen**
apprendre par cœur   apprendre un métier

E x e r c i c e

Traduisez en allemand :
1. J'apprends le chinois (Chinesisch) 2. Avez-vous appris qu'il a eu un accident ? 3. Il m'a appris à lire. 4. Elle lui apprend à jouer au tennis (Tennis spielen). 5. J'ai appris la mort de son père. 6. Ils apprennent à danser. 7. Il faut que tu apprennes ce poème par cœur ! 8. Quel métier veux-tu apprendre ?

---

26 *Approuver, être d'accord* (traductions)

Pour solliciter un accord ou pour approuver, on emploie le plus souvent les expressions suivantes.

1 *Mit etw. oder jmm einverstanden sein* = "être d'accord".

*Seid ihr **damit einverstanden**, daß wir einen neuen Opel kaufen ?*
– Ja, ganz und gar.
Êtes-vous d'accord pour que nous achetions une Opel neuve ?
– Oui, tout à fait.

2 *Jmm oder einer Sache* (dat.) *zustimmen, der gleichen Meinung sein* = "approuver", "être de l'avis de".

*Ich **stimme Ihnen** vollkommen **zu**.*
Je vous approuve entièrement.
*Ich **bin deiner Meinung**.*
Je suis de ton avis.

3 *Etw. richtig (gut) finden* = "juger bon", "trouver bien".

***Findest** du es **richtig**, daß sie schon raucht ?*
Est-ce que tu penses que c'est bien qu'elle fume déjà ?

4 *Nichts dagegen haben* = "n'avoir rien contre" ; "vouloir bien".

*Ich **habe** nichts **dagegen**.*
Je n'ai rien contre.

5 *Mir ist es recht* = "cela me convient".

Ist es Ihnen recht, daß ich Sie morgen besuche ? – Ja, selbstverständlich.
Cela vous convient-il que je vous rende visite demain ? – Oui, bien sûr.

▶ Pour l'expression de l'avis, voir aussi n° 40.

E x p r e s s i o n s	
Einverstanden !	*Selbstverständlich !*
D'accord !	Bien sûr !

E x e r c i c e

Traduisez en allemand :
1. Est-ce que tu es d'accord pour que j'invite mes amis ce soir ? 2. Je veux bien.
3. Crois-tu que la date leur convient ? 4. Ils n'approuvent pas nos propositions.
5. Es-tu d'accord pour qu'elle parte seule en voyage ? 6. Bien sûr que non !

27 *Après* (traductions)

"Après", employé comme préposition, adverbe ou conjonction de subordination, correspond à des traductions différentes en allemand.

1 **Préposition :** *nach* + datif.

Nach der Schule gehe ich ins Theater.
Après l'école je vais au théâtre.

Mais : "après-demain" = *übermorgen*.

2 **Adverbe.**

● *Danach* (ou *später*) s'il y a une indication temporelle précise qui l'accompagne.

Ich habe ihn noch am 23. gesehen ; zwei Tage danach ist er gestorben.
Je l'ai encore vu le 23 ; deux jours après il mourait.

● *Nachher* (ou *später*) si l'action doit se dérouler dans le futur par rapport au moment où l'on parle.

Ich habe jetzt keine Zeit ; ich gehe nachher zum Friseur.
Maintenant je n'ai pas le temps ; j'irai chez le coiffeur après (tout à l'heure).

3 **Conjonction de subordination :** *nachdem* + verbe conjugué.

Nachdem er in den Zug gestiegen war, hörte er eine Explosion.
Après être monté dans le train, il entendit une explosion.

▲ **Attention :** *nachdem* doit obligatoirement être utilisé avec un verbe conjugué. Le plus souvent on a le plus-que-parfait dans la subordonnée et le prétérit dans la proposition.
~~Nachdem + infinitif~~ est impossible en allemand.

Exercice

Traduisez en allemand :
1. Après avoir visité (besichtigen) le château (das Schloß), ils allèrent dans le parc. 2. Après sa visite (der Besuch), il me téléphona de Bonn. 3. En mai, il habitait encore en France ; trois mois après, il était aux États-Unis. 4. Je mangerai après. 5. Après s'être battu (sich balgen) avec le chat du voisin, notre chien se mit à aboyer (bellen).

28 *Arrêter* et *s'arrêter* (traductions)

1 *Stehenbleiben* s'emploie dans les cas suivants.

● L'arrêt d'un piéton.
*Sie **blieb** vor jedem Schaufenster **stehen**.*
Elle s'arrêta devant chaque vitrine.

● L'arrêt de fonctionnement d'un mécanisme (montre, véhicule).
*Meine Uhr ist **stehengeblieben**.*
Ma montre s'est arrêtée.

● L'arrêt d'un cours (discussion, lecture).
*Wo sind wir das letzte Mal **stehengeblieben** ?*
Où est-ce que nous nous sommes arrêtés la dernière fois ?

2 *Anhalten* et *halten* s'emploient pour l'arrêt volontaire des véhicules (train, tramway, bus, voiture).
*Fahrer, **halten** Sie bitte hier **an**.*
Chauffeur, arrêtez ici, s'il vous plaît.
*Der Zug **hält** hier nur zwei Minuten.*
Le train ne s'arrête ici que deux minutes.

3 *Aufhören* est utilisé dans les cas suivants.

● L'arrêt d'une activité.
*Er **hört** nicht **auf** zu arbeiten.*
Il n'arrête pas de travailler.
***Hör** endlich mit dem Weinen **auf** !*
Arrête enfin de pleurer !

● L'arrêt d'un bruit, d'une musique.
*Die Musik **hörte** plötzlich **auf**.*
La musique s'arrêta brusquement.

● L'arrêt de phénomènes météorologiques.
*Es regnete, ohne **aufzuhören**.*
Il pleuvait sans cesse.

4 *Innehalten* se dit pour l'interruption d'un discours, d'une activité.

*Er **hielt** mit dem Sprechen **inne**.*
Il s'arrêta de parler.
*Er **hielt** mitten im Satz **inne**.*
Il s'arrêta au milieu de la phrase.

5 *Jmn verhaften / festnehmen* = "arrêter qqn".

*Der Verbrecher wurde **festgenommen (verhaftet)**, als er aus dem Haus herauskam.*
Le cambrioleur fut arrêté lorsqu'il sortit de la maison.

Exercices

A. Complétez par le verbe qui convient :
1. Wir müssen an der nächsten Tankstelle ... 2. Seit drei Tagen ... es nicht ... zu schneien. 3. Als er unterwegs seinen Freund sah, ... er ... 4. Überrascht ... er in seiner Rede ...

B. Traduisez en allemand :
1. L'enfant s'arrête de jouer. 2. Nous avons traversé Munich sans nous arrêter. 3. La même nuit, la police arrêta les voleurs. 4. Arrêtons-nous ici et prenons un café !

29 *Arriver* (traductions)

1 **"Arriver à (dans un lieu)"** = *ankommen* + locatif.

*Wir **sind** spät abends **angekommen**.*
Nous sommes arrivés tard le soir.
*Er **ist** rechtzeitig am Flughafen **angekommen**.*
Il est arrivé à temps à l'aéroport.

▶ Pour le directionnel et le locatif, voir n°s 80 et 139.

2 **"Arriver"** au sens de **"se produire", "se passer"**.

● *Geschehen.*

*Der Unfall **ist** vor ihren Augen **geschehen**.*
L'accident est arrivé sous leurs yeux.

● *Passieren.*

*Wer weiß, was noch alles **passiert** !*
Qui sait ce qui peut arriver encore !

● *Passieren* + datif de la personne = "arriver à qqn".

*Was **ist dir** denn **passiert** ?*
Qu'est-ce qui t'est donc arrivé ?

Le verbe employé pour la formation des temps composés est *sein*.

3 **"Arriver"** au sens de **"réussir à faire qqch."** peut se traduire par les expressions suivantes.

● *Etw. tun können.*

*Ich **kann** dich nicht verstehen.*
Je n'arrive pas à te comprendre.

● *Etw.* (acc.) *schaffen.*

*Glaubst du, daß er es **schaffen** wird ?*
Crois-tu qu'il y arrivera ?

● *Es gelingt mir (etw. zu tun).*

Cette expression demande *sein* aux temps composés.

*Es ist mir nicht **gelungen**, sie zu überzeugen.*
Je ne suis pas arrivé à les convaincre.

▶ Pour les traductions de "réussir", voir aussi n° 220.

E x e r c i c e

Traduisez en allemand :
1. Il lui est sûrement arrivé un malheur. 2. Au petit matin (am frühen Morgen), ils sont arrivés dans la ville. 3. Je n'y arriverai jamais ! 4. Je n'arrive pas à le joindre (jmn erreichen). 5. L'accident est arrivé hier soir. 6. Ils sont tous arrivés en retard.

---

30 *Article défini : formes et emplois*

1 **Formes.**

	Masculin	Neutre	Féminin	Pluriel
N	*der*	*das*	*die*	*die*
A	*den*	*das*	*die*	*die*
D	*dem*	*dem*	*der*	*den*
G	*des*	*des*	*der*	*der*

2 **Emplois.**

● Article défini en allemand - absence d'article en français.

– Dans des indications temporelles.

im Jahre 1985	*im Sommer*	*im Juni*
en 1985	en été	en juin

– Dans des appositions, lorsqu'il y a identité entre le terme de base, ici *Berlin,* et l'apposition.

*Berlin, **die** Hauptstadt der Bundesrepublik Deutschland.*
Berlin, capitale de la République fédérale d'Allemagne.

– Dans des expressions avec un complément de nom abstrait, pour marquer le cas.

*ein Gefühl **der** Angst*
un sentiment de peur

– Dans des expressions avec *werden, krönen, wählen, ernennen... zu* + nom d'être animé. La contraction *zum* est obligatoire.

*Er ist **zum** Abgeordneten gewählt worden.*
Il a été élu député.

– Dans des expressions (groupes verbaux ou nominaux avec la contraction *zum* obligatoire).

zum *Tode verurteilen*   **zum** *Beispiel*
condamner à mort   par exemple

– Devant des noms propres, pour marquer le cas.

*der Tod **des** Sokrates*
la mort de Socrate

● Absence d'article en allemand - article défini ou partitif en français.

– Avec des noms propres : noms de fêtes, de pays (voir n° 159), de familles, noms propres avec titres dans certains cas (voir n° 161).

Pfingsten   **Frankreich**   **Meyers**   **König Ludwig der XVI.**
la Pentecôte   la France   les Meyer   le roi Louis XVI

– Dans des groupes nominaux avec partitif non dénombrable. (Le "partitif" exprime la partie d'un ensemble ; "non dénombrable" signifie que le terme ne se met pas au pluriel.)

*Ich trinke **Limonade**.*
Je bois de la limonade.

Mais dans une proposition négative, la négation *kein* est obligatoire.

*Ich trinke **keine** Limonade.*
Je ne bois pas de limonade.

– Dans des groupes nominaux avec partitif dénombrable. ("Dénombrable" signifie que le terme peut se mettre au pluriel.)

*Ich habe **Bücher** gekauft.*
J'ai acheté des livres.

Mais dans une proposition négative avec la négation *kein*.

*Ich habe **keine** Bücher gekauft.*
Je n'ai pas acheté de livres.

– Dans des groupes nominaux qui désignent une totalité (noms de produits et de matière).

***Milch** ist gesund.*
Le lait est bon pour la santé.

– Dans des groupes nominaux qui comportent un déterminatif qui se suffit à lui-même.

ganz Europa   **nächsten Monat**   **des Kaisers Tochter** (génitif saxon)
toute l'Europe   le mois prochain   la fille de l'empereur

– Dans des groupes nominaux qui comportent un chiffre.

auf **Seite 51**
à la page 51

– Dans des groupes qui comportent un titre et un nom propre.

Kanzler Adenauer
le chancelier Adenauer

– Dans des expressions figées.

Glück haben   **zu Hause sein**   **Englisch lernen**   **Geduld haben**
avoir de la chance   être à la maison   apprendre l'anglais   avoir de la patience

E x e r c i c e

Traduisez en allemand :
1. L'année dernière, j'étais en Autriche (Österreich). 2. Il a été nommé président. 3. En hiver, je fais souvent du ski (Ski laufen). 4. Apprendras-tu le français ? 5. A la page 12, j'ai lu un article intéressant. 6. En 1975, j'étais en Suisse (die Schweiz). 7. L'or est de plus en plus cher. 8. Boivent-ils de la bière ?

31   *Article indéfini : formes et emplois*

1 Formes.

	Masculin	Neutre	Féminin	Pas de pluriel !
N	*ein*	*ein*	*eine*	
A	*einen*	*ein*	*eine*	
D	*einem*	*einem*	*einer*	
G	*eines*	*eines*	*einer*	

Notez qu'"un seul" se dit *ein einzig-*.

Er hat nur **einen einzigen** *Anzug.*
Il n'a qu'un seul costume.

2 Emplois.

● Article indéfini en allemand - absence d'article en français.

– Dans les appositions, lorsque le terme de base, ici "Arles", n'est qu'une partie d'un ensemble plus vaste.

Er wohnt in Arles, **einer** *schönen Stadt Südfrankreichs.*
Il habite Arles, (une) belle ville du Midi.

– Dans les attributs.

*Als er **ein** Kind war, hatte er im Dunkeln immer Angst.*
Lorsqu'il était enfant, il avait toujours peur dans l'obscurité.

– Dans des expressions figées.

*(seinem Leben) **ein** Ende machen*
mettre fin (à ses jours)

***einen** breiten Buckel haben*
avoir bon dos

***ein** schlechtes Gewissen haben*
avoir mauvaise conscience

*Das ist **eine** leichte Sache.*
C'est chose facile.

● Absence d'article en allemand - article indéfini en français.

– Dans des expressions figées.

***großen Kummer** haben*
avoir un grand chagrin

***schrecklichen Hunger** haben*
avoir une faim de loup

● Article indéfini en allemand au singulier (absence d'article au pluriel) - article défini en français.

– Dans la structure du français "avoir + article défini + nom + adjectif".

***schmutzige Hände** haben*
avoir les mains sales

***eine kalte Nase** haben*
avoir le nez froid

– Dans des expressions figées.

***ein Gesicht** ziehen*
faire la grimace

Exercice

Traduisez en allemand :
1. Il a le front haut. 2. J'ai subitement une grande soif. 3. Il a toujours bonne conscience. 4. Pourquoi fait-il la grimace ? 5. Il a les doigts sales.

32 *Attendre* et *s'attendre à* (traductions)

1 ***Auf jmn, etw.*** (acc.) ***warten*** = "attendre" dans le sens de "attendre patiemment que qqch. ou qqn arrive".

*Ich **warte** am Bahnhof **auf** dich.*
Je t'attends à la gare.

*Ich **warte (darauf)**, daß er mir schreibt.*
J'attends qu'il m'écrive.

● Pour indiquer la limite de l'attente ("jusque"), on emploie *bis* : *warten bis*.

*Wir haben **bis** zum Abend **gewartet.***
Nous avons attendu jusqu'au soir.

*Ich **warte, bis** du kommst.*
Je t'attends jusqu'à ce que tu viennes.

2 *Jmn, etw.* (acc.) *erwarten* peut avoir deux sens.

● "Attendre qqn ou qqch. à un moment précis" ; "prévoir, espérer un événement".

*Sie **erwarten** uns morgen zum Abendessen.*
Ils nous attendent demain pour le dîner.

*Sie **erwartet** ein Baby.*
Elle attend un bébé.

● "S'attendre à" (sens positif ou neutre).

*Ich hatte **erwartet**, sie in der Uni zu treffen.*
Je m'attendais à la rencontrer à la Fac.

3 *Auf etw.* (acc.) *gefaßt sein* = s'attendre avec calme à un événement généralement désagréable.

*Wir **waren** auf diese schlechte Nachricht nicht **gefaßt**.*
Nous ne nous attendions pas à cette mauvaise nouvelle.

E x e r c i c e

Traduisez en allemand :
1. Attends-moi un instant ! 2. Cela fait une heure (seit + dat.) que je t'attends !
3. J'attends qu'il m'appelle. 4. Elle s'attendait à une récompense (Belohnung). 5. Il s'attendait à une réponse négative. 6. Elle nous attend pour le café. 7. S'il savait ce qui l'attend ! 8. Nous avons dû attendre longtemps.

33 *Attribut*

On distingue l'attribut du sujet et l'attribut de l'objet.

1 **L'attribut du sujet.**

On le rencontre après des verbes comme *sein* = "être", *bleiben* = "rester", *werden* = "devenir", *scheinen* = "sembler", *heißen* = "s'appeler". S'il s'agit d'un adjectif, il est invariable ; s'il s'agit d'un groupe nominal, il se met au nominatif (et non à l'accusatif !).

*Petra ist **groß**.*
Petra est grande.

*Mein Nachbar ist **ein netter Mann** (et non ~~einen netten Mann~~).*
Mon voisin est un homme sympathique.

2 **L'attribut de l'objet.**

On le rencontre après des verbes comme *machen* = "rendre", *finden* = "trouver", *glauben* = "croire", *sich fühlen* = "se sentir", *nennen* = "appeler". S'il s'agit d'un adjectif, il est invariable ; s'il s'agit d'un groupe nominal, il se met à l'accusatif (et non au nominatif !).

*Die Kinder machen sie **verrückt**.*   *Man nennt ihn **den Schweigsamen**.*
Les enfants les rendent fous.   On l'appelle le Taciturne.

Remarquez que dans certains cas, l'allemand ne traduit pas par un attribut de l'objet.

Er hat grüne Augen.　　　*Er soll sehr reich sein.*
Il a les yeux verts.　　　　On le dit très riche.

E x e r c i c e s

A. Transformez l'adjectif épithète en attribut suivant le modèle :
Sie hat große Kinder : Ihre Kinder sind groß.
1. Er hat einen schönen Wagen. 2. Sie haben blaue Augen. 3. Sie hat eine schwarze Katze. 4. Sie haben einen großen Garten. 5. Er hat angenehme Nachbarn.

B. Traduisez en allemand :
1. Ils paraissent heureux. 2. Ils sont restés jeunes. 3. La trouves-tu belle ? 4. Elles se sentent malades. 5. Il se croit meilleur que moi. 6. Elle sera grande. 7. On l'appelle le médecin des tropiques (der Tropenarzt). 8. Il est le meilleur de tous.

---

34 *Auch*

Auch = "aussi", "également", "même", fonctionne différemment selon qu'il est accentué ou non.

1 *Auch* **accentué** = "aussi" est en relation avec le sujet de la phrase ou avec un autre complément. Ce *auch* se trouve généralement devant le groupe verbal.

*Sie will jetzt °**auch** Jura studieren.*
Elle aussi veut faire du droit maintenant.
*Er spricht Spanisch und °**auch** Portugiesisch.*
Il parle l'espagnol et aussi le portugais.

E x p r e s s i o n s

ich °**auch**　　　　　　　ich °**auch** nicht
moi aussi　　　　　　　　moi non plus

2 *Auch* **inaccentué** = "même" porte directement sur le membre de phrase qui suit et le met en relief. De ce fait, ce membre de phrase est accentué.

***Auch** kein °Arzt konnte ihm helfen.*
ou : *Ihm konnte **auch** kein ° Arzt helfen.*
Même un médecin ne pouvait l'aider.
***Auch** für einen °guten Schwimmer ist dieser Strand gefährlich.*
Cette plage est dangereuse, même pour un bon nageur.

Comparez :

Er ist °auch ein guter Schwimmer.
Lui aussi (comme les autres) est bon nageur.

*Er ist **auch** ein guter °Schwimmer.*
Il est aussi (= même) bon nageur (sous-entendu : il est aussi bon qu'en athlétisme...)

3 *Auch* inaccentué peut être **particule de discours** et traduire l'attitude subjective du locuteur. Il se trouve souvent dans des exclamatives exprimant l'irritation ou le reproche et dans des interrogatives servant à se rassurer.

*Du kannst **auch** nie den °Mund halten !*   *Hast du **auch** nichts ver°gessen ?*
Tu ne peux pas te taire ?   N'as-tu rien oublié ?

▶ Voir les particules modales, n° 179.

Exercices

A. Répondez ou rectifiez en utilisant auch :
1. Er hatte recht, und du ? 2. Im Sommer kann man nicht Ski laufen. - Doch, ...
3. Peter kann nicht tanzen, und du ? 4. Wir wollen heute ins Kino gehen ? Und ihr ? 5. Allen war das Wasser zu kalt, und dir ? 6. Bist du damit einverstanden ? Ja...

B. Ajoutez auch *au bon endroit dans la phrase :*
1. Hast du deinen Regenschirm nicht vergessen ? 2. Du kannst nie still sein !
3. Habt ihr den Nachbarn gegrüßt ? (deux solutions) 4. Hast du deine Lektion gut gelernt ? (deux solutions)

35 *Auch nicht, auch kein, auch nicht mehr, auch kein... mehr*

1 *Auch nicht* = "non plus".

*Ich gehe heute abend nicht ins Kino, mein Freund Peter **auch nicht**.*
Ce soir je ne vais pas au cinéma, mon ami Pierre non plus.

A la place du groupe nominal on peut avoir un pronom personnel, en particulier, en français "moi, toi, lui" ; ces pronoms, lorsqu'ils sont sujets, se traduisent par *ich, du, er* et non *mich, dich, ihm*.

*Ich trinke keinen Wein. – Ich **auch nicht**.*
Je ne bois pas de vin. – Moi non plus.

Cependant, lorsque le pronom personnel correspond à un datif ou un accusatif, il doit être décliné.

*Ich kann ihm meinen Schlüssel nicht geben ; dir **auch nicht**.*
Je ne peux pas lui donner ma clef ; à toi non plus.

2 ***Auch nicht*** = "ne ... pas non plus" et ***auch kein...*** = "ne ... pas non plus (de)/ ne ... pas de ... non plus".

*Ich rauche **auch nicht**.*
Je ne fume pas non plus.

*Ich esse **auch kein** Fleisch.*
Je ne mange pas non plus de viande.

*Ich habe **auch keine** Schwester.*
Je n'ai pas de sœur non plus.

3 ***Auch nicht mehr*** = "ne ... plus non plus" et ***auch kein ... mehr*** = "ne ... plus de ... non plus/ne ... plus non plus de ...".

*Ich trinke **auch keine** Milch **mehr**.*
Je ne bois plus de lait non plus.

*Ich schlafe **auch nicht mehr**.*
Je ne dors plus non plus.

Exercice

Traduisez en allemand :
1. Il n'a pas reçu de lettre ; moi non plus. 2. Je ne t'ai pas apporté de livre ; à Brigitte non plus. 3. Je ne joue plus non plus. 4. Je n'achète plus non plus de poires. 5. Je ne suis pas allé en Allemagne à Pâques ; toi non plus ? 6. Je ne les trouve plus non plus. 7. Je ne t'ai pas dit bonjour ; à lui non plus. 8. Il ne lit plus non plus le journal.

36 ***Aucun*** *(traductions)*

1 **"Aucun"** se traduit par ***kein*** qui est décliné comme l'article indéfini *ein*.

***Kein** Baum stand am Straßenrand.*
Il n'y avait aucun arbre au bord de la route.

Pour renforcer l'idée d'exclusion, on peut dire :

nicht ein Baum	*kein einziger Baum*	*nicht ein einziger Baum*
pas un arbre	pas un seul arbre	pas un seul arbre

2 **"Aucun, aucun de", pronom indéfini,** se traduisent par ***keiner*** qui est décliné comme l'article défini *der*.

***Keiner** war gekommen.*
Aucun n'était venu.

*Ich habe **keinen** von beiden gesehen.*
Je n'ai vu aucun des deux.

*Er will mit **keinem** von ihnen sprechen.*
Il ne veut parler à aucun d'eux.

● Pour renforcer l'idée d'exclusion de toute personne, on peut dire :

nicht einer
pas un

kein einziger
pas un seul

nicht ein einziger
pas un seul

▲ **Attention :** "aucun" précédé en français de "sans" ou d'une négation se traduit en allemand par des adjectifs ou pronoms indéfinis
positifs comme *jeder, irgendein, alles, etwas.*

ohne jede Hilfe
sans aucune aide

ohne irgendein Buch
sans aucun livre

ohne allen Zweifel
sans aucun doute

*Er hat uns **nie etwas** Böses getan.*
Il ne nous a jamais fait aucun mal.

*Ich glaube **nicht**, daß **irgendeiner** von euch das tun kann.*
Je ne crois pas qu'aucun de vous puisse le faire.

E x e r c i c e

Traduisez en allemand :
1. Je ne connais aucun d'eux. 2. Aucun des présents ne votait (seine Stimme
abgeben). 3. Aucune lumière n'était visible. 4. Je n'ai pas un sou (der
Pfennig) sur moi. 5. Sans aucune arrière-pensée (Hintergedanken), il m'a proposé de m'aider.

37 *Auparavant (traductions)*

Zuvor et **vorher** situent un événement par rapport à un moment
donné et marquent l'antériorité. Si la phrase contient un complément de temps, ils sont placés après celui-ci.

*Ich habe ihn einige Tage **vorher (zuvor)** getroffen.*
Je l'ai rencontré quelques jours auparavant.

*Ihr könnt gleich spielen. Aber **vorher (zuvor)** müßt ihr noch aufräumen.*
Vous pouvez aller jouer. Mais auparavant il vous faudra ranger.

E x p r e s s i o n s

kurz zuvor/vorher
peu de temps auparavant

nie zuvor/vorher
jamais auparavant

am Tag zuvor/am Vortag
la veille

drei Tage zuvor/vorher
trois jours auparavant

E x e r c i c e

Traduisez en allemand :
1. Trois ans auparavant. 2. Quelques instants auparavant. 3. La nuit auparavant. 4. Un siècle auparavant. 5. Peu de temps auparavant.

38 *Autant* (traductions)

1 "Autant de ; autant que".

Ces termes indiquent une relation d'égalité entre deux éléments de comparaison.

● *(Genau)so viel (*ou *ebenso viel)* + substantif + *wie* = "autant de + substantif + que".

Sie hat (genau)so viel Erfolg wie er.
Elle a autant de succès que lui.

Du hast (eben)so viele Bonbons wie ich !
Tu as autant de bonbons que moi !

● *(Genau)so* ou *(eben)so viel* (ou *sehr*) + verbe *wie* = "verbe + autant + que".

Du schläfst (genau)so viel wie dein Bruder !
Tu dors autant que ton frère !

Wir freuen uns auf die kommenden Ferien (eben)so sehr wie ihr.
Nous nous réjouissons autant que vous à l'idée des vacances à venir.

▶ Pour *sehr* et *viel*, voir n° 226.

● *Nicht so viel wie* = "pas (au)tant de (que)".

Heute ist nicht so viel Verkehr wie gestern.
Aujourd'hui, il n'y a pas (au)tant de circulation qu'hier.

Du arbeitest nicht so viel wie deine Schwester !
Tu ne travailles pas autant que ta sœur !

E x p r e s s i o n s

soviel ich weiß	*soweit ich mich erinnere*	*soweit wie möglich*
autant que je sache	autant que je me souvienne	autant que possible

---

2 "D'autant ... que ; d'autant plus (moins) ... que".

Ces termes introduisent des subordonnées causales qui apportent l'explication pour les faits énoncés dans la première partie de la proposition.

● *Zumal (zumal da)…* = "d'autant que…".

Er fährt gern nach München, zumal (da) er dort alte Freunde trifft.
Il aime bien aller à Munich, d'autant qu'il y rencontre de vieux amis.

● *Um so* + comparatif, *als...* = "d'autant plus" + adjectif + "que...".

Sein Besuch war um so überraschender, als ich ihn in Amerika glaubte.
Sa visite était d'autant plus inattendue que je le croyais en Amérique.

● *Um so mehr als...* = "d'autant plus que...".

Er fährt gern nach Berlin, um so mehr als er dort viele Bekannte hat.
Il aime bien aller à Berlin, d'autant plus qu'il y a beaucoup d'amis.

● *Um so weniger als...* = "d'autant moins que...".

*Er fährt nicht gern nach Hamburg, **um so weniger als** er dort das Klima nicht verträgt.*
Il n'aime pas aller à Hambourg, d'autant moins qu'il n'en supporte pas le climat.

● *Um so besser !* = "tant mieux !".

Exercice

Traduisez en allemand :
1. Je vais souvent au cinéma, d'autant plus que je n'ai pas la télévision.
2. Cet enfant mange autant qu'un adulte. 3. Aujourd'hui, il n'est pas tombé autant de neige qu'hier. 4. Il n'aime pas le sport, d'autant moins qu'il est très gros. 5. Autant que je me souvienne, mon grand-père portait un chapeau noir. 6. Il fait très chaud, d'autant qu'il n'y a pas de vent.

39 *Avant* (traductions)

"Avant", employé comme préposition, adverbe ou conjonction de subordination, correspond à des traductions différentes en allemand.

1 Préposition : *vor* + datif.

***Vor** der Abfahrt des Zuges kaufte er sich eine Zeitung.*
Avant le départ du train, il s'acheta un journal.

2 Adverbe.

● *Davor, zuvor* ou *vorher* lorsqu'on cite une date précise.

*Er ist am 15. März gestorben ; drei Tage **davor** spielte er noch Tennis.*
Il est mort le 15 mars : trois jours avant il jouait encore au tennis.

● *Zuvor* ou *vorher* au sens de "d'abord, auparavant", si l'action doit précéder une autre action envisagée (voir n° 37).

***Vorher** möchte ich dir gratulieren.*
Avant, je voudrais te féliciter.

3 Conjonction de subordination : *bevor* + verbe conjugué.

***Bevor** sie ins Bett ging, putzte sie sich die Zähne.*
Avant d'aller se coucher, elle se lava les dents.

● *Bevor* doit obligatoirement être utilisé avec un verbe conjugué. *Bevor* + infinitif est impossible en allemand.

~~Bevor zu essen~~

● *Bevor* entraîne une certaine concordance des temps.

Verbe de la subordonnée	Verbe de la proposition
indicatif présent ⟶	indicatif présent indicatif futur impératif
indicatif prétérit ⟶	indicatif prétérit indicatif plus-que-parfait
indicatif plus-que-parfait ⟶	indicatif plus-que-parfait

Bevor du zu Paul gehst, hol mir bitte eine Flasche Bier aus dem Keller.
Avant d'aller chez Paul, va me chercher, s'il te plaît, une bouteille de bière à
la cave.

Bevor sie ins Kino ging, rief sie ihre Freundin an.
Avant d'aller au cinéma, elle appela son amie.

Bevor er im Stadion angekommen war, hatten sie schon ein Tor geschossen.
Avant qu'il ne soit arrivé au stade, ils avaient déjà marqué un but.

● Contrairement au français, on n'utilise *bevor* ni avec le subjonctif
ni avec la négation.

E x e r c i c e

Traduisez en allemand :
1. Avant d'acheter ce livre, demande combien il coûte (kosten). 2. Avant le
déjeuner (das Mittagessen), il jouait au football. 3. Avant de t'endormir (einschlafen), n'oublie pas d'éteindre la lumière (das Licht ausmachen). 4. Avant
de descendre du car, ils photographièrent le château. 5. Il quitta le bateau
avant qu'il ne sombre (untergehen).

40 *Avis : être d'avis que, être du même avis*
(traductions)

1 **Pour exprimer son opinion,** on peut employer différentes expressions.

● *Meiner Meinung nach ; meiner Ansicht nach ; meiner Auffassung
nach* = "à mon avis".
Meiner Meinung / Ansicht / Auffassung nach hat er Recht.
A mon avis, il a raison.

● *Ich bin der Meinung, daß... ; ich bin der Ansicht, daß... ; ich bin
der Auffassung, daß...* = "je suis d'avis que...".
Ich bin der Auffassung / Meinung / ..., daß alle informiert werden müssen.
Je suis d'avis que tous doivent être informés.

● *Ich finde* = "je trouve".

*Ich **finde, daß** der Schauspieler schlecht gespielt hat.*
Je trouve que l'acteur a mal joué.

● *Ich meine* = "je pense".

*Ich **meine**, wir sollten morgen noch einmal darüber reden.*
Je pense que nous devrions en reparler demain.

● *Ich glaube* = "je crois".

*Ich **glaube**, das Beste wäre, jetzt zu gehen.*
Je crois que maintenant, le mieux serait de partir.

Notez qu'après certains verbes comme *denken, meinen, glauben, finden*, la construction sans *daß* et l'ordre "sujet + verbe à l'indicatif" sont possibles.

2 **Pour dire que l'on est du même avis.**

Ich bin ganz deiner Meinung.	*Ich stimme Ihrer Meinung zu.*
Je suis tout à fait de ton avis.	Je vous approuve.
Ich bin ganz mit Ihnen einverstanden.	*Ich finde/meine/glaube/das auch.*
Je suis tout à fait d'accord avec vous.	Je le trouve/pense/crois aussi.

▶ Voir aussi "approuver, être d'accord", n° 26.

3 Pour dire que l'on ne partage pas la même opinion.

Ich bin anderer Meinung.
Je suis d'un autre avis.

Ich bin nicht deiner Meinung.
Je ne suis pas de ton avis.

Ich bin nicht der gleichen Ansicht.
Je ne suis pas du même avis.

Ich kann dieser Meinung nicht zustimmen.
Je ne peux pas être d'accord avec cette opinion.

Ich bin damit nicht einverstanden.
Je ne suis pas d'accord avec cela.

Ich teile diese Meinung nicht.
Je ne partage pas cette opinion.

Ich finde das nicht.	*Ich glaube das nicht.*	*Ich meine das nicht.*
Je ne le trouve pas.	Je ne le crois pas.	Je ne le pense pas.

E x e r c i c e

Traduisez en allemand :
1. Est-ce que tu es aussi de son avis ? 2. Je trouve que son comportement était bizarre. 3. A mon avis, il faudrait lui écrire. 4. Je ne partage pas leur opinion sur ce sujet (das Thema). 5. Je suis d'avis qu'il faudrait continuer la grève (der Streik). 6. Je suis tout à fait d'accord avec votre plan. 7. Es-tu d'accord avec moi ou es-tu d'un autre avis ? 8. Pensez-vous qu'il faudrait la prévenir (jmn benachrichtigen) ?

41 **Avoir l'air** *(traductions)*

1 **"Avoir l'air" + adjectif** ("présenter telle apparence, paraître") se traduit par ***aussehen* + adjectif invariable**.

*Sie **sehen** traurig **aus**.*
Ils ont l'air tristes.

2 **"Avoir l'air de" + groupe nominal** se traduit par ***aussehen wie* + groupe nominal au nominatif**.

*Er **sieht wie** ein Künstler **aus**.*
Il a l'air d'un artiste.

3 **"Avoir l'air de" + infinitif ; "sembler" + infinitif** se traduit de deux manières.

● *Scheinen zu* + infinitif.

*Sie **scheint** uns **zu** kennen.*	*Er **scheint** reich **zu** sein.*
Elle semble nous connaître.	Il a l'air d'être riche.

● *Aussehen, als ob* (verbe en finale) ou *aussehen, als* (verbe en 1re position).

*Er **sieht aus, als ob** er krank wäre (**als** wäre er krank).*
Il a l'air d'être malade.

Ou sous la forme impersonnelle :

● *Es scheint, als ob* (ou *als*) + subjonctif I ou II.

***Es scheint, als wolle (wollte)** es regnen.*
***Es scheint, als ob** es regnen **wolle**.*
Il a l'air de vouloir pleuvoir.

● *Es sieht aus, als ob* (ou *als*) (indicatif ou subjonctif selon le contexte).

***Es sieht so aus, als ob** er recht hat / hätte (als habe er / als hätte er recht).*
Il a l'air d'avoir raison.

Exercice

Traduisez en allemand :
1. Elle a l'air distinguée (vornehm). 2. Elle semble dormir. 3. Il a l'air d'une fille. 4. Ils ont l'air d'être heureux. 5. Il semble qu'ils aient perdu le match de football (das Fußballspiel).

42 **Avoir chaud, avoir froid, avoir mal** *(traductions)*

Ces expressions se traduisent par des tournures impersonnelles avec un datif. Pour "avoir froid", on peut également employer le verbe *frieren*.

1 **"Avoir chaud".**

- *Mir ist (es) warm* = "j'ai chaud".

*In diesem Zimmer **ist es mir zu warm.***
J'ai trop chaud dans cette pièce.

- *Mir wird (es) warm* = "je commence à (je finis par) avoir chaud".

*Beim Laufen **wird einem warm**.*
En courant, on a chaud (litt. : on finit par avoir chaud).

▲ **Attention :**

*Er hat **warme** Hände.*   ~~*Er ist warm*~~.
Il a les mains chaudes.   pour "Il a chaud" est impossible.

2 **"Avoir froid".**

- *Mir ist (es) kalt* = "j'ai froid".

***Ihm** ist **es** nie zu **warm**, noch zu **kalt**.*
Il n'a jamais ni trop chaud, ni trop froid.

- *Mir wird (es) kalt* = "je commence à avoir froid".

*Gehen wir ! **Mir wird es** hier zu **kalt**.*
Partons ! Je commence à avoir trop froid ici.

- *Frieren* = "avoir froid", s'emploie sous des formes personnelles ou impersonnelles.

ich friere
es friert mich } j'ai froid
mich friert

- *Frieren an* + datif = "avoir froid à ...".

***Es friert mich an** den Händen.*
J'ai froid aux mains.

▲ **Attention :**

*Er hat **kalte** Hände.*   ~~*Er ist kalt*~~.
Il a les mains froides.   pour "Il a froid" est impossible.

3 **"Avoir mal".**

- *Mir tut etwas* (nom.) *weh* = "j'ai mal à ...".

***Ihr tut** immer der Kopf **weh**.*
Elle a toujours mal à la tête.

E x e r c i c e

Traduisez en allemand :
1. As-tu froid ? (verbe "frieren" ; 2 solutions). 2. J'ai froid aux pieds. 3. Les enfants ont mal aux jambes. 4. Dans ce bureau, j'ai toujours trop chaud. 5. Nous avons eu froid pendant tout le voyage (verbe "frieren", forme personnelle). 6. Est-ce que vous avez froid (forme avec "kalt") ? 7. Elle a mal à la gorge et aux oreilles (der Hals/die Ohren).

43 **Avoir envie** *(traductions)*

1 **Lust haben, etwas zu tun** = "avoir envie de faire qqch.".

*Sie **hatte Lust zu** tanzen und **zu** springen.*
Elle avait envie de danser et de sauter.

2 **Lust zu** + datif = "avoir envie de". Pour le groupe nominal, on trouve souvent des verbes substantivés.

*Ich habe keine **Lust zum Arbeiten**.*
Je n'ai pas envie de travailler.

S'il y a une négation, elle porte sur le groupe nominal.

*Er hat **zu** keiner Arbeit **Lust**.*   *Sie hat **zu** nichts **Lust**.*
Il a envie de ne rien faire.   Elle n'a envie de rien.

3 **Lust auf** + accusatif s'utilise surtout en langue courante en relation avec des aliments ou des boissons.

*Jetzt hätte ich **Lust auf** eine Tasse schwarzen Kaffee.*
Maintenant j'aurais envie d'une tasse de café noir.

*Sie hat **Lust auf** Erdbeeren.*
Elle a envie de fraises.

4 **Mögen** (+ verbe à l'infinitif) s'emploie surtout dans des phrases négatives.

*Ich **mag** jetzt nicht hinausgehen.*
Je n'ai pas envie de sortir maintenant.

5 **(Ich) möchte gern...** = "avoir envie" (de posséder, de faire qqch.).

*Sie **möchte gern** einen Kassettenrecorder.*
Elle a envie d'avoir un magnétophone.

*Er **möchte gern** eine Weltreise **machen**.*
Il voudrait faire un voyage autour du monde.

E x e r c i c e

Traduisez en allemand :
1. As-tu envie de jouer au football avec nous ? 2. Nous avons envie d'avoir une voiture plus rapide. 3. As-tu envie d'une bière fraîche ? 4. J'ai envie d'aller au théâtre ce soir. 5. Avez-vous (forme de politesse) envie d'une promenade ? 6. Je n'ai pas envie de manger maintenant.

44 **Avoir faim, avoir soif, avoir sommeil** *(traductions)*

Ces expressions se traduisent en allemand par un adjectif + *sein*. Pour "avoir faim", "avoir soif", on emploie aussi très fréquemment *Hunger* et *Durst* + *haben*.

1 **"Avoir faim"** : *hungrig sein* ou *Hunger haben*.

Nach der Schule **sind** *die Kinder immer* **hungrig** (**haben** *sie immer* **Hunger**).
Après l'école, les enfants ont toujours faim.

2 **"Avoir soif"** : *durstig sein* ou *Durst haben*.

Habt *ihr* **Durst** (**Seid** *ihr* **durstig**) ?
Avez-vous soif ?

3 **"Avoir sommeil".**

● *Schläfrig sein* = "avoir envie de dormir" ; "être (tout) endormi" ; "ne pas être éveillé".

Das Kind ist ganz **schläfrig**.
L'enfant a sommeil.

● *Müde sein* = "être fatigué".

Nach der langen Wanderung **waren** *sie alle* **hungrig, durstig** *und* **müde**.
(*ou :* **... hatten** *sie alle* **Hunger** *und* **Durst** *und waren sehr* **müde**).
Après la longue marche à pied, ils avaient tous faim et soif et ils tombaient de sommeil.

Notez que *jmn* (acc.) *hungrig, durstig, schläfrig machen* = "donner faim, soif à qqn, faire dormir qqn".

Der Wein macht mich **schläfrig**.
Le vin me fait dormir.

E x e r c i c e

Traduisez en allemand :
1. Je n'ai ni faim, ni soif (deux solutions). 2. Les enfants sont encore tout endormis. 3. Le travail au jardin (die Gartenarbeit) lui a donné faim. 4. Parler me donne toujours soif.

---

45 *Avoir peur (traductions)*

Cette tournure peut se traduire de plusieurs manières.

1 *Angst haben*.

● *Angst haben vor* + datif.

Er hat **Angst vor** *dem Gewitter*.
Il a peur de l'orage.

● *Angst haben* + groupe infinitif avec *zu*.

Sie **hat Angst**, *krank* **zu** *werden*.
Elle a peur de tomber malade.

56

2 *Sich fürchten*.

● *Sich fürchten vor* + datif.

Fürchtest du **dich vor** Gespenstern ?
Est-ce que tu as peur des fantômes ?

● *Sich fürchten* + groupe infinitif avec *zu*.

Sie **fürchtete sich (davor)**, abends allein auszugehen.
Elle avait peur de sortir seule le soir.

3 *Etw.* (acc.) *fürchten* + groupe infinitif avec *zu* ou + subordonnée avec *daß* + indicatif = "craindre qqch.", "craindre un événement".

Die Arbeiter der Druckerei **fürchten**, ihre Arbeit **zu** verlieren.
Les ouvriers de l'imprimerie ont peur (craignent) de perdre leur travail.

Ich **fürchte, daß** wir uns alle erkältet haben.
J'ai peur (je crains) que nous n'ayons tous pris froid.

E x e r c i c e

Traduisez en allemand :
1. Elle a peur des chiens et des chats. 2. Il a peur de sauter dans l'eau. 3. Je crains qu'il ne soit malade. 4. Elle a peur de perdre du temps. 5. L'enfant a peur de la mer.

46 *Avoir raison, avoir tort* (traductions)

Ces expressions se traduisent par *recht haben* et *unrecht haben*, qui peuvent être suivis d'une subordonnée avec *daß* ou d'un groupe infinitif avec *zu*.

1 *Recht haben* = "avoir raison".

Er hatte recht, diese Stelle abzulehnen.
Il a eu raison de refuser ce poste.

2 *Unrecht haben* = "avoir tort".

Da **hast** du nicht ganz **unrecht**.
Là, tu n'as pas tout à fait tort.

▲ **Attention :** *recht haben* et *unrecht haben* s'écrivent avec des minuscules.

E x e r c i c e

Traduisez en allemand :
1. Il avait tort de crier si fort. 2. Ils ont raison d'agir ainsi. 3. Elle croit qu'elle a toujours raison. 4. Dans cette affaire (die Angelegenheit), tu as eu tort.

47 *Beau : il a beau* (traductions)

L'expression concessive "il a beau..." (voir aussi n° 67) se traduit généralement de la manière suivante.

1 *Noch so* + adjectif ou adverbe + *mögen*.

Er mag noch so laut rufen, keiner hört ihn.
Il a beau appeler, personne ne l'entend.

Er mag eine noch so hohe Stellung haben, ich möchte nicht mit ihm tauschen.
Il a beau avoir une situation importante, je ne voudrais pas être à sa place.

2 *So* + adjectif ou adverbe + *auch* (+ verbe à l'indicatif ou + *mögen* + verbe à l'infinitif).

So sehr sie sich auch beeilte (beeilen möchte), sie erreichte den Zug nicht.
Elle avait beau se dépêcher, elle a manqué son train.

So viel sie auch arbeiten möchte, die Prüfungen hat sie nicht geschafft.
Elle avait beau travailler, elle n'a pas réussi à ses examens.

So interessant seine Arbeit auch ist (sein mag), er langweilt sich doch.
Il a beau avoir un travail intéressant, il s'ennuie quand même.

3 *Wenn ... auch...*

Wenn wir uns auch beeilten, wir kamen immer zu spät.
Nous avions beau nous dépêcher, nous étions toujours en retard.

Notez que dans ce genre de concessives, il y a rupture de construction, le verbe occupe donc la deuxième place dans la seconde proposition.

Exercice

Traduisez en allemand (donnez chaque fois les trois constructions) :
1. Il avait beau dormir longtemps, il était toujours fatigué. 2. J'ai beau le leur rappeler (jmn an etw. erinnern), ils oublient toujours mon disque. 3. Ils avaient beau se fâcher (sich ärgern), les enfants jouaient toujours sous leurs fenêtres. 4. Il a beau attendre, elle n'ouvrira pas la porte.

48 ***Beaucoup de*** *(traductions)*

1 **"Beaucoup de"** + substantif au singulier ou au pluriel = ***viel*** (sing.)/***viele*** (pl.). *Viel* reste en général invariable alors que *viele* se décline comme un adjectif (type II).

*Er hat **viel** Geld.*
Il a beaucoup d'argent.

*Er reist mit **viel** Geld.*
Il voyage avec beaucoup d'argent.

*Er hat **viele** Bücher.*
Il a beaucoup de livres.

*Er arbeitet mit **vielen** Büchern.*
Il travaille avec beaucoup de livres.

2 **"Beaucoup"** + verbe.

● *Sehr :* avec un verbe contenant une idée d'intensité.

*Er freut sich **sehr.***
Il se réjouit beaucoup.

*Danke **sehr** !*
Merci beaucoup !

● *Viel :* avec un verbe contenant une idée de quantité.

*Er ißt, trinkt und schläft **viel.***
Il mange, boit et dort beaucoup.

Exercice

Traduisez en allemand :
1. Je n'ai pas beaucoup de temps. 2. J'ai beaucoup couru aujourd'hui. 3. Cela m'intéresse beaucoup. 4. Beaucoup de gens étaient venus. 5. C'est beaucoup trop ! 6. Je les estime (schätzen) beaucoup.

49 ***Beinahe*** et ***fast***

1 ***Beinahe*** et ***fast*** = "presque", signifient que qqch. n'est pas tout à fait atteint. Ils s'emploient dans les mêmes conditions.

***Beinahe (fast)** tausend Menschen waren auf dem Platz versammelt.*
Près de mille personnes étaient réunies sur la place.

*Es ist **beinahe (fast)** Mitternacht.*
Il est presque minuit.

2 ***Beinahe*** et ***fast*** + verbe au subjonctif II = "pour un peu", "faillir", signifient qu'un événement ne s'est pas produit au dernier moment.

*Wir **wären beinahe (fast)** hingefallen.*
Pour un peu nous serions tombés.

***Beinahe (fast) hätte** das Auto ein Kind überfahren.*
La voiture a failli renverser un enfant.

Exercice

Traduisez en allemand :
1. Il a failli trahir le secret (das Geheimnis verraten). 2. Il a presque tout mangé. 3. Mon travail est presque terminé. 4. Pour un peu, il aurait manqué son bus (verpassen).

50 *Benutzen, gebrauchen, verwenden*

1 *Benutzen*.

● *Etw.* (acc.) *benutzen* ou *benützen* correspond à "employer, se servir de (outil, machine)".

*Willst du den Hammer **benutzen** ?*
Veux-tu te servir du marteau ?

● *Etw. (be)nutzen* ou *(be)nützen* correspond à "utiliser avec profit" ; "profiter" (du temps, de l'occasion).

*Wir **(be)nutzen** das schöne Wetter für einen Ausflug.*
Nous profitons du beau temps pour faire une excursion.

2 *Gebrauchen.*

● *Etw.* (acc.) *gebrauchen* correspond à "employer" ; "faire usage de qqch." (pouvoir, armes, son droit).

*Werden sie die Waffen **gebrauchen** ?*
Vont-ils employer les armes ?

● *Gebrauchen* se trouve souvent sous la forme *etw. gebrauchen können* (cf. *verwenden können*) et correspond à "avoir besoin de" ; "être utile à" pour des objets ou des personnes.

*Kannst du meine Notizen **gebrauchen** ?*
Peux-tu te servir de mes notes ?

*Ja, ich kann sie gut **gebrauchen**.*
Oui, elles me seront utiles.

*Er ist zu nichts zu **gebrauchen**.*
Il n'est bon à rien.

▶ Voir aussi *brauchen,* n° 55.

● La forme du participe II : *gebraucht* = "usagé, d'occasion".

***gebrauchte** Wäsche*
du linge usagé

*ein **gebrauchter** Wagen (ou : ein **Gebrauchtwagen**)*
une voiture d'occasion

3 *Verwenden.*

● *Etw. verwenden* traduit le français "utiliser qqch. dans un certain but".

*Hast du schon das neue Waschmittel **verwendet** ?*
As-tu déjà utilisé la nouvelle lessive ?

● "Faire profiter", "utiliser à bon escient" (cf. *(be)nutzen*).

*Heute hast du deine Zeit nicht gut **verwendet**.*
Aujourd'hui, tu n'as pas bien utilisé ton temps.

● *Etw. verwenden können* (cf. *gebrauchen können*) correspond à "avoir besoin de", "être utile à".

*Könnt ihr dieses Werkzeug für eure Arbeit **verwenden** ?*
Avez-vous besoin de cet outil pour votre travail ?

● *Viel Zeit, Mühe auf etw. verwenden* signifie "investir" (du temps, des efforts dans qqch.).

*Auf diese Arbeit hat er viel Mühe **verwandt/verwendet**.*
Il a investi beaucoup d'efforts dans ce travail.

Exercice

Complétez par benutzen, gebrauchen *ou* verwenden :
1. Darf ich mal deinen Bleistift ... ? 2. Dieser Fernseher ist nicht mehr zu ... ! 3. Kann man diesen Stoff noch ... ? 4. Ich ... die Gelegenheit, um ihn daran zu erinnern. 5. Wofür ... man diesen Apparat ? 6. Warum willst du nicht dein Fahrrad ... ? 7. Das sind ... Möbel. 8. Ich könnte dich jetzt gut ... ! 9. Auf diesen Aufsatz hast du aber nicht viel Zeit ... ! 10. Ich ... nur mein Recht !

51 *Bewußt*

Avec *bewußt*, deux constructions sont possibles.

1 *Sich* (dat.) *einer Sache* (gén.) *bewußt sein* = "être conscient de qqch.".

*Ich bin **mir** meines Irrtums wohl **bewußt**.*
Je suis tout à fait conscient de mon erreur.

*Ich bin **mir** keiner Schuld **bewußt**.*
Je n'ai rien à me reprocher.

*Er ist **sich dessen bewußt**.*
Il en est conscient.

2 *Jmm ist etw. bewußt* ou *jmm ist bewußt, daß...* = "avoir conscience de...", "se rendre compte".

***Mir** ist **bewußt, daß** ich viele Fehler gemacht habe.*
Je me rends compte que j'ai fait beaucoup de fautes.

Exercice

Traduisez en allemand :
1. Il n'est pas conscient du danger. 2. Elle a conscience de sa responsabilité (die Verantwortung). 3. Il ne se rendait pas compte de ce qu'il disait. 4. En es-tu conscient ?

52 *Bien* (traductions)

Selon le contexte, "bien" se traduit de différentes manières.

1 *Gut*.

● "Convenablement", "comme il faut".

*Er kann **gut** tanzen, schwimmen, rechnen, Klavier spielen.*
Il sait bien danser, nager, calculer, jouer du piano.

*Das Kind lernt **gut**, schläft **gut**.*
L'enfant apprend bien, dort bien.

*Dieses Kleid steht dir **gut**.*
Cette robe te va bien.

● Être dans un état physique normal.

*Er kann **gut** sehen, hören.*   *Mir ist nicht **gut**.*
Il voit bien, entend bien.   Je ne me sens pas bien.

*Es geht mir **gut**.*
Je vais bien.

2 *Wohl*.

● "Bien" ; "à l'aise" en relation avec le verbe *sich fühlen*.

*Ich fühle mich nicht **wohl**.*   *Hier fühlt man sich **wohl**.*
Je ne me sens pas bien.   Ici, on se sent bien.

● En tant que modalisateur dans le sens de "vraiment", "réellement", "probablement" ou en tant que particule modale renforçant une supposition.

*Du weißt es **wohl**.*
Tu le sais bien.

*Ich erinnere mich **wohl daran**.*
Je m'en souviens bien (parfaitement).

*Er wird **wohl** kommen.*
Il viendra bien. / Je suppose qu'il viendra.

● Estimation approximative : "environ".

***Wohl** 1 000 Menschen hatten sich versammelt.*
Il y avait bien 1 000 personnes qui s'étaient rassemblées.

3 *Recht* (ou *richtig*).

● Conforme à un certain code (mode de vie, morale, raison, situation).

*Er hat **recht** gehandelt (conforme à la morale).*
*Er hat **richtig** gehandelt (conforme à la situation).*
Il a bien agi.

*Das finde ich nicht **recht/richtig**.*
Je ne trouve pas cela bien.

*Es geschieht ihm **recht**.*
C'est bien fait pour lui.

*Wenn ich Sie **recht/richtig** verstehe.*
Si je vous comprends bien.

● Dans le sens de "assez", ***recht*** indique un certain degré.

*Er ist **recht** krank.*
Il est bien malade.

*Er ist noch **recht** jung für diese Arbeit.*
Il est bien jeune pour ce travail.

▶ Voir aussi *richtig, gerecht, recht,* n° 221.

4 ***Sehr*** = "bien" au sens de "très".
Sehr est en relation avec des adjectifs, des adverbes ou des verbes et indique un degré élevé.

*Er ist **sehr** krank.*
Il est bien malade.

*Ich hoffe es **sehr**.*
Je l'espère bien.

*Ich bin **sehr** froh.*
Je suis bien (ou : très) content.

5 ***Viel***.

● "Beaucoup". *Viel* est en relation avec des verbes et indique la quantité.

*Wir haben **viel** gelacht.*
Nous avons bien ri.

*Er hat **viel** getrunken.*
Il a bien bu.

● Indication de degré : *viel* + comparatif = "bien plus" ; degré excessif : *viel zu* = "bien trop".

*Er fährt **viel** schnell**er** als ich.*
Il roule bien plus vite que moi.

*Es ist **viel zu** spät.*
Il est bien trop tard.

● "Bien de" ; "bien des" : *viel, viele*.

viel *Mut*
bien du courage

viele *Leute*
bien des gens

6 ***Gern*** = dans le sens de "volontiers" ; souvent en relation avec un conditionnel.

*Das glaube ich **gern**.*
Je le crois bien.

*Ich **möchte gern**.*
Je voudrais bien.

*Ich **würde** ihm **gern** schreiben.*
Je lui écrirais bien.

E x p r e s s i o n s

Selbstverständlich !
Bien sûr !

Danke sehr !
Merci bien !

Er ist ein vornehmer Herr.
C'est un monsieur bien.

Das Mädchen ist in Ordnung.
C'est une fille bien.

Exercices

A. Complétez :
1. Dieses Puzzlespiel ist ... zu schwierig für mich. 2. Fühlst du dich heute nicht ... ? 3. Ist das Kind krank ? Es ist ... blaß. 4. Diese Farbe steht dir nicht ... 5. Ich habe sie ... seit fünf Jahren nicht gesehen. 6. Er fährt ... Auto. 7. Ich würde dich ... vom Bahnhof abholen. 8. Hast du ... geschlafen ? 9. Findest du, daß er seinen Kindern gegenüber ... gehandelt hat ? 10. Er hat ... gehandelt. Er hat sofort die Polizei angerufen.

B. Traduisez en allemand :
1. Comment vas-tu ? – Merci, je vais très bien. 2. Il viendra probablement en retard. 3. Elle danse bien mieux que moi. 4. Nous avons bien dansé hier soir. 5. Il apportera bien une bouteille de vin. 6. Nous étions bien contents de les rencontrer.

---

53 *Bitten* et *danken*

1 *Jmn um etw.* (acc.) *bitten* = "demander qqch. à qqn" ; "prier qqn de faire qqch.".

*Darf ich dich **um** eine Zigarette **bitten** ?*
Puis-je te demander une cigarette ?

*Ich möchte dich **um** einen Gefallen **bitten**.*
J'aimerais te demander un service.

*Er hat mich **(darum) gebeten**, Ihnen dieses Paket zu geben.*
Il m'a demandé de vous remettre ce paquet.

Formules de politesse

Bitte !   **Danke schön !**   **Bitte schön !**
S'il vous (te) plaît !   Merci beaucoup !   Il n'y a pas de quoi ! (De rien !)

Würden Sie so freundlich sein und... *(par ex. mir helfen) ?*
Auriez-vous l'amabilité de... (m'aider) ?

Seien Sie so nett und... *(par ex. schließen Sie das Fenster).*
Soyez assez aimable de... (fermer la fenêtre).

2 *Jmm für etw.* (acc.) *danken* = "remercier qqn de qqch.".

*Ich **danke** dir recht herzlich **für** deinen Brief.*
Je te remercie beaucoup (litt. : cordialement ; chaleureusement) de ta lettre.

Formules de remerciement

Vielen Dank ! / Herzlichen Dank ! /
Merci beaucoup !

Danke schön ! Tausend Dank !
Mille fois merci !

Nein, danke !
Non, merci !

Das ist sehr nett von Ihnen.
C'est très aimable de votre part.

Vielen Dank für die Blumen !
Merci beaucoup pour les fleurs !

Herzlichen Dank für die Einladung ; ich nehme sie gerne an.
Merci beaucoup pour l'invitation ; je l'accepte volontiers.

Das wäre aber nicht nötig gewesen.
Das hätten Sie aber nicht zu tun brauchen.
Mais il ne fallait pas !

Exercice

Traduisez en allemand :
1. Je te remercie beaucoup pour le livre que tu m'as envoyé. 2. Soyez assez gentil de ne plus m'appeler. 3. Oh, les belles fleurs ! Mille fois merci ! 4. Que c'est gentil de votre part ! Mais il ne fallait pas ! 5. Voudriez-vous encore un morceau de gâteau ? – Non, merci ! 6. Je voudrais te demander de m'accompagner à la gare. 7. Garçon, un café, s'il vous plaît ! 8. Puis-je vous demander le sel ?

54 *Bleiben*

1 *Bleiben.*
"Rester" dans le sens de "demeurer", "persister". Le verbe employé pour former le parfait est *sein*.

Wie lange **bist** *du in Deutschland* **geblieben ?**
Combien de temps es-tu resté en Allemagne ?

Sie ist *jung* ***geblieben.***   *Er* ***ist*** *zu Hause* ***geblieben****.*
Elle est restée jeune.   Il est resté chez lui.

2 *Bleiben* + **verbe de position.**
Selon qu'elles s'écrivent en un seul mot ou en deux, certaines expressions formées de *bleiben* + verbe de position ont un sens différent. Sens concret : en deux mots ; sens figuré : en un seul mot.

stehen bleiben	**sitzen bleiben**	**hängen bleiben**
rester debout	rester assis	rester suspendu
stehenbleiben	**sitzenbleiben**	**hängenbleiben**
s'arrêter, en rester là	redoubler une classe	rester accroché

▲ **Attention** : *liegenbleiben* et *steckenbleiben* font exception. Ils s'écrivent en un seul mot à l'infinitif et au participe, aussi bien lorsqu'ils ont un sens concret que lorsqu'ils sont employées avec un sens figuré.

liegenbleiben	*steckenbleiben*
rester couché	rester enfoncé
être oublié	s'arrêter (dans un discours)

Comparez :

Während des ganzen Abends sind wir **stehen geblieben.**
Nous sommes restés debout toute la soirée.

Wo sind wir das letzte Mal **stehengeblieben ?**
Où en sommes-nous restés la dernière fois ?

Meine Uhr ist **stehengeblieben.**
Ma montre s'est arrêtée.

Ihr könnt ruhig **sitzen bleiben !**
Restez donc assis !

Inge wird dieses Jahr **sitzenbleiben.**
Inge devra redoubler sa classe cette année.

Die Äpfel sind am Baum **hängen geblieben.**
Les pommes sont restées sur l'arbre.

Sie ist mit dem Rock am Busch **hängengeblieben.**
Elle est restée accrochée par sa jupe au buisson.

Willst du denn den ganzen Tag **liegenbleiben ?**
Veux-tu donc rester couché toute la journée ?

Ein Regenschirm ist im Bus **liegengeblieben.**
Un parapluie a été oublié dans le bus.

Der Schlüssel ist im Schloß **steckengeblieben.**
La clef est restée sur la porte.

Er ist mitten in seinem Referat **steckengeblieben.**
Il s'est arrêté au beau milieu de son exposé.

▶ Voir aussi *übrigbleiben*, n° 254.

Exercice

Traduisez en allemand :
1. Veux-tu rester pour la nuit (über Nacht) ? 2. Il ne nous reste pas d'autre choix. 3. Hier, je suis resté chez moi. 4. L'horloge de la gare s'est arrêtée. 5. Il reste 1 000 Mark à payer. 6. Je suis resté trois mois en Bavière (Bayern).

55 *Brauchen*

1 *Brauchen* + groupe nominal (acc.).

● "Avoir besoin de qqn, de qqch.".

Ich könnte dich jetzt **brauchen.**
J'aurais besoin de toi maintenant.

Er **braucht** *Ruhe.*
Il a besoin de repos.

Ich **brauche** *keinen Regenschirm.*
Je n'ai pas besoin de parapluie.

● "Mettre du temps" = *brauchen* + complément de temps (à l'accusatif s'il s'agit d'un groupe nominal).

*Der Zug **braucht** einen ganzen Tag.*
Le train met une journée entière.

*Wie lange **brauchst** du denn noch ?*
Combien de temps te faudra-t-il encore ?

● "Pouvoir utiliser", "être utile à".

*Kannst du diesen Stoff **brauchen** ?*
Peux-tu utiliser ce tissu ?

▶ Voir *benutzen, gebrauchen, verwenden,* n° 50.

2 *Brauchen + zu* + infinitif.

● Uniquement avec une négation : "ne pas avoir besoin de faire qqch." ; "ne pas être obligé de faire qqch." = *etwas nicht zu tun brauchen.*

*Sie **brauchen** heute **nicht zu** kommen.*
Vous n'êtes pas obligé de venir aujourd'hui.

*Er **braucht** das **nicht zu** wissen.*
Il n'a pas besoin de le savoir.

● Ou avec une restriction : "n'avoir qu'à faire qqch." = *etwas nur zu tun brauchen.*

*Du **brauchst** es mir **nur zu** sagen.*
Tu n'as qu'à me le dire.

● Dans la langue parlée, *zu* tend à disparaître.

*Du **brauchst** nicht (zu) weinen.*
Il ne faut pas pleurer.

● Aux temps composés, *brauchen* prend la forme de l'infinitif lorsqu'il est précédé d'un infinitif.

*Er hätte nicht zu kommen **brauchen**.*
Il n'aurait pas eu besoin de venir.

▲ **Attention :** pour traduire "avoir besoin de faire qqch." (sans négation ni restriction), il faut employer *müssen.*

*Ich **muß** mich etwas hinlegen.*
J'ai besoin de m'allonger.

Exercice

Traduisez en allemand :
1. J'ai besoin de toi. 2. Il n'a jamais eu besoin d'un médecin. 3. Elle a besoin d'un nouveau manteau. 4. Il n'a pas besoin de notre conseil. 5. Tu n'as qu'à m'appeler (rufen) si tu as besoin de moi. 6. Ils n'ont pas besoin de le savoir. 7. De combien de temps auras-tu besoin pour ce travail ? 8. Il me faudra trois heures. 9. Vous n'auriez pas eu besoin de nous écrire. 10. Nous n'avons plus besoin de l'attendre (warten auf + acc.).

56 *Certain, certainement* (traductions)

1 *Sicher.*

● "Certain", placé après le nom, sens de "sûr".

*Ein **sicherer** Erfolg.*
Une réussite certaine.

● *Einer Sache* (gén.) *sicher sein* ou *sicher sein, daß...* = "être certain de qqch."

*Ich bin **dessen sicher**.*
J'en suis certain.
*Wir sind **sicher, daß** es ihm gelingen wird.*
Nous sommes certains qu'il réussira.

2 *Gewiß.*

"Certain", placé devant le nom, sens de "difficile à préciser", "imprécis".

*eine **gewisse** Zeit*	*ein **gewisser** Herr Schmidt*
un certain temps	un certain Monsieur Schmidt

3 *Bestimmt.*

"Certain" antéposé, mais au sens de "déterminé", "défini".

*Er war in **bestimmten** Kreisen bekannt.*
Il était connu dans certains milieux.

4 L'adverbe "certainement" se traduit par *sicher, gewiß* ou *bestimmt*.

*Er kommt **sicher** / **gewiß** / **bestimmt** nicht.*
Il ne viendra certainement pas.

Exercice

Traduisez en allemand :
1. Ils arrivaient toujours à une certaine date. 2. Il me faut un certain temps pour traduire ces exercices. 3. Un certain nombre de gens étaient venus. 4. En es-tu certain ? Je n'en suis pas certain. 5. Je suis certain qu'il viendra. 6. C'est une preuve certaine (Beweis). 7. Comment peut-on en être certain ! 8. Il lui fallait pour cela un certain courage.

C

57 *Cesser de, continuer à* (traductions)

1 "Cesser de".

- *Aufhören* + infinitif avec *zu*.

*Sein Herz hat **aufgehört** zu schlagen.*
Son cœur a cessé de battre.

- *Nicht mehr* + verbe.

*Er trinkt **nicht mehr.***
Il a cessé de boire. (Il ne boit plus).

2 "Ne pas cesser de".

- *Nicht aufhören* + infinitif avec *zu*.

*Sie hat **nie aufgehört**, ihn **zu** lieben.*
Elle n'a jamais cessé de l'aimer.

- *Immer wieder* + verbe note l'intermittence.

*Ich frage mich **immer wieder, ob...***
Je ne cesse de me demander si...

- *Unaufhörlich* + verbe.

*Es regnet **unaufhörlich.***
Il ne cesse de pleuvoir. (Il pleut sans cesse.)

3 "Continuer à".

- *Immer noch* + verbe.

*Sie schreibt ihm **immer noch.***
Elle continue à lui écrire.

- *Weiter* + verbe.

*Das Kind spielt **weiter**.*
L'enfant continue à jouer.

E x e r c i c e

Transformez les phrases de façon à remplacer (nicht) aufhören *par les adverbes ci-dessus :*
1. Er hört nicht auf zu sprechen. 2. Hör endlich auf, mich zu stören ! 3. Seit zwei Tagen hat es nicht aufgehört zu schneien. 4. Hast du aufgehört, Tennis zu spielen ? 5. Seit heute morgen hat das Telefon nicht aufgehört zu läuten. 6. Er hat nie aufgehört, uns zu verteidigen. 7. Er hat mit dem Klavierspielen aufgehört.

58 *C'est..., il est...* (traductions)

1 Pour présenter une personne ou un objet en les désignant expressément : *das ist, das sind...*

***Das ist** meine Schwester.*
C'est ma sœur.

Das sind *meine Geschwister.*
Ce sont mes frères et sœurs.

Das ist *mein Haus.*
C'est ma maison.

2 **Pour se référer à une chose, un événement évoqués antérieurement :** *das ist, das sind... ; es ist, es sind...*.
Das a un caractère plus démonstratif que *es*, qui n'est qu'une simple reprise.

Ich habe davon gehört. ***Das ist (es ist)*** *eine alte Geschichte.*
J'en ai entendu parler. C'est une vieille histoire.

3 **Pour se référer à une personne évoquée antérieurement,** on emploie les pronoms personnels ou le pronom neutre *es :*
er, sie, es ist ; sie sind... / es ist, es sind...

Siehst du diesen Jungen ? ***Es (er)*** *ist ein guter Freund von mir.*
Vois-tu ce garçon ? C'est un bon ami à moi.

Ich kenne diese Leute. ***Es (sie)*** *sind unsere Nachbarn.*
Je connais ces gens. Ce sont nos voisins.

▲ **Attention :**

Ich bin es / ich bin's.	***Du bist es.***	***Er/sie ist es.***
C'est moi.	C'est toi.	C'est lui/elle.
Wir sind es.	***Ihr seid es.***	***Sie sind es.***
C'est nous.	C'est vous.	Ce sont eux/elles.

E x e r c i c e

Traduisez en allemand :
1. Des enfants chantent. Ce sont les élèves de l'école primaire (die Grundschule). 2. Regarde ! C'est un pommier. 3. C'était le bon vieux temps ! 4. C'est un bon skieur. 5. C'est une actrice de cinéma. 6. Ouvrez ! C'est nous !

59 *C'est ... qui..., c'est ... que...* *(traductions)*

1 La tournure **"c'est ... qui, c'est ... que"** sert à mettre en relief un élément de la phrase. En allemand, cet **élément** est **accentué** et **placé en tête de phrase**. Quelquefois, si le contexte le permet, un *aber*, particule de discours (voir n° 179), ou d'opposition (voir n° 2) est ajouté.

*Mein °****Onkel*** *ist gekommen.*
C'est mon oncle qui est venu.

*°****Er*** *wird sich* ***aber*** *freuen.*
C'est lui qui va être content.

*°****Ich*** *habe angerufen.*
C'est moi qui ai appelé.

Gerade °dieses Mal hat er sich getäuscht.
C'est précisément cette fois-ci qu'il s'est trompé.

Jetzt kann ich nicht weg. °Morgen aber bin ich frei.
Maintenant je ne peux pas m'absenter. Mais demain, je suis libre.

2 **La relative,** d'un emploi moins fréquent et plus littéraire, est néanmoins possible pour la mise en relief (voir aussi n° 207.6).

Ich bin es, die den Schlüssel gefunden hat.
Ich bin es, die ich den Schlüssel gefunden habe.
C'est moi qui ai trouvé la clef.

Ihr seid es, die geklingelt haben ?
Ihr seid es, die ihr geklingelt habt ?
C'est vous qui avez sonné ?

E x e r c i c e

Traduisez en allemand en accentuant l'élément qui est mis en relief :
1. C'est hier que je l'ai rencontré. 2. C'est eux qui nous avaient dérangés (stören). 3. C'est tout de suite qu'il voulait son cadeau. 4. C'est à minuit que j'ai appris la nouvelle. 5. C'est toi qui as fait cela ? 6. Tous étaient venus. C'est Felix qui manquait (fehlen).

60 *C'est à ... de (traductions)*

1 ***Dran sein / dran kommen ; an der Reihe sein / an die Reihe kommen*** = "C'est à (toi) de ...", "c'est le tour de ..." dans un jeu ou une succession d'actions. La personne désignée est accentuée.

°Du bist dran. / °Du bist an der Reihe.
C'est à toi (de jouer).

Jetzt kommt °ihr dran. / Jetzt kommt °ihr an die Reihe.
C'est à vous (de jouer).

*Jetzt bist °du dran, mir zu schreiben. / Jetzt bist °du mit dem Schreiben **an der Reihe.***
C'est à toi de m'écrire maintenant.

2 ***Müssen (+ selbst)*** = "C'est à ... de faire qqch." (idées d'engagement, de décisions à prendre, de responsabilité). La personne désignée ou *selbst* sont accentués.

°Du mußt das entscheiden / Das mußt °du entscheiden ! /
Das mußt du °selbst entscheiden !
C'est à toi de décider ! (à toi-même et à personne d'autre).

3 ***Haben*** + *zu* + infinitif.

*Das **hast** °du **zu** entscheiden !*
C'est à toi de décider !

> ### E x e r c i c e

Traduisez en allemand en accentuant l'élément mis en relief (chaque fois deux solutions) :
1. Ce n'est pas encore à toi ! 2. C'est à vous de prendre vos responsabilités (die Verantwortung übernehmen). 3. C'est à nous de vous inviter ! 4. Est-ce mon tour maintenant ? 5. C'est à toi de trouver une solution (Lösung) ! 6. C'est à eux de nous appeler (anrufen).

61 *Changer de* (traductions)

1 *Wechseln* + accusatif.

● "Changer une chose pour une autre" ; "remplacer".

– *Wäsche, Kleider, Schuhe wechseln* = "changer de linge, de vêtements, de chaussures" ;
– *ein Rad, einen Reifen, Öl wechseln* = "changer de roue, de pneu, d'huile" ;
– *das Thema, den Gesprächsgegenstand wechseln* = "changer de sujet, de sujet de conversation" ;
– *den Besitzer wechseln* = "changer de propriétaire" ;
– *Geld wechseln* = "changer de l'argent".

*Er **wechselt** jeden Tag sein Hemd.*
Il change tous les jours de chemise.
***Wechseln** wir das Thema !*
Changeons de sujet !

● "Changer un lieu pour un autre".

Die Wohnung, den Arbeitsplatz, die Schule wechseln = "changer d'appartement, de lieu de travail, d'école".

*Er hat fünfmal seinen Beruf **gewechselt.***
Il a changé cinq fois de métier.

2 *Ändern* + accusatif = "modifier".
– *seine Meinung, seine Ansicht ändern* = "changer d'avis" ;
– *sein Benehmen, sein Auftreten ändern* = "changer de comportement, d'attitude" ;
– *die Richtung ändern* = "changer de direction".

*Sie **ändert** unaufhörlich ihre Meinung.*
Elle change sans arrêt d'avis.

3 **Composés en *um*** (séparable) + verbe.
– *sich umziehen, sich umkleiden* = "se changer", "changer de vêtements" ;

C

– *umziehen* = "changer d'appartement, de ville", "déménager" ;
– *umsteigen* = "changer de train".

Du bist ja ganz naß geworden ! **Zieh** *dich schnell* **um !**
Tu t'es complètement mouillé ! Change-toi tout de suite !

Auf dieser Reise sind wir dreimal **umgestiegen.**
Pendant ce voyage, nous avons changé trois fois de train.

E x e r c i c e

Complétez par wechseln, *ändern ou* um + *verbe :*
1. Wir fahren falsch, du mußt die Richtung ... 2. Klaus ist nach Berlin ... 3. Das Haus hat seinen Besitzer ... 4. Wir müssen gleich weg. Warum hast du dich noch nicht ... ? 5. Peter will nun Architekt werden. Er hat die Universität ... 6. An seinem Charakter ist leider nichts zu ... ! 7. Wir hatten eine Panne, wir haben einen Reifen ... müssen. 8. Warum ... du dauernd deine Meinung ?

62 *Commencer* (traductions)

1 **"Commencer qqch."** et **"commencer à faire qqch."** se traduisent des manières suivantes.

● *Mit etw. anfangen ; mit etw. beginnen.*

Sie hat mit 5 Jahren **mit** *dem Klavierspiel* **angefangen (begonnen).**
Elle a commencé à jouer du piano à 5 ans.

● *Anfangen* ou *beginnen* + groupe infinitif.

Es **fängt an** *zu schneien. / Es* **fängt** *zu schneien* **an.** */ Es* **beginnt** *zu schneien.*
Il commence à neiger.

2 **"Commencer à"**, qui exprime qu'un certain moment approche, se traduit par **allmählich** = "peu à peu" ou **langsam** = "lentement" + verbe.

Es wird mir **langsam (allmählich)** *zu bunt.*
Je commence à en avoir assez.

Ich bekomme **langsam** *Hunger.*
Je commence à avoir faim.

Diese Arbeit wird mir **allmählich** *zuviel.*
Ce travail commence à me peser.

3 **"Commencer par"** dans une succession de faits se traduit très souvent par **zuerst** + verbe.

Mach **zuerst** *deine Aufgaben !*
Commence par faire tes devoirs !

Exercice

Traduisez en allemand :

1. Il nous faut commencer à apprendre les verbes forts. 2. Je commence à avoir soif. 3. Elle a commencé par dire qu'elle refusait le poste (die Stelle). 4. As-tu déjà commencé à préparer tes valises (das Kofferpacken) ? 5. Il commence à m'agacer (jmm auf die Nerven fallen). 6. Nous commencerons la discussion dans cinq minutes.

63 Comparatifs d'égalité et d'infériorité

1 Le comparatif d'égalité, employé avec des adjectifs et des adverbes, est exprimé par *so* (ou *ebenso* ou *genauso*) = "aussi ... que ...".

*Sie ist **ebenso / genauso** groß **wie** ihr Bruder.*
Elle est aussi grande que son frère.
(*Ihr Bruder* est au nominatif, car c'est le sujet sous-entendu de *groß ist*.)

*Hast du ein **so** schönes Fahrrad **wie** ich ?*
As-tu une aussi belle bicyclette que moi ?

Ce comparatif d'égalité en *so* (ou *ebenso* ou *genauso*)... *wie*..., ne doit pas être confondu avec la comparaison simple.

Ihre Haut ist weiß wie Schnee.
Sa peau est blanche comme neige. (La blancheur de la neige est bien connue...)

2 **Le comparatif d'infériorité,** employé avec des adjectifs ou des adverbes, est exprimé par *nicht so ... wie*... = "pas aussi ... que...", "moins... que ...".

*Er ist **nicht so** faul **wie** ich.*
Il n'est pas aussi paresseux que moi.

Exercice

Traduisez en allemand :

1. Je répondrai à la lettre aussi rapidement que possible. 2. Il joue aussi bien du piano (Klavier spielen) que sa mère. 3. Elle ne parle pas aussi bien l'allemand que son frère. 4. Il est bête comme ses pieds (wie Bohnenstroh). 5. As-tu déjà vu une aussi belle église que celle-ci ?

64 Comparatif de supériorité *(degré 1 de l'adjectif et de l'adverbe)*

● A l'adjectif ou l'adverbe on ajoute -*er* ; "que" se traduit par *als*.

*Dieser Koffer ist **schwerer als** deiner.*
Cette valise est plus lourde que la tienne.

● Après *als* certains éléments sont sous-entendus ; cela permet de déterminer le cas du terme qui suit *als*.

*Dieser Koffer ist schwerer als **deiner**.*
(sous-entendu *schwer ist* : donc *deiner* est un nominatif !)

Mais :

*Ich kenne dich besser als **ihn*** (sous-entendu *als ich ihn kenne ;* accusatif).
Je te connais mieux que lui.

● Certains adjectifs et certains adverbes ont des formes irrégulières ou prennent l'inflexion.

Formes irrégulières	Formes avec inflexion : *alt* → *älter*
hoch : höher	*alt, arm, dumm, grob, groß,*
gut : besser	*hart, jung, kalt, klug,*
bald : eher	*krank, kurz, lang, nah, scharf,*
gern : lieber	*schwach, stark, warm*
viel : mehr	

*Es ist heute **wärmer** als gestern.*
Aujourd'hui, il fait plus chaud qu'hier.

● Lorsque sont comparées deux qualités d'adjectifs, l'adjectif ne se met pas au comparatif ; il est précédé de *mehr* ou *eher*.

*Er ist **eher dumm** als böse.*
Il est plus bête que méchant.

● L'expression "de plus en plus..." se traduit par *immer* + comparatif.

*Es wird **immer kälter**.*
Il fait de plus en plus froid.

● Le comparatif (sans *als*) est utilisé dans certaines expressions pour traduire "d'un certain...".

*ein **älterer** Herr*
un monsieur d'un certain âge

E x e r c i c e

Traduisez en allemand :
1. Il mange plus que moi. 2. Ce roman était plus intéressant que celui que j'ai lu pendant les vacances. 3. Il court plus vite que toi. 4. Il saute de plus en plus haut. 5. Pierre a de plus grandes jambes (die Beine) que Paul. 6. Il est plus avare (geizig) qu'économe (sparsam).

65 *Comparatif avec **je ... desto..., je ... um so...***

1 *Je ... desto ..., je ... um so ...* se traduisent par **"plus ... plus ..."**.
La première partie de la comparaison est une subordonnée : le verbe conjugué se trouve donc en dernière place.

Dans la deuxième partie de la comparaison le verbe conjugué se place immédiatement après *desto* + comparatif.

Je größer er wird, desto dümmer wird er.
Plus il grandit, plus il devient bête.

2 "Plus" se traduit en allemand par *je mehr* lorsqu'il n'y a pas d'adjectif.

Je mehr er ißt, desto (um so) dicker wird er.
Plus il mange, plus il grossit.

3 "Moins" se traduit par *je weniger* ou *desto weniger*.

Je weniger Geld er verdient, desto (um so) mehr möchte er ausgehen.
Moins il gagne d'argent, plus il voudrait sortir.

E x e r c i c e

Traduisez en allemand :
1. Plus j'ai de travail, plus je suis fatigué. 2. Plus il fait chaud, plus je bois. 3. Plus il neige, plus nous aurons de difficultés (die Schwierigkeiten) sur la route. 4. Moins il travaille, moins il gagne (verdienen) d'argent.

66 *Concerner, en ce qui concerne* (traductions)

1 *Betreffen ; angehen ; anbelangen*.
Ces trois verbes sont le plus souvent employés dans les tournures suivantes.

● *Was mich (an)betrifft / angeht, anbelangt /, so* + verbe. = "en ce qui me concerne, ...".

Was deinen Vorschlag anbelangt (angeht, betrifft), so denke ich, daß wir ihn akzeptieren können.
En ce qui concerne ta proposition, je pense que nous pouvons l'accepter.

● *Was die Sache (an)betrifft / angeht / anbelangt /, so* + verbe... = "en ce qui concerne l'affaire, ...".

Was mich betrifft (angeht, anbelangt), so kann ich sagen, daß alles in Ordnung ist.
En ce qui me concerne, je peux dire que tout va pour le mieux.

E x p r e s s i o n s

Das geht dich °nichts an !
Cela ne te concerne pas !
Das geht nur °mich etwas an !
Cela ne concerne que moi !
Ici seul le verbe *angehen* est employé.

2 Dans la **correspondance commerciale et administrative,** on utilise couramment des expressions formées à partir du verbe ***betreffen***.

● *Betreff, betrifft, betr.* = "objet" en tête de lettres.
Betr. *: Ihr Auftrag vom 30.5.19...*
objet : votre commande du 30/5/19...

● *In betreff* + génitif ou *betreffs* + génitif = "concernant".
Ihre Anfrage **in betreff (betreffs)** *der letzten Lieferung haben wir erhalten.*
Nous avons reçu votre demande concernant la dernière livraison.

● *Betreffend* (employé comme adjectif avec un complément à l'acc.) = "concernant".
Ihre die letzte Lieferung **betreffende** *Anfrage haben wir erhalten.*
Ihre Anfrage, die letzte Lieferung **betreffend,** *haben wir erhalten.*
Nous avons reçu votre demande concernant la dernière livraison.

Exercices

A. Transformez les phrases en effectuant une reprise par so :
1. Was meine Arbeit betrifft, ich kann sagen, daß sie gut vorankommt. 2. Was uns angeht, wir freuen uns sehr. 3. Was seine Prüfung anbelangt, er ist wieder durchgefallen. 4. Was meine Gesundheit anbetrifft, mache dir keine Sorgen. 5. Was unseren Zeichenlehrer angeht, ich habe gehört, daß er schon wieder krank ist. 6. Was den Unfall anbelangt, er war nicht schuld daran.

B. Remplacez betreffs *et* in betreff *par* betreffend *(deux solutions) :*
1. Unsere Anfrage in betreff der Reparatur des Wagens blieb unbeantwortet. 2. Wir danken für ihre Anfrage betreffs der Herausgabe des Buches. 3. Alle Hinweise betreffs des Unfalls werden angenommen.

---

67 *Concession*

On peut distinguer deux types de concession.

1 **La concession propositionnelle,** qui est en relation avec le contenu de la proposition. Elle peut s'exprimer à l'aide des éléments suivants.

● Un groupe prépositionnel introduit par *trotz* + génitif (en langue courante aussi le datif : *trotz allem,* malgré tout).
Wir gehen **trotz des Regens** *spazieren.*
Nous allons nous promener malgré la pluie.

● L'adverbe *trotzdem,* qui reprend tout ou une partie de l'énoncé précédent.
Es regnet ; wir gehen **trotzdem** *spazieren.*
Il pleut ; nous allons nous promener quand même.

● Des subordonnées concessives introduites par *obwohl* (le plus fréquemment), *obgleich* ou *obschon* (plus rarement) + indicatif (contrairement au français, qui emploie le subjonctif).

*Wir gehen spazieren, **obwohl es regnet.***
Nous allons nous promener bien qu'il pleuve.

▲ **Attention :** *trotzdem* n'est pas encore admis comme conjonction de subordination bien que l'on puisse entendre : *Wir gehen spazieren, trotzdem es regnet.*

2 **La concession discursive,** qui pose une concession à un interlocuteur avant de proposer un contenu. Elle peut s'exprimer à l'aide des éléments suivants.

● Des propositions contenant *noch so* et le verbe *mögen*.

Er mag noch so viel Geld verdienen, *er kann sich doch kein neues Auto leisten.*
Il a beau gagner beaucoup d'argent, il ne peut pas se payer une voiture neuve.

▶ Pour "il a beau ...", voir n° 47.

● Des concessives à forme de subordonnées (verbe conjugué en dernière place) introduites par un élément en *W (wer, was, wo, wenn...)* + *auch*. Le verbe conjugué est soit *mögen*, soit un verbe à l'indicatif (*sein* est parfois au subjonctif !).

Wie dem auch sei, *ich bleibe zu Hause.*
Quoi qu'il en soit, je reste à la maison.
Wer auch klopfen mag, *ich öffne niemals die Tür.*
Qui que ce soit qui frappe, je n'ouvre pas la porte.

● Des concessives introduites par *so* + *auch* : verbe *mögen* ou verbe à l'indicatif (ou *sein* parfois au subjonctif !).

So groß er auch ist *(ou **sein mag** ou **sei**), er macht immer noch Dummheiten.*
Il a beau être grand, il fait toujours des bêtises.

● *Zwar* = "certes", en corrélation très souvent avec *aber* = "mais".

Er ist zwar nicht mehr sehr jung, *aber er treibt immer noch viel Sport.*
Il n'est certes plus très jeune, mais il fait encore beaucoup de sport.

▶ Pour la structure des phrases avec concessives, voir n° 166.

E x e r c i c e

Traduisez en allemand :
1. Il a couru jusqu'à la voiture malgré l'orage (das Gewitter). 2. Bien qu'il habite à Berlin, il n'est jamais allé à Potsdam. 3. Quoi que tu fasses, tu ne gagneras pas. 4. Il a beau courir vite, il ne le rattrapera (einholen) pas. 5. Il a certes réussi à son examen, mais il n'a toujours pas d'emploi.

68 Condition

La condition peut se traduire par les tournures suivantes.

1 Par un **groupe prépositionnel** introduit par la préposition **bei** + datif.

Bei schönem Wetter gehen wir spazieren.
Par beau temps, nous allons nous promener.

2 Par une **subordonnée conditionnelle** introduite par **falls** ou par **wenn**.

● *Falls, im Falle, daß* = "au cas où" ; *vorausgesetzt, daß* = "à supposer que" ; *es sei denn, daß* = "à moins que".

Falls du über München fährst, vergiß nicht, in die Oper zu gehen.
Au cas où tu passes par Munich, n'oublie pas d'aller à l'opéra.

Geh nicht ins Wasser, **es sei denn, daß es** sehr warm **ist**.
Geh nicht ins Wasser, **es sei denn, es ist** sehr warm.
Ne va pas dans l'eau, à moins qu'elle ne soit très chaude.

● *Wenn.*

Comparez l'emploi des formes verbales avec le tableau des correspondances ci-dessous.

– *Wenn* + indicatif présent si la condition est réalisable.

Wenn du Hunger hast, nimm dir ein Stück Schokolade.
Si tu as faim, prends un morceau de chocolat.

– *Wenn* + subjonctif II hypothétique si la condition est posée comme hypothèse non encore réalisée.

Wenn ich reich wäre, würde ich mir eine Jacht kaufen.
Si j'étais riche, je m'achèterais un yacht.

– *Wenn* + subjonctif II irréel si la condition est posée comme hypothèse qui ne s'est pas réalisée dans le passé.

Wenn er das Buch gelesen hätte, hätte er auf die Frage antworten können.
S'il avait lu le livre, il aurait pu répondre à la question.

La correspondance des formes verbales est donc la suivante :

Conditionnelle	Exemple	Proposition
indicatif présent	(*kommt*)	indicatif présent ou impératif
subjonctif II hypothétique	(*käme*)	subjonctif II hypothétique (éventuellement subjonctif II irréel)
subjonctif II irréel	(*gekommen wäre*)	subjonctif II irréel (éventuellement subjonctif II hypothétique)

3 Par les adverbes **sonst** ou **andernfalls,** qui font référence au contexte antérieur.

Ein Glück, daß es nicht geregnet hatte ; **sonst** *wärst du aber naß geworden.*
(= wenn es geregnet hätte, wärst du naß geworden).
Encore heureux qu'il n'ait pas plu ; sinon tu te serais mouillé.

▶ Pour l'emploi des formes de subjonctif hypothétique, voir n° 238.
Pour l'expression de l'hypothèse, voir n°ˢ 165 et 238.

E x e r c i c e

Mettez le verbe de la conditionnelle à la bonne forme :
1. Wenn du gestern (kommen), hättest du ihn noch gesehen. 2. Wenn du Zeit (haben), kannst du ihn besuchen. 3. Wenn du (vorbeikommen), würde ich dir die Dias zeigen. 4. Wenn du Glück (haben), kannst du einen Computer gewinnen. 5. Wenn du die Zeitung (lesen), hättest du es erfahren. 6. Wenn er vorsichtiger (fahren), hätte er keinen Unfall gehabt. 7. Wenn er seine Ferien in Deutschland (verbringen), würde er Fortschritte machen.

69 *Conjonctions de coordination*

Les conjonctions suivantes peuvent relier des éléments de la proposition ou des propositions entières. Lorsqu'elles relient des propositions, elles se placent entre celles-ci ; mais certaines conjonctions peuvent être intégrées à la deuxième proposition.

1 *Aber* = "mais".

Er ist noch jung, **aber** *schon sehr intelligent.*
Il est encore jeune, mais déjà très intelligent.

Sie ist krank, **aber** *sie geht trotzdem ins Kino (*ou bien : *sie geht* **aber** *trotzdem ins Kino).*
Elle est malade, mais elle va quand même au cinéma.

▶ Voir aussi *aber,* n° 2.

2 *Allein* = "mais" (voir n° 18).

3 *Denn* = "car".

Ich muß nach Hause, **denn** *es ist schon spät.*
(Place de *denn* obligatoire entre la proposition 1 et la proposition 2.)
Je dois rentrer, car il est déjà tard.

4 *Nämlich* = "car, en effet" (sens très voisin de *denn*).

Ich muß nach Hause, es ist **nämlich** *schon spät.*
(*Nämlich* est obligatoirement intégré à la proposition 2.)

5 **Oder** = "ou".

Kommst du im Juli oder im August ?
Viens-tu au mois de juillet ou au mois d'août ?

Bleibst du zu Hause oder kommst du mit uns ?
(Place de *oder* obligatoire entre proposition 1 et proposition 2.)
Restes-tu à la maison ou viens-tu avec nous ?

6 **Und** = "et".

Sein Bruder und sein Onkel wohnen in England.
Son frère et son oncle habitent en Angleterre.

Peter arbeitet in seinem Zimmer, und Ursula schläft noch.
(Place obligatoire de *und* entre proposition 1 et proposition 2.)
Pierre travaille dans sa chambre et Ursula dort encore.

7 **Sondern** = "mais" (voir nos 3 et 152).

8 **Entweder... oder...** = "ou... ou..." (voir n° 270).

9 **Weder... noch...** = "ni... ni..." (voir n° 270).

E x e r c i c e

Traduisez en allemand :
1. Il n'a que huit ans et il sait déjà jouer aux échecs. 2. Pendant les vacances, je lis des romans ou j'écoute des disques. 3. C'est beau mais cher ! 4. Prends ton parapluie, car il pleut (2 traductions). 5. Y vas-tu en train ou en autobus ?

70 ## Conjonctions de subordination

1 **Daß** introduisant une **subordonnée**.

● En fonction de sujet.

Daß er gern Bier trinkt, ist mir schon längst aufgefallen.
Je me suis aperçu depuis longtemps qu'il aime bien la bière.
(litt. : le fait qu'il aime bien la bière m'a frappé depuis longtemps.)

● En fonction de complément d'objet.

Ich will, daß du deine Schulaufgaben machst.
Je veux que tu fasses tes devoirs.

2 **Ob** introduisant une **subordonnée**.

● En fonction de sujet.

Ob er morgen kommt, ist noch nicht sicher.
Il n'est pas encore sûr qu'il vienne demain.

● En fonction de complément d'objet.

Ich weiß nicht, ob er gern Sauerkraut ißt.
Je ne sais pas s'il aime la choucroute.

▶ Pour l'emploi de *es* avec les subordonnées introduites par *daß* ou *ob* voir n° 90.

3 Les relatives sujet.

Wer das Glas zerschlagen hat, *(der) soll es auch bezahlen.*
Celui qui a cassé le verre doit le payer.

4 Les interrogatives indirectes (voir n° 123).

5 Les subordonnées temporelles.

● *Als* et *wenn* (voir n° 20).

● *Bevor / ehe* = "avant que" (voir n° 39).

Bevor du den Brief schreibst, *hol mir die Zeitung !*
Avant d'écrire la lettre, va me chercher le journal !

● *Nachdem* = "après que" (voir n° 27).

Nachdem er zu Hause angekommen war, *rief er seine Freundin* ***an.***
Après être arrivé à la maison, il téléphona à son amie.

● *Seit / seitdem* = "depuis que".

Seitdem er in Deutschland lebt, *ißt er kein Weißbrot mehr.*
Depuis qu'il vit en Allemagne, il ne mange plus de pain blanc.

● *Bis* = "jusqu'à ce que".

Warte, ***bis ich zurückkomme.***
Attends que je revienne.

● *Sobald* = "dès que".

Sobald ich mit der Arbeit fertig bin, *gehen wir spazieren.*
Dès que j'aurai fini mon travail, nous irons nous promener.

● *Solange* = "tant que, aussi longtemps que".

Solange du nicht jeden Tag eine deutsche Zeitung liest, *wirst du keine Fortschritte machen.*
Tant que tu ne liras pas un journal allemand tous les jours, tu ne feras pas de progrès.

● *Sooft* = "toutes les fois que".

Sooft er zu Besuch kam, *brachte er den Kindern Schokolade mit.*
Toutes les fois qu'il nous rendait visite, il apportait du chocolat aux enfants.

● *Während* = "pendant que" ou "tandis que" (adversatif).

Während sie fernsahen, *klopfte plötzlich jemand an die Tür.*
Pendant qu'ils regardaient la télévision, quelqu'un frappa soudain à la porte.

*Sie blieb zu Hause, **während ich zum Arzt lief.***
Elle resta à la maison, tandis que je courus chez le médecin.

6 Les subordonnées de manière et de moyen.

Indem ; dadurch, daß... = "en" + participe présent.

*Er wollte ihr Freude bereiten, **indem (dadurch daß) er ihr Blumen schickte.***
Il voulut lui faire plaisir en lui envoyant des fleurs.

7 Les conditionnelles (voir n° 68).

8 Les causales.

● *Weil* = "parce que".

*Auf den Straßen ist es gefährlich, **weil es geregnet hat.***
Les routes sont dangereuses parce qu'il a plu.
(litt. : sur les routes c'est dangereux parce qu'il a plu).

● *Da* = "comme" (indique une relation causale évidente).

***Da er kein Geld mehr hatte,** mußte er zu Fuß nach Hause gehen.*
Comme il n'avait plus d'argent, il dut rentrer à pied.

9 Les concessives (voir n°s 47 et 67, et 166 sur la place du verbe de la proposition).

● *Obwohl, obgleich, obschon* = "bien que, quoique".

***Obwohl er krank ist,** geht er in die Schule.*
Bien qu'il soit malade, il va à l'école.

▲ **Attention :** après *obwohl, obgleich, obschon* on emploie l'indicatif et non le subjonctif : *~~obwohl er krank sei~~* est impossible !

● *Wenn... auch...* = "même si...", *so... auch...* = "si... que...", *wo... auch...* = "où que..."

***Wo sie auch hingehen mag,** sie findet heute abend kein Brot mehr.*
Où qu'elle aille, elle ne trouvera plus de pain ce soir.

10 Les finales.
Damit... / daß... = "pour que...".

*Nimm deinen Regenschirm, **damit (daß) du nicht naß wirst.***
Prends ton parapluie pour ne pas te faire mouiller.

11 Les subordonnées de conséquence.

● *So..., daß...* = "si... que...".

*Er war **so** krank, **daß er nicht aufstehen konnte.***
Il était si malade qu'il ne pouvait se lever.

● ..., *so daß...* = "si bien que... ; de sorte que…".

*Er war krank, **so daß** er nicht aufstehen konnte.*
Il était malade, de sorte qu'il ne pouvait se lever.

12 Les subordonnées de comparaison.

*Er ist besser, **als man denkt.***
Il est meilleur qu'on ne le pense.

*Er tut, **als ob er nichts gehört hätte.** / Er tut, **als hätte er nichts gehört.***
Il fait comme s'il n'avait rien entendu.

▶ Voir aussi le comparatif, n° 64 et les subordonnées de comparaison, n° 239.

Exercice

Traduisez en allemand :
1. Dès que j'aurai fini de manger, je jouerai avec toi. 2. Il est arrivé à l'heure, bien que son train ait eu 10 minutes de retard (Verspätung). 3. Apporte ta scie (die Säge) pour que je puisse scier (sägen) mon bois. 4. Depuis qu'il a une moto, il va se promener tous les dimanches. 5. Pendant qu'ils étaient en train de manger, la terre trembla (beben).

71 *Conseiller* (traductions)

1 *Jmm raten, etw. zu tun* = "conseiller à qqn de faire qqch.", "lui recommander de faire qqch.".

*Er hat mir **geraten,** aufs Land zu fahren.*
Il m'a conseillé de partir à la campagne.

2 *Jmm einen Rat geben* = "donner un conseil à qqn".

*Wenn ich dir **einen** guten **Rat geben** darf : Rufe einen Arzt !*
Si je peux te donner un bon conseil : appelle un médecin !

3 *Jmn (bei, in etw.) beraten* = "conseiller qqn" ; "guider qqn en lui conseillant ce qu'il doit faire".

*Kannst du mich **bei** der Wahl eines Wörterbuchs **beraten** ?*
Peux-tu me conseiller dans le choix d'un dictionnaire ?

*Er ist gut (schlecht) **beraten.***
Il est bien (mal) conseillé.

4 *An deiner Stelle* + subjonctif II = "(si j'étais) à ta place".

***An deiner Stelle würde** ich es anders machen / hätte ich es anders gemacht.*
A ta place je le ferais autrement / je l'aurais fait autrement.

E x e r c i c e

Traduisez en allemand :
1. Je te conseille de ne rien dire. 2. A votre place, je lui en parlerais. 3. Il se fait conseiller par son avocat (der Rechtsanwalt). 4. Je vous conseille de prendre ce chemin. 5. Peux-tu me conseiller dans mes achats ? 6. A sa place, je serais revenu immédiatement.

---

72 Considérer comme, tenir pour, se prendre pour
(traductions)

1 *Jmn betrachten als* + accusatif ; *sich betrachten als* + nominatif = "considérer qqn comme" ; "se considérer comme".

Ich betrachte ihn als einen Spezialisten.
Je le considère comme un spécialiste.

Er betrachtet sich als ein Spezialist.
Il se considère comme un spécialiste.

2 *Jmn ansehen als* + accusatif ; *sich ansehen als* + nominatif = "considérer qqn comme" ; "se considérer comme".

Wir sahen ihn als unseren Freund an.
Nous le considérions comme notre ami.

Er sah sich als unser Freund an.
Il se considérait comme notre ami.

Notez qu'après *als,* lorsque l'attribut de l'objet désigne la même personne que le sujet, le nom se met aujourd'hui le plus souvent au nominatif.

Le verbe *(sich) bezeichnen als* = "(se) dire" a le même comportement syntaxique.

Man bezeichnet ihn als einen guten Pädagogen.
On le dit bon pédagogue.

Er bezeichnet sich als ein guter Pädagoge.
Il se dit bon pédagogue.

3 *Jmn halten für* + accusatif ; *sich halten für* + accusatif = "tenir qqn pour" ; "se prendre pour", "passer pour".

Man hält ihn für einen Weinkenner.
Il passe pour être un connaisseur en vins.

Er hält sich für einen Weinkenner.
Il se prend pour un connaisseur en vins.

E x e r c i c e

Traduisez en allemand :

1. Il me considère (betrachten) comme son ami. 2. Il se considère comme mon ami. 3. Il passe pour être un médecin compétent (tüchtig). 4. Il se prend pour un bon médecin. 5. Je le considère (ansehen) comme un bon pilote (der Pilot, -en). 6. Il se considère comme un bon pilote (sich halten für).

---

73 *Contractions : préposition + article défini*

Au datif et à l'accusatif singulier, certaines prépositions peuvent se contracter avec l'article défini *der, das, die*. Certaines contractions sont très courantes et quasiment obligatoires dans certains emplois, d'autres sont familières, d'autres très familières.

1 Contractions courantes.

am = an dem

Am *Montag fahre ich nach Bonn.*
Lundi je vais à Bonn.

beim = bei dem

Sie ist **beim** *Bäcker.*
Elle est chez le boulanger.

im = in dem

Im *Sommer fährt er gern in die Alpen.*
En été, il aime bien aller dans les Alpes.

vom = von dem

Er ist **vom** *Tisch herabgefallen.*
Il est tombé de la table.

zum = zu dem

Er schaut **zum** *Fenster hinaus.*
Il regarde par la fenêtre.

ans = an das

Er läuft bis **ans** *Auto.*
Il court jusqu'à la voiture.

ins = in das

Gehst du heute abend **ins** *Theater ?*
Vas-tu au théâtre ce soir ?

zur = zu der

Ich gehe **zur** *Post.*
Je vais à la poste.

2 Contractions familières.

hinterm = hinter dem

Er ist **hinterm** *Baum.*
Il est derrière l'arbre.

überm = über dem

Die Hose hängt **überm** *Stuhl.*
Le pantalon est pendu à la chaise.

aufs = auf das

durchs = durch das

unterm = unter dem

Was machst du **unterm** *Tisch ?*
Que fais-tu sous la table ?

vorm = vor dem

Wer steht da **vorm** *Auto ?*
Qui est-ce qui est devant la voiture ?

fürs = für das

ums = um das

C

3 Contractions très familières.

hintern = hinter den	*gegens = gegen das*
übern = über den	*hinters = hinter das*
untern = unter den	*unters = unter das*
vorn = vor den	*vors = vor das*

Remarques

● Certaines contractions courantes sont obligatoires ; l'usage les a consacrées :

am Abend	**im Winter**
le soir	en hiver
beim Friseur	**zur Post (gehen)**
chez le coiffeur	aller à la poste

Dans d'autres cas, elles sont facultatives.

*Die Kinder sitzen **am (an dem)** Tisch.*
Les enfants sont assis à table.

● Certaines contractions familières ont également été consacrées par l'usage et sont devenues obligatoires.

ums *Leben kommen*	**aufs** *Land gehen*
périr	aller à la campagne
übers *Wochenende*	*es wird mir leichter **ums** Herz*
pendant le week-end	je me sens soulagé

● La contraction n'est pas recommandée lorsque le groupe nominal est suivi d'une relative, d'un complément de nom...

*Wir kaufen unser Brot **bei dem** Bäcker, **der** gerade eröffnet hat.*
Nous achetons notre pain chez le boulanger vient d'ouvrir.

● La contraction est interdite lorsqu'on utilise le démonstratif accentué *der, das, die*.

*Kaufst du dein Brot bei **dem** Bäcker ?*
Achètes-tu ton pain chez ce boulanger-là ?

E x e r c i c e

Contractez la préposition et l'article défini, lorsque c'est possible :
1. Zuerst laufen wir durch den Wald. 2. In dem Wald kann man sich verlaufen. 3. Stell dich vor das Fenster ! 4. Kann ich mich auf das Bett setzen ? 5. Er kommt von der Schule zurück. 6. Warum läuft er so um das Haus ?

74 Date

1 En tête de lettre : date du jour.

● Pour l'indication de la date, retenez l'emploi de l'article défini à l'accusatif, *den* et la ponctuation suivante :

Köln, den 13.4.1994 (ou 94)
qui se lit : *Köln, den dreizehnten vierten neunzehnhundertvierundneunzig* (ou *vierundneunzig*) et non : ... *den dreizehn vier* ...

● Cette ponctuation est obligatoire et les chiffres du jour et du mois sont des adjectifs numéraux ordinaux à l'accusatif : le treizième jour du mois, le quatrième mois de l'année. Les points après 13 et 4 indiquent qu'il s'agit d'ordinaux qui prennent les marques de l'adjectif.

● On peut rencontrer aussi la formule : **Köln, 13.4.1994**

● Les formules **Köln, am 13.4.1994** ou **Köln, im April 1994** ne sont employées éventuellement que dans des documents, des annonces officiels ; elles donneraient à une lettre normale un ton solennel.

2 Hors en-tête de lettre.

● Sans indication de jour : *am...*
Er ist am 3. Mai 1975 gestorben (... am dritten ...).
Il est mort le 3 mai 1975.

● Avec indication de jour.
– *Am* + jour, *dem* + ordinal + mois, ...
Er kommt am Sonntag, dem 8. März, an.
Il arrive dimanche le 8 mars.

– Jour, *den* + ordinal + mois (,) ...
Er kommt Sonntag, den 8. März(,)an.

● "Aujourd'hui nous sommes le 15 juin" se dit :
Heute haben wir den 15. Juni ou *Heute ist der 15. Juni.*

d

● "De + date... à + date" se traduit de deux manières.

– *Von... bis...* avec indication de jour.

von *Montag, dem (den) 27. November,* **bis** *Mittwoch, dem (den) 5. Dezember*
du lundi 27 novembre au mercredi 5 décembre

– *Vom... bis zum...* sans indication de jour.

vom *27. November* **bis zum 5.** *Dezember*
du 27 novembre au 5 décembre

E x e r c i c e s

A. Lisez les dates suivantes :
Berlin, den 9.11.1989. Bonn, den 30.9.1870. Düsseldorf, den 16.12.1980.
München, den 1.1.1995. Stuttgart, den 4.7.1966.

B. Traduisez en allemand :
1. Il est mort le 15 janvier 1972. 2. Peux-tu venir le mercredi 3 juillet 1995 ?
3. Du 3 août au 1er septembre, je serai en Allemagne. 4. Samedi le 25 octobre
1996, il fêtera son quarantième anniversaire. 5. Je voudrais trois places pour
le jeudi 7 novembre.

75 *Datif : emplois*

On trouve des groupes nominaux ou des pronoms au datif.

1 Comme complément d'un verbe.

● Le datif peut être le seul complément, avec des verbes comme
danken = "remercier", *gratulieren* = "féliciter", *helfen* = "aider", *folgen* = "suivre", *schaden* = "nuire", *widersprechen* = "contredire",
drohen = "menacer", *dienen* = "servir".

Ich danke **dir***.*
Je te remercie.

▲ **Attention :** certains de ces verbes ont un complément direct en
français !

● Le datif est accompagné d'un accusatif, avec des verbes comme
geben = "donner", *schenken* = "offrir", *leihen* = "prêter", *senden* =
"envoyer", *bringen* = "apporter", *schicken* = "envoyer"...

Ich habe **ihm** *ein Päckchen geschickt.*
Je lui ai envoyé un petit paquet.

● Le datif est accompagné d'un accusatif et d'un complément du
domaine spatial.

Er hat **mir** *den Ball ins Gesicht geworfen.*
Il m'a lancé la balle dans la figure.

● Le datif est accompagné d'un complément du domaine spatial.

*Er springt **ihm** auf den Rücken.*
Il lui saute sur le dos.

● Le datif est obligatoire avec certains adjectifs, par exemple *fremd* = "étranger", *bekannt* = "connu", *lieb* = "cher", *nützlich* = "utile", *treu* = "fidèle".

*Sie ist **ihm** treu geblieben.*
Elle lui est restée fidèle.

▶ Pour la rection des adjectifs, voir n° 216.

● Le datif avec le verbe *sein* dans des expressions.

***Mir** ist kalt.* ou *Es ist **mir** kalt.*
J'ai froid.

● Le datif équivalent de *für mich*.

*Dieser Film ist **mir** zu langweilig.*
Pour moi, ce film est trop ennuyeux.

2 **Comme dépendant d'une préposition** (voir n° 190).

*Ich bleibe mit **ihm** zu Hause.*
Je reste avec lui à la maison.

3 **Comme expression du locatif** après certaines prépositions (voir n° 139).

*Er steht vor **der Tür**.*
Il est devant la porte.

4 **Comme complément de temps** après certaines prépositions (voir n°s 243-246).

*Ich komme **am Sonntag**.*
Je viendrai dimanche.

Exercices

A. Mettez le pronom entre parenthèses au datif :
1. Er ist ... nicht bekannt (ich). 2. Ich habe ... nicht helfen können (sie, *fém. sing.*). 3. Ich habe ... einen Blumenstrauß gebracht (Sie *forme de pol. sing.*). 4. Ist ... jetzt warm ? (du). 5. Ich gratuliere ... zum Geburtstag. (du). 6. Das Wasser ist ... zu kalt. (ich).

B. Traduisez en allemand :
1. Il a menacé mon père avec un couteau (das Messer). 2. A qui as-tu prêté ce livre ? 3. Je l'ai suivi jusqu'à la gare. 4. Il me saute sur les épaules (die Schultern). 5. Ce livre t'est-il utile ?

76 *Décider (traductions)*

L'allemand fait la distinction entre "(se) décider" dans le sens de "faire un choix entre deux ou plusieurs possibilités" = *(sich) entscheiden*, et "décider" dans le sens de "prendre une décision définitive" = *beschließen*. *Sich entschließen* correspond à l'idée de "se résoudre à".

1 *(Sich) entscheiden* = "se décider" ; "décider de qqch." dans le sens de "choisir entre deux ou plusieurs possibilités" permet diverses constructions.

● *Sich entscheiden für* + accusatif = "se décider pour".

Für welches Kleid hast du dich entschieden ?
Pour quelle robe t'es-tu décidée ?

● *Sich entscheiden zwischen* + datif = "se décider entre, choisir".

Er mußte sich zwischen zwei Berufen entscheiden.
Il a dû choisir (se décider) entre deux professions.

● *Sich entscheiden* + interrogation indirecte = "se décider" + interrogation indirecte.

Sie kann sich nicht entscheiden, mit welchem Freund sie tanzen geht.
Elle ne peut pas se décider avec quel ami elle ira danser.

● *Über etw.* + accusatif *entscheiden* = "décider de qqch." (entre deux ou plusieurs possibilités).

Die Wähler werden darüber entscheiden.
Les électeurs en décideront.

● *Entscheiden* + interrogation indirecte = "décider" + interrogation indirecte.

Heute wird entschieden, ob der Antrag genehmigt wird.
C'est aujourd'hui que l'on décide si la demande est acceptée.

● *Eine Entscheidung treffen* = "prendre une décision" (entre deux ou plusieurs possibilités).

In dieser Angelegenheit muß der Direktor eine Entscheidung treffen.
Dans cette affaire, c'est le directeur qui doit prendre la décision.

Notez que *etwas* (acc.) *entscheiden* correspond à "trancher qqch.", "régler qqch.".

Er hat diese Frage noch nicht entschieden.
Il n'a pas encore réglé cette question.

Nichts ist entschieden.
Rien n'est décidé.

2 **Sich entschließen** = "se décider à", "prendre la décision de".

● *Sich entschließen zu* = "se décider à".
*Ich kann **mich zu** dieser Reise nicht **entschließen.***
Je ne peux pas me décider à faire ce voyage.

● *Sich entschließen* + interrogation indirecte = "se décider" + interrogation indirecte.
*Du mußt **dich** endlich **entschließen,** welchen Beruf du wählen willst.*
Il faut que tu décides enfin quel métier tu veux choisir.

● *Sich entschließen* + groupe infinitif = "décider de" + infinitif.
*Wir haben **uns** endlich **entschlossen,** das Landhaus **zu** verkaufen.*
Nous avons enfin pris la décision de vendre la maison de campagne.

● *Den Entschluß fassen* + groupe infinitif = "prendre la décision de".
*Er hat **den Entschluß gefaßt,** sein Leben zu ändern.*
Il a pris la décision de changer sa vie.

● *Entschlossen sein zu* + datif = "être décidé à".
*Er **ist zu** allem **entschlossen.***
Il est décidé à tout.

● *Entschlossen sein* + groupe infinitif = "être décidé à" + infinitif.
*Er **ist** fest **entschlossen,** sein Leben zu ändern.*
Il est fermement décidé à changer de vie.

3 **Beschließen.**

● *Etw.* (acc.) *beschließen* = "décider qqch.", "arrêter" (dans le sens d'"adopter une conclusion définitive").
*Der Chirurg hat die Operation **beschlossen.***
Le chirurgien a décidé l'opération.

● *Beschließen* + groupe infinitif = "décider de" + infinitif.
*Er hat **beschlossen,** Arzt zu werden.*
Il a décidé de devenir médecin.

● *Einen Beschluß fassen* + groupe infinitif = "prendre la décision de" + infinitif.
*Alle Anwesenden **faßten den Beschluß,** nicht mehr zu rauchen.*
Toutes les personnes présentes prirent la décision de ne plus fumer.

Notez :
● "Décider qqn à faire qqch." se traduit par *jmn zu etw. bewegen* (verbe fort).
*Er hat mich dazu **bewogen,** in die Partei einzutreten.*
Il m'a décidé à entrer au parti.

● "Décidément" se traduit selon le contexte par un des modalisateurs suivants : *entschieden, eindeutig, gewiß, sicherlich, ganz sicher, ganz bestimmt, ganz offensichtlich, tatsächlich, wahrhaftig.*

*Das ist **entschieden (eindeutig)** ein Vorteil.*
Décidément, c'est un avantage.

*Das ist **gewiß (sicherlich / ganz sicher)** das Beste.*
Décidément, c'est le mieux.

*Sie ist **tatsächlich (ganz offensichtlich)** verrückt !*
Décidément, elle est folle !

*Ich habe **wahrhaftig** kein Glück !*
Décidément, je n'ai pas de chance !

Exercices

A. Ajoutez le verbe ou l'expression qui convient :
1. Er kann sich nicht ..., seine Freundin zu heiraten. 2. Er kann sich nicht ..., welche Freundin er heiraten soll. 3. Er ist zu allem ... 4. Das ist ... zuviel ! 5. Hast du endlich deinen E ... ? 6. Es wurde ..., ein neues Schwimmbad zu bauen. 7. Was hat dich dazu ..., so zu ... ?

B. Traduisez en allemand :
1. Cet événement décida de sa vie. 2. Les étudiants décidèrent de faire la grève (streiken). 3. Nous avons décidé (nous nous sommes décidés à) d'acheter une voiture. 4. Pour le moment, rien n'est décidé. 5. C'est à toi de décider si c'est nécessaire. 6. J'ai pu le décider à venir avec nous.

77 *Demander* (traductions)

En français, "demander" peut avoir les sens de "poser une question", "poser une question pour se renseigner", "prier" et "exiger". Il faut distinguer ces sens en allemand.

1 Poser une question.

● *Jmn* (acc.) *etw.* (acc.) *fragen* = "demander qqch. à qqn (poser une question)" ; uniquement avec des pronoms *(etwas, das)* ou avec une interrogative.

*Darf ich **Sie etwas fragen** ?*
Puis-je vous demander qqch. ?

*"Kommen Sie aus der ehemaligen DDR ?", **fragte** er **sie**.*
"Venez-vous de l'ex-RDA ?", leur demanda-t-il.

● *Sich* (acc.) *etw. fragen* = "se demander qqch.".

*Das **frage** ich **mich**.*
Je me le demande.

● *Jmn* (acc.) *fragen, ob...* = "demander à qqn si...".

*Ich möchte Sie **fragen, ob** Sie etwas Zeit haben.*
Je voudrais vous demander si vous avez un peu de temps.

● *Sich* (acc.) *fragen, ob* = "se demander si".

Ich frage mich, ob ich richtig gehandelt habe.
Je me demande si j'ai bien agi.

2 Poser une question pour se renseigner.

● *Jmn nach etw.* (dat.) *fragen* = "demander qqch. à qqn" (vouloir obtenir un renseignement).

Der Fremde fragte uns nach dem Weg zur Post.
L'étranger nous demanda le chemin du bureau de poste.

Er fragte mich nach meinem Namen.
Il me demanda mon nom.

● *Nach jmm* (dat.) *fragen* est employé dans le sens de "demander à voir, à parler à qqn".

Peter hat angerufen. Er hat nach dir gefragt.
Pierre a appelé. Il a demandé à te parler.

Hat jemand nach mir gefragt ?
Est-ce que quelqu'un m'a demandé ?

3 Demander dans le sens de "prier".

● *Jmn* (acc.) *um etw.* (acc.) *bitten* = "demander" dans le sens de "prier".

Darf ich Sie um Feuer bitten ?
Puis-je vous demander du feu ?

● *Jmn bitten, etw. zu tun* = "demander à qqn de faire qqch." en formulant une demande polie.

Ich bitte Sie, hier nicht zu rauchen.
Je vous demande de ne pas fumer ici.

4 Exiger.

● *Etw.* (acc.) *von jmm verlangen* = "demander qqch. à qqn" dans le sens de "exiger".

Du verlangst zuviel von dem Kind !
Tu demandes trop à cet enfant !

Diese Arbeit verlangt viel Zeit.
Ce travail demande beaucoup de temps.

Die Polizei verlangte meinen Führerschein.
La police me demanda mon permis de conduire.

● *Verlangen* est employé également dans le sens de "demander une somme d'argent".

Für das Bild verlangte er 1 000 Mark.
Il demanda 1 000 Mark pour ce tableau.

● *Von jmm verlangen, daß...* = "demander à qqn de faire qqch." en formulant une exigence.

*Ich **verlange von** euch, **daß** ihr pünktlich seid.*
Je vous demande d'être à l'heure.

E x e r c i c e s

A. Ajoutez bitten, fragen, verlangen à la forme adéquate :
1. Er hat mich ..., einen Vortrag zu halten. 2. An der Grenze wurden unsere Papiere ... 3. Ich ... mich, was aus ihm geworden ist. 4. Kommst du mit ? – Ja, aber ich muß erst noch um Erlaubnis ... 5. Er hat uns nach unserer Meinung ... 6. Darf ich Sie um den nächsten Tanz ... ?

B. Traduisez en allemand :
1. Je me demande si je ne l'ai pas déjà vu. 2. Puis-je vous demander une cigarette ? 3. Il me demande une explication (prier et exiger). 4. Il m'a demandé si je voulais venir. 5. Il nous a demandé de l'attendre (auf + acc. warten). 6. Ne demande pas l'impossible !

78 *Derselbe* et *der gleiche*

1 ***Derselbe, dasselbe, dieselbe ; dieselben*** = "le même", "la même" ; "les mêmes". *Derselbe* désigne l'identité d'une personne ou d'une chose. *Der* est décliné comme l'article défini et *selb-* comme l'adjectif. *Derselbe* s'écrit en un mot sauf lorsqu'il y a contraction entre préposition et article.

*Sie trägt **dasselbe** Kleid wie gestern.*
Elle porte la même robe qu'hier.

*Wir wohnen **in demselben** Haus wie ihr.*
*Wir wohnen **im selben** Haus wie ihr.*
Nous habitons la même maison que vous.

▶ Voir aussi *selb-, selbst,* n° 229.

2 ***Der gleiche, das gleiche, die gleiche, die gleichen*** = "le même", "la même", "les mêmes". *Der gleiche* exprime la similitude.

*Er hat sich **das gleiche** Auto gekauft wie ich.*
Il s'est acheté la même voiture que moi.

*Ich hatte eben **den gleichen** Gedanken wie du.*
Je viens d'avoir la même idée que toi.

E x e r c i c e

Ajoutez derselbe ou der gleiche :
1. Meine Großmutter starb im ... Jahr wie mein Großvater. 2. Wir haben dieses Jahr den ... Winter wie voriges Jahr. 3. Peter und Hans gehen auf die ... Schule. 4. Sie haben aber nicht die ... Lehrer. 5. Hast du die ... Meinung darüber ? 6. Nein, ich bin nicht der ... Ansicht.

79 *Devoir* *(traductions)*

1 **Sollen** (voir n° 233).

2 *Müssen.*

● *Müssen* + infinitif = "devoir" dans le sens d'une nécessité due aux circonstances. Ce *müssen* de la nécessité peut se mettre à un temps composé.

Sie muß um fünf Uhr aufstehen, um den 7-Uhr-Zug zu erreichen.
Elle doit se lever à 5 heures pour prendre le train de sept heures.

Das sind Dinge, die man wissen muß.
Ce sont des choses que l'on doit savoir.

Er hat wegfahren müssen, denn seine Tante ist gestorben.
Il a dû partir, car sa tante est décédée.

● *Müssen* + infinitif marque souvent la probabilité. Contrairement au français, ce *müssen* de la probabilité ne peut être mis à un temps composé.

Jetzt muß es im Gebirge schneien.
En ce moment, il doit neiger à la montagne.

Er muß weggefahren sein, denn ich habe ihn seit langem nicht gesehen.
Il a dû partir (il doit être parti), car je ne l'ai pas vu depuis longtemps.

▶ Pour la probabilité, voir aussi *müssen*, n° 147.

3 *Nicht dürfen.*

● *Nicht dürfen* + infinitif = "devoir" + négation + infinitif correspond à une interdiction.

Hier darf man nicht rauchen.
Ici, on n'a pas le droit de fumer.

● *Nicht dürfen* au subjonctif II irréel + infinitif est employé pour exprimer des reproches.

Das hättest du nicht vergessen dürfen.
Tu n'aurais pas dû l'oublier.

▶ Pour la forme du participe, voir n° 176.

4 *Verdanken.*

● *Jmm etw.* (acc. ou *viel, wenig, alles, nichts*) *verdanken* = "devoir qqch. à qqn" exprime souvent une idée de reconnaissance ("grâce à").

Er verdankt ihnen seine Rettung.   *Sie verdankt ihren Lehrern viel.*
Il leur doit d'avoir été sauvé.   Elle doit beaucoup à ses professeurs.

5 *Schulden.*

● *Jmm etw. schulden* = "devoir qqch. à qqn" dans le sens de "avoir une dette".

Er schuldet mir noch hundert Francs.
Il me doit encore 100 francs.

Was schulde ich Ihnen ?
Combien je vous dois ?

Exercice

Traduisez en allemand :
1. Tu ne dois pas traverser la rue sans regarder à gauche et à droite. 2. Vous ne me devez plus rien. 3. Il doit tout à ses parents. 4. Pierre doit être à la maison maintenant. 5. Je leur dois une invitation (die Einladung). 6. Tous les hommes doivent mourir. 7. Je leur dois la vie (mein Leben). 8. Tu n'aurais pas dû lui envoyer cette lettre.

80 *Directionnel*

Parmi les compléments de lieu, le directionnel et le locatif (voir n° 139) s'opposent par la relation spatiale qu'ils expriment. Le directionnel désigne le point de direction d'une action indiquée par le verbe. Il **répond souvent à la question *wohin ?* = "vers où ?"**. Il peut être exprimé soit par un groupe prépositionnel, soit par un adverbe.

1 **Les groupes prépositionnels directionnels.**
Parmi les groupes prépositionnels directionnels, il faut distinguer les suivants.

● Les groupes prépositionnels dont la marque du directionnel est le cas, c'est-à-dire l'accusatif. Il s'agit des groupes introduits par l'une des prépositions *in, an, auf, unter, über, vor, hinter, neben, zwischen* (voir n° 192).

Ich stelle den Koffer unter den Tisch.
Je mets la valise sous la table.

● Les groupes prépositionnels dont la marque du directionnel est la préposition. Il peut s'agir :

– Soit de la préposition *zu* + datif qui s'utilise avec des noms de personnes ou dans des expressions.

Ich fahre zu seinem Vater.
Je vais chez son père.

Er fährt zum Bahnhof/zur Schule.
Il va à la gare/à l'école.

– Soit de la préposition *nach*, qui s'utilise avec *Hause* et les noms géographiques sans article.

Ich fahre nach Hause.
Je rentre à la maison (chez moi).

Ich fahre nach Griechenland.
Je vais en Grèce.

● Pour les noms géographiques qui ont un article, on oppose *in* + datif (locatif) et *in* + accusatif (directionnel).

Ich fahre in die Schweiz.   s'oppose à :   *Ich bin in der Schweiz.*
Je vais en Suisse   Je suis en Suisse.

▶ Voir aussi n° 159.

2 Les adverbes directionnels.

● Ils peuvent avoir une valeur pronominale, comme *hin, dorthin* et les composés avec *da : darauf, darüber...*

Peter ist im Schwimmbad ; ich fahre auch hin.
Pierre est à la piscine ; j'y vais aussi.

● Ils peuvent simplement indiquer une direction : *nach rechts* = "à droite", *nach link*s = "à gauche" ; *nach oben* = "vers le haut", *nach unten* = "vers le bas" ; ...

Dann geht die Straße nach links.
Puis la route tourne à gauche.

▲ **Attention :**

● Le directionnel peut dépendre non seulement d'un verbe mais aussi d'un nom.

Eine Fahrt nach Spanien.
Un voyage en Espagne.

● Le directionnel peut s'employer avec des verbes ou des noms qui n'expriment pas forcément un mouvement.

Er zielt auf den Vogel.   *Eine Rede an das Volk.*
Il vise l'oiseau.   Un discours au peuple.

● Avec certains verbes qui expriment un mouvement, l'allemand considère surtout le point d'arrivée et utilise donc le locatif et non le directionnel.

– *Landen auf* + datif = "atterrir".

Das Flugzeug landet auf dem Flugplatz.
L'avion atterrit sur l'aérodrome.

– *Absteigen in* + datif = uniquement dans le sens de "descendre dans un hôtel".

Er steigt in einem Hotel am Rhein ab.
Il descend dans un hôtel au bord du Rhin.

– *Ankommen in, an...* + datif = "arriver à".

Er kommt um 3 Uhr am Bahnhof an.
Il arrive à 3 heures à la gare.

– *Eintreffen in* + datif = "arriver à".

Er ist gestern in Berlin eingetroffen.
Il est arrivé hier à Berlin.

d

– *Verschwinden* + datif (généralement) = "disparaître" ; *sich versteschen* + datif = "se cacher".

*Er **verschwindet/versteckt sich** hinter dem Busch.*
Il disparaît/se cache derrière le buisson.

▶ Voir aussi les adverbes de lieu, n° 15.

3 **Le directionnel peut s'employer seul,** surtout avec les verbes de modalité, **sans être rattaché** explicitement **à un verbe de mouvement.**

*Ich muß **in die Stadt** (sous-entendu gehen ou fahren).*
Je dois aller en ville.

***Ins Wasser** mit ihm !*
Jetons-le à l'eau !

E x e r c i c e s

A. Complétez soit par un datif, soit par un accusatif :
1. Ich lege das Buch auf d... Stuhl (der Stuhl). 2. Peter sitzt in sein ... Sessel (der Sessel). 3. Ein Mann steht vor d... Tür (die Tür). 4. Kommt er in d... Garten ? (der Garten). 5. Fährt er in d... Türkei ? (die Türkei). 6. Der Koffer steht auf d... Tisch (der Tisch).

B. Traduisez en allemand :
1. Il est arrivé chez son oncle. 2. Iras-tu en Alsace ? (das Elsaß). 3. Je suis allé dans la forêt (der Wald). 4. Paul est au cinéma ; j'y vais aussi. 5. Le chien se promène dans le jardin. 6. Je vais en Italie (Italien).

81 *Discours indirect*

1 **Caractéristiques.**

Le discours direct, qui consiste à exprimer à l'aide de verbes comme *sagen* = "dire", *glauben* = "croire", *fragen* = "demander", etc. les paroles, pensées, opinions d'autrui ou éventuellement de soi-même, est marqué à l'écrit par la présence de guillemets.

Phrase non-interrogative	Phrase interrogative
"Heute regnet es."	*"Ist Paul krank ?"*
"Aujourd'hui, il pleut."	"Paul est-il malade ?"

Lorsqu'on rapporte ce discours direct, on supprime à l'écrit les guillemets et on dispose en allemand de différents moyens pour faire comprendre qu'il ne s'agit plus du discours direct.

a. **Le changement éventuel des systèmes pronominaux.**
Ich devient *er, sie* ou *es, wir* devient *sie, mein* devient *sein* ou *ihr,* etc. et le remplacement éventuel de quelques adverbes de lieu et de temps comme *hier, heute* lorsqu'ils ne coïncident pas avec le temps et le lieu de celui qui rapporte et qui deviennent *dort* et *an jenem Tag*.

b. **Le changement éventuel de mode.**

Au lieu de l'indicatif, on peut utiliser le subjonctif I selon le système de concordance suivant :

Temps et mode du discours direct	Temps et mode du discours indirect
Indicatif présent	subjonctif I présent
ich komme	→ *er komme*
Indicatif passé (prétérit, parfait ou plus-que-parfait)	subjonctif I passé
ich kam *ich bin gekommen* *ich war gekommen*	→ *er sei gekommen*
Indicatif futur	subjonctif I futur
ich werde kommen	→ *er werde kommen*

▶ Pour le subjonctif I, voir n° 234.

c. **Conjonctions ou éléments en *w-*.**

● On peut éventuellement utiliser *daß* pour les subordonnées.

● On doit obligatoirement utiliser *ob* = "si", pour les questions globales.

● On doit obligatoirement utiliser un élément en *w- (wer, wo, wann...)* pour les questions partielles.

1 **Combinaisons.**

● On peut utiliser ces trois moyens (a., b., c.) en même temps.

Discours direct	Discours indirect
Peter sagt : **"Ich bin müde."**	*Peter sagt,* **daß er müde sei.**
Pierre dit : "Je suis fatigué."	Pierre dit qu'il est fatigué.

● On peut utiliser les moyens a et c et employer le verbe à l'indicatif.

Peter sagt, **daß er müde ist.**

● On peut utiliser les moyens a. et b. (sans *daß*, l'utilisation du subjonctif I est quasi obligatoire).

Peter sagt, **er sei müde.**

▲ **Attention :** si l'on n'utilise pas *daß*, l'ordre des mots dans le discours rapporté est identique à celui de la proposition !

● Pour la transposition de questions du discours direct :

– Si la question est globale (commence par le verbe), on utilise *ob*.

Discours direct

Peter fragt : **"Ist Paul auch müde ?"**
Pierre demande : "Est-ce que Paul est fatigué aussi ?"

Discours indirect

*Peter fragt, **ob Paul auch müde sei (ist)***.
Pierre demande si Paul est aussi fatigué.

– Si la question est partielle (= commence par un interrogatif en *w*-), on utilise cet interrogatif.

Discours direct

*Peter fragt : **"Wann kommt Paul ?"***
Pierre demande : "Quand Paul vient-il ?"

Discours indirect

*Peter fragt, **wann Paul komme (kommt)***.
Pierre demande quand vient Paul.

Le plus souvent l'indicatif est utilisé à la place du subjonctif lorsqu'il y a *daß, ob,* ou un élément en *w*-.

Remarques

● Lorsque l'on veut utiliser le mode subjonctif et que les formes du subjonctif I se confondent avec des formes de l'indicatif, on utilise le subjonctif II (voir n° 236) selon les correspondances suivantes :

Discours direct	Discours indirect	
Indicatif présent	Subjonctif I	Subjonctif II
wir kommen	**sie kommen** (= indicatif présent)	**sie kämen**
Indicatif parfait	Subjonctif I	Subjonctif II
wir haben gelacht	**sie haben gelacht** (= indicatif parfait)	**sie hätten gelacht**
Indicatif futur	Subjonctif I	Subjonctif II
wir werden kommen	**sie werden kommen** (= indicatif futur)	**sie würden kommen**

● Lorsque dans le discours direct le verbe est à l'impératif, on transpose cet impératif au discours indirect soit au moyen de *sollen* (ordre), soit au moyen de *mögen* (prière).

Discours direct

"Brigitte, steh auf !", *sagt Mutti.*
"Brigitte, lève-toi !", dit maman.

Discours indirect

*Mutti sagt, **daß Brigitte aufstehen solle***.
Maman dit que Brigitte doit se lever.

Discours direct

"Hole mir bitte eine Flasche Wein !", *sagt Vati zu Peter.*
"Va me chercher, s'il te plaît, une bouteille de vin !", dit papa à Pierre.

Discours indirect

*Vati sagt zu Peter, **daß er ihm eine Flasche Wein holen möge**.*
Papa dit à Pierre qu'il veuille bien aller lui chercher une bouteille de vin.

3 Exemples de transpositions.

Discours direct		Discours indirect
*"**Ich war** gestern beim Friseur."* "Hier, j'étais chez le coiffeur."		*Er sagt, **er sei** gestern beim Friseur **gewesen**.*
	ou	*... **daß er** gestern beim Friseur **gewesen sei**.*
	ou	*... **daß er** gestern beim Friseur **gewesen ist**.*
*"**Wir hatten** einen Spaziergang **gemacht**."* "Nous avions fait une promenade."		*Sie sagen, sie **hätten** einen Spaziergang **gemacht**.*
	ou	*... daß **sie** einen Spaziergang **gemacht hätten**.*
	ou	*... daß **sie** einen Spaziergang **gemacht hatten**.*
*"**Ich werde** mit meiner Schwester **kommen**."* "Je viendrai avec ma sœur."		*Er sagt, **er werde** mit seiner Schwester **kommen**.*
	ou	*... daß **er** mit seiner Schwester **kommen werde**.*
	ou	*... daß **er** mit seiner Schwester **kommen wird**.*

▲ **Attention** à la non-correspondance des temps en français et en allemand.

Il m'a dit qu'il m'aimait. → *Er hat mir gesagt, daß er mich **liebe** (**liebt**).*

Dans la langue courante, l'emploi du subjonctif II se généralise.

E x e r c i c e s

A. Transposez au discours indirect avec daß, ob *ou un élément en* w- *et le subjonctif :*
1. "Wo wohnst du, Paul ?", fragt Hans. 2. "Komm sofort zurück, Inge", sagt ihre Mutter. 3. "Ich habe auf einem Schiff geschlafen." sagt Paul. 4. "Wir hatten alle Durst.", sagen die Touristen. 5. "Dann ging ich nach Hause.", sagt der Angeklagte (l'accusé). 6. "Hast du meine neuen Schuhe schon gesehen ?", fragt Ursula.

B. Même exercice avec l'indicatif.

C. Même exercice sans daß, *lorsque c'est possible, mais avec le subjonctif.*

82 **Dont** *(traductions)*

En français, "dont", pronom relatif, peut être complément d'un nom, d'un verbe, ou d'un adjectif.

1 **"Dont", complément d'un nom.**

● On traduit "dont" selon l'antécédent par *dessen* (antécédent masculin ou neutre singulier) ou par *deren* (antécédent féminin singulier ou antécédent pluriel). *Dessen* ou *deren* sont suivis immédiatement et obligatoirement du groupe nominal dont ils sont compléments (voir n° 210).

*Das Haus, **dessen** rotes Dach du dort siehst, gehört meinen Großeltern.*
La maison dont tu vois là-bas le toit rouge appartient à mes grands-parents.

● Lorsque "dont" est en relation avec une locution quantitative ou un nombre, par exemple "quelques-uns, beaucoup, la plupart, trois ...", il se traduit par *von* ou *unter* + pronom relatif au datif.

*Die Künstler, **von denen** die meisten berühmt waren, waren in der Galerie.*
Les artistes, dont la plupart étaient célèbres, étaient réunis dans la galerie.

2 **"Dont", complément d'un verbe.**

On traduit "dont" selon la rection du verbe (voir n° 218) soit par le relatif *der, das, die* précédés de la préposition exigée par le verbe, soit par un relatif adverbial en *wo* + préposition.

*Die Frau, **von der** du sprichst, ist meine Nachbarin (cf. sprechen von + dat.).*
La femme dont tu parles est ma voisine.

*Das ist alles, **woran** ich mich erinnern kann (cf. sich erinnern an + acc.).*
C'est tout ce dont je me souviens.

3 **"Dont", complément d'un adjectif.**

On traduit "dont" selon la rection de l'adjectif (voir n° 216) soit par le pronom relatif seul, soit par le relatif avec une préposition, soit par le relatif adverbial.

*Die Schuld, **deren** ich mir bewußt bin (cf. sich + gén. bewußt sein).*
La faute dont j'ai conscience.

*Das ist ein Buch, **worauf** (ou : auf das) ich stolz bin (stolz auf + acc.).*
C'est un livre dont je suis fier.

*Das ist ein Kind, **für das** ich verantwortlich bin (cf. verantwortlich für + acc.).*
C'est un enfant dont je suis responsable.

Exercice

Traduisez en allemand :
1. Pierre est un élève dont je suis content (zufrieden mit + dat.). 2. C'est une histoire dont on peut rire (lachen über + acc.). 3. Dieter, dont tu connais le frère, arrive demain. 4. La maladie dont il est mort (sterben an + dat.) se répand (sich verbreiten) de plus en plus. 5. Connais-tu un acteur (der Schauspieler) dont le nom commence par un D ? 6. C'est un chien dont il a peur (Angst haben vor + dat.). 7. Mes chats, dont deux sont noirs, jouent dans le jardin.

83 *Dürfen : emplois*

1 **Sens de "pouvoir", "avoir la permission de", "avoir le droit de".**

Darf ich heute abend ins Kino gehen ?
Je peux aller au cinéma ce soir ?

2 **Sens de "pouvoir", dans des formules de politesse ou des demandes.**

Darf ich Sie um das Salz bitten ?   *Wenn ich bitten darf...*
Puis-je vous demander le sel ?   Si je puis me permettre...

3 **Sens de forte probabilité : "il y a de fortes chances pour que", "il se peut que"** (au subjonctif II).

Er dürfte um 6 Uhr da sein.
Il y a de fortes chances pour qu'il soit là à 6 heures.

▶ Pour la conjugaison de *dürfen* voir n° 265.
Voir aussi *nicht dürfen*, n° 79.

E x e r c i c e

Traduisez en allemand :
1. Est-ce que je peux (ai-je le droit d') acheter un livre avec mon argent ? 2. Il y a de fortes chances pour qu'il vienne demain. 3. Maintenant nous avons le droit de marcher sur le gazon (der Rasen). 4. Ici on n'a pas le droit de fumer. 5. Puis-je vous demander le poivre ?

84 *Ellipse du verbe*

Dans les cas suivants, le verbe peut ne pas être exprimé.

1 Dans les cas de coordination de propositions.
Dans deux ou plusieurs propositions coordonnées ou juxtaposées, on peut sous-entendre le verbe si les structures des propositions sont identiques.

Peter fährt nach Frankreich, Anne (...) nach Italien und Eva (...) nach Spanien.
Pierre va en France, Anne en Italie et Eva en Espagne.
Hans hat einen Apfel gegessen, Karl (...) eine Birne.
Jean a mangé une pomme, Charles une poire.

● On peut même sous-entendre alternativement le verbe conjugué et le participe.

Hans hat einen Apfel (...), Karl (...) eine Birne gegessen.
Jean a mangé une pomme, Charles une poire.

● Dans tous les cas, on ne peut sous-entendre que des formes rigoureusement identiques.

Hans hat einen Apfel (...), die Kinder haben eine Birne gegessen.
(*haben* obligatoire)

2 Dans les cas de coordination de subordonnées.
Lorsque des subordonnées introduites par le même subordonnant sont coordonnées, on peut sous-entendre le verbe conjugué.

Ich glaube, daß er in Paris gewohnt (...) und daß er dort eine Wohnung gekauft hat.
Je crois qu'il a habité à Paris et qu'il y a acheté un appartement.

3 Dans la comparaison.
Lorsque le degré 0 (comparatif d'égalité ou d'infériorité) a une expansion avec *wie*, ou lorsque le degré 1 (comparatif de supériorité) a une expansion avec *als*, on sous-entend généralement le verbe ou le groupe verbal tout entier.

In der Schule arbeitet er ebenso gut wie sein Bruder (sous-entendu : arbeitet).
A l'école, il travaille aussi bien que son frère.

Peter ist größer als seine Schwester (sous-entendu : groß ist).
Pierre est plus grand que sa sœur.

4 Avec un directionnel.

Le directionnel peut parfois se suffire à lui-même.

(sous-entendu : Geht) Auf die Plätze !
A vos marques !

Ich muß nach Hause (sous-entendu : gehen).
Je dois rentrer.

Exercice

Traduisez en allemand en faisant l'ellipse d'un élément verbal, lorsque c'est possible :
1. Paul a acheté une moto, Henri un vélo. 2. Je crois qu'il est arrivé à 8 heures et reparti à 11 heures. 3. S'il avait mangé un morceau de pain et marché moins vite, il ne serait pas fatigué. 4. Il a bu autant de bière que son frère. 5. Je cours plus vite que lui. 6. Le voyage est plus long que je ne pensais. 7. Pierre a pris congé (von + dat. Abschied nehmen) de ses parents, Jean a pris congé de son oncle. 8. Veux-tu aller en ville ?

85 *En : pronom* (traductions)

1 Lorsqu'on reprend un élément (nom, groupe nominal, idée...) précédemment exprimé, "en" est traduit par les tournures suivantes.

● Avec les pronoms indéfinis *ein* et *kein*, "en" ne se traduit pas.

*Hat er **ein** Fahrrad ? – Ja, er hat **eins**.*
A-t-il un vélo ? – Oui, il en a un.

*Nein, er hat **keins**.*
Non, il n'en a pas.

● *Welch-,* pour les partitifs, surtout au pluriel.

*Das sind Hustenbonbons. Nimm dir **welche** !*
Ce sont des bonbons pour la toux. Prends-en !

● *Dessen,* avec les verbes ou adjectifs régissant le génitif.

*Ich bin mir **dessen** bewußt.*
J'en suis conscient.

● Le pronom personnel, pour les verbes qui régissent le datif ou l'accusatif.

*Gib ihm das Buch zurück ; er braucht **es**.*
Rends-lui le livre ; il en a besoin.

● *Da* + préposition ou préposition + pronom, selon la nature de l'élément repris (être animé ou non), et selon la rection du verbe ou de l'adjectif.

*Er hat ein Auto ; er ist zufrieden **damit**.*
Il a une voiture ; il en est content.

*Ich erinnere mich **daran**.*   *Ich freue mich **darüber**.*
Je m'en souviens.   Je m'en rejouis.

*Er hat einen Sohn ; er ist stolz **auf ihn**.*
Il a un fils ; il en est fier.

● *Es*, dans des expressions, pour désigner une situation.

*Er ist **es** satt.*   *Ich habe es satt.*
Il en a marre.   J'en ai marre.

2 **Lorsque l'on montre ce que l'on veut,** "en" est traduit par *davon*.

A l'étalage du fromager :

*Ich möchte ein Stück **davon**.*
J'en voudrais un morceau.

A l'étalage du marchand de fruits :

*Ich möchte 2 Kilo **davon**.*
J'en voudrais 2 kilos.

3 **"En" ne se traduit pas** dans les cas **suivants**.

● Lorsqu'il ne reprend pas un élément précédent.

Sie liebt einen anderen.   *Die hat aber Geschichten erzählt !*
Elle en aime un autre.   Elle en a raconté des histoires !

● Dans certains cas, lorsque le nom est sous-entendu.

Haben Sie Äpfel ? – Ja, wir haben aber nur grüne.
Avez-vous des pommes ? – Oui, mais nous n'en avons que des vertes.

E x e r c i c e

Traduisez en allemand :
1. J'ai des cigarettes ; en veux-tu ? 2. Elle en a parlé à son père. 3. Ils ont un chien. J'en ai peur. 4. J'en voudrais une livre. 5. Je t'en remercie. 6. Il en est mort. 7. Sa mère est malade. Il ne s'en occupe pas du tout. 8. Il avait une vieille voiture ; il s'en est débarrassé (etw. loswerden). 9. Il lui en est reconnaissant (dankbar für + acc.). 10. Tes cigares (die Zigarre) me plaisent ; j'en prends un autre.

86 ***En + participe présent*** *(traductions)*

1 Lorsque la séquence "en + participe présent" fait partie d'un groupe verbal et que le participe n'a pas de complément, elle peut se traduire par le **participe présent seul**. On utilise cependant rarement cette possibilité.

*Sie kam **weinend** nach Hause.*
Elle rentra à la maison en pleurant.

2 Lorsque "en + participe présent" exprime la **simultanéité** par rapport au reste de la proposition, on peut traduire de différentes façons.

● Par une subordonnée introduite par *während* (pour un événement qui dure).

Während er die Kartoffeln schälte, *dachte er an die kommenden Ferien.*
En épluchant les pommes de terre, il pensait aux vacances à venir.

● Par *als* pour un événement ponctuel.

Als wir in München ankamen, *haben wir einen Unfall gesehen.*
En arrivant à Munich, nous avons vu un accident.

● Par *beim* + infinitif substantivé, dans certains cas, lorsque le verbe n'a pas de complément.

*Sie ist **beim Stricken** eingeschlafen.*
Elle s'est endormie en tricotant.

● Par une proposition coordonnée avec *dabei*.

*Ich habe meine Suppe gegessen und **dabei die Zeitung gelesen.***
J'ai mangé ma soupe en lisant le journal.

3 Lorsque "en + participe présent" exprime **la conséquence**, on peut également traduire par une proposition coordonnée avec *dabei*, ou une subordonnée introduite par *wobei*.

*Er ist vom Zug gesprungen und **hat sich dabei an der Schulter wehgetan.***
*Er ist vom Zug gesprungen, **wobei er sich an der Schulter wehgetan hat.***
Il a sauté du train en se blessant à l'épaule.

4 Lorsque "en + participe présent" exprime **une hypothèse** ou **une condition**, on traduit par une subordonnée introduite par *wenn*.

Wenn wir auf das Dach steigen, *sehen wir besser.*
En montant sur le toit nous verrons mieux.

5 Lorsque "en + participe présent" exprime **le moyen**, on peut traduire par *dadurch daß...* ou *indem...*

*Du hast uns einen großen Dienst erwiesen, **dadurch daß (indem) du unser Haus gehütet hast.***
En surveillant notre maison, tu nous a rendu un grand service.

6 "En + participe présent" peut aussi **correspondre au verbe de la proposition allemande**, le verbe de la proposition française traduisant le sens de la préposition ou de la particule (voir aussi n° 252).

*Er **ist** durch den Wald **gelaufen.***	*durch* → traverser
Il a traversé la forêt en courant.	*ist gelaufen* → en courant.
*Er **läuft** die Treppe hinab.*	*Er **ist** an mir vorbei**gerannt.***
Il descend l'escalier en courant.	Il est passé à côté de moi en courant.

e

Exercice

Traduisez en allemand :
1. On ne peut les voir qu'en montant sur une échelle (die Leiter). 2. Je suis tombé en descendant les escaliers. 3. Il a regardé la télévision en fumant la pipe. 4. N'oublie pas de fermer la porte en partant. 5. En lisant ta lettre, je me suis souvenu des vacances que nous avions passées en Grèce (Griechenland).

---

87 *Endlich* et *schließlich*

1 *Endlich* = "enfin".

Endlich bist du da !
Enfin, tu es là !
Ich habe endlich begriffen.
J'ai enfin compris.

2 *Schließlich* = "finalement" ; "en fin de compte" ; "finir par".

Schließlich hatte er nicht unrecht.
Finalement, il n'avait pas tort.
Er hat schließlich doch begriffen.
Il a quand même fini par comprendre.

Exercice

Ajoutez endlich *ou* schließlich *:*
1. Zuerst habe ich gelesen, dann habe ich ferngesehen und ... bin ich zu Bett gegangen. 2. Er hat mir ... meine Bücher wiedergegeben. 3. Es hat lange gedauert, aber ... haben wir ihn überzeugen können. 4. Bist du ... fertig ?

---

88 *(S') Endormir, se réveiller* (traductions)

1 *Einschlafen* = "s'endormir".

Ich schlafe ein.   *Ich bin eingeschlafen.*
Je m'endors.   Je me suis endormi.

2 *Jmn einschläfern* = "endormir qqn" ; "anesthésier qqn".

● *Jmn einschläfern* = "endormir qqn".
Die Musik hat mich eingeschläfert.
La musique m'a endormi.

● *Jmn einschläfern* = "anesthésier qqn".
Er wurde vor der Operation eingeschläfert.
Il a été anesthésié avant l'opération.
Wir mußten unseren Hund einschläfern lassen.
Nous avons dû faire piquer notre chien.

109

3 *Aufwachen* (ou *erwachen*) = "se réveiller".

Ich wache auf. / Ich erwache.
Je me réveille.
Ich bin aufgewacht. / Ich bin erwacht.
Je me suis réveillé.

4 *Jmn (auf)wecken* = "réveiller qqn".

Würdest du mich bitte um 7 Uhr **wecken ?**
Pourrais-tu me réveiller à 7 heures ?
Der Lärm hat das Baby **aufgeweckt.**
Le bruit a réveillé le bébé.

Notez que *einschlafen* et *aufwachen* ne sont pas des verbes pronominaux en allemand, il ne faut donc pas les employer avec les
pronoms réfléchis *mich, dich, sich*. Le verbe utilisé pour former le
parfait est *sein,* car ces verbes notent un changement d'état.

████████████████ E x e r c i c e ████████████████

Ajoutez le verbe qui convient :
1. Er läßt sich immer telefonisch ... 2. Wegen des starken Kaffees... ich erst
um Mitternacht ... (parfait). 3. Für die Operation wurde er ... 4. Mitten in der
Nacht ... ich plötzlich ... 5. Der Lärm eines Motorrads hat mich ... 6. Ohne
leise Musik kann sie nicht ... 7. Wann möchten Sie ... werden ? 8. Ich ... jeden
Morgen zur gleichen Zeit ...

89 *Erst et nur*

Il ne faut pas confondre *erst* et *nur* = "ne... que...", "seulement" qui
indiquent, dans des contextes différents, tous les deux une restriction du temps ou de la quantité.

1 *Erst* **temporel** est à comprendre à partir d'une certaine attente du
locuteur. Ce *erst* note une restriction par rapport à un point du temps.

● *Erst* = "pas plus tôt que".

Sie kommt **erst** *am Sonntag.*   *Er kommt* **erst** *um zwei Uhr.*
Elle ne viendra que dimanche.   Il ne vient qu'à deux heures.
(On l'aurait attendue plus tôt.)

● *Erst* = "pas plus tard que".

Es ist **erst** *zehn Uhr.*
Il n'est que dix heures.

2 *Erst* **quantitatif** = "pas plus que" note une restriction provisoire
d'une durée ou d'une quantité.

Er ist **erst** *fünf Jahre alt.*
Il n'a que cinq ans. (Mais il va grandir.)

*Ich habe **erst** zwanzig Seiten gelesen.*
Je n'ai lu que vingt pages. (Mais je vais en lire plus.)

3 ***Nur*** **quantitatif** = "uniquement", "en tout et pour tout" indique une restriction définitive par rapport à un point du temps, une durée ou une quantité.

*Er kommt **nur** am Sonntag.*
Il ne vient que le dimanche (à l'exclusion des autres jours.)

*Er bleibt **nur** zwei Stunden.*
Il ne reste que deux heures (en tout et pour tout).

*Ich habe **nur** zwanzig Seiten gelesen.*
Je n'ai lu que vingt pages. (Je m'arrête là.)

C o m p a r e z

*Sie hat **erst** zwei Kinder.* Elle n'a que deux enfants (pour le moment).	*Sie hat **nur** zwei Kinder.* Elle n'a que deux enfants (uniquement).
*Er kommt **erst,** wenn er uns braucht.* Il ne vient qu'au moment où il a besoin de nous (pas plus tôt).	*Er kommt **nur,** wenn er uns braucht.* Il ne vient que lorsqu'il a besoin de nous (uniquement).

E x e r c i c e

Nur *ou* erst ? *Complétez :*
1. Er kam ..., als das Fest vorbei war. 2. Ich komme ... für fünf Minuten. 3. Es ist ... sieben Uhr. 4. Sie sind ... heute abgefahren. 5. Ich habe ... zehn Mark bei mir. 6. Er ist ... seit zwei Tagen unterwegs. 7. Er bleibt ... zwei Wochen in Deutschland. 8. Ich brauche ... fünf Minuten bis zur Schule.

90 ***Es***

On rencontre *es* dans des fonctions très différentes.

1 ***Es*** **pronom personnel au nominatif ou à l'accusatif.**

● Pour reprendre un groupe nominal énoncé précédemment.

*Sie hat ein Kind ; **es** ist drei Jahre alt.*
Elle a un enfant ; il a trois ans.

● Pour reprendre ce qui a été dit précédemment (équivalent de *das,* pronom démonstratif).

*Und dann bist du mit dem Zug gefahren ? – Ja, **es (das)** stimmt.*
As-tu alors pris le train ? – Oui, c'est exact.

2 ***Es*** **sujet de verbes impersonnels.**

es regnet il pleut	***es schneit*** il neige
es handelt sich um + acc. il s'agit de	***es kommt darauf an*** cela dépend

3 *Es* **d'annonce,** pour annoncer une subordonnée.

Ich finde es schade, daß er nicht gekommen ist.
Je trouve dommage qu'il ne soit pas venu.

▲ **Attention :** lorsque la subordonnée est en tête, *es* disparaît.

Daß er nicht gekommen ist, finde ich schade.
Et non : ..., *finde ich es schade.*

4 *Es* **occupant de la première place** (*es* "explétif").

● Soit avec un passif impersonnel (voir n° 182).

Es wird jetzt geschlafen !
C'est l'heure de dormir !

● Soit avec un sujet placé après le verbe.

Es sitzen drei Schüler in diesem Saal.
Trois élèves sont assis dans cette salle.

▲ **Attention :** lorsqu'un autre élément que *es* occupe la première place, *es* disparaît.

Jetzt wird geschlafen ! et non : *Jetzt wird es geschlafen !*
Drei Schüler sitzen in diesem Saal. et non : *Drei Schüler sitzen es in diesem Saal.*

5 *Es* **équivalent du "en" français** dans certaines expressions (voir n° 85).

Ich bin es satt.   *Er ist es würdig.*
J'en ai assez.   Il en est digne.

E x e r c i c e

Commencez la phrase par un autre élément que es. *Faut-il supprimer* es *?*
Attention à l'ordre des mots.
1. Es schneit heute. 2. Es wird jetzt aber gearbeitet ! 3. Das Haus ist neu ; es ist 1980 gebaut worden. 4. Es kamen dann zwei Polizisten. 5. Es scheint jetzt zu regnen. 6. Es handelt sich in diesem Text um die französische Revolution.

---

91 *Être en train de, être sur le point de*
(traductions)

1 **"Être en train de".**
Pour dire que l'on est en train de faire qqch. (activité), on peut utiliser les expressions suivantes.

● *Beim* + verbe substantivé + *sein*.

Inge ist beim Abwaschen.
Inge est en train de faire la vaisselle.

● *Am* + verbe substantivé + *sein*.

Die Stadt war **am Verhungern.**
La ville était en train de mourir de faim.

● *(Gerade) dabei sein, etw. zu tun.*

Peter war **(gerade) dabei,** *sein Auto zu reparieren, als Hans vorbeiging.*
Pierre était en train de réparer sa voiture lorsque Jean passa.

● *Gerade etw. tun.*

Anja sieht **gerade** *fern.*
Anja est en train de regarder la télévision.

▶ Voir aussi "en + participe présent", n° 86.

2 "Être sur le point de".

Pour exprimer qu'un événement est imminent, que l'on est sur le point de faire qqch., on peut employer les tournures suivantes.

● *Im Begriff sein, etw. zu tun* = "être sur le point de faire qqch.".

Er ist **im Begriff** *abzureisen.*
Il est sur le point de partir en voyage.

● *Nahe dabei sein etw. zu tun ; nahe daran sein, etw. zu tun* = "être près de" ; "être sur le point de".

Sie **ist nahe daran,** *das Geheimnis zu verraten.*
Elle est sur le point de (près de) trahir le secret.

● *(Kurz) bevorstehen* = "être imminent".

Die Veröffentlichung des Gesetzes **steht (kurz) bevor.**
La loi est sur le point d'être publiée.

● *Gleich* = "tout de suite", est utilisé pour un futur très proche, immédiat (voir aussi "aller faire qqch., venir de", n° 256).

Er geht **gleich.**
Il est sur le point de partir.

● *(Ich) wollte gerade etw. tun* s'emploie pour un événement imminent dans un passé récent.

Ich **wollte** *dich* **gerade** *anrufen.*
J'étais sur le point de t'appeler. (J'allais t'appeler).

░░░░░░░░ ▓▓ E x e r c i c e ▓▓ ░░░░░░░░

Traduisez en allemand :
1. Elle est sur le point d'être licenciée (le licenciement : die Entlassung). 2. Il est en train d'éplucher des pommes de terre (Kartoffeln schälen). 3. Elle était sur le point de s'endormir (am + inf.) lorsqu'un chien aboya (bellen). 4. Les enfants sont en train de lire (beim + inf.). 5. J'étais sur le point d'appeler un médecin (plusieurs solutions). 6. Nous étions en train de réviser notre vocabulaire.

92 ***Excepté, à l'exception de, sauf*** *(traductions)*

1 ***Außer*** + datif = "excepté", "sauf".

Außer ihm wußte niemand Bescheid.
Personne sauf lui n'était au courant.

2 ***Außer wenn..., außer daß..., außer um...*** introduisent des subordonnées.

*Er sieht nie fern, **außer wenn** ein Fußballspiel übertragen wird.*
Il ne regarde jamais la télévision, sauf s'il y a la retransmission d'un match de foot.

*Er hat uns alles berichtet, **außer daß** er krank war.*
Il nous a tout dit, sauf qu'il était malade.

*Großvater geht nie hinaus, **außer um** die Zeitung zu kaufen.*
Grand-père ne sort jamais, sauf pour acheter le journal.

3 ***Mit Ausnahme*** + génitif ou ***mit Ausnahme von*** + datif = "à l'exception de".

*Alle Redner, **mit Ausnahme des** letzten, erhielten Beifall.*
Tous les orateurs, à l'exception du dernier, furent applaudis.

*Alle, **mit Ausnahme von** Monika, waren gekommen.*
Tous, à l'exception de Monique, étaient venus.

Exercice

Traduisez en allemand :
1. Tous sauf moi éclatèrent de rire (in Lachen ausbrechen). 2. Tous dormaient, à l'exception du chat. 3. Il est toujours le premier, sauf s'il s'agit de faire du sport. 4. Tous les arbres sont malades, à l'exception des chênes (die Eiche-n).

---

93 ***Exclamatives***

On peut distinguer quatre types d'exclamatives.

1 **Sans verbe et sans introducteur exclamatif.**

Herrlich !   *Schade !*
Magnifique !   Dommage !

2 **Sans verbe, avec introducteur exclamatif.**

Les introducteurs exclamatifs sont *wie* et *welch ein* au singulier (dans ce cas *welch* est invariable), *welch* au pluriel et *was für*.

Wie schön !   *Was für ein glücklicher Zufall !*
Que c'est beau !   Quel heureux hasard !

Welch eine herrliche Landschaft !
Quel paysage magnifique !

▶ Pour le choix de *welch* et *was für*, voir n° 272.

3 **Avec verbe sans introducteur exclamatif.**

L'ordre des mots est identique à celui des interrogatives ou des propositions, dans lesquelles on peut trouver par exemple *aber* (voir nos 2 et 179).

Ist das ein großer Baum ! *Du hast **aber** Glück !*
Qu'il est grand cet arbre ! Tu en as de la chance !

4 **Avec verbe et avec les introducteurs exclamatifs**.

Les introducteurs exclamatifs sont *wie, welch ein* et *was für*. Dans les exclamatives introduites par *wie* l'ordre des mots est soit celui des interrogatives partielles (voir n° 123), soit celui des subordonnées (voir n° 170).

***Wie** schön ist das Wetter !*
Comme il fait beau !

***Welch einen** schönen Mantel hast du heute an !*
Quel beau manteau tu porte aujourd'hui !

***Was für** Wörter gebrauchst du da !*
Quels mots tu emploies !

> *E x e r c i c e*

Traduisez en allemand :

1. Qu'elle est belle, cette maison ! 2. Comme il court vite ! 3. Quelles belles couleurs (die Farben) ! 4. Quelles sottises (dummes Zeug) tu racontes (reden) là ! 5. Comme il a grandi (groß werden) ! 6. Comme il ressemble (gleichen) à sa mère ! 7. Tu en as de beaux jouets !

---

94 ***(S')Excuser, demander pardon, pardonner, regretter** (traductions)*

1 **"S'excuser"**.

● *Sich (bei jmm) für etw.* (ou *wegen etw.) entschuldigen* = "s'excuser auprès de qqn de qqch.".

*Ich möchte **mich bei Ihnen für** mein Zuspätkommen (**wegen** meines Zuspätkommens) **entschuldigen.***
Je voudrais m'excuser auprès de vous de mon retard.

● *Jmn, etw. entschuldigen* = "excuser qqn ou qqch.".

***Entschuldigen Sie** bitte diese Frage.*
Veuillez excuser cette question. (Excusez, s'il vous plaît, cette question.)

● *Entschuldigen, daß* = "excuser de."

***Entschuldigen Sie** bitte, **daß** ich Sie störe.*
Excusez-moi de vous déranger.

***Entschuldige** bitte, **daß** ich es vergessen habe.*
Excuse-moi de l'avoir oublié.

● *Jmn um Entschuldigung bitten* = "présenter ses excuses à qqn".

*Ich **bitte** Sie **um Entschuldigung !***
Je vous présente mes excuses !

***Entschuldigung,** mein Zug hatte Verspätung !*
Excusez-moi, mon train avait du retard.

2 **"Demander pardon à qqn"** = *jmn um Verzeihung bitten.*

*Ich **bitte** dich **um Verzeihung.***
Je te demande pardon.

3 **"Pardonner qqch. à qqn"** = *jmm etw. verzeihen.*

*Kannst du mir diese Dummheit **verzeihen ?***
Peux-tu me pardonner cette bêtise ?

4 **Regretter.**

● *Etw. bedauern* = "regretter quelque chose".

*Ich **bedauere** sehr, **daß** du nicht kommen konntest.*
Je regrette beaucoup que tu n'aies pas pu venir.

● *Es tut mir leid, daß...* = "je regrette, je suis désolé de... / que...".

***Es tut mir leid, daß** ich Sie nicht früher angerufen habe.*
Je regrette de ne pas vous avoir appelé plus tôt.

● *Leider* = "malheureusement".

***Leider** habe ich jetzt keine Zeit.*
Malheureusement, je n'ai pas le temps maintenant.

● *Es ist schade, daß...* = "c'est dommage de... / que...".

***Es ist schade, daß** er nichts mehr von sich hören läßt.*
C'est dommage qu'il ne donne plus de ses nouvelles.

E x p r e s s i o n s

Entschuldigung !	***Verzeihung ! / Pardon !***
Excusez-moi !	Pardon !
Es tut mir leid !	***Schade !***
Je regrette !	Dommage !

E x e r c i c e

Traduisez en allemand :
1. Je vous présente mes excuses, j'ai été malade hier. 2. Excusez-moi, pour-riez-vous m'aider ? 3. Pardon, quelle heure est-il ? 4. Je regrette de ne pou-voir vous renseigner (eine Auskunft geben). 5. C'est dommage que tu ne sois pas libre cet après-midi ! 6. Excusez-moi de vous appeler à cette heure tar-dive (so spät). 7. Malheureusement, le directeur est absent. 8. Pardon, je ne vous avais pas vu. 9. Je vous demande pardon.

95 (Se) Faire + infinitif *(traductions)*

1 Action intentionnelle.

Lorsque "se faire + infinitif" ou "faire + infinitif" expriment une **action intentionnelle**, on les traduit de deux façons.

- *Sich* (datif ou accusatif selon les cas) + infinitif + *lassen*.

*Ich **habe mir** das Auto **waschen lassen**.*
J'ai fait laver ma voiture.
*Ich **habe mich** am Bahnhof **abholen lassen**.*
J'ai demandé qu'on vienne me chercher à la gare.

- Infinitif + *lassen*.

*Ich **habe** eine Garage **bauen lassen**.*
J'ai fait construire un garage.

2 Action subie.

Lorsque "se faire + infinitif" exprime une **action subie,** la plupart du temps involontairement, on emploie **le passif avec *werden* (ou la forme active)**.

*Es **ist** bei mir **eingebrochen worden**.*
Je me suis fait cambrioler.
*Ich **bin gebissen worden**.*
Je me suis fait mordre.

Remarquez que dans certains cas, "faire + infinitif" se traduit en allemand par un verbe unique ou une périphrase.

mitteilen	*sprengen*
faire savoir	faire sauter
in Bewegung setzen	*füttern*
faire bouger	faire manger (animaux)

Expressions

zum Lachen bringen	*zum Weinen bringen*
faire rire	faire pleurer
zum Reden bringen	*zum Verzweifeln bringen*
faire parler	exaspérer

Exercice

Traduisez en allemand :
1. Il se fait expliquer l'exercice. 2. Il a fait tondre (mähen) son gazon (der Rasen). 3. Il a fait venir un livre d'Allemagne. 4. Il s'est fait battre par son frère. 5. Ils ont fait sauter le pont. 6. Il s'est fait arrêter au croisement par la police.

96 *Faux amis*

absolvieren
= *ein Examen absolvieren* : passer un examen avec succès
≠ absoudre : *die Absolution erteilen* (domaine religieux) : *jmn freisprechen*

der Adjutant (en)
= l'officier d'ordonnance, l'aide de camp
≠ l'adjudant : *der Feldwebel*

adrett
= soigné, propre
≠ adroit : *geschickt*

die Akte(n)
= le dossier
≠ l'acte : *der Akt*

aktuell
= d'actualité, à l'ordre du jour
≠ actuel : *gegenwärtig, augenblicklich*

die Ampel(n)
= les feux (de signalisation)
≠ l'ampoule électrique : *die elektrische Birne*

der Antiquar(e)
= le marchand de livres d'occasion
≠ l'antiquaire : *der Antiquitätenhändler*

das Atelier(s)
= l'atelier (d'un peintre), le studio (photo, film)
≠ l'atelier (d'artisan) : *die Werkstatt*

der Automat(en)
= l'automate,
= le distributeur automatique

das Baiser(s)
= la meringue
≠ le baiser : *der Kuß*

die Bilanz(en)
= le bilan (financier)
= la balance (commerciale)

(sich) blamieren
= se rendre ridicule
≠ blâmer : *tadeln*

der Christ(en)
= le chrétien
≠ le Christ : *Christus*

die Daten
= les dates (pluriel de la date), les données (ordinateur) ou les caractéristiques (techniques)

die Diät
= le régime (alimentaire)
≠ la diète complète : *die Hungerkur*
≠ la diète de l'Empire : *der Reichstag*

der Dirigent(en)
= le chef d'orchestre
≠ le dirigeant : *der Leiter*

die Dissertation(en)
= la thèse de doctorat d'université
≠ la dissertation : *der Aufsatz*

der Dom(e)
= la cathédrale
≠ le dôme : *die Kuppel*

E

der Etat
= le budget
≠ l'état : *der Zustand*
≠ l'État : *der Staat*

F

das Fagott(e)
= le basson
≠ le fagot (fagot de bois) : *das Reisig-
bündel*

fidel
= joyeux, gai
≠ fidèle : *treu*

die Figur(en)
= la figure (géométrique), la pièce (jeu
d'échec), la silhouette, le personnage
(de roman, de pièce de théâtre)
≠ la figure (visage) : *das Gesicht*

die Filiale(n)
= la succursale

G

die Garage(n)
= le garage (remise pour voitures)
≠ le garage (atelier de réparations) :
die Reparaturwerkstatt

die Garderobe
= la garde-robe
= le vestiaire

H

sich habilitieren
= passer sa thèse de doctorat (l'habi-
litation)
≠ habiliter : *die Berechtigung verleihen* (dom. juridique)

I

immatrikulieren
= inscrire à l'université
≠ être immatriculé (voiture) : *zuge-
lassen, angemeldet sein*

die Dose(n)
= la boîte
≠ la dose : *die Dosis*

evangelisch
= protestant
≠ évangélique : *nach (aus...) dem
Evangelium*

fix
= prompt, leste
≠ fixe : *fest, unbeweglich*

das Format(e)
= le format,
= l'envergure *(ein Mann von Format)*

die Fraktion(en)
= le groupe politique ou parlementaire
≠ le fraction (mathématique) : *der
Bruch*

der Funktionär(e)
= le permanent syndical ou d'un parti
≠ le fonctionnaire : *der Beamte*

die Gondel(n)
= la gondole
= la nacelle (d'un ballon)
= la cabine (d'un téléphérique)

das Gymnasium(ien)
= le lycée
≠ le gymnase = *die Turnhalle*

der Humor
= l'humour
≠ l'humeur : *die Stimmung, die Laune*

imponieren (jmm)
= en imposer à qqn
≠ imposer qqch. = *etw. aufzwingen*

K

der Kadaver(-)
= le cadavre d'animal
≠ le cadavre : *der Leichnam, die Leiche*

die Kamera(s)
= l'appareil de photo
≠ la caméra : *die Filmkamera*

die Kanalisation(en)
= la canalisation
= les égouts

die Kapelle(n)
= la chapelle
= l'orchestre (de danse, fanfare...)

die Karte(n)
= la carte
= le ticket (train, bus), le billet (théâtre...)

der Kavalier(e)
= l'homme galant
≠ le cavalier : *der Reiter*

das Klavier(e)
= le piano
≠ le clavier : *die Klaviatur* ou *die Tastatur*

der Koffer(-)
= la valise
≠ le coffre (voiture) : *der Kofferraum*
≠ le coffre-fort : *der Geldschrank, der Tresor*

komisch
= comique
= drôle, bizarre, curieux

der Kommandant(en)
= le commandant (d'une région militaire...)
≠ le commandant (grade militaire) : *der Major*

der Kompaß(sse)
= la boussole
≠ le compas : *der Zirkel*

der Konkurs(e)
= la faillite
≠ le concours : *der Wettbewerb, die Mitwirkung, der Wettbewerb* (sportif, universitaire...)

das Konzert(e)
= le concert
= le concerto

das Kuvert(s)
= l'enveloppe (lettre)
≠ le couvert : *das Gedeck* (table), *das Besteck*

L

der Laie(n)
= le profane
= celui qui n'est pas expert en la matière
≠ laïque : *konfessionslos*

der Leutnant(e)
= le sous-lieutenant
≠ le lieutenant : *der Oberleutnant*

M

die Messe(n)
= la messe
= la foire

das Militär
= l'armée
≠ le militaire : *der Soldat*

modisch
= à la mode
≠ modique : *niedrig* (prix)

P

das Parkett(s)
= le parquet
= l'orchestre (place de théâtre)

das Parterre
= le rez-de-chaussée
≠ le parterre (de fleurs) : *das Blumenbeet*

pausen
= décalquer
≠ faire une pause : *eine Pause machen*

die Phantasie(n)
= l'imagination
≠ avoir de la fantaisie : *originelle Einfälle haben*

die Pille(n)
= la pilule (contraceptive)
≠ la pile (lampe de poche) : *die Batterie(n)*
die Pistole(n)
= le pistolet
= la pistole
die Post
= la poste
= le courrier
der Praktikant(en)
= le stagiaire
≠ le pratiquant (religion) : *der Kirchgänger*

Q

das Quartett(e)
= le quatuor (œuvre de musique pour quatre instruments)
= le jeu de cartes

R

die Rakete(n)
= la fusée
≠ la raquette (de tennis) : *der Tennisschläger*
das Regal(e)
= l'étagère
≠ le régal : *das Festessen*

S

salopp
= familier, décontracté
≠ la salope : *die Schlampe*

T

die Tablette(n)
= le cachet (médicament)
≠ la tablette : *das Brett*
das Tablett(s)
= le plateau
der Tank(s)
= le réservoir (voiture)
≠ le tank (char) : *der Panzer(wagen)*
der Trakt(e)
= l'aile (d'un bâtiment)
≠ le tract : *das Flugblatt*

der Volontär(e)
= le stagiaire (non rétribué)
≠ le volontaire : *der Freiwillige*

die Praxis (xen)
= la pratique
= le cabinet médical, la clientèle médicale
das Protokoll(e)
= le protocole
= la contravention
die Provision(en)
= la commission (d'un intermédiaire)
≠ la provision : *der Vorrat, der Proviant*

das Quartier(e)
= le quartier (militaire), l'hébergement
≠ le quartier (ville) : *das Viertel*

das Rezept(e)
= la recette (de cuisine)
= l'ordonnance (médicale)

die Route(n)
= l'itinéraire
≠ la route : *die Straße*

sortieren
= trier, classer
≠ sortir : *ausgehen*

der Tresor(e)
= le coffre-fort
≠ le trésor : *der Schatz*

die Tresse(n)
= le galon (militaire)
≠ la tresse : *der Zopf*

der Trupp(s)
= le groupe
≠ la troupe : *die Truppe*

die Weste(n)
= le gilet
≠ la veste : *die Jacke*

der Zylinder(-)
= le cylindre
= le haut-de-forme

97 *Féliciter, souhaiter, présenter ses vœux*
(traductions)

1 **Féliciter.**

● *Jmm zu etw. gratulieren* = "féliciter qqn de qqch." ; "souhaiter qqch. à qqn".

*Ich **gratuliere dir** recht herzlich **zum** Geburstag.*
Je te souhaite un bon et heureux anniversaire.
(litt. : Je te félicite de tout mon cœur pour ton anniversaire.)

● *Jmn zu etw. beglückwünschen* = "féliciter qqn de qqch.".

*Ich **beglückwünsche dich zu** deiner bestandenen Prüfung.*
Je te félicite de ta réussite à l'examen.

2 **Présenter ses vœux.**

● *Jmm etw. wünschen* = "présenter ses vœux à qqn" ; "souhaiter qqch. à qqn".

*Ich **wünsche dir** alles Gute zum Geburtstag.*   *Ich **wünsche dir** viel Glück !*
Je te souhaite un bon anniversaire.   Je te souhaite bonne chance !

*Ich **wünsche Ihnen** ein frohes Weihnachtsfest und ein glückliches und gesundes Neues Jahr !*
Joyeux Noël et une bonne et heureuse année !

E x p r e s s i o n s

● *Herzlichen Glückwunsch !* = "Toutes mes félicitations !"

***Herzlichen Glückwunsch** zu deinem Geburtstag / zu eurer Hochzeit.*
Toutes mes félicitations / pour ton anniversaire / pour votre mariage.

● *Alle guten Wünsche !* = "Mes meilleurs vœux !".

***Alle guten Wünsche** zur Geburt des Kindes !*
Meilleurs vœux pour la naissance !

E x e r c i c e

Traduisez en allemand :
1. Toutes nos félicitations pour ton anniversaire ! 2. Je vous souhaite de bonnes vacances à la mer ! 3. Nous te félicitons pour ta réussite au permis de conduire (die Fahrprüfung) ! 4. Mes meilleurs vœux pour vos fiançailles (die Verlobung) ! 5. Je te souhaite bonne chance dans ton travail ! 6. Nous vous souhaitons une joyeuse fête de Noël et une bonne et heureuse année.

98 *Finir (traductions)*

1 **"Finir qqch."** ou **"finir de faire qqch."** se traduit en général par *mit etw. fertig sein ; mit etw. fertig werden.*

***Bist** du endlich **mit** dem Geigespielen fertig ?*
Est-ce que tu as enfin fini de jouer du violon ?

*Kannst du bis Ende der Woche **mit** deiner Arbeit **fertig werden ?***
Pourras-tu finir ton travail jusqu'à la fin de la semaine ?

2 **"Finir"** dans le sens de **"cesser"** se traduit par *mit etw. aufhören* ou *aufhören* + groupe infinitif.

*Es **hört** nicht **auf** zu regnen.*
La pluie ne finit pas de tomber.

▶ Voir aussi "cesser de", n° 57.

3 **"Finir par"** dans le sens de "après une succession de faits" se traduit le plus souvent par *schließlich* ou *zuletzt*.

*Zuerst hat er es abgelehnt, aber **schließlich** hat er es doch angenommen.*
Il a commencé par refuser la proposition, mais il a fini par l'accepter.

***Zuletzt** sagte er, daß er einverstanden sei.*
Il a fini par dire qu'il était d'accord.

▶ Voir aussi *endlich, schließlich*, n° 87.

4 **"Être fini"** = *aus sein ; zu Ende sein*.

*Die Schule **ist aus.***	*Die Ferien **sind zu Ende.***
L'école est finie.	Les vacances sont finies.

5 **Emploi des particules.**
Fréquemment, l'allemand se sert des particules séparables *auf-* et *aus-* pour exprimer l'idée de "finir", par exemple *etw. aufessen, etw. austrinken* et *etw. auslesen* pour "finir des aliments", "finir des boissons", "finir une lecture".

*Iß bitte dein Brot **auf,** und **trink** deinen Apfelsaft **aus**.*
Finis, s'il te plaît, ton pain et ton jus de pomme.

*Hast du dein Buch **ausgelesen ?***
As-tu fini ton livre ?

▶ Voir aussi "commencer", n° 62.

Exercice

Traduisez en allemand :
1. Nous avions fini de dîner à minuit. 2. Le film est fini. 3. Je ne veux pas finir ma soupe ! 4. Le concert finit à 11 heures. 5. Elle a fini par comprendre son devoir de mathématiques (die Mathematikaufgabe). 6. Finis ton verre, s'il-te-plaît !

99 *Futur*

1 *Werden* + infinitif.
Le futur simple s'exprime normalement avec *werden* + infinitif.

*Er **wird kommen**.*
Il viendra.

Le futur antérieur – rarement employé – se forme en *werden* + infinitif accompli. Il est surtout utilisé pour exprimer une supposition.

Er **wird** *das Buch* **gekauft haben.**
Il aura acheté le livre.

Um drei Uhr **wird er angekommen sein.**
A trois heures il sera arrivé. / Il est sans doute arrivé à trois heures.

2 Le présent.

Le futur peut s'exprimer aussi à l'aide du présent, surtout lorsque le verbe est accompagné d'indications temporelles concernant le futur.

Er **kommt** *morgen.*
Il vient (viendra) demain.

3 Le parfait.

Le parfait est souvent utilisé **à la place du futur antérieur** dans les subordonnées temporelles introduites par *wenn* = "quand".

Wenn ich den Brief **geschrieben habe,** *rufe ich Paul an.*
Quand j'aurai écrit la lettre, j'appellerai Paul.

4 Le présent de l'indicatif + adverbes.

Le futur proche s'exprime aussi à l'aide du présent de l'indicatif avec adjonction d'adverbes comme *sofort, gleich* = "de suite", *bald* = "bientôt", etc. En français, on le traduit parfois à l'aide du verbe "aller".

Ich **komme sofort.**　　　　*Der Wagen* **springt gleich an.**
J'arrive.　　　　　　　　　　　La voiture va démarrer.

▶ Pour l'expression du futur proche, voir aussi n° 256.

5 Exclamation avec idée d'injonction.

Le futur avec *werden* s'utilise parfois dans des exclamatives à valeur injonctive (ordre).

Wirst *du jetzt still* **sein !**
Vas-tu te taire ?

▲ **Attention :** la forme du futur en *werden* ne doit pas être confondue avec la forme du passif *werden* + participe II.

Werden + infinitif (futur).　　　*Werden* + participe II (passif).

Er wird schlagen.　　　　　　**Er wird geschlagen.**
Il battra.　　　　　　　　　　　Il est battu (on le bat).

Exercices

A. Donnez les formes du futur simple :
1. 2e pers. sing. : spazierengehen 2. 1re pers. pl. : trinken 3. 3e pers. sing. : aufstehen 4. 3e pers. pl. : anrufen 5. 1re pers. sing. : schlafen

B. Traduisez en allemand, en utilisant la forme en werden *du futur :*
1. Demain, il aura vendu sa voiture. 2. A Noël, ses parents lui offriront une bicyclette. 3. Nous mangerons au restaurant. 4. Quand tu auras lu le journal, tu pourras éteindre la lumière. 5. Nous t'emmenerons au théâtre.

100 *Ganz, all-, jeder*

Selon le sens, "tout", "tous" peuvent correspondre à *ganz, all-* et *jeder*. Il ne faut pas les confondre.

1 *Ganz* correspond à **"tout"** dans le sens d'**"entier"**. Il se décline comme un adjectif.

den **ganzen** Tag	den **ganzen** Winter über
toute la journée	pendant tout l'hiver
das **ganze** Brot die **ganze** Familie	auf der **ganzen** Welt
le pain toute la famille	dans le monde entier

● Avec les noms de villes, de continents et les noms de pays sans article, *ganz* est invariable.

ganz Berlin	in **ganz** Griechenland	durch **ganz** Afrika
tout Berlin	dans toute la Grèce	à travers toute l'Afrique

● Avec les noms de pays qui ont un article, *ganz* est décliné comme un adjectif.

durch die **ganze** Schweiz	in der **ganzen** Normandie
à travers toute la Suisse	dans toute la Normandie

▶ Pour les noms des pays, voir n° 159.

2 *Aller, alle, alles, alle* correspond à **"tout", "tous"**. C'est un déterminatif qui se comporte comme l'article défini. *All-* est utilisé de préférence au pluriel. Au singulier, avec des noms dénombrables, on emploie *jeder*.

alle meine Freunde	**alle** Tage	**alle** Deutschen
tous mes amis	tous les jours	tous les Allemands
alles Gute		
meilleurs vœux (litt. : tout le bien)		
in **allen** unbekannten Ländern		
dans tous les pays inconnus		

Mais :

alle beide	**alle drei**	**alle halbe(n)** Stunde(n)
tous les deux	tous les trois	toutes les demi-heures

● Au génitif singulier masculin et neutre *all-* prend la terminaison *-en.*

*trotz **allen** guten Willens*
malgré toute la bonne volonté

● *Alle, alles* peut être pronom indéfini.

alle *sind gekommen*	**alles** *oder nichts*	**alle miteinander**
tous sont venus	tout ou rien	tous ensemble
wir alle	**ihr alle**	**sie alle**
nous tous	vous tous	eux tous

● *Alle, alles* comme antécédent de relative.

alle, die	**alles, was**
tout ceux qui	tout ce que

*Sie hat **allen, die** sie kennt, geschrieben.*
Elle a écrit à tous ceux qu'elle connaît.

*Er sagte **alles,** was er wußte.*
Il a dit tout ce qu'il savait.

3 *Jeder* correspond à **"tout"** dans le sens de **"chaque"**. Il s'emploie au singulier pour les choses ou personnes que l'on peut dénombrer.

● *Jeder* déterminatif se comporte comme l'article défini.

jeder *Mensch*	**jeden** *Abend*
tout homme/chaque homme	tous les soirs/chaque soir
zu jeder *Stunde*	**jeden** *Augenblick*
à toute heure	à tout moment
jeden *zweiten Tag (**alle** zwei Tage)*	*ohne **jeden** Zweifel*
tous les deux jours	sans aucun doute

● *Jeder* pronom = "chacun" se décline comme *der, das, die.*

Jeder *weiß es. (**Alle** wissen es.)*	**Jedem** *seine Chance !*
Tout le monde le sait.	A chacun sa chance !

Exercice

Traduisez en allemand :
1. Il se promène tous les après-midi. 2. Il s'est promené toute l'après-midi. 3. Est-ce bien toute la vérité ? 4. Il peut venir à tout moment. 5. Le tramway part tous les quarts d'heure. 6. Elle n'a pas lu tout le livre. 7. Tous les soirs, il lit un poème. 8. Tous les hommes sont mortels (sterblich). 9. Il a vendu tout ce qu'il possédait. 10. Tous les trois jours, il a une piqûre (eine Spritze bekommen). 11. Elle a travaillé toute sa vie. 12. Chacun pense d'abord à soi.

101 *Gegenteil, Gegensatz*

Il ne faut pas confondre *Gegenteil* et *Gegensatz, im Gegenteil* et *im Gegensatz zu.*

1 *Das Gegenteil* (*von* + dat.) = "le contraire (de)".

Er ist ganz das Gegenteil von seinem Zwillingsbruder.
Il est tout le contraire de son frère jumeau.

Kannst du mir das Gegenteil beweisen ?
Peux-tu me prouver le contraire ?

2 *Im Gegenteil !* = "au contraire !".
Im Gegenteil est souvent utilisé dans des dialogues.

Findest du die Geschichtsstunden langweilig ? – Im Gegenteil !
Est-ce que tu trouves les cours d'histoire ennuyeux ? – Au contraire !

3 *Der Gegensatz (¨e)* = "le contraire, l'opposition, la contradiction".

Zwischen den beiden Parteien besteht ein scharfer Gegensatz.
Une forte contradiction existe entre les deux partis.

4 *Im Gegensatz zu...* = "contrairement à, au contraire de, par opposition à".

Im Gegensatz zur Wettervorhersage ist schönes Wetter.
Contrairement aux prévisions, il fait beau.

Im Gegensatz zu ihrer ganzen Familie ist sie evangelisch.
Au contraire de toute sa famille, elle est protestante.

E x e r c i c e

Traduisez en allemand :
1. Le contraire de "chaud" est "froid". 2. Contrairement à sa sœur, il a les yeux bleus. 3. Les contraires s'annulent (sich aufheben). 4. Est-ce qu'il a fait beau temps en Italie ? – Au contraire ! Il a plu tout le temps. 5. Il est tout le contraire de son père. 6. Au contraire de son frère, il ne paie pas beaucoup d'impôts (Steuern zahlen). 7. Il fait le contraire de ce qu'on lui avait dit (passif). 8. Veux-tu déjà partir ? – Au contraire ! J'aimerais bien rester encore un petit moment (eine Weile).

102 *Gehören, gehören zu, angehören*

1 *Gehören* + datif = "appartenir", indique la possession.

Dieser Regenschirm gehört mir nicht.
Ce parapluie ne m'appartient pas.

2 *Gehören zu* + datif.

● S'emploie pour indiquer la partie d'un ensemble dans le sens de "faire partie de", "compter parmi".

Thomas Mann gehört zu den berühmtesten Schriftstellern seiner Zeit.
Thomas Mann est un (fait partie) des écrivains les plus célèbres de son temps.

● Peut se traduire par "il faut (du temps, de l'argent, du courage)" lorsqu'il indique la condition nécessaire à une activité.

*Es **gehört** viel Mut **dazu**, über diesen See zu schwimmen.*
Il faut beaucoup de courage pour traverser ce lac à la nage.

3 *Angehören* + datif = "faire partie de", "être membre de", "être adhérent" d'un parti, d'une organisation.

*Peter **gehört** dem Briefmarkensammlerverein **an**.*
Pierre est membre du club philatélique.

E x e r c i c e

Complétez par le verbe qui convient :
1. ... dir dieser Füller ? 2. ... dieser Gymnastikübung ... viel Geschicklichkeit. 3. Zehn Jahre lang ... er der Kommunistischen Partei ... 4. ... du auch ... den Grünen ? 5. Der Jugend ... die Zukunft. 6. Der Panther ... ... den Raubkatzen. 7. ... euch dieses Haus ? 8. Renate... nicht ... den besten Schülerinnen ihrer Klasse.

103 Génitif : emplois

Les groupes nominaux au génitif traduisent divers types de compléments sous plusieurs formes.

1 **Complément de nom** dans divers emplois possibles.

● Soit pour exprimer la possession.

*das Auto **meines Vaters** (von meinem Vater)*
la voiture de mon père

● Soit, en relation avec un nom de mesure ou de quantité, pour exprimer une totalité.

*ein Korb **reifer Äpfel***
un panier de pommes mûres
*einer **meiner Söhne***
l'un de mes fils

● Soit comme génitif subjectif (= sujet possible).

*die Ankunft **meiner Freunde** (meine Freunde kommen an)*
l'arrivée de mes amis (mes amis arrivent)

● Soit comme génitif objectif (= complément d'objet possible).

*der Verkauf **des Schiffes** (man verkauft das Schiff)*
la vente du bateau (on vend le bateau)

2 **Complément d'un verbe** (voir aussi n° 218).
Ces verbes sont peu nombreux et d'un emploi peu fréquent : *sich bemächtigen* = "s'emparer de", *gedenken* = "se souvenir de" (rem-

placé le plus souvent par *sich erinnern an* + acc.), *sich annehmen* = "s'occuper de" (remplacé le plus souvent par *sich kümmern um* + acc.)...

*Sie bemächtigten sich **der Stadt.***
Ils s'emparèrent de la ville.

3 **Complément de certains adjectifs** (voir aussi n° 216).
Les plus fréquents sont : *bewußt, würdig, sicher.*

*Ich bin mir **der Schwierigkeiten** bewußt.*
J'ai conscience des difficultés.

*Das ist **seiner** nicht würdig.*
Cela n'est pas digne de lui.

*Er ist **seines Erfolges** nicht sicher.*
Il n'est pas sûr de son succès.

Dans certains cas l'accusatif est plus fréquent.

*Ich bin **des Redens** müde.*
ou *Ich bin **das Reden müde.***
J'en ai assez de parler.

4 **Compléments adverbiaux** exprimant le temps ou l'opinion.

● Le temps.

***Eines Tages** ging er in den Wald.*
Un jour, il alla dans la forêt.

● La manière.

*Er ging **schnellen Schrittes.***
Il marchait à grands pas.

● L'opinion.

Meines Erachtens...
A mon avis...

5 Après les **prépositions qui exigent le génitif** (voir n° 191).

*Er wohnt jenseits **der Grenze.***
Il habite de l'autre côté de la frontière.

Exercice

Traduisez en allemand :
1. C'est la maison de ma sœur. 2. Un de ses enfants vit en Suisse. 3. Les heures d'ouverture (die Öffnungszeit) des magasins ont été modifiées (ändern). 4. Un jour, il frappa à la porte. 5. Le château (das Schloß) du roi (der König) a été détruit (zerstören). 6. Il est conscient de sa faute (die Schuld). 7. Ils s'emparèrent de l'enfant.

104 *Génitif saxon*

1 Formation.

Dans le groupe nominal, le complément de nom au génitif se place normalement après la base du groupe, c'est-à-dire le nom.

*die bekanntesten Werke **Goethes***
les œuvres les plus connues de Goethe

Cependant, on peut, en allemand, utiliser la structure dite du "génitif saxon", caractérisée par le fait que le complément au génitif "prend la place" du déterminatif (article défini) et se trouve donc placé devant le nom et ses éventuels adjectifs épithètes (le groupe nominal prend les marques du type II). L'article défini disparaît !

Goethes bekannteste Werke
~~die Goethes bekanntesten Werke~~ est impossible !

2 Emploi.

● Le génitif saxon ne s'emploie plus guère aujourd'hui qu'avec des noms propres (masculins ou féminins), ou des noms de parenté.

Peters Mutter *arbeitet in Düsseldorf.*
La mère de Pierre travaille à Düsseldorf.

Großvaters Garten
le jardin de grand-père

Giselas Vater *ist Apotheker.*
Le père de Gisèle est pharmacien.

● On le rencontre encore dans quelques tournures figées (par exemple dans des proverbes).

*Müßiggang ist **aller Laster** Anfang.*
L'oisiveté est la mère de tous les vices.

● Ce génitif saxon a la valeur d'un possessif : *Peters Mutter = seine Mutter*. Il est surtout utilisé dans les cas de génitifs possessifs, parfois aussi dans les cas de génitifs objectifs et subjectifs.

Pauls Auto *ist kaputt.*
La voiture de Paul est cassée (génitif possessif).

● Il n'est pas possible d'utiliser un génitif saxon lorsque le groupe nominal comporte un article indéfini ou un quantitatif ; dans ce cas on utilisera soit le génitif postposé, soit *von* + datif.

*ein Gedicht **Heines***	**Heines** *Gedicht*
*ein Gedicht **von Heine***	*das Gedicht **von Heine***
un poème de Heine	le poème de Heine
*drei Romane **von Thomas Mann***	**Thomas Manns** *Romane*
trois romans de Thomas Mann	les romans de Thomas Mann

> ### E x e r c i c e

Traduisez en allemand en utilisant le génitif saxon, lorsque c'est possible :
1. Les romans de Heinrich Böll sont très connus. 2. Après la mort de Guillaume, elle quitta la France. 3. J'ai visité quelques églises de Rome. 4. Un ami de Pierre est arrivé hier soir. 5. Depuis la chambre de Jean on aperçoit les montagnes. 6. La bicyclette de ma sœur Hélène a été volée. 7. J'ai vu le maire (der Bürgermeister) de la ville de Cologne.

105 *Genre des noms communs*

En allemand, il y a trois genres : le masculin, le neutre et le féminin. Il faut, quand on apprend un mot nouveau, l'apprendre avec son genre, c'est-à-dire son article : *der, das* ou *die*. Il faut se méfier du genre des mots français ; la correspondance est rare.

die Sonne	*der Mond*
le soleil	la lune

On peut cependant donner quelques indications pour aider la mémoire.

1 Les rapports entre le genre et la formation du nom.

a. **Les noms composés.**

Le genre des noms composés est fourni par le genre du dernier déterminé (voir n° 157).

Taschentuch	→ das Tuch	→ **das Taschentuch**	le mouchoir
Rundfunkgerät	→ das Gerät	→ **das Rundfunkgerät**	l'appareil de radio
Musikhochschule	→ die Schule	→ **die Musikhochschule**	l'école supérieure de musique

b. **Les noms dérivés.**

● Sans suffixe.

> Sont **masculins** les noms dérivés sans suffixe du radical verbal

der Biß *(beißen)*	**der Gang** *(gehen)*
la morsure (mordre)	la démarche (aller)
der Schlag *(schlagen)*	**der Sprung** *(springen)*
le coup (battre)	le saut (sauter)
der Wurf *(werfen)*	**der Zug** *(ziehen)*
le jet (jeter)	le train (tirer)

Cependant, il y a des exceptions :

das Verbot *(verbieten)*	**die Rückkehr** *(zurückkehren)*
l'interdiction (interdire)	le retour (revenir)

● A l'aide du préfixe *Ge-* : ils sont neutres lorsqu'ils indiquent

un collectif

das Gebirge
les montagnes

das Gestirn
la constellation

une activité (formation à partir d'un verbe)

das Geschwätz *(schwatzen)*
le bavardage (bavarder)

das Geschrei *(schreien)*
les cris (crier)

das Gelächter *(lachen)*
les rires (rire)

▲ **Mais attention :** tous les noms en *Ge-* ne sont pas neutres.

der Geschmack le goût	**der Gedanke** la pensée	**die Gefahr** le danger
der Gesang le chant	**die Geburt** la naissance	**die Geduld** la patience

● A l'aide de suffixes.

Sont **masculins** les noms terminés par

-er :	**der Bäcker**	le boulanger
-ler :	**der Sportler**	le sportif
-ig :	**der Käfig**	la cage
-ich :	**der Teppich**	le tapis
-ling :	**der Schmetterling**	le papillon
ps :	**der Schlips**	la cravate

Sont **masculins** les noms terminés par les suffixes étrangers

-and ou *ant :*	**der Doktorand**	le candidat au doctorat
	der Fabrikant	le fabricant
-är :	**der Legionär**	le légionnaire (mais *das Militär :* les militaires, l'armée)
-ast :	**der Gymnasiast**	le lycéen
-eur ou *ör :*	**der Ingenieur**	l'ingénieur
-ent :	**der Student**	l'étudiant
-ier (prononcé *[je]*) :	**der Bankier**	le banquier
-ier (prononcé *[i:r]*) :	**der Offizier**	l'officier
-iker :	**der Mechaniker**	le mécanicien
-ismus :	**der Kapitalismus**	le capitalisme
-ist :	**der Jurist**	le juriste
-or :	**der Katalysator**	le catalyseur

Sont **féminins** les noms terminés par

-e :	**die Güte**	la bonté
-ei :	**die Bücherei**	la librairie
-in :	**die Freundin**	l'amie
-heit :	**die Freiheit**	la liberté
-keit :	**die Höflichkeit**	la politesse
-schaft :	**die Freundschaft**	l'amitié
-ung :	**die Werbung**	la publicité

Sont **féminins** les noms terminés par les suffixes étrangers

-ade :	**die Marmelade**	la confiture
-age :	**die Etage**	l'étage
-anz :	**die Bilanz**	le bilan
-ie (prononcé [jə] :	**die Kastanie**	la châtaigne
(prononcé [i:] :	**die Theorie**	la théorie
Mais :	**das Genie**	le génie
-ik :	**die Musik**	la musique
-ion :	**die Nation**	la nation
-tät :	**die Qualität**	la qualité
-ur :	**die Natur**	la nature
-ose :	**die Tuberkulose**	la tuberculose

Sont **neutres** les noms terminés par

-chen ou -lein	**das Mädchen**	la petite fille
(diminutifs) :	**das Fräulein**	la demoiselle
-tel :	**das Drittel**	le tiers
-tum :	**das Christentum**	le christianisme
Mais :	**der Irrtum**	l'erreur
	der Reichtum	la richesse

Sont **neutres** les noms terminés par les suffixes étrangers

-eau/o :	**das Niveau**	le niveau
	das Büro	le bureau
-in (noms de chimie) :	**das Benzin**	l'essence
-(i)um :	**das Datum**	la date
-ment (prononcé [mɛnt]) :	**das Argument**	l'argument
-ment (prononcé [mā]) :	**das Appartement**	l'appartement
-um/ium :	**das Museum**	le musée
	das Studium	les études

2 **Les rapports du genre avec le type de nom.**
Les infinitifs et adjectifs substantivés sont toujours neutres.

das Lachen   **das Schöne**
le rire   le beau

3 **Les rapports du genre avec le sens.**

a. **Noms masculins.**

● Les noms de mois, de jours, de saisons, de points cardinaux.

der Februar   **der Sonntag**
le mois de février   le dimanche

der Frühling   **der Süden**
le printemps   le sud

● Les noms de phénomènes atmosphériques.

der Blitz   **der Frost**
l'éclair   le gel

Mais :

das Eis
la glace

das Gewitter
l'orage

● Les noms de pierres et minéraux.

der Stein
la pierre

der Sand
le sable

Mais :
die Kohle
le charbon

● Les noms des astres et planètes.

der Stern
l'étoile

der Mond
la lune

Mais :

die Erde
la terre

die Sonne
le soleil

● Les noms de monnaies.

der Dollar
le dollar

der Franc
le franc

Mais :

die Mark
le mark

das Pfund
la livre

● Les noms de voitures.

der Opel, der Renault, der Mercedes

b. **Noms féminins.**

● Les noms d'arbres et de fleurs.

die Eiche
le chêne

die Tanne
le sapin

die Rose
la rose

Mais :
der Ahorn
l'érable

● Les noms d'avions, de bateaux et de motos.
die Concorde, die France, die BMW

● Les chiffres.

die Vier
le chiffre 4

die Null
le zéro

c. **Noms neutres.**

● Les noms de métaux et de matériaux naturels.

das Gold
l'or

das Holz
le bois

● Les lettres et les couleurs.

das A
la lettre A

das Rot
le rouge

● Les langues.

das Spanisch
l'espagnol

▶ Pour les homonymes, voir n° 113.

E x e r c i c e

Donnez le genre des mots suivants :
1. Gesundheit (la santé). 2. Politiker (le politicien). 3. Taschenlampe (la lampe de poche). 4. März (le mois de mars). 5. Zeitung (le journal). 6. Silber (l'argent métal). 7. Buche (le hêtre). 8. Bäckerei (la boulangerie). 9. Wirtschaft (l'économie). 10. Schülerin (l'écolière). 11. Dienstag (mardi). 12. Beschleunigung (l'accélération). 13. Fahrschule (l'auto-école). 14. Zeitungsartikel (l'article de journal). 15. Portion (la portion). 16. Lehrerin (l'institutrice). 17. O (la lettre O). 18. Null (le zéro). 19. Lilie (le lis). 20. Testament (le testament).

106 *Genug* et *ziemlich*

1 **Genug** est invariable et signifie "assez" au sens de "suffisamment". Il se place généralement après l'adjectif ou l'adverbe.

*Er ist alt **genug**, um zu wissen, was er tun soll.*
Il est suffisamment grand pour savoir ce qu'il doit faire.

Genug, selon qu'il est placé avant ou après le substantif, présente une légère différence de sens.

*Hast du **genug** Geld für deine Reise ?*
As-tu assez d'argent pour ton voyage ?

*Er hat Geld **genug**.*
De l'argent, il en a assez.

Remarquez que "en avoir assez de" se dit : *von etw., von jmm genug haben* ou *etw., jmn satt haben.*

*Ich **habe genug von** seinen Reden. (Ich **habe** seine Reden **satt**.)*
J'en ai assez de ses discours.

2 **Ziemlich** signifie "assez" au sens de "passablement", "relativement".

● Il se place devant l'adjectif ou l'adverbe.

*Sie ist **ziemlich** reich.*
Elle est assez riche.

● *Ziemlich* devant un substantif s'associe à *viel* ou *wenig* ou à un adjectif.

Ziemlich viele *Menschen waren auf dem Platz versammelt.*
Pas mal de gens s'étaient réunis sur la place.
Da stand früher ein **ziemlich hohes** *Haus.*
Là, il y avait autrefois une maison relativement haute.

E x e r c i c e

Complétez les phrases en ajoutant genug *ou* ziemlich *à la place qui convient :*
1. Ist das Wasser ... heiß ... zum Baden ? 2. Unser Lehrer ist ... nett ... 3. Er ist ein ... guter Schauspieler. 4. Hast du ... Zeit ... für diese Arbeit ? 5. Ja, ich habe ... Zeit ... 6. Das Buch ist ... gut ...

107 *Groupe nominal*

Le groupe nominal est un groupe de mots ayant une fonction syntaxique dans la phrase (sujet, complément, attribut...). Il comporte obligatoirement une **base nominale**, un nom : **N.** Cette base peut être précédée d'un **adjectif épithète** (ou de plusieurs adjectifs épithètes) : **A.** Devant A ou AN peut se trouver un **déterminatif : D** (article, adjectif possessif, démonstratif, indéfini...). On peut donc avoir des groupes DN, AN, ou DAN.

DN : **Die Katze** *schläft vor der Tür.*
     Le chat dort devant la porte.
AN : *Er trinkt gern* **warme Milch.**
     Il aime bien boire du lait chaud.
DAN : *Gestern habe ich* **meinen besten Freund** *getroffen.*
     Hier j'ai rencontré mon meilleur ami.

● Si les groupes DAN comportent un déterminatif terminé par l'une des cinq marques : *-er, -e, -es, -em, -en,* ils appartiennent au type morphologique n° 1.

● Si les groupes ne comportent pas de déterminatif ou comportent un déterminatif sans marque, ils appartiennent au type morphologique n° 2.

▶ Pour les types I et II, voir n° 7.

108 *Groupe verbal (G.V.)*

Les propositions et les subordonnées comportent un **groupe verbal,** c'est-à-dire **un verbe conjugué auquel peuvent être associés des infinitifs, des participes, des groupes nominaux, des**

adverbes... Il forme une unité de sens. Le groupe verbal est l'équivalent, dans les propositions et les subordonnées, du groupe infinitif (voir n° 164, 168, 170).

Er ist gestern nach England gefahren.
G.V. = ***nach England gefahren ist***
Hier, il est parti en Angleterre.

Ich glaube, daß er gestern nach England gefahren ist.
G.V. de la subordonnée = ***nach England gefahren ist.***
Je crois qu'hier il est parti en Angleterre.

Heute nacht hat er nur drei Stunden geschlafen.
G.V. = ***nur drei Stunden geschlafen hat***
Cette nuit, il n'a dormi que trois heures.

Exercices

A. Donnez le groupe verbal des propositions suivantes :
1. Morgen gehe ich vielleicht zu meiner Tante. 2. Peter läuft sehr schnell. 3. Das Haus ist ziemlich groß. 4. Er braucht einen Mantel. 5. Ich glaube es dir.

B. Donnez le groupe verbal des subordonnées suivantes :
1. Ich hoffe, daß der Zug keine Verspätung hat. 2. Er ist heute krank, weil er zu viel Wein getrunken hat. 3. Ich glaube, daß sein Vater jetzt in München arbeitet. 4. Ich weiß nicht, ob er wirklich gesund ist. 5. Ich frage mich, warum sie ein Auto gekauft haben.

109 *Haben* : conjugaison

Haben = "avoir".

Indicatif

Présent	Prétérit	Futur
j'ai, tu as...	j'avais, tu avais...	j'aurai, tu auras...
ich habe	ich hatte	ich werde haben
du hast	du hattest	du wirst haben
er/es/sie hat	er/es/sie hatte	er/es/sie wird haben
wir haben	wir hatten	wir werden haben
ihr habt	ihr hattet	ihr werdet haben
sie haben	sie hatten	sie werden haben

Parfait	Plus-que-parfait	Futur antérieur
j'ai eu, tu as eu...	j'avais eu, tu avais eu...	j'aurai eu, tu auras eu...
ich habe gehabt	ich hatte gehabt	ich werde gehabt haben

Subjonctif I

Présent	Passé	Futur
ich habe	ich habe gehabt	ich werde haben
du habest	du habest gehabt	du werdest haben
er/es/sie habe	er/es/sie habe gehabt	er/es/sie werde haben
wir haben	wir haben gehabt	wir werden haben
ihr habet	ihr habet gehabt	ihr werdet haben
sie haben	sie haben gehabt	sie werden haben

Futur antérieur

ich	werde	gehabt haben
du	werdest	gehabt haben
er/es/sie	werde	gehabt haben
wir	werden	gehabt haben
ihr	werdet	gehabt haben
sie	werden	gehabt haben

h

Subjonctif II

Hypothétique (A)	Hypothétique (B)	Irréel
j'aurais, tu aurais...		j'aurais eu, tu aurais eu..

ich	*hätte*	*ich*	*würde haben*	*ich*	*hätte*	*gehabt*
du	*hättest*	*du*	*würdest haben*	*du*	*hättest gehabt*	
er		*er*		*er*		
es	*hätte*	*es*	*würde haben*	*es*	*hätte*	*gehabt*
sie		*sie*		*sie*		
wir	*hätten*	*wir*	*würden haben*	*wir*	*hätten gehabt*	
ihr	*hättet*	*ihr*	*würdet haben*	*ihr*	*hättet gehabt*	
sie	*hätten*	*sie*	*würden haben*	*sie*	*hätten gehabt*	

Impératif

aie, ayez !

hab(e) !
habt !

110 *Haben* ou *sein : parfait et autres temps composés*

Le parfait se forme avec *haben* ou *sein* selon les verbes.

1 On emploie **sein** avec les verbes suivants.

● Les verbes *sein, werden, bleiben.*

*Ich **bin** krank **gewesen.***
J'ai été malade.

*Er **ist** bleich **geworden.***
Il a pâli.

*Wie lange **bist** du dort **geblieben ?***
Combien de temps y es-tu resté ?

● Les verbes intransitifs (= qui n'ont pas de complément d'objet à l'accusatif) qui expriment un changement d'état.

*Er **ist erschrocken.***
Il s'est effrayé.

● Les verbes intransitifs qui expriment un changement de lieu ou mouvement.

*Ich **bin** dann nach Hause **gegangen.***
Puis, je suis rentré.

2 On emploie *haben* avec les verbes suivants.

● Les verbes transitifs (= qui ont un complément d'objet à l'accusatif).

Sie haben die Tür geöffnet.
Ils ont ouvert la porte.

● Les verbes pronominaux et réfléchis.

Ich habe mich beeilt.
Je me suis dépêché.
Hast du dich gewaschen ?
T'es-tu lavé ?

● Les verbes de position (voir n° 266).

Ich habe zwei Stunden lang gestanden.
J'ai été debout deux heures durant.

● Les verbes intransitifs qui expriment un processus qui dure.

Wie lange hast du geschlafen ?
Combien de temps as-tu dormi ?

Remarquez que les verbes comme *reiten* = "aller à cheval", *segeln* = "faire de la voile", *schwimmen* = "nager", *tanzen* = "danser", *klettern* = "escalader", *laufen* = "courir", *springen* = "sauter" s'emploient avec *sein* lorsqu'ils sont accompagnés d'un complément directionnel (ils sont alors considérés comme des verbes intransitifs de mouvement), mais aussi avec *haben* lorsqu'ils sont considérés comme exprimant un processus qui dure (ils sont alors employés sans directionnel). Comparez :

Er ist bis ans andere Ufer geschwommen.
Il a nagé jusqu'à l'autre rive.
Er hat zwei Stunden lang geschwommen.
Il a nagé deux heures.

▲ **Attention** au verbe *fahren !* Il peut être transitif.

Comparez :

Ich bin in die Schweiz gefahren.
Je suis allé (en voiture) en Suisse.

et :

Ich habe den Wagen in die Garage gefahren.
J'ai rentré la voiture dans le garage.

E x e r c i c e s

A. Complétez par haben *ou* sein :
1. Bis wann ... ihr dort geblieben ? 2. Ich ... die ganze Nacht geträumt (rêver).
3. Er ... gestern bei uns gewesen. 4. Sie ... dann in einen anderen Saal hineingetanzt. 5. Sie ... ein Kilo Fleisch gekauft. 6. Wir ... den ganzen Tag gesegelt.
7. Ich ... im Wartesaal eine Stunde gesessen. 8. Das Paket ... angekommen.

B. Traduisez en allemand :

1. T'es-tu peigné (sich kämmen) ce matin ? 2. J'ai traversé la rivière à cheval. 3. J'ai bu le vin qui restait (übrigbleiben). 4. J'ai couru jusqu'à la maison. 5. As-tu écrit à ta mère ? 6. Combien de temps a duré l'opération (die Operation) ? 7. Qui a construit cette maison ? 8. A-t-il déjà eu une voiture ?

11 *Halb, die Hälfte*

Halb signifie "demi", "la moitié".

1 *Halb* décliné comme un adjectif.

*ein **halbes** Jahr*	*in einem **halben** Jahr*
6 mois (une demi-année)	dans 6 mois (dans une demi-année)
*eine **halbe** Stunde*	*während einer **halben** Stunde*
une demi-heure	pendant une demi-heure
*alle **halbe(n)** Stunde(n)*	*ein **halber** Liter*
toutes les demi-heures	un demi-litre
*ein **halbes** Kilo*	*ein **halbes** Pfund*
un demi-kilo	une demi-livre

*Er ist auf **halbem** Wege umgekehrt.*
Il est retourné à mi-chemin.

● *Halb* (décliné) peut correspondre à "la moitié de".

*Die **halbe** Stadt war unterwegs.*	*Die **halbe** Klasse fehlte.*
La moitié de la ville était dans la rue.	La moitié de la classe manquait.

2 *Halb* invariable.

● *Halb* = "demi", "demie" est invariable dans l'indication de l'heure.

*Es ist **halb** 12 (Uhr).*
Il est 11 heures et demie.

*Es ist fünf Minuten vor **halb** zehn.*
Il est 9 h 25.

*Es ist fünf Minuten nach **halb** zehn.*
Il est 9 h 35.

● A partir de *anderthalb* le nom se met au pluriel.

*Er bleibt **anderthalb** Stunden.*
Il reste une heure et demie.

*Die Vorstellung dauert **zweieinhalb** Stunden.*
La représentation dure deux heures et demie.

● *Halb* est invariable avec des adjectifs, des adverbes et des verbes : "à demi", "à moitié". *Halb* s'attache à l'adjectif épithète, mais ni à l'attribut, ni au verbe.

*eine **halboffene** Tür*	*Die Tür steht **halb offen**.*
une porte à moitié ouverte	La porte est à moitié ouverte.

*Er **macht** die Tür **halb auf.***
Il ouvre la porte à moitié.

● *Halb* dans des comparatives.

– *Halb so* + adjectif + *wie* = "moitié moins + adjectif + que".
*Gisela ist **halb so groß wie** Peter.*
Gisela est moitié moins grande que Pierre.

– *Halb soviel* + verbe + *wie* = "verbe + moitié moins + que".
*Sie ißt **halb soviel wie** ihr Bruder.*
Elle mange moitié moins que son frère.

● *Halb* est invariable avec des noms de villes et de pays.
***Halb Berlin** war im Olympiastadion.*
La moitié de la population de Berlin était au stade olympique.

***Halb Deutschland** war ohne Strom.*
La moitié de l'Allemagne était sans électricité.

● *Halb* entre souvent comme déterminant dans des noms composés.

der Halbbruder le demi-frère	***die Halbinsel*** la presqu'île
der Halbschlaf le demi-sommeil	***das Halbdunkel*** la pénombre
der Halbkreis le demi-cercle	***die Halbkugel*** l'hémisphère
halbautomatisch semi-automatique	

● *Halb ... halb ...* = "à demi ... à demi ..." ; "moitié ... moitié ...".
*Sie empfing ihn **halb** erfreut, **halb** ärgerlich.*
Elle n'était qu'à moitié contente de le recevoir.
(litt. : elle le reçut moitié contente, moitié contrariée).

3 **Die Hälfte** = "la moitié", est généralement suivi d'un génitif.
*In der zweiten **Hälfte des Monats**.*
Dans la seconde quinzaine (moitié) du mois.
*Die Kinder zahlen die **Hälfte des Preises**.*
Les enfants payent demi-place.

Notez que le verbe se met en général au singulier, mais peut se
mettre au pluriel, surtout s'il s'agit d'un attribut.
Die Hälfte der Studenten fehlte.
La moitié des étudiants manquaient.
***Die Hälfte der Studenten waren** abwesend.*
La moitié des étudiants étaient absents.

h

Expressions

● *Zur Hälfte* = "à moitié", "à demi".

*Er hat sein Glas nur **zur Hälfte** ausgetrunken.*
Il n'a vidé son verre qu'à moitié.

● *Mehr als die Hälfte* = "plus de la moitié".

***Mehr als die Hälfte** der Zuschauer waren Ausländer.*
Plus de la moitié des spectateurs étaient des étrangers.

Exercice

Traduisez en allemand :
1. La bouteille est à moitié vide (deux solutions). 2. Je te présente ma demi-sœur. 3. Je suis resté éveillé la moitié de la nuit. 4. Plus de la moitié des enfants avaient la grippe (die Grippe). 5. Il travaille moitié moins que sa sœur. 6. La moitié du village était venue au bal. 7. J'ai un rendez-vous (die Verabredung) à 5 heures et demie. 8. Il est 5 h 35. 9. J'ai moitié moins de temps libre (die Freizeit) que l'année dernière. 10. Il y a un demi-siècle, l'air était moitié moins pollué (verschmutzt) qu'aujourd'hui.

12 **Her** et **hin**

1 Dans le domaine spatial, ***her*** indique généralement un **mouvement vers celui qui parle**.

*Komm **her** !*　　　　　　　　　*Bring den Wein **her** !*
Viens là !　　　　　　　　　　　Apporte le vin par ici !

2 Dans ce même domaine spatial, ***hin*** indique généralement un **mouvement inverse** (à partir de celui qui parle, vers un autre point).

*Geh **hin** !*　　　　　　　　　　*Bring ihm die Zeitung **hin** !*
Vas-y !　　　　　　　　　　　　Va lui apporter le journal !

3 ***Her*** et ***hin*** peuvent s'associer à des adverbes de lieu, des interrogatifs de lieu ou des prépositions et exprimer la direction ou la provenance (voir n° 15).

Direction	Provenance
*Gehst du **dorthin** ?*	*Er kommt von **dorther.***
Y vas-tu ?	Il en vient.
***Wohin** gehst du ?*	***Woher** kommt er ?*
ou ***Wo** gehst du **hin** ?*	ou ***Wo** kommt er **her** ?*
Où vas-tu ?	D'où vient-il ?
*Er ist **hingefallen.***	*Er ist vom Dach **herabgefallen.***
Il est tombé par terre.	Il est tombé du toit.

4 Dans la langue courante, **les composés en *her*** et ***hin*** sont souvent contractés.

°***rauf*** = *herauf* et *hinauf*

°***nein*** = *hinein* et *herein*

°***raus*** = *heraus* et *hinaus*

°***naus*** = *hinaus* et *heraus*

Geh °***raus** !*
Sors !

Komm °***raus** !*
Sors !

> ### E x e r c i c e

Traduisez en allemand :
1. Où est-il allé hier soir ? 2. Entre ! 3. D'où vient ce chien ? 4. Tu vois cet arbre là-bas ? Le chat y est grimpé (klettern). 5. Descend de l'échelle !

113 Homonymes

Certains noms présentent la même forme, mais sont de genre et de pluriel différents.

Singulier	Traduction	Pluriel
der Band	le volume (le livre)	*die Bände*
das Band	le ruban	*die Bänder*
der Erbe	l'héritier	*die Erben*
das Erbe	l'héritage	*(-)*
der Gehalt	la contenance	*die Gehalte*
das Gehalt	le traitement (salaire)	*die Gehälter*
der Junge	le jeune garçon	*die Jungen*
das Junge (n,n)	le petit (animaux)	*die Jungen*
der Heide	le païen	*die Heiden*
die Heide	la lande	*(-)*
der Kaffee	le café (boisson)	*die Kaffeesorten*
das Kaffee, das Café	le café (établissement)	*die Cafés*
der Kiefer	la mâchoire	*die Kiefer*
die Kiefer	le pin	*die Kiefern*
der Kunde	le client	*die Kunden*
die Erdkunde	la géographie	*(-)*
der Leiter	le directeur	*die Leiter*
die Leiter	l'échelle	*die Leitern*
das Mark	la moëlle	*(-)*
die Mark	le mark	*(-)*
der Militär	le militaire (soldat)	*die Militärs*
das Militär	l'armée	*(-)*
der Schild	le bouclier	*die Schilde*
das Schild	l'enseigne ; le panneau	*die Schilder*
	le panneau de signalisation	*das Verkehrsschild*
der See	le lac	*die Seen*
die See	la mer	*die Seen*

das Steuer	le volant	*die Steuer*
die Steuer	l'impôt	*die Steuern*
der Stift	le crayon	*die Stifte*
das Stift	l'hospice	*die Stifte*
der Tau	la rosée	*(-)*
das Tau	la corde	*die Taue*
der Taube (n,n)	le sourd	*die Tauben*
die Taube	le pigeon	*die Tauben*
der Tor	le fou	*die Toren*
das Tor	le portail	*die Tore*
der Verdienst	le gain (bénéfice)	*die Verdienste*
das Verdienst	le mérite	*die Verdienste*
der Weise (n,n)	le sage	*die Weisen*
die Weise	la façon, la mélodie	*die Weisen*

▶ Voir également "pluriel : particularités", n° 186.

E x e r c i c e

Complétez les phrases par le nom adéquat avec son pluriel et les marques éventuelles du groupe nominal :

1. Stell bitte d... ... an den Baum. 2. D... ... unserer Theatergruppe ist erkrankt. 3. Unser Onkel in Amerika hat uns ein... große... ... hinterlassen. 4. Paul ist d... ... einer großen Autofirma. 5. An der Straße stehen viele Verkehrs... . 6. Im Mittelalter trugen die Ritter Schwerter (épées) und ... . 7. Wieviel ... hat die neue Goethe-Ausgabe ? 8. Die Volkstracht (le costume régional) ist mit hübschen ... geschmückt.

114 *Hören (von, auf), anhören, zuhören*

1 *Jmn, etw.* (acc.) *hören* = "entendre", "écouter".

*Ich **höre** Radio.*
J'écoute la radio.

*Er **hört** schlecht.*
Il entend mal.

*Ich **höre** gern Musik.*
J'aime écouter de la musique.

*Hast du die Rede des Direktors **gehört** ?*
As-tu entendu le discours du directeur ?

● Verbe à l'infinitif + *hören* = "entendre".

*Ich **höre** ihn **kommen**.*
Je l'entends venir.

*Ich habe ihn **kommen hören (gehört)**.*
Je l'ai entendu venir.

2 *Von jmm, einer Sache* (dat.) *hören* = "entendre parler", "apprendre une nouvelle".

*Schon lange habe ich nichts mehr **von ihm gehört**.*
Depuis longtemps je n'ai plus de ses nouvelles.

*Wir haben **davon gehört**.*
Nous en avons entendu parler.

▶ Voir aussi "apprendre", n° 25.

● *Von sich* (dat.) *hören lassen* = "donner de ses nouvelles".
*Seit Jahren hat er nichts **von sich hören lassen**.*
Depuis des années il n'a pas donné de ses nouvelles.

● *(Davon) hören, daß...* = "entendre dire", "apprendre que".
*Ich habe (davon) **gehört, daß** er umgezogen ist.*
J'ai appris qu'il a déménagé.

3 *Auf jmn, etw.* (acc.), *hören* = "écouter qqn", "suivre les conseils de qqn".
*Warum hast du nicht **auf mich gehört** ?*
Pourquoi ne m'as-tu pas écouté ?
*Du hättest **auf meinen Rat hören** sollen !*
Tu aurais dû écouter mes conseils !

4 *Sich* (dat.) *etw.* (acc.) *anhören* = "écouter qqch. avec attention".
*Gestern habe ich **mir** ein Konzert im Radio **angehört**.*
Hier, j'ai écouté un concert à la radio.

5 *Jmm, einer Sache* (dat.) *zuhören* = "écouter qqn, qqch. avec attention", "prêter l'oreille à".
*Sie **hörte** ihm aufmerksam **zu**, wenn er von seinen Reisen erzählte.*
Elle l'écoutait attentivement lorsqu'il racontait ses voyages.

Exercice

Complétez par le verbe qui convient :
1. Hast du dir den Vortrag über Afrika ... ? 2. ... du den Hund bellen ? 3. Ich habe ..., daß Fritz das Rennen gewonnen hat. 4. Kannst du mir nicht wenigstens fünf Minuten ... ? 5. Sie werden bald wieder ... mir ... 6. Der Junge will nicht ... mich ... 7. Schon seit drei Wochen haben sie nichts ... sich ... lassen. 8. Ich habe ... dem Arzt viel Gutes ... 9. Haben Sie ihn singen ... ? 10. Seine Musik kann ich nicht ...

115 *Il y a : sens temporel* (traductions)

1 "Il y a" marque un point sur la ligne du temps.

Vor + complément de temps au datif.

*Sein Vater ist **vor** zehn Jahren gestorben.*
Son père est mort il y a dix ans.
*Ich habe sie **vor** einer Woche getroffen.*
Je l'ai rencontrée il y a une semaine.
*Er ist **vor** einem Monat weggefahren.*
Il est parti il y a un mois.

2 "Il y a" marque, à partir d'un point sur la ligne du temps, le temps écoulé.

Es ist (sind) + complément de temps à l'accusatif + *her, daß*...

***Es ist** zehn Jahre **her, daß** sein Vater gestorben ist.*
Il y a dix ans que son père est mort.
***Es ist** drei Jahre **her, daß** ich sie das letzte Mal getroffen habe.*
Il y a trois ans que je l'ai rencontrée pour la dernière fois.
***Es ist** einen Monat **her, daß** er weggefahren ist.*
Il y a un mois qu'il est parti.

3 "Il y a" insiste sur le début d'une période et sur la durée du temps écoulé.

Seit + complément de temps au datif ou *schon* + complément de temps à l'accusatif.

*Sein Vater ist **seit** zehn Jahren tot.*
*Sein Vater ist **schon** zehn Jahre tot.*
Il y a dix ans que son père est mort. (Il est mort depuis dix ans).
*Er ist schon **seit** einem Monat weg.*
*Er ist **schon** einen Monat weg.*
Il y a déjà un mois qu'il est parti. (Il est déjà absent depuis un mois.)
*Ich habe dich **seit langem** nicht gesehen.*
*Ich habe dich **schon lange** nicht gesehen.*
Il y a longtemps que je ne t'ai pas vu. (Je ne t'ai pas vu depuis longtemps.)

*Wir kennen uns **erst seit** vierzehn Tagen.*
Il n'y a que quinze jours que nous nous connaissons.
(Nous ne nous connaissons que depuis quinze jours.)

*Wir kennen uns **schon** vierzehn Tage.*
Il y a déjà quinze jours que nous nous connaissons.

E x e r c i c e

Traduisez en allemand :
1. Nous avons fait sa connaissance (kennenlernen) il y a un an. 2. Il y a trois semaines que nous nous connaissons. 3. Il y a longtemps que tu m'as promis de m'emmener (jmn mitnehmen) au cinéma. 4. Elle s'est mariée il y a une semaine. 5. Il y a cent ans, on ne connaissait pas la télévision. 6. Il y a cent ans que l'on a inventé le téléphone (structure passive). 7. Il y a trois jours qu'il m'a parlé de ce projet (der Plan). 8. Il y a un mois que ce pont est en construction (es wird gebaut an + dat.).

116 *Il y a : sens non temporel* (traductions)

1 **"Il y a" présentatif sert à introduire, à présenter, des faits ou des personnes.**
Il ne se traduit pas. En allemand, les propositions commencent souvent par *es* ou par un pronom indéfini. Le terme présenté peut porter un accent.

● *Es* occupant la première place.

Es möchte dich ein °Herr sprechen.
Il y a un monsieur qui voudrait te parler.

Es hat jemand angerufen.
Il y a quelqu'un qui a appelé.

Es ist ein °Igel im Garten.
Il y a un hérisson dans le jardin.

Es waren 3 000 °Menschen auf dem Platz.
Il y avait 3 000 personnes sur la place.

▶ Voir aussi *es*, n° 90.

● Pronom indéfini occupant la première place.

– Au nominatif.

*°**Niemand** möchte anfangen.*
Il n'y a personne qui voudrait commencer.

– A l'accusatif.

*°**Eines** habe ich nicht verstanden : ...*
Il y a quelque chose que je n'ai pas compris : ...

*°**Einen** kann ich nicht ausstehen : den Mathematiklehrer.*
Il y en a un que je ne supporte pas : le professeur de mathématiques.

2 **"Il y a" présentatif peut correspondre à des verbes de position**.
Il se traduit alors par *stehen, sitzen, liegen, hängen* et *sein*. La proposition commence souvent par le complément circonstanciel.

*Vor dem Haus **steht** eine Linde. (Es **steht** eine Linde vor dem Haus.)*
Il y a un tilleul devant la maison.

*Hinter dem Busch **sitzt** ein Hase.*
Il y a un lièvre derrière le buisson.

***Liegt** eine Decke auf dem Tisch ?*
Y a-t-il une nappe sur la table ?

*An der Wand **hängen** mehrere Uhren.*
Il y a plusieurs pendules au mur.

*Draußen **ist** jemand, der dich sprechen möchte.*
Il y a quelqu'un dehors qui voudrait te parler.

▶ Voir aussi les verbes de position, n° 266.

3 **"Il y a" indiquant une existence** peut se traduire par *es gibt*
+ accusatif. Pour savoir si *es gibt* est possible ou non, il faut sub-
stituer "il existe" à "il y a".

***Es gibt** einen Gott.*
Il y a un dieu. (Il existe un dieu.)

***Es gibt** nur eine Frau in seinem Leben.*
Il n'y a qu'une femme dans sa vie. (Il n'existe qu'une femme dans sa vie.)

*In diesem Teich **gibt es** Karpfen.*
Il y a des carpes dans cet étang. (Il existe des carpes dans cet étang.)

***Es gibt** Leute, die das Gegenteil behaupten.*
Il y a des gens qui affirment le contraire. (Il existe des gens qui affirment le contraire.)

E x p r e s s i o n s

Das gibt es.	***Was gibt's Neues ?***
Cela existe.	Quoi de neuf ?

4 **"Il y a" indiquant quelque chose qui va arriver** se traduit par *es
gibt* + accusatif. Ces expressions peuvent également se mettre au
passé. On trouve *es gibt* avec :

● Des phénomènes météorologiques *(Regen, Schnee, Sturm,
Gewitter, Hagel, etc.).*

*Heute **gibt es** ein Gewitter.*
Il va y avoir un orage aujourd'hui.

*Gestern **gab es** Schnee.*
Hier, il y a eu de la neige.

● Des plats servis à table.

*Morgen mittag **gibt es** Sauerkraut.*
Demain, à midi, il y aura de la choucroute.

*Gestern abend **gab es** nur Suppe.*
Hier soir, il n'y avait que du potage.

● Des termes négatifs tels que *Ärger, Streit, Unglück*.

Es hat Streit **gegeben.**
Il y a eu une dispute.

Exercice

Traduisez en allemand :
1. Y a-t-il du vin sur la table ? 2. Il y a quelqu'un devant la porte (deux solutions). 3. Il va y avoir une tempête. 4. Il y avait un chat dans le jardin (deux solutions). 5. Y a-t-il quelqu'un qui voudrait faire un exposé (ein Referat halten) ? 6. Il y a des gens qui aiment les serpents (die Schlange-n). 7. Il y a eu beaucoup de monde à la réunion (deux solutions). 8. Est-ce qu'il y a un cinéma par ici ?

117 *Immer noch nicht, ... nichts, ... niemand, ... kein*

1 *Immer noch nicht* = "ne ... toujours pas" ; *immer noch nichts* = "ne ... toujours rien" ; *immer noch niemand* = "ne ... toujours personne".

Ich sehe **immer noch nichts.**
Je ne vois toujours rien.

Ich kenne **immer noch niemand(en).**
Je ne connais toujours personne.

Er arbeitet **immer noch nicht.**
Il ne travaille toujours pas.

2 *Immer noch kein...* = "ne ... toujours pas (de)...".

Sie haben **immer noch keinen** *Fernseher.*
Ils n'ont toujours pas la télévision.

Ich habe **immer noch keinen** *Hunger.*
Je n'ai toujours pas faim.

Exercice

Traduisez en allemand :
1. Il n'y a toujours personne dans la salle. 2. Il ne fait toujours pas de sport (Sport treiben). 3. Il n'a toujours pas trouvé de travail. 4. Je ne vois toujours personne sortir de la maison. 5. Tu ne fumes toujours pas ?

118 *Impératif*

● L'impératif des verbes se forme sur le radical de l'infinitif.

| 2ᵉ pers. singulier | *singen* → **sing** → **sing(e) !** (-e facultatif) |
| 2ᵉ pers. pluriel | *singen* → **sing** → **singt !** |

150

● A la 2ᵉ personne du singulier le -e est facultatif, sauf pour les verbes faibles dont le radical se termine par -er, -el, -n.

handeln → **handle** (e obligatoire)

● La 2ᵉ personne du pluriel est identique à celle du présent de l'indicatif.

● Les verbes qui présentent l'alternance vocalique e/i au présent de l'indicatif, prennent aussi un i à la 2ᵉ personne du singulier.

nehmen → **nimm !** mais 2ᵉ pers. du pluriel : nehmt !

● Cas particulier du verbe sein.

2ᵉ pers. sing. : **sei !**
2ᵉ pers. plur. : **seid !**

● Pour les autres personnes, on utilise les formes du subjonctif I :

Gehen wir ! : Allons !

● La forme de politesse (envers une ou plusieurs personnes) se forme sur le subjonctif (3ᵉ pers. du pluriel) avec le pronom Sie placé après la forme verbale.

Kommen Sie ! : Venez !

▶ Voir aussi la forme de politesse, n° 260.

E x e r c i c e s

A. Donnez la forme demandée :
1. 2ᵉ pers. sing. : helfen. 2. 2ᵉ pers. plur. : tragen. 3. Forme de politesse : bringen. 4. 2ᵉ pers. sing. : schreien. 5. 2ᵉ pers. plur. : geben.

B. Traduisez en allemand :
1. Ne t'effraie pas ! 2. Jette la pomme ! 3. Ne sois pas triste ! 4. Mange ta soupe !
5. Apportez-moi le journal (forme de politesse) ! 6. Allons nous promener !

19 *Infinitif et groupe infinitif : formes, fonctions*

1 Formes.

Infinitif présent en -en ou -n	**leben** = vivre, **lächeln** = sourire
Infinitif passé	**gelebt haben** = avoir vécu **gekommen sein** = être venu
Infinitif passif	**geändert werden** = être changé

2 **Fonctions.**

● **L'infinitif sujet.**

Lorsque l'infinitif ou le groupe infinitif sujet sont en tête de proposition, *zu* est facultatif.

Auf kurvenreichen Straßen (zu) fahren, macht mir Spaß.

                sujet

Rouler sur des routes sinueuses m'amuse.

Mais lorsque l'infinitif ou le groupe infinitif ne sont pas en tête, on utilise *es* en première place et *zu* est obligatoire.

Es macht mir Spaß, auf kurvenreichen Straßen zu fahren.
Cela me fait plaisir de rouler sur des routes sinueuses.

● **L'infinitif complément.**

En français, l'infinitif ou le groupe infinitif peuvent suivre le verbe conjugué sans préposition (construction directe) ou être introduits par "de" ou "à" ; en allemand, la plupart des verbes sont introduit par *zu*. Celui-ci se met alors devant le verbe à l'infinitif.

Er versucht, den Text zu übersetzen.

             infinitif complément (et non : *Er versucht zu den Text übersetzen !*)
Il essaie de traduire le texte.

Es fängt an zu regnen.
Il commence à pleuvoir.

Er hofft, bald nach Deutschland fahren zu können.
Il espère pouvoir bientôt aller en Allemagne.

▲ **Attention** aux verbes qui exigent une préposition !

träumen von : Er träumt davon, einen Monat auf einer Insel zu verbringen.
Il rêve de passer un mois sur une île.

▶ Pour la présence ou l'absence de *zu*, voir n° 282.
Pour la place de *zu*, voir n° 281.

120 *Groupes infinitifs subordonnés*

Um ... zu + infinitif = "pour + infinitif".
Ohne ... zu + infinitif = "sans + infinitif".
Anstatt ... zu + infinitif = "au lieu de + infinitif".

Ces groupes infinitifs peuvent avoir une valeur de subordonnée ; on distingue :

1 *Um ... zu* + infinitif = "pour, afin de + infinitif".

Er verbringt ein Jahr in Deutschland, um Deutsch zu lernen.
Il passe un an en Allemagne pour apprendre l'allemand.

2 ***Ohne ... zu*** + infinitif = "sans + infinitif".

*Er macht seine Hausaufgaben, **ohne zu überlegen.***
Il fait ses devoirs sans réfléchir.

3 ***Anstatt ... zu*** + infinitif = "au lieu de + infinitif".

*Er arbeitet, **anstatt sich auszuruhen.***
Il travaille au lieu de se reposer.

Remarques

● La place de *zu* est déterminée par la règle générale (voir n° 281).
● L'ordre des mots dans le groupe infinitif est défini (voir n° 164).
● Comme en français, l'emploi de ces groupes infinitifs à valeur de subordonnées n'est possible que si le sujet de la proposition et le sujet implicite de l'infinitive sont identiques ; lorsque ce n'est pas le cas, pour *um ... zu* et *ohne ... zu*, il faut employer :

– *Damit* + indicatif.

*Der Vater gibt seinem Sohn 10 Mark, **damit** er ins Kino gehen kann.*
Le père donne 10 mark à son fils pour qu'il puisse aller au cinéma.

– *Ohne daß* + indicatif.

*Der Schüler liest einen Brief, **ohne daß** der Lehrer es merkt.*
L'élève lit une lettre sans que le professeur ne s'en aperçoive.

– Idem pour *anstatt daß* + indicatif.

Exercice

Traduisez en allemand :
1. Il se lève de bonne heure pour pouvoir mieux travailler. 2. Au lieu d'aller à l'école, il est allé chez un ami. 3. Il est parti sans me remercier (danken + dat.). 4. Il est arrivé à 3 heures sans que je ne m'en aperçoive. 5. Pour lire le journal, j'ai besoin de lunettes (die Brille).

121 *Infinitif substantivé*

1 **Un infinitif peut être employé comme nom :** il est alors du genre neutre et prend une majuscule. Il peut exprimer :

● "Le fait de...".

das Lesen   **das Sitzen**
la lecture (le fait de lire)   la position assise (le fait d'être assis)

● Un collectif.

*Ich höre **das Miauen** einer Katze.*
J'entends les miaulements d'un chat.

2 **L'infinitif substantivé** peut être :

● Sujet ou complément d'objet.

Das Sitzen *mich mich müde.*
La position assise me fatigue.

Ich erinnere mich noch an **sein Lachen.**
Je me souviens encore de son rire.

● Employé avec *am* ou *beim* et *sein* au sens de "être en train de" (voir n° 91).

Sie ist **am Kochen (beim Kochen)**.
Elle est en train de faire la cuisine.

● Employé avec *beim* au sens de "en + participe présent" (voir n° 86).

Er ist **beim Lesen** *eingeschlafen.*
Il s'est endormi en lisant.

E x e r c i c e

Traduisez en allemand :
1. Son sourire ne me plaît pas. 2. Elle est en train de laver. 3. Le fait de rester debout me fatigue. 4. Il a pris froid (sich erkälten) en se baignant. 5. Participera-t-il à notre rencontre (das Treffen) ?

---

122 *Infinitif et groupe infinitif français* (traductions)

Un infinitif ou un groupe infinitif en français ne correspond pas forcément à un infinitif ou un groupe infinitif en allemand.

1 **Ils se traduisent obligatoirement par une subordonnée,** dans les cas suivants.

● *Daß...*

– Dire...

Er hat mit gesagt, **daß ich die Tür aufmachen soll.**
Il m'a dit d'ouvrir la porte.
(~~Er hat mir gesagt die Tür aufzumachen~~ est impossible !)

– Il arrive de...

Es kommt vor, **daß ich ein Mittagsschläfchen mache.**
Il m'arrive de faire la sieste.

– A condition de...

Er wird nur unter der Bedingung gesund werden, **daß er viel Wasser trinkt.**
Il ne guérira qu'à condition de boire beaucoup d'eau.

– Au point de...

Er arbeitet so viel, **daß er nicht mehr schlafen kann.**
Il travaille au point de ne plus pouvoir dormir.

● *Nachdem* ou *bevor* : voir n°s 27 et 39.

● *Da* : faute de...

Da er nicht schwimmen kann, *muß er am Strand liegen bleiben.*
Faute de savoir nager, il est obligé de rester allongé sur la plage.

● Lorsqu'il s'agit d'une relative : le premier à..., le seul à..., le dernier à...

Er ist der einzige (der erste, der letzte), **der es weiß.**
Il est le seul (le premier, le dernier) à le savoir.

2 **Ils se traduisent par une proposition** dans les cas suivants.

● Le mieux, c'est de...

Das Beste ist, **wir bleiben heute zu Hause.**
Le mieux, c'est de rester à la maison aujourd'hui.

● L'essentiel, c'est de...

Die Hauptsache ist, **man ist glücklich.**
L'essentiel, c'est d'être heureux.

3 **L'infinitif français est traduit par un verbe conjugué, le verbe conjugué français se traduisant par un adverbe.**

Er **arbeitet** *weiter.*
Il continue à travailler.

▶ Voir aussi "cesser de, continuer à", n° 57 et *endlich, schließlich,* n° 87.

E x e r c i c e

Traduisez en allemand :
1. Il lui arrive parfois de ne pas me reconnaître. 2. Il croit tout savoir mieux que les autres. 3. Il est le seul à connaître mon numéro de téléphone. 4. Cela me fait de la peine de le laisser tout seul. 5. Il s'est habitué à boire du vin. 6. Elle m'a dit de téléphoner à sa mère. 7. Nous espérons avoir du beau temps. 8. Ils continuent à jouer.

123 *Interrogation*

Une interrogation peut être directe ou indirecte.

1 **L'interrogation directe globale.** Il s'agit de l'interrogation qui exige une réponse par "oui, non, peut-être...", mises à part les interrogations rhétoriques ("fausses questions"). L'interrogation directe globale peut être marquée par :

● Le verbe conjugué placé en tête de proposition.

Bist *du krank ?*
Es-tu malade ?

● L'intonation seule, soit avec une proposition (l'ordre des mots est alors identique à celui des propositions), soit avec n'importe quel élément isolé se rattachant au contexte précédent.

Du bist krank ?
Tu es malade ?

*Ich war gestern in Frankfurt. – **In Frankfurt ?***
Hier, j'étais à Francfort. – A Francfort ?

*Ich habe in Frankfurt Brigitte getroffen. – **Tatsächlich ?***
A Francfort, j'ai rencontré Brigitte. – C'est vrai ? (litt. : vraiment ?)

2 **L'interrogation directe partielle.** Elle porte sur un élément de la proposition ; elle est toujours introduite par un interrogatif en *w-*.

Wann** kommst du zurück ?* *Er hat keinen Hunger. – **Warum ?
Quand reviens-tu ? Il n'a pas faim. – Pourquoi ?

3 **L'interrogation indirecte,** après des verbes comme *(sich) fragen* = "(se) demander", *nicht wissen* = "ne pas savoir", *wissen wollen* = "vouloir savoir", *die Frage stellen* = "poser la question"...

● **L'interrogation indirecte globale.** Elle est introduite par *ob* = "si".

*Ich frage mich, **ob** sie noch in Berlin wohnen.*
Je me demande s'ils habitent encore à Berlin.

● **L'interrogation indirecte partielle.** Elle est introduite par un interrogatif en *w-*.

*Ich weiß nicht mehr, **wo** sie arbeitet.*
Je ne sais plus où elle travaille.

Exercice

Traduisez en allemand :
1. Te rappelles-tu à quelle heure il est parti ? A dix heures ? 2. As-tu fait un cadeau à Paul (jmm etw. schenken) ? 3. Demande-lui s'il a acheté des fleurs. 4. Je ne sais pas où il est allé. 5. A qui as-tu donné la clef ? 6. Je me demande qui je vais y voir. 7. Quelle est la plus belle ville d'Italie ?

124 *Interrogatifs autonomes déclinables*

Il existe deux types de pronoms interrogatifs déclinables ; ils introduisent des interrogations partielles (qui portent sur un élément de la phrase).

1 ***Wer..., was... ?*** = "Qui...", "quoi" ?

Masculin et féminin		Neutre	
N. **wer ?**	qui est-ce qui ?	**was ?**	qu'est-ce qui ?
A. **wen ?**	qui est-ce que ?	**was ?**	qu'est-ce que ?
D. **wem ?**	à qui ?		
G. **wessen ?**	de qui ?		

Wer hat geklopft ?
Qui a frappé ?

Wen hast du gesehen ?
Qui as-tu vu ?

Wem hast du das Geld gegeben ?
A qui as-tu donné l'argent ?

Wessen Buch ist das ?
A qui est ce livre ? (familier : c'est le livre de qui ?)

Was ist das ?
Qu'est-ce que c'est ?

Was nimmst du ?
Que prends-tu ?

2 *Welch-... ?* = "lequel... ?".

Masculin et féminin		Neutre	
N. *welcher ?*		*welches ?*	lequel ?
A. *welchen ?*		*welches ?*	lequel ?
D. *welchem ?*		*welchem ?*	auquel ?

Féminin		Pluriel	
N. *welche ?*	laquelle ?	*welche ?*	lesquels ?
A. *welche ?*	laquelle ?	*welche ?*	lesquels ?
D. *welcher ?*	à laquelle	*welchen ?*	auxquels ?

*Er hat drei Söhne ; **welchen** hat er am liebsten ?*
Il a trois fils ; lequel préfère-t-il ?

Remarques

● Le génitif de *welch-* n'est quasiment pas utilisé.

▲ **Attention** à la traduction de "Quel est... ?". "Quel" est attribut, donc au nominatif, et toujours neutre en allemand quels que soient le genre et le nombre du sujet (voir n° 214).

Welches ist dein Name ?
Quel est ton nom ?

Welches sind die schönsten Häuser ?
Quelles sont les plus belles maisons ?

● La forme *wessen* est rarement employée ; la question : *Wessen Buch ist das ?* est remplacée le plus souvent par la question au sens identique : *Wem gehört dieses Buch ?* = "A qui appartient ce livre ?".

● Dans la langue familière, *was* peut remplacer *welches* et peut aussi signifier "pourquoi" ?.

Was ist dein Name ?
Quel est ton nom ?

Was bleibst du denn zu Hause ?
Pourquoi donc restes-tu à la maison ?

● *Wer...* et *welch-...* peuvent être précédés de prépositions.

*An **wen** denkst du ?*
A qui penses-tu ?

*Von **welchem** träumt sie (z. B. Schauspieler) ?*
Duquel rêve-t-elle (par ex. acteur) ?

▶ Voir aussi les interrogatifs non autonomes n° 126.
Pour la distinction *welch-/was für*, voir n° 272.

Exercice

Traduisez en allemand :
1. Quel était le titre du film ? 2. De qui te souviens-tu ? 3. Ils ont deux enfants ; auquel ont-ils offert une moto (das Motorrad) ? 4. Que fais-tu ici ? 5. Quelles sont ses intentions (die Absichten) ?

125 *Interrogatifs autonomes invariables*

Comme les pronoms interrogatifs déclinables, les interrogatifs invariables introduisent des questions partielles. On distingue deux groupes.

1 Les interrogatifs en *wo* + préposition ou *wo* + *r* + préposition (lorsque la préposition commence par une voyelle, on intercale un *r*).

● On les emploie avec les verbes ou les adjectifs régissant un complément prépositionnel.

Woran denkst du ?	*Worum handelt es sich ?*
A quoi penses-tu ?	De quoi s'agit-il ?
Wofür ist er verantwortlich ?	*Worauf ist er stolz ?*
De quoi est-il responsable ?	De quoi est-il fier ?

▶ Pour la rection des verbes et des adjectifs voir n°ˢ 216 et 218.

● Ils peuvent aussi être utilisés pour des questions concernant :

– La finalité : *wozu.*

Wozu nimmst du die Gabel ?
Pourquoi (pour quoi faire) prends-tu la fourchette ?

– L'instrumental : *womit.*

Womit hast du das gemacht ?
Avec quoi as-tu fait cela ?

Remarquez que ces interrogatifs en *wo* ne portent jamais sur des personnes.

Woran erinnerst du dich ?	*An **wen** erinnerst du dich ?*
De quoi te souviens-tu ?	De qui te souviens-tu ?

2 Les interrogatifs en *w-* portant sur :

● Le locatif : *wo ?* (voir n° 139).

Wo wohnst du ?
Où habites-tu ?

● Le directionnel : *wohin ?* (voir n° 80).

*Wohin gehst du ? (**Wo** gehst du **hin** ?)*
Où vas-tu ?

● L'origine : *woher ?*

*Woher kommst du ? (**Wo** kommst du **her** ?)*
D'où viens-tu ?

● Le temps : *wann ?* = "quand ?", *seit wann ?* = "depuis quand ?", *bis wann ?* = "jusqu'à quand ?".

Wann *fährst du weg ?*   **Seit wann** *schläft er ?*
Quand pars-tu ?   Depuis quand dort-il ?
Bis wann *bleibt er hier ?*
Jusqu'à quand reste-t-il ici ?

● La cause : *warum ?* = "pourquoi ?", *wieso ?* = "comment se fait-il ?".

Warum *bist du so naß ?*   **Wieso** *bleibt er zu Hause ?*
Pourquoi es-tu si mouillé ?   Comment se fait-il qu'il reste à la maison ?

● La manière : *wie ?* = "comment ?".

Wie *fährt er nach Deutschland ? Mit dem Zug ?*
Comment va-t-il en Allemagne ? Par le train ?

● La mesure : *wie* + adjectif.

Wie alt *bist du ?*   **Wie spät** *ist es ?*   **Wie hoch** *ist es ?*
Quel âge as-tu ?   Quelle heure est-il ?   Quelle est sa hauteur ?

● La durée : *wie + lange ?*

Wie lange *dauert der Film ?*
Combien de temps dure le film ?

● La périodicité : *wie + oft ?*

Wie oft *spielst du in der Woche Tennis ?*
Combien de fois joues-tu au tennis dans la semaine ?

● La quantité : *wieviel ?*

Hier sind meine Fische. – **Wieviel** *hast du gefischt ?*
Voici mes poissons. – Combien en as-tu pêchés ?

● La distance : *wie weit ?*

Wie weit *ist es bis zum Bahnhof ?*
Quelle distance y a-t-il jusqu'à la gare ?

▶ Pour la définition de l'interrogation partielle, voir n° 123.

Exercices

A. Complétez par un élément en w- simple ou complexe :
1. ... fährst du nach Frankreich ? 2. ... ... bleibst du auf dem Lande ? 3. ... lang ist der Tisch ? 4. ... denkst du ? 5. ... ... dauert das Spiel ?

B. Traduisez en allemand :
1. Quel âge ont tes parents ? 2. Combien de temps te faut-il (brauchen) pour aller en ville ? 3. D'où vient le train ? 4. Qu'est-ce que cela sent (riechen) ? 5. De quoi est-il mort ?

126 *Interrogatifs non autonomes*

Les interrogatifs non autonomes font partie d'un groupe nominal ;
ils déterminent un nom. On distingue :

1 *Welch- ?* = "quel ?", qui se décline comme l'article *der*.

Singulier	Masculin	Neutre	Féminin
N	welcher	welches	welche
A	welchen	welches	welche
D	welchem	welchem	welcher
G	welches	welches	welcher
	ou welchen	ou welchen	

Pluriel
N welche
A welche
D welchen
G welcher

Welchen Film hast du gesehen ?   Bei *welchem* Freund warst du gestern ?
Quel film as-tu vu ?   Chez quel ami étais-tu hier ?

Remarquez que le génitif est rarement employé ; au masculin et
au neutre singulier, on utilise *welchen* avec un nom terminé par -
(e)s (fort), et *welches* avec un nom terminé par *-(e)n* (faible).

Die Unterschrift *welchen Schülers ?* Die Unterschrift *welches Zeugen ?*
La signature de quel élève ?   La signature de quel témoin ?

▲ **Attention** aux groupes nominaux avec adjectif : le groupe nominal
avec *welch-* est du type 1.

Welche berühmten Weine kennst du ?
et non : welche berühmte Weine...
Quels grands vins connais-tu ?

▶ Pour l'adjectif dans le groupe nominal, voir n° 7.

2 *Was für ein, was für ?* = "quel ?". *Ein* se décline comme l'article
indéfini *ein*.

Was für ein Baum ist das ?
Quelle sorte d'arbre est-ce ?
Was für Briefmarken sammelst du ?
Quelle sorte de timbres collectionnes-tu ?

▶ Pour la distinction entre *welch-* et *was für*, voir n° 272.

3 *Wieviel ?* = "combien de..." ? *Wieviel* est généralement invariable.

Wieviel Kilo hast du gekauft ?   *Wieviel(e)* Kinder hat er ?
Combien de kilos as-tu achetés ?   Combien d'enfants a-t-il ?

Exercice

Traduisez en allemand :

1. Pour quel ami as-tu acheté ce disque (die Schallplatte) ? 2. Combien d'argent as-tu reçu ? 3. Quel élève français pourrait répondre à cette question ? 4. Avec combien de voitures y sont-ils allés ? 5. Quelles langues parles-tu ?

---

127 *Interrogatif + infinitif (traductions)*

Pour les questions du type "Que faire ?", il est impossible de traduire l'infinitif français par un infinitif en allemand. On utilisera, selon le contexte :

1 **Soit l'un des verbes de modalité *kann, soll,* ou éventuellement *könnte, müßte.***

*Wie **soll** man dieses Wort übersetzen ?*
Comment traduire ce mot ?

*Ich weiß nicht, wie man (ich) dieses Wort übersetzen **soll (kann).***
Je ne sais pas comment traduire ce mot.

2 **Soit l'association "verbe de modalité" + infinitif passif.**

*Wem **soll** dieses Buch **gegeben werden** ?*
A qui donner ce livre ?

*Ich frage mich, wem dieses Buch **gegeben werden soll.***
Je me demande à qui donner ce livre.

3 **Soit une particule modale comme *denn* avec un verbe conjugué.**

*Warum **fahren** wir **denn** so früh weg ?*
Pourquoi partir si tôt ?

Exercice

Traduisez en allemand :

1. Je ne connais personne. Je me demande qui prévenir (benachrichtigen).
2. Il n'y a pas de voleurs (der Dieb) ici. Pourquoi fermer la porte ? 3. Tout le monde est parti. Que faire ? 4. Comment traduire le mot "gemütlich" en français ? 5. Je ne sais pas où aller pendant les vacances de Pâques.

128 *Jamais* (traductions)

1 ***Nie* ou *niemals*,** au sens de "pas une seule fois", seuls ou avec *noch, mehr* ou *wieder*.

*Nach dem Essen trinkt er **nie (niemals)** Kaffee.*
Après le repas, il ne boit jamais de café.
*Ich habe ihn **noch nie** gesehen.*
Je ne l'ai encore jamais vu.
*Ich habe ihn **nie mehr (wieder)** gesehen.*
Je ne l'ai plus jamais revu.

"Jamais rien" se traduit par ***nie etwas*** ou ***nie was***. "Jamais personne" se traduit par ***nie jemand***.

*Er hat **nie etwas (was)** gesagt.*
Il n'a jamais rien dit.
*Dort habe ich **nie jemand** gesehen.*
Là-bas, je n'ai jamais vu personne.

2 ***Je* ou *jemals*** = "jamais" au sens de "un jour" (sens positif).

*Niemand hat mich **je (jemals)** angehalten.*
Personne ne m'a jamais arrêté.
*Ich glaube nicht, daß er uns **jemals** besuchen kommen wird.*
Je ne crois pas qu'il viendra jamais nous rendre visite.
*Haben Sie **je** etwas (was) Schöneres gesehen ?*
Avez-vous jamais vu quelque chose de plus beau ?
*Werde ich **je** eine Reise um die Welt machen ?*
Ferai-je jamais un voyage autour du monde ?

▲ **Attention !** Cette question est différente de :

*Werde ich denn **nie** eine Reise um die Welt machen ?*
Ne ferai-je jamais de voyage autour du monde ?

3 "Jamais" ne se traduit pas en allemand dans certaines expressions figées.

Wer weiß ?
Qui sait ? ou Sait-on jamais ?

Exercice

Traduisez en allemand :
1. As-tu jamais bu du vin allemand ? 2. Je n'ai jamais vu personne d'autre ici.
3. Aura-t-il jamais son bac (das Abitur) ? 4. Il ne m'a plus jamais regardée.
5. Ne viendras-tu jamais en Allemagne ? 5. Irai-je jamais aux États-Unis ?

129 *Jusque, jusqu'à* (traductions)

"Jusque" se traduit par *bis,* qui est employé seul ou avec une autre préposition selon les compléments qui le suivent.

1 Sens temporel.

● *Bis* + accusatif = "jusque", jusqu'à" s'emploie seul lorsqu'il est suivi d'un complément de temps sans article (des adverbes comme *morgen, bald* ; les interrogatifs temporels *wann, wie lange* ; des indications de l'heure comme *10 Uhr* ; les jours de la semaine, précédés ou non de *vorig-, nächst-, kommend-* ; les mois et les fêtes).

*Apotheken sind von morgens **bis abends** geöffnet.*
Les pharmacies sont ouvertes du matin jusqu'au soir.

bis morgen	**bis 12 Uhr**	**bis Mittwoch**
jusqu'à demain	jusqu'à midi	jusqu'à mercredi
bis Mai	**bis Weihnachten**	**bis wann ?**
jusqu'en mai	jusqu'à Noël	jusqu'à quand ?

*Von Ostern **bis Pfingsten** sind es sieben Wochen.*
De Pâques jusqu'à la Pentecôte il y a sept semaines.

*Ich kann dir das Buch **bis nächsten Montag** leihen.*
Je peux te prêter ce livre jusqu'à lundi prochain.

● Lorsque *bis* est suivi d'un complément de temps avec article, il s'emploie avec la préposition *zu* + datif ou une préposition adéquate.

*Der erste Weltkrieg dauerte **bis zum** Jahre 1918.*
La Première Guerre mondiale dura jusqu'en 1918.

*Sie diskutierten **bis zum** Abend und tanzten **bis in die** Nacht hinein.*
Ils discutèrent jusqu'au soir et dansèrent jusque tard dans la nuit.

2 Sens spatial.

● Suivi d'un complément directionnel sans article (des adverbes, l'interrogatif directionnel *wohin,* les villes, les pays, les continents), *bis* est employé seul ou avec *nach*.

***Bis dorthin** sind wir noch nie gegangen.*
Nous ne sommes jamais allés jusque là-bas.

*Erst fuhren wir **bis (nach)** Köln und dann **bis (nach)** Bremen.*
D'abord nous sommes allés jusqu'à Cologne et ensuite jusqu'à Brème.

*Glaubst du, daß diese Vögel **bis nach** Afrika fliegen ?*
Crois-tu que ces oiseaux vont jusqu'en Afrique ?

● Suivi d'un complément directionnel avec article, il est employé avec *zu* + datif ou avec une autre préposition + accusatif.

*Ist es noch weit **bis zum** Bahnhof ?*
Est-ce encore loin jusqu'à la gare ?

*Sie begleiteten ihn **bis an** die Grenze.*
Ils l'accompagnèrent jusqu'à la frontière.

*Er fährt mit dem Auto **bis vor** das Haus.*
Il va en voiture jusque devant la maison.

3 **Sens quantitatif :** indication d'une mesure extrême. On emploie *bis zu* + datif.

*Sein Auto fährt **bis zu** 220 km pro Stunde.*
Sa voiture roule jusqu'à 220 km à l'heure.

4 ***Bis auf*** = "jusqu'à" inclusivement.

*Sie wurden **bis auf** den letzten Mann gerettet.*
Ils furent sauvés jusqu'au dernier.

▲ **Attention :**
● *Bis auf* peut également avoir le sens de "sauf", "excepté".

***Bis auf** die Küche habe ich alle Zimmer streichen lassen.*
J'ai fait repeindre toutes les pièces, excepté la cuisine.

● Lorsque "jusque" a le sens de "même", il se traduit par *sogar*.

*Alle, **sogar** seine Frau, haben ihn verlassen.*
Tous, jusqu'à sa femme, l'ont abandonné.

E x e r c i c e

Traduisez en allemand :
1. Je vous attendrai jusque vers sept heures. 2. Jusqu'à quand durera notre réunion ? 3. Je te suivrai jusqu'au bout du monde (das Ende der Welt). 4. Cette usine produit jusqu'à mille voitures par jour. 5. Peux-tu m'accompagner jusque chez moi (nach Hause) ? 6. Elle a dormi jusqu'au soir. 7. Les maisons furent démolies jusqu'à la dernière.

130 *Juste (traductions)*

1 **"Juste",** associé souvent à un **complément de temps,** insiste sur un **moment précis**.

● "Juste", placé après le complément de temps, au sens de "précis", "exact" se traduit par *genau*.

***Genau** um 8 Uhr klingelte es.*
A 8 heures juste, on sonna.

164

● "Juste", placé devant le complément de temps, au sens de "juste à l'instant" se traduit par *gerade*.

*Es war **gerade** 8 Uhr, als er klingelte.*
Il était juste 8 heures lorsqu'il sonna.

*Sie ist **gerade** weggegangen.*
Elle vient tout juste de partir.

*Ich war **gerade** dabei, ihm zu schreiben, als ich sein Telegramm erhielt.*
J'étais juste en train de lui écrire une lettre lorsque j'ai eu son télégramme.

***Gerade** als ich duschte, gab es einen Stromausfall.*
Juste au moment où je prenais ma douche, il y eut une panne d'électricité.

● "Juste", placé devant le groupe nominal, avec une nuance d'irritation se traduit par *ausgerechnet*.

***Ausgerechnet** beim Essen muß er uns stören.*
C'est juste au moment du repas qu'il nous dérange.

2 **"Juste"** dans le sens de **"seulement"** apporte une **restriction** ou indique **une durée très courte** et se traduit par *nur*.

*Ich bin nicht krank, ich habe **nur** einen Schnupfen.*
Je ne suis pas malade, j'ai juste un rhume.

*Darf ich Sie **nur** einen Augenblick stören ?*
Puis-je vous déranger juste un instant ?

*Ich komme **nur** auf einen Sprung bei dir vorbei.*
Je ferai juste un saut chez toi.

3 **"Juste", "tout juste"** dans le sens de **"à peine suffisant"** se traduit par ***gerade noch ; gerade so***.

*Ich habe **gerade noch** genug Mehl, um einen Kuchen zu backen.*
J'ai tout juste assez de farine pour faire un gâteau.

*Das Benzin reicht **gerade noch** für 20 Kilometer.*
L'essence suffit tout juste pour 20 km.

*Er kommt **gerade so** aus.*
Il a tout juste de quoi vivre.

*Er hat seine Prüfung **gerade noch (gerade so)** geschafft.*
Il a réussi à passer son examen tout juste.

▶ Pour les traductions de "juste" par *richtig* et *gerecht* voir n° 221.

E x e r c i c e

Pour les exercices, voir *justement* n° 131.

131 *Justement* (traductions)

1 "Justement" au sens de "exactement", "précisément" est un élément de mise en relief qui se trouve souvent dans des exclamations. Il se traduit par : *eben das, genau das, gerade das* ou par *eben, genau, gerade* + complément (avec un accent sur *das*, sur le groupe qui suit, ou sur *ge°nau* ou *ge°rade*).

Eben °das dachte ich auch.
C'est justement ce que je pensais aussi.

Genau °das (gerade °das) durfte man nicht tun.
C'est justement ce qu'il ne fallait pas faire.

Danke, das ist ge°nau die Platte (ge°rade die Platte), die ich mir wünschte !
Merci, c'est justement le disque que je souhaitais !

2 "Justement" avec une **nuance d'irritation** se traduit par *ausgerechnet*.

Ausgerechnet °mir muß das passieren !
Il faut que cela tombe sur moi !
(litt. : C'est justement à moi que cela arrive !)

▶ Voir aussi "juste, tout juste", n° 130.

E x e r c i c e

Traduisez en allemand :
1. C'est justement de cela que je voulais te parler (mit jmm über etw. sprechen). 2. C'est tout juste si le pain a suffi. 3. Il est minuit juste. 4. J'arrive juste de Berlin. 5. C'est justement ma voiture qui a eu une contravention (einen Strafzettel bekommen) ! 6. Il a juste assez d'argent pour une semaine. 7. Puis-je vous parler juste une seconde ? 8. C'est justement le livre que je voulais avoir.

132 **Kaum**

1 **Kaum** = "à peine", "ne ... guère". *Kaum* se place devant le terme sur lequel il porte.

*Heute nacht habe ich **kaum** geschlafen.*
Cette nuit, je n'ai guère dormi.

*Das Kind ist in einem Jahr **kaum** gewachsen.*
L'enfant n'a guère grandi en un an.

***Kaum** die Hälfte der Anwesenden hat für das Projekt gestimmt.*
A peine la moitié des personnes présentes ont voté pour le projet.

*Sie ist **kaum** älter als 16 Jahre.*
Elle a à peine plus de 16 ans.

2 **Kaum** = "avoir (de la) peine à", "avoir du mal à" ; "avoir des difficultés à faire qqch.".

*Ich kann es **kaum** glauben.*   *Er kann **kaum** laufen.*
J'ai de la peine à le croire.   Il a du mal à marcher.

3 Pour l'expression **"à peine... que..."**, trois constructions sont possibles :

● *Kaum ..., als ...* + verbe.

***Kaum** waren die Kinder im Auto, **als** sie einschliefen.*
A peine les enfants étaient-ils dans la voiture qu'ils s'endormirent.

● *Kaum ..., da (so)* + verbe...

***Kaum** waren die Kinder im Auto, **da** schliefen sie ein.*
***Kaum** waren die Kinder im Auto, **so** schliefen sie ein.* (même sens)

● *Kaum daß ...,* + verbe...

***Kaum daß** die Kinder im Auto waren, schliefen sie ein.* (même sens)

Exercice

Traduisez en allemand :
1. A peine eut-il raccroché (den Hörer auflegen) que le téléphone sonna de nouveau (1re solution : als). 2. Il a du mal à suivre les cours (die Vorlesungen). 3. A peine endormie, on la réveilla (2e solution : da/so). 4. Je les ai à peine connus. 5. A peine avait-il cambriolé la maison (ins Haus einbrechen) que la police arriva (3e solution : kaum daß). 6. On ne peut guère s'imaginer une autre solution (die Lösung).

133 *Können : emplois*

1 **Sens de "pouvoir", "être capable de", "savoir"** (dans le domaine physique).

Kannst du dieses Paket tragen ?   *Kann er schwimmen ?*
Peux-tu porter ce paquet ?   Sait-il nager ?

2 **Sens de "savoir"** (dans le domaine intellectuel).

Er kann Deutsch.
Il sait l'allemand.

3 **Sens de "pouvoir" dans la demande ou la réponse à la demande**, au sens de "être d'accord pour" (souvent au subjonctif II). Dans ce sens, *Kann ich... ?* signifie "Puis-je... ?" = "Êtes-vous d'accord pour que je... ?"

Könnten Sie bitte die Tür aufmachen ?
Pourriez-vous, s'il vous plaît, ouvrir la porte ?

Ich kann hier halten, wenn Sie wollen.
Je peux m'arrêter ici, si vous voulez.

4 **Sens de "il se peut que"** (éventualité).

Das kann sein.
C'est possible.

Er kann um 7 oder um 10 kommen.
Il se peut qu'il vienne à 7 heures ou à 10 heures.

On peut dire aussi :

Es kann sein, daß er um 7 oder um 10 kommt.

▶ Pour la conjugaison de *können*, voir les verbes de modalité, n° 265.

E x e r c i c e

Traduisez en allemand :
1. Sait-il le français ? 2. Il se peut qu'il pleuve dans dix minutes. 3. Puis-je vous aider ? 4. Il sait jouer aux échecs (Schach spielen). 5. Pourriez-vous aller chercher ma valise ? 6. Pouvez-vous me prêter (leihen) votre crayon (der Bleistift) ?

134 Lang, lange

1 Lang.

● *Lang* = "long", adjectif exprimant une étendue dans l'espace ou dans le temps. (Comparatif : *länger* ; superlatif : *am längsten*).

*Dieses Kleid ist zu **lang**.*　　　　*Das war ein sehr **langer** Winter.*
Cette robe est trop longue.　　　　C'était un hiver très long.

● *Lang* précédé d'un complément de mesure à l'accusatif = "long de".

*einen Meter **lang***　　　　*drei Kilometer **lang***
long d'un mètre　　　　long de trois kilomètres

*Der Stoff ist einen Meter **lang** und 90 Zentimeter breit.*
Le tissu fait un mètre de long et 90 centimètres de large.

● *Lang* précédé d'un complément de temps à l'accusatif = "pendant", "durant".

*einen Monat **lang***　　　　*drei Tage **lang***
pendant un mois　　　　pendant trois jours

*ein Jahr **lang***　　　　*mein ganzes Leben **lang***
pendant une année　　　　toute ma vie durant

*Einen ganzen Sommer **lang** wanderten sie im Gebirge.*
Pendant tout un été, ils ont fait de la marche en montagne.

● *-lang* sert à former des adverbes composés = "durant".

tagelang　　　　**wochenlang**
qui dure des journées entières　　　　des semaines durant
monatelang　　　　**jahrelang**
des mois durant　　　　des années durant

2 Lange.

● *Lange* = "longtemps".

lange *warten*
attendre longtemps

länger *bleiben*
rester plus longtemps

am **längsten** *dauern*
durer le plus longtemps

*Wir haben **lange** auf den Bus warten müssen.*
Nous avons dû attendre le bus longtemps.

*Von allen Versammlungen hat die letzte **am längsten** gedauert.*
De toutes les réunions, c'est la dernière qui a duré le plus longtemps.

● *Schon lange, seit langem* = "depuis longtemps".

Schon lange *habe ich dich nicht gesehen.*
Il y a longtemps que je ne t'ai pas vu.

● *Es ist schon lange her, daß...* = "il y a longtemps que...".

Es ist schon lange her, daß *ich dich gesehen habe.*
Il y a longtemps que je ne t'ai pas vu.

● *Lange vor* + GN au datif = "longtemps avant + GN" ; *lange bevor* + subordonnée = "longtemps avant de + infinitif".

Nicht lange vor + GN au datif = "peu de temps avant + GN" ; *nicht lange bevor* + subordonnée = "peu de temps avant de + infinitif".

Lange bevor *ich mit meiner Arbeit fertig war, habe ich ihn angerufen.*
Longtemps avant d'avoir fini mon travail, je l'ai appelé.

● *Lange nach* + GN au datif = "longtemps après + GN" ; *lange nachdem* + subordonnée = "longtemps après + infinitif".

● *Lange darauf / danach* = "longtemps après" ; *nicht lange darauf / danach* = "peu de temps après".

Nicht lange darauf *kam er.*
Peu de temps après, il arriva.

● *Wie lange ?* = "combien de temps ?"

Wie lange *müssen wir noch warten ?*
Combien de temps faut-il attendre encore ?

Exercice

Traduisez en allemand :
1. Il y a longtemps qu'il ne m'a pas écrit (deux solutions). 2. Peu de temps après son départ, il eut un accident. 3. Il a cru l'espace d'une seconde que l'avion allait s'écraser au sol (abstürzen). 4. La chambre fait 4 m de long et 2 m 50 de haut. 5. Il a un long nez. 6. C'est le pont le plus long du monde. 7. Nous avons dû attendre plus longtemps que la dernière fois. 8. Pendant toute sa vie, il a lutté pour la justice. 9. Il m'a écrit une longue lettre. 10. Elle a été absente pendant un mois.

135 Längs, längst

Il ne faut pas confondre *längs* et *längst* qui correspondent à des sens bien différents.

1 *Längs* = "le long de". Préposition + génitif ou + datif. (En langue courante, on emploie très souvent *an* + dat. + *entlang* à la place de "längs".)

Längs des Baches (ou : *dem Bach*) *standen Weiden.*
Am Bach entlang standen Weiden.
Le long du ruisseau, il y avait des saules.

2 *Längst*.

● *Längst* = "depuis longtemps" (= *seit langem*).

Das habe ich längst (seit langem) vergessen.
Je l'ai oublié depuis longtemps.

Er hätte längst schreiben sollen.
Il aurait dû écrire depuis longtemps.

● *Längst* = "loin de" (ou : *bei weitem*) dans des phrases contenant une négation ou une restriction.

Sie spielt längst (bei weitem) nicht so gut Klavier wie ihre Schwester.
Elle est loin de jouer aussi bien du piano que sa sœur.

Das ist noch längst nicht alles, was ich sagen wollte.
C'est loin d'être tout ce que je voulais dire.

▲ **Attention :**

● "De loin" ayant un sens positif se traduit uniquement par *bei weitem*.

Das ist bei weitem der beste Roman des Jahres.
C'est de loin le meilleur roman de l'année.

● "De loin", locution adverbiale de lieu se traduit par *von weitem*.

Ich habe ihn von weitem erkannt.
Je l'ai reconnu de loin.

E x e r c i c e

Complétez par le terme qui convient :
1. Er müßte schon ... da sein. 2. ... der Autobahn stirbt der Wald ab. 3. Ich bin ... nicht so geschickt wie du. 4. Ich weiß es...

136 *Leihen, ausleihen, verleihen*

Ces verbes ont le sens de "prêter", "emprunter" ou "louer" selon leur construction et le contexte.

1 *Leihen*.

● *Sich von (bei) jmm etw. leihen* = "emprunter qqch. à qqn".

Peter hat sich von (bei) mir 100 Mark geliehen.
Pierre m'a emprunté 100 marks.

● *Jmm etw. leihen* = "prêter qqch. à qqn".

*Würdest du **mir** bis morgen deinen Plattenspieler **leihen** ?*
Pourrais-tu me prêter ton tourne-disque jusqu'à demain ?

2 Ausleihen.

● *Sich* (dat.) *bei jmm etw. ausleihen* = "emprunter qqch. à qqn".

*Ich habe **mir bei** meinem Freund das Fahrrad **ausgeliehen**.*
J'ai emprunté le vélo à mon ami.

● *Sich* (dat.) *etw. ausleihen* a aussi le sens de "louer, prendre en location (contre paiement)".

*Ich möchte **mir** für den Nachmittag ein Fahrrad **ausleihen**.*
Je voudrais louer un vélo pour l'après-midi.

● *Etw. ausleihen* se dit à propos du prêt des livres dans les bibliothèques.

*Die Bücherei **leiht** nur am Montag **aus**.*
*Die **Buchausleihe** ist nur am Montag geöffnet.*
Le prêt n'est ouvert que le lundi.

Notez qu'en langue courante *borgen* est utilisé dans les deux sens.

***Ich borge dir** dieses Buch.*	***Ich borge mir von dir** dieses Buch.*
Je te prête ce livre.	Je t'emprunte ce livre.

3 Verleihen.

● *Etw. (an jmn) verleihen* = "prêter qqch. (à qqn)".

*Ich habe alle meine Platten **verliehen**.*
J'ai prêté tous mes disques.

***An wen** hast du deinen Fotoapparat **verliehen** ?*
A qui as-tu prêté ton appareil photo ?

● *Etw. verleihen* = "louer" contre paiement ; "donner en location" (location de vélos, de voitures ou de bateaux).

*Hier werden Boote stundenweise **verliehen**.*
Ici, on loue des bateaux à l'heure.

▶ Pour "louer", voir aussi *mieten, vermieten,* n° 145.

E x p r e s s i o n s

der Bootsverleih	***der Fahrradverleih***
la location de bateaux	la location de vélos
der Autoverleih	***der Leihwagen***
la location de voitures	la voiture de location

E x e r c i c e

Traduisez en allemand :

1. Pourrais-tu me prêter ton journal ? 2. Je te le prête si tu me le rends (wieder-geben). 3. La location de skis est ouverte à partir de 9 heures. 4. Je voudrais louer des skis (Skier) pour une semaine. 5. Je lui ai emprunté (2 solutions) sa machine à écrire (die Schreibmaschine). 6. On ne prête qu'aux riches.

137 *Lettre : comment la rédiger ?*

1 L'adresse (sur l'enveloppe).

● Si on s'adresse à des personnes, les noms et titres éventuels sont à l'accusatif (sous-entendu : *An* + accusatif).

Herrn Albrecht Roth
Monsieur Albert Roth

● Si l'on s'adresse à une firme, administration... on utilise obligatoirement : *An* + accusatif.

An die Firma...
Maison...

2 La date : voir n° 74.

3 La ponctuation dans les formules de début de lettre.
Il y a deux possibilités.

● Ou bien on met un point d'exclamation après la formule d'adresse et alors le mot qui suit prend une majuscule.

Sehr geehrter Herr Roth !   **Liebe Eltern !**
Ich danke Ihnen für...   *Ich schreibe Euch aus...*
Cher Monsieur Roth,   Chers parents,
Je vous remercie pour...   Je vous écris de...

● Ou bien on met une virgule, comme en français, et alors le mot qui suit prend une minuscule.

Sehr geehrter Herr Roth,
ich danke Ihnen für...

▲ **Attention :** il faut distinguer les formules *Lieb...* (personnes tutoyées ou personnes vouvoyées auxquelles on s'adresse avec une certaine amitié ou affection) et *Sehr geehrt...* (personnes vouvoyées ; plus formel). La majuscule est obligatoire pour les pronoms personnels (voir n° 207).

4 **Les pronoms personnels.**

Les pronoms personnels qui désignent la ou les personnes à qui on s'adresse dans la lettre, prennent toujours une majuscule : **Du, Dich, Sie, Ihnen,** etc.

Ich hoffe, **Sie** *haben sich gut enholt.*
J'espère que vous vous êtes bien reposé.

5 **La ponctuation dans les formules de fin de lettre.**

Dans les formules de fin de lettre il ne doit y avoir aucun signe de ponctuation. Le nom est généralement précédé de l'adjectif possessif avec majuscule.

Mit herzlichen Grüßen	**Hochachtungsvoll**
Dein Michael	**Ihr Peter Meyer**

E x e r c i c e

Traduisez en allemand :
1. Cher Monsieur Müller, J'ai bien reçu votre lettre du... 2. Monsieur Herbert Schmitt. 3. Centre des Impôts (das Finanzamt). 4. Mademoiselle Ursula Schulz, Je vous remercie de... 5. Cher Pierre, J'espère que tu vas bien...

---

138 ***(Se) Lever, (se) coucher*** *(traductions)*

Selon qu'il s'agit de personnes ou d'astres, ces verbes se traduisent différemment. En allemand, ce ne sont pas des verbes réfléchis, ils ne s'emploient donc pas avec *sich*. Le verbe utilisé pour la formation des temps composés est toujours *sein*.

1 **"Se lever".**

● Pour les personnes : *aufstehen* = "se lever".

Ich stehe auf.	*Ich bin aufgestanden.*
Je me lève.	Je me suis levé.

● Pour les astres : *aufgehen* = "se lever".

Der Mond geht auf.
La lune se lève.

Der Mond ist aufgegangen.
La lune s'est levée.

der Sonnenaufgang
le lever du soleil

2 **"Se coucher".**

● Pour les personnes : *zu Bett gehen* ou *schlafen gehen* = "se coucher".

Ich gehe zu Bett ou *Ich gehe schlafen.*
Je vais me coucher.

Ich bin zu Bett gegangen ou *Ich bin schlafen gegangen.*
Je suis allé me coucher.

● Pour les astres : *untergehen* = "se coucher".

Die Sonne geht unter.
Le soleil se couche.

Die Sonne ist untergegangen.
Le soleil s'est couché.

der Sonnenuntergang
le coucher du soleil

Exercice

Traduisez en allemand :
1. Vas-tu déjà te coucher ? 2. Le soleil se lève à 4 heures du matin. 3. A quelle heure voulez-vous vous lever (forme de politesse) ? 4. Toutes les étoiles se sont déjà couchées. 5. Pierre se couche tous les jours à minuit. 6. As-tu vu ce magnifique coucher de soleil ? 7. Je n'aime pas me lever très tôt. 8. Au lever du soleil (bei), il était déjà levé.

139 *Locatif*

Le locatif s'oppose au directionnel. Il désigne une localisation dans l'espace : le lieu où l'on est, où l'on fait quelque chose, où quelque chose se passe... Il répond souvent à la question *wo* ? Il peut être exprimé soit par un groupe prépositionnel, soit par un adverbe.

1 Les groupes prépositionnels locatifs.
Parmi les groupes prépositionnels locatifs il faut distinguer :

● Les groupes prépositionnels dont la marque du locatif est le datif (qui peut s'opposer à l'accusatif).

Il s'agit des groupes introduits par l'une des prépositions *in, an, auf, unter, über, vor, hinter, neben, zwischen* (voir n° 192).

Die Katze ist **unter dem Auto.**
Le chat est sous la voiture.

● Les groupes prépositionnels dont la marque du locatif est la préposition.

– Soit l'une des prépositions régissant le génitif (voir n° 191).

Ihr Haus liegt **jenseits der Grenze**.
Leur maison se trouve de l'autre côté de la frontière.

– Soit la préposition *bei* + datif, "chez", qui s'oppose à *zu*, et qui s'utilise avec des noms de personnes.

Sie wohnt **bei ihrem Onkel**.
Elle habite chez son oncle.

– Soit la préposition *zu* + datif, qui s'oppose à *nach*, uniquement en liaison avec *Hause*.

*Um wieviel Uhr bist du **zu Hause** ?*
A quelle heure seras-tu chez toi ?

▲ **Attention :** pour des verbes comme *ankommen, landen, absteigen...* il faut le locatif (voir le directionnel, n° 80).

2 **Les adverbes locatifs.**

● Ils peuvent être liés au locuteur : *hier* = "ici", *da* = "là", *dort* = "là-bas", *links* = "à gauche", *rechts* = "à droite", *draußen* = "dehors".

***Hier** gibt es keine Autos.*
Ici, il n'y a pas de voitures.

● Ils peuvent être liés à un élément de référence : *dort* = "là", *oben* = "en haut", *unten* = "en bas", *links* = "à gauche", *rechts* = "à droite", *vorn* = "devant", *hinten* = "derrière".

*Inge wohnt in Italien ; ich möchte auch **dort** wohnen.*
Inge habite en Italie ; moi aussi j'aimerais y habiter.

*Das ist unser Wohnzimmer ; **oben** sind drei Zimmer.*
C'est notre salle de séjour ; en haut il y a trois chambres.

● Ces adverbes peuvent se combiner entre eux ou avec des groupes prépositionnels.

***Dort oben** sieht man eine Kapelle.*
Là-haut on voit une chapelle.

***Dort oben** auf dem Berge kann man Ski laufen.*
Là-haut sur la montagne on peut faire du ski.

● Ils peuvent reprendre un élément exprimé antérieurement : il s'agit des démonstratifs adverbiaux comme *daneben* = "à côté", *davor* = "devant".

*Siehst du das Auto ? **Davor** steht der Hund, der Uwe gebissen hat.*
Vois-tu la voiture ? Devant il y a le chien qui a mordu Uwe.

▶ Pour les démonstratifs adverbiaux, voir n° 211.
Pour le directionnel, voir n° 80.

E x e r c i c e s

A. Traduisez en allemand :
1. Habites-tu chez tes parents ? 2. A droite, on voit une ferme (der Bauernhof). 3. Devant l'église, il y a un tilleul (der Lindenbaum). 4. Autour de la maison, on a construit un mur. 5. Un enfant était assis à côté de moi.

B. Complétez par une préposition ou une marque de cas :
1. ... Hause haben wir einen Hund. 2. Jenseits d... Flusses sieht man einen großen Wald. 3. Draußen ... der Tür liegt eine Katze. 4. Wir essen heute ... meinen Eltern. 5. Sie sitzt auf ein ... weißen Stuhl.

140 *Masculins et neutres forts*

La caractéristique des noms masculins et neutres forts est la marque *-(e)s* au génitif singulier, et pour certains d'entre eux la marque *-e* facultative au datif singulier.

Nominatif	Génitif	Datif
der Tiger (le tigre)	**des Tigers**	
der Tag (le jour)	**des Tages**	**dem Tag(e)**
der Tisch (la table)	**des Tisches**	
das Haus (la maison)	**des Hauses**	**dem Haus(e)**
das Tier (l'animal)	**des Tieres**	
das Buch (le livre)	**des Buches**	

Notez la déclinaison particulière de *das Herz* = "le cœur".

Singulier	Pluriel
N. *das Herz*	*die Herzen*
A. *das Herz*	*die Herzen*
D. *dem Herzen*	*den Herzen*
G. *des Herzens*	*der Herzen*

141 *Masculins faibles*

1 Caractéristiques.

La caractéristique des masculins faibles est de présenter la marque *-(e)n* à tous les cas sauf au nominatif singulier.

Singulier	Pluriel	Singulier	Pluriel
N. *der Mensch*	*die Mensch**en***	*der Junge*	*die Jung**en***
A. *den Mensch**en***	*die Mensch**en***	*den Jung**en***	*die Jung**en***
D. *dem Mensch**en***	*den Mensch**en***	*dem Jung**en***	*den Jung**en***
G. *des Mensch**en***	*der Mensch**en***	*des Jung**en***	*der Jung**en***

La plupart des masculins faibles désignent des noms d'êtres animés.

2 **Exemples de noms d'origine germanique.**

Noms d'animaux

der Bär
l'ours

der Affe
le singe

der Löwe
le lion

der Rabe
le corbeau

der Falke
le faucon

der Fink
le pinson

Noms d'êtres humains

der Mensch
l'être humain

der Junge
le garçon

der Fürst
le prince

der Prinz
le prince

der Bote
le messager

der Graf
le comte

der Narr
le fou

der Held
le héros

der Bayer
le Bavarois

Noms d'habitants de pays

der Däne
le Danois (voir n° 160)

3 **Exemples de noms d'origine étrangère.**

Noms en -ant, -ent, -ist, -arch, -oge, -soph, -ose, etc.

der Pädagoge
le pédagogue

der Philosoph
le philosophe

der Student
l'étudiant

der Pilot
le pilote

der Komponist
le compositeur

der Polizist
le policier

Quelques rares noms ne désignent pas des êtres animés.

der Diamant
le diamant

der Komet
la comète

Notez la déclinaison particulière de *der Herr* = "le monsieur".

Singulier	Pluriel
N. *der Herr*	*die Herren*
A. *den Herrn*	*die Herren*
D. *dem Herrn*	*den Herren*
G. *des Herrn*	*der Herren*

▶ Pour le genre des noms communs, voir n° 105.

E x e r c i c e

Traduisez en allemand :
1. Connais-tu l'étudiant qui habite au-dessus de chez-nous ? 2. Ils ont vendu leur appartement à un Suédois. 3. On a retrouvé la partition (die Partitur) du compositeur. 4. Les Bavarois sont joyeux. 5. Il a peur du singe.

142 Masculins mixtes

● La déclinaison de certains noms masculins a à la fois des particularités des masculins forts (la marque -s au génitif singulier) et des masculins faibles (la marque -(e)n à tous les cas sauf au nominatif et génitif singulier).

Singulier	Pluriel
N. *der Name*	*die Namen*
A. *den Namen*	*die Namen*
D. *dem Namen*	*den Namen*
G. *des Namens*	*der Namen*

● Sur ce modèle se déclinent : *der Funke* (on rencontre aussi *Funken*) = "l'étincelle", *der Gedanke* = "la pensée", *der Glaube* (ou *Glauben*) = "la foi", *der Wille* = "la volonté", *der Friede* (ou *Frieden*) = "la paix", *der Buchstabe* = "la lettre" (de l'alphabet).

● Les mots suivants sont plus fréquents avec -en au nominatif qu'avec -e : *der Haufen* = "le tas", *der Samen* = "la semence", *der Schaden* = "le dommage".

Exercice

Complétez les marques manquantes :
1. Kennst du den Nam... der Firma ? 2. Sie kann schon alle russischen Buchstab... schreiben. 3. Er kämpft für den Fried... 4. Er blieb vor dem Hauf... Kartoffeln stehen. 5. Das war bei bestem Will... nicht möglich.

143 Meist, meistens, am meisten

1 **Meist** = "la plupart de(s)", "la plus grande partie de(s)", "le plus grand nombre de", "le plus de", comme adjectif.

*Die **meisten** Schüler hatten die Grippe.*
La plupart des élèves avaient la grippe.

● *Meist* peut s'employer sans nom.

*Die Kinder spielen am Strand ; die **meisten** können schwimmen.*
Les enfants jouent sur la plage ; la plupart d'entre eux savent nager.

2 **Meist** ou **meistens** = "la plupart du temps", "le plus souvent".

*Er kommt **meistens** erst um 5.*
La plupart du temps, il ne vient qu'à 5 heures.

3 **Am meisten** = "le plus" comme superlatif de *viel* = "beaucoup".

*Paul ißt **am meisten**.*
C'est Paul qui mange le plus.

E x e r c i c e

Traduisez en allemand :

1. Dans la plupart des grandes villes, il faut se dépêcher (sich beeilen).
2. C'est en novembre qu'il pleut le plus. 3. La plupart du temps, nous restons sur la plage. 4. C'est notre voisin qui a le plus de vaches. 5. C'est lui qui a eu le plus de voix (die Stimmen).

---

144 *Mesures et quantités*

1 Quantité + unité de mesure + élément mesuré.

zwei	*Pfund*	*Zucker*
deux	livres	de sucre

● Les unités de mesure *Kilo, Pfund, Stück* = "morceau", *Glas* = "verre", *Zentner* = "quintal", *Meter* = "mètre", *Sack* = "sac", *Grad* = "degré", *Liter* = "litre", *Dutzend* = "douzaine"... sont normalement invariables au pluriel.

● Les unités terminées par -e (*die Tonne, die Flasche* = "la bouteille", *die Dose* = "la boîte"...) prennent, en revanche, *-n* au pluriel.

drei Tonnen Kartoffeln
trois tonnes de pommes de terre

● A tous les cas, sauf au génitif singulier, que l'élément mesuré soit accompagné d'un adjectif épithète ou non, ce groupe (adjectif + élément mesuré), est le plus souvent au même cas que l'unité de mesure.

mit drei Kilo Äpfeln	**mit drei Kilo grünen Äpfeln**
avec trois kilos de pommes	avec trois kilos de pommes vertes
nach zwei Glas gutem Wein	
après deux verres de bon vin	

▲ **Attention :** ne confondez pas *zwei Glas Wein* = "deux verres de vin" avec *zwei Weingläser* = "deux verres à vin".

● Au génitif, lorsque l'élément mesuré n'est pas accompagné d'un adjectif épithète, on ne déline qu'un des deux termes.

soit : *der Preis eines Pfund**es** Mehl*
soit : *der Preis eines Pfund Mehl**s***
le prix d'une livre de farine

Lorsque l'élément mesuré est accompagné d'un adjectif épithète, ce groupe nominal (adjectif + élément mesuré) se met aussi au génitif.

*der Preis **eines Pfund (es) rohen Schinkens***
le prix d'une livre de jambon cru

2 **Élément mesuré + quantité + unité de mesure.**

ein Brot von	*zwei*	*Pfund*
un pain de	deux	livres

Là aussi, l'unité de mesure est en principe invariable ; mais, au datif pluriel, après des prépositions, on rencontre plutôt :

eine Mauer von zehn Metern	*ein Faß von fünfzig Litern*
un mur de dix mètres	un tonneau de cinquante litres

3 **Élément mesuré + quantité + unité de mesure + nom de la mesure.**

ein Haus von	*zehn*	*Meter*	*Höhe*
une maison de	dix	mètres de	hauteur

Unité de mesure invariable (sauf les unités en -e) : de même avec les noms de la mesure : *Länge* = "longueur", *Breite* = "largeur", *Gewicht* = "poids"...

4 **Nom de la mesure + quantité + unité de mesure.**

eine Länge von	*zwanzig*	*Metern*
une longueur de	vingt	mètres
eine Fläche von	*zehn*	*Hektar*
une surface de	dix	hectares

L'unité de mesure peut être invariable ou non (sauf les unités en -e).

5 **Quantité + unité de mesure + adjectif de mesure + élément mesuré.**

ein	*zehn Meter*	*hohes*	*Haus*
une maison haute de dix mètres			

Unité de mesure invariable (sauf les unités en -e, et *Jahr* pour une indication temporelle).

▶ Pour la qualificative, voir n° 213.

E x e r c i c e

Traduisez en allemand :

1. Ils ont vendu un porc (das Schwein) d'un poids de 200 livres. 2. Le jardin est long de 350 mètres. 3. As-tu bu les trois verres de bière ? 4. J'ai acheté trois bouteilles de bon vin. 5. Combien coûtent deux douzaines d'œufs ? 6. J'ai vu un bateau long de dix mètres. 7. Il a mangé trois morceaux de gâteau. 8. Pendant la guerre, on demandait (nach + dat. fragen) le prix d'un morceau de pain.

45 *Mieten et vermieten*

Selon que l'on veut exprimer "prendre en location" ou "donner en location", il faut utiliser *mieten* ou *vermieten*.

1 **Etw. mieten** = "louer qqch.", "prendre en location". On l'utilise surtout pour des maisons et des appartements, mais également pour des voitures et des bateaux.

*Ab September möchte ich in Berlin ein Zimmer **mieten.***
A partir de septembre, je voudrais louer une chambre à Berlin.

2 **Etw. vermieten** = "louer qqch.", "donner en location".

*Sämtliche Räume der Wohnung waren **vermietet.***
Toutes les pièces de l'appartement étaient louées.

▶ Voir aussi *leihen, ausleihen, verleihen*, n° 136.

Expressions

Zimmer zu vermieten   **der Mieter**
chambre à louer   le locataire

der Vermieter   **die Vermieterin**
le logeur   la logeuse

Exercices

A. Complétez par le terme qui convient :
1. In den Ferien haben wir ein Berghaus in der Schweiz... 2. Alle Dorfbewohner ... einen Teil ihres Hauses.

B. Traduisez en allemand :
1. Je voulais louer une chambre, mais elles étaient toutes déjà louées. 2. Il est difficile de louer (prendre en location) un appartement à Munich.

146 *Mögen : emplois*

1 Sens de **"aimer"** *(gern haben)*.

*Unser Sohn **mag** kein Fleisch.*
Notre fils n'aime pas la viande.

2 ***Ich möchte... :*** **"désirer", "vouloir bien"** (souhait, désir...).

*Ich **möchte** ein Stück Kuchen.*
Je voudrais un morceau de gâteau.

3 Sens de **"devoir probablement", "pouvoir"**, dans le domaine de l'éventualité, de la supposition, le plus souvent avec *wohl*.

*Du **magst wohl** recht haben.*   *Wo **mag** er **wohl** sein ?*
Tu dois avoir raison.   Où peut-il bien être ?

4 **Sens concessif.**

*Du **magst** noch so schreien, ich gebe dir keine Schokolade.*
Tu as beau crier, je ne te donnerai pas de chocolat.

***Mag** kommen, was da will, ich bleibe.*
Quoi qu'il arrive, je reste.

▶ Voir aussi "il a beau...", n° 47 et les concessives, n° 67.

5 **Dans le style direct ou indirect,** expression de la prière, du souhait, de l'ordre poli, souvent avec **doch**.

Möge er doch Glück haben (subjonctif I) *!*
Puisse-t-il avoir de la chance !

Sag ihm, er möge doch das Buch so schnell wie möglich zurückbringen.
Dis-lui de rapporter le livre aussi vite que possible.

▶ Pour la conjugaison de *mögen*, voir les verbes de modalité, n° 265.

Exercice

Traduisez en allemand :
1. Que peut-il bien faire à cette heure-ci ? 2. Je voudrais une livre de tomates. 3. Quoi qu'il fasse, il sera obligé d'avouer (gestehen). 4. Je n'aime pas les oranges. 5. Il doit probablement connaître les meilleurs restaurants de la ville. 6. Voulez-vous une tasse de thé (forme de politesse) ?

47 *Müssen : emplois*

1 Sens de **"devoir", "être obligé de", "il faut que"** (nécessité absolue).

Er muß um 6 aufstehen.   *Ich muß zum Friseur* (sous-entendu : *gehen*).
Il doit se lever à 6 heures.   Il faut que j'aille chez le coiffeur.

2 Sens de **"devoir", "il est très probable que", "il est quasiment sûr que"** (très forte probabilité).

Er muß krank sein.
Il est très probablement malade.

Notez que "ne pas être obligé de" se traduit par *nicht* + infinitif + *müssen* ou par *nicht* + *zu* + infinitif + *brauchen*.

Er muß nicht hingehen. / Er braucht nicht hinzugehen.
Il n'est pas obligé d'y aller.

▶ Pour la conjugaison de *müssen*, voir les verbes de modalité, n° 265. Voir aussi *brauchen*, n° 55, "devoir", n° 79 et *dürfen,* n° 83.

Exercice

Traduisez en allemand :
1. Il faut que j'achète du lait. 2. Cela doit être vrai. 3. Tu n'es pas obligé de travailler ce matin (2 solutions). 4. Maintenant ils doivent être arrivés.

148 *Nicht*

Il y a deux sortes de négations avec *nicht*.

1 La négation partielle.
Nicht porte sur un élément de la phrase : ce *nicht* est toujours placé devant cet élément et n'est jamais accentué ; c'est au contraire cet élément qui porte l'accent. On "rectifie" le plus souvent par *sondern...*

Nicht °*Peter lebt in Frankreich,* **sondern** *sein Bruder Hans.*
Ce n'est pas Pierre qui vit en France, mais son frère Jean.

Peter lebt **nicht** *in* °*Frankreich,* **sondern** *in England.*
Pierre ne vit pas en France, mais en Angleterre.

2 La négation globale.
Nicht porte sur toute la phrase : ce *nicht* se place juste devant les éléments du groupe verbal.

Peter lebt **nicht** *in Frankreich.* (groupe verbal = *in Frankreich lebt*)
Pierre n'habite pas en France.

Das Haus ist **nicht** *zu verkaufen.* (groupe verbal = *zu verkaufen ist ; ist* est en 2ᵉ place dans une proposition)
La maison n'est pas à vendre.

Exercices

A. Introduisez une négation globale dans les phrases suivantes :
1. Herr Weber fährt heute nach Düsseldorf. 2. Am Sonntag bleibe ich zu Hause. 3. Sein Sohn arbeitet sehr gut. 4. Morgen darf ich ins Kino gehen. 5. Sein Lehrer ist sehr beliebt.

B. Traduisez en allemand :
1. Il n'est pas né à Bonn, mais à Cologne. 2. N'es-tu pas allé chez ta sœur ? 3. Il ne vient pas aujourd'hui, mais dans trois jours. 4. La maison n'est pas très belle. 5. Je n'ai pas trouvé ce livre intéressant.

---

149 *Nicht* ou *kein* ?

On emploie *kein* à la place de *nicht* dans les cas suivants.

1 **Lorsque le groupe nominal qui suit est introduit par l'article indéfini.**

● Négation globale.

Inge hat einen Hund.　　　　　*Inge hat **keinen** Hund.*
Inge a un chien.　　　　　　　　Inge n'a pas de chien.

● Négation partielle.

*Das ist **keine** Buche, sondern eine Eiche.*
Ce n'est pas un hêtre, mais un chêne

▲ **Attention :** lorsque *ein* signifie "un seul", il faut garder *nicht*.

*Sie hat **nicht°einen** Hund, sondern zwei.*
Elle n'a pas un seul chien, mais deux.

2 **Lorsque le groupe nominal qui suit est au pluriel sans article.**

Ich habe ihr Blumen geschenkt.　　*Ich habe ihr **keine** Blumen geschenkt.*
Je lui ai offert des fleurs.　　　　　Je ne lui ai pas offert de fleurs.

3 **Lorsque le groupe nominal non prépositionnel qui suit comporte un nom de matière.**

● Négation globale.

Das ist Gold.　　　　　　　　　*Das ist **kein** Gold.*
C'est de l'or.　　　　　　　　　　Ce n'est pas de l'or.

● Négation partielle.

*Das ist **kein** Gold, sondern Kupfer.*
Ce n'est pas de l'or, mais du cuivre.

4 **Dans certaines expressions qui comportent un groupe nominal sans article.**

Ich habe Hunger.　　　　　　　*Ich habe **keinen** Hunger.*
J'ai faim.　　　　　　　　　　　Je n'ai pas faim.

> E x e r c i c e

Niez les phrases suivantes (négation globale) :
1. Mir ist kalt. 2. Zu Hause haben wir einen Fernseher. 3. Das ist Silber. 4. Ich esse Fleisch. 5. Ich trinke gern Wein.

---

150 *Nicht mehr..., kein... mehr*

1 *Nicht mehr...* = "ne... plus...".

*Seine Eltern sind nicht zufrieden, weil er **nicht mehr** arbeiten will.*
Ses parents ne sont pas contents, parce qu'il ne veut plus travailler.
*Er schläft **nicht mehr.***
Il ne dort plus.

2 ***Kein... mehr...*** = "ne... plus de...".

*Er hat mir gesagt, daß er **kein** Fleisch **mehr** ißt.*
Il m'a dit qu'il ne mangeait plus de viande.

*Er kauft **keine** Schallplatten **mehr**.*
Il n'achète plus de disques.

E x e r c i c e

Traduisez en allemand :
1. Je n'ai plus d'argent. 2. Pourquoi ne va-t-il plus à l'école ? 3. Il n'habite plus ici. 4. Je n'ai plus de voiture. 5. Il n'y a plus de neige sur les routes. 6. Il ne travaille plus ; il est à la retraite (pensioniert sein).

151 *Nichts/etwas + adjectif*

1 L'adjectif qui suit *nichts* ou *etwas* est un **adjectif substantivé.** Il prend donc une majuscule et les marques de l'adjectif du type II, puisqu'il n'est pas précédé d'un déterminatif. Il est neutre et se met au même cas que *nichts* ou *etwas*.

● *Etwas* (ou *was*) + adjectif = "quelque chose de" + adjectif.

*Hast du **etwas (was) Schönes** gesehen ?*
       acc.   acc.
As-tu vu quelque chose de beau ?

*Diese Dose öffnet man mit **etwas Spitzem**.*
Cette boîte s'ouvre avec quelque chose de pointu.

● *Nichts* + adjectif = "rien de" + adjectif.

*Ich habe **nichts Interessantes** gefunden.*
Je n'ai rien trouvé d'intéressant.

2 **Particularités.**

● *Ander-* est le seul adjectif qui ne prenne pas la majuscule après *nichts, etwas* ou *was* (voir aussi n° 22).

*Wollen Sie **etwas (was) anderes ?***
Voulez-vous quelque chose d'autre ?

*Ich brauche **nichts anderes**.*
Je n'ai besoin de rien d'autre.

● *Nichts, etwas, was* ne sont éventuellement séparés de leurs adjectifs substantivés que par des éléments qui déterminent ces adjectifs substantivés comme *sehr, viel...*

*Gestern habe ich **etwas viel Schöneres** gesehen.*
Hier, j'ai vu quelque chose de bien plus beau.

Mais :

*Ich darf **nichts Schweres** tragen.*
Je ne dois rien porter de lourd.

▶ Pour les marques de l'adjectif, voir n° 7.

Exercice

Traduisez en allemand :
1. Je n'ai rien entendu d'autre. 2. C'était quelque chose de noir. 3. N'avez-vous rien de plus grand ? 4. J'ai vu quelque chose de très intéressant hier soir. 5. Avez-vous quelque chose d'autre ? 6. Je lui ai offert quelque chose d'utile (nützlich). 7. Je n'ai rien acheté de très cher. 8. Rien de neuf ?

152 *Nicht..., sondern.../nicht nur..., sondern auch...*

1 *Nicht..., sondern...* traduit le français "ne (non)... pas..., mais...".

*Er wohnt **nicht** in Bonn, **sondern** in München.*
Il n'habite pas à Bonn, mais à Munich.

2 *Nicht nur..., sondern auch...* traduit le français "non seulement..., mais aussi (également)...".

*Sie haben **nicht nur** einen Hund, **sondern** seit einem Monat **auch** eine Katze.*
Ils ont non seulement un chien, mais depuis un mois également un chat.

*Er hat **nicht nur** viel gegessen, **sondern** er hat **auch** viel Wein getrunken.*
Non seulement il a beaucoup mangé, mais il a aussi bu beaucoup de vin.

Exercice

Traduisez en allemand :
1. Elle joue non seulement de la flûte (Flöte), mais aussi du piano (Klavier). 2. Non seulement ils ont démoli (abreißen) la maison, mais ils ont aussi abattu (fällen) les arbres. 3. Il ne viendra pas demain, mais seulement jeudi prochain. 4. Ma montre n'est pas en or, mais en argent. 5. Le magasin n'est pas au centre, mais en dehors (außerhalb) de la ville.

153 *Noch nicht, noch kein*

1 *Noch nicht* + verbe = "ne + verbe + pas encore".

*Ich glaube, daß er **noch nicht** arbeitet.*
Je crois qu'il ne travaille pas encore.

*Er kann **noch nicht** schwimmen.*
Il ne sait encore pas nager (ou... pas encore...).

2 *Noch kein* + nom = "ne... pas encore (de) + nom".

*Es gibt **noch keine** Trauben.*
Il n'y a pas encore de raisins.

*Ich habe **noch keinen** Durst.*
Je n'ai pas encore soif.

Exercice

Traduisez en allemand :

1. Je ne peux pas encore vous dire quand il viendra. 2. Je crois qu'il n'a pas encore de voiture. 3. Il n'a pas encore trouvé d'appartement. 4. Avez-vous déjà faim ? – Non, pas encore. 5. Mon frère ne va pas encore à l'école. 6. Il n'a pas encore de dents. 7. Il n'est pas encore réveillé. 8. Ce livre, il ne l'a pas encore lu.

154 *Nombres cardinaux*

1 Pour dénombrer une quantité exacte.

● De 1 à 12.

eins, zwei, drei, vier, fünf, sechs, sieben, acht, neun, zehn, elf, zwölf.

● De 20 à 90 (les dizaines).

zwanzig, dreißig, vierzig, fünfzig, sechzig, siebzig, achtzig, neunzig.

● De 13 à 19.
On indique d'abord le chiffre de l'unité, puis la dizaine.

dreizehn, vierzehn, fünfzehn, sechzehn (et non ~~sechszehn~~ !), *siebzehn* (et non ~~siebenzehn~~ !), *achtzehn, neunzehn.*

● A partir de 21.
L'unité, puis *und,* puis la dizaine, le tout attaché.

einundzwanzig (et non ~~einsundzwanzig~~ !), *zweiundzwanzig...*

● A partir de 100.
La centaine *(hundert* = invariable) puis le reste, le tout attaché.

132 = *(ein)hundertzweiunddreißig*
576 = *fünfhundertsechsundsiebzig*

● A partir de 1 000.
Mille *(tausend* = invariable) puis le reste, le tout attaché.

8931 = *achttausendneunhundert(und)einunddreißig.*

● A partir du million.
Eine Million non attaché, pluriel : *Millionen* et le reste attaché.

4.265.702 = *vier Millionen zweihundertfünfundsechzigtausendsieben-hundert(und)zwei.*

2 Pour désigner une quantité approximative.

● *Ungefähr, etwa, an die, um die.*

Sie waren ungefähr (etwa, an die, um die) zwanzig.
Ils étaient (à peu près) une vingtaine.

• *Ein paar, einige, mehrere...* avec *hundert, tausend.*

Mehrere tausend *Personen standen auf der Straße.*
Plusieurs milliers de personnes étaient dans la rue.

• *Hundert et Tausend* (avec une majuscule) **substantivés** (pluriel : *Hunderte, Tausende*).

Viele Hunderte *fanden keinen Platz.*
Plusieurs centaines de personnes ne trouvèrent pas de place.

E x p r e s s i o n s

die sechziger Jahre = les années soixante (*sechziger* est invariable)

E x e r c i c e s

A. Lisez les nombres suivants :
79, 105, 12, 790, 3 098, 45 135, 610 618, 8 914 043.

B. Écrivez les nombres suivants :
98, 61, 391, 11 728, 55 222, 162 632, 6 215 601.

C. Traduisez en allemand :
1. Quelques milliers de personnes attendaient l'arrivée du président. 2. Une trentaine d'enfants jouaient devant la porte. 3. J'ai compté à peu près 260 personnes. 4. Il a des centaines de timbres.

---

155 *Nombres ordinaux*

1 **De 1 à 19 :** chiffre + *t* + marque de l'adjectif.

der erste	*der achte*
le premier	le huitième
der zweite	*der neunte*
le deuxième	le neuvième
der dritte	*der zehnte*
le troisième	le dixième
der vierte	*der elfte*
le quatrième	le onzième
der fünfte	*der zwölfte*
le cinquième	le douzième
der sechste	*der dreizehnte*
le sixième	le treizième
der siebente (parfois *der siebte*)	*der vierzehnte*
le septième	le quatorzième

Notez les particularités : *der erste (eins), der dritte (drei).*

2 **A partir de 20 :** chiffre + *st* + marque de l'adjectif.

der zwanzigste	*der einundzwanzigste*
le vingtième	le vingt et unième
der hundertste	*der tausendste*
le centième	le millième

▲ **Attention :** pour les dates et les titres (roi, empereur, pape...) on emploie en allemand les nombres ordinaux (voir n° 74 et n° 161) ! Dans ces cas, le point après les chiffres est obligatoire.

Heute haben wir Donnerstag, den 8. (se lit : achten) Mai 1996.
Aujourd'hui, nous sommes le jeudi 8 mai 1996.

Wissen Sie, wann König Ludwig XIV. (se lit : der vierzehnte) gestorben ist ?
Savez-vous quand est mort le roi Louis XIV ?

Exercice

Lisez les phrases suivantes :
1. Ich habe das Schloß von Ludwig II. besichtigt. 2. Sie ist am 24. November geboren. 3. Papst Paul VI. war ein Italiener. 4. Bist du am 1. Juli noch zu Hause ? 5. Wer hat gegen Karl V. gekämpft ?

156 *Nominatif : emplois*

On trouve des groupes nominaux ou des pronoms au nominatif dans plusieurs situations.

1 **Comme sujet du verbe.**

Er geht spazieren.   *Der große Baum dort ist eine Eiche.*
Il va se promener.   Le grand arbre là-bas est un chêne.

2 **Comme attribut du sujet.**

Peter ist der beste Schüler der Klasse.
Pierre est le meilleur élève de la classe.

▶ Voir aussi l'attribut, n° 33.

3 **Comme vocatif,** pour interpeller (dans ce cas, il est suivi d'une virgule).

Du, komm mal her !   *Mein lieber Freund, hast du das gemacht ?*
Dis-donc, viens voir là !   Mon cher ami, c'est toi qui as fait ça ?

4 **Comme apposition à un autre nominatif.**

Sein Vater, ein ehemaliger Offizier, arbeitet jetzt in Düsseldorf.
Son père, un ancien officier, travaille à présent à Düsseldorf.

▶ Pour l'apposition, voir n° 24.

Exercice

Traduisez en allemand :
1. C'est un brave (brav) chien. 2. Cela semble être une maison inhabitée (unbewohnt). 3. Notre ancien maire (der Bürgermeister) est mort il y a deux semaines. 4. Mon cher Pierre, je t'ai apporté un livre sur l'Allemagne. 5. C'est Paul, un ami de ma sœur.

157 Noms composés : formation

1 Principe.

Pour former un nom composé, on place devant **un nom servant de mot de base, appelé déterminé,** un autre terme qui est le déterminant. **C'est le déterminé, donc le dernier terme, qui impose le genre et le pluriel au nom composé tout entier.** Le déterminant porte l'accent principal.

La composition entre deux noms peut se faire sans ou avec un élément de liaison.

2 Sans élément de liaison.

● Juxtaposition.

der Stadtpark *der Autounfall*
le parc municipal l'accident de voiture

● Réduction de l'infinitif des verbes au radical ou au radical + -e.

das Kochbuch *das Lesebuch*
le livre de cuisine le livre de lecture

● Élision du -e de certains féminins.

das Schulsystem *der Kirchturm*
le système scolaire le clocher

3 Avec élément de liaison.

● Marque de génitif (génitif des masculins ou neutres ou ancien génitif de certains féminins).

-s (-es)

die Jahresproduktion *die Staatsgrenze*
la production d'une année la frontière (d'un État)

-en (des masculins faibles)

die Präsidentenwahl *das Bärenfell*
l'élection du président la peau d'ours

-en (pour certains féminins)

der Sonnenuntergang
le coucher du soleil

der Wochentag
le jour de la semaine

● Marque de pluriel.

-e/⸚e

die Hundehütte
la niche du chien

die Städteplanung
l'urbanisme

-(e)n

die Frauenzeitschrift
le magazine féminin

der Rosenstrauß
le bouquet de roses

-er/⸚er

das Kinderzimmer
la chambre d'enfants

der Bücherschrank
la bibliothèque (l'armoire)

● *-s* phonétique (pour faciliter la prononciation).

avec les suffixes *-ing, -ling, -tum*

der Frühlingsanfang
le début du printemps

die Eigentumswohnung
l'appartement en copropriété

avec les suffixes féminins *-heit, -keit, -schaft, -ung, -ion, -tät*

der Freiheitskampf
le combat pour la liberté

der Zeitungsartikel
l'article de journal

avec *Geschichte, Liebe, Hilfe* et souvent avec *Arbeit* comme déterminant

das Geschichtsbuch
le livre d'histoire

der Liebesbrief
la lettre d'amour

der Hilfsarbeiter
le manœuvre

der Arbeitslohn
le salaire

4 **Toutes sortes de relations sémantiques** peuvent être exprimées dans les noms composés.

● La localisation.

*das Berghaus = **das Haus in den Bergen***
le châlet

● La direction.

*die Moskaureise = **die Reise nach Moskau***
le voyage à Moscou

● Le temps.

*die Nachtfahrt = **die Fahrt in der Nacht***
le voyage de nuit

● Le sujet de l'action.

*die Kinderarbeit = **die Arbeit der Kinder***
le travail des enfants

n

● L'appartenance.

*das Direktorenbüro = **das Büro des Direktors***
le bureau du directeur

● La matière.

*die Porzellantasse = **die Tasse aus Porzellan***
la tasse de porcelaine

● La cause.

*der Krankheitsurlaub = **der Urlaub wegen Krankheit***
le congé de maladie

● Le but.

*die Waschmaschine = **die Maschine zum Waschen***
la machine à laver

▲ **Attention** au déterminé ! Il ne faut pas confondre :

*der Bundes**staat***	et	*der Staaten**bund***
l'État fédéral		la fédération d'États
*der Leder**schuh***	et	*das Schuh**leder***
la chaussure en cuir		le cuir pour chaussures
*die Kuh**milch***	et	*die Milch**kuh***
le lait de vache		la vache à lait
*die Kaffee**tasse***	et	*die Tasse **Kaffee***
la tasse à café		la tasse de café
*das Wein**glas***	et	*das Glas **Wein***
le verre à vin		le verre de vin

▶ Pour les noms dérivés, voir le genre des noms communs, n° 105.

Exercices

A. Faites des noms composés à partir des deux noms indiqués, le premier étant le déterminé :
1. der Markt, das Gemüse (le marché aux légumes) 2. der Direktor, das Krankenhaus (le directeur de l'hôpital) 3. der Garten, die Rose (la roseraie) 4. die Zeit, das Jahr (la saison) 5. die Schule, der Pilot (l'école de pilotage) 6. der Besuch, die Höflichkeit (la visite de politesse) 7. der Minister, die Wirtschaft (le ministre de l'économie) 8. das Regal, das Buch (les rayonnages à livres) 9. der Professor, die Universität (le professeur d'Université) 10. der Platz, die Kirche (la place de l'église)

B. Faites des noms composés à partir des explications suivantes :
1. die Maschine zum Schreiben 2. die Bank aus Holz 3. die Reise des Präsidenten 4. der Weg zur Schule 5. der Kiosk für Zeitungen 6. der Flug auf den Mond 7. das Spielzeug für Kinder 8. die Zeit der Arbeit 9. das Glas für Bier 10. die Bar zum Tanzen

158 *Noms d'habitants de villes*

1 **Dans la plupart des cas, on rajoute le suffixe -er au nom de la ville.**

Berlin → **ein Berliner**   Hamburg → **ein Hamburger**
Essen → **ein Essener**   Köln → **ein Kölner**

2 **On peut parfois supprimer un e intercalaire.**

München → **ein Münchner**

3 **Pour certains noms de villes en -en, cet -en tombe lorsqu'on rajoute -er.**

Tübingen → **ein Tübinger**   Bremen → **ein Bremer**

4 **Pour certains noms de villes en -er, on rajoute le suffixe -aner.**

Münster → **ein Münsteraner**   Hannover → **ein Hannoveraner**

E x e r c i c e

Indiquez le nom de l'habitant à partir du nom de la ville :
1. Paris 2. Zweibrücken 3. Frankfurt 4. Bonn 5. Köln 6. Dresden 7. Göttingen
8. Salzgitter 9. Meißen 10. Dortmund

159 *Noms de pays : article et genre*

1 **En règle générale,** les noms de pays (ou de région, ou de continents) **ne prennent pas d'article.**

| **Frankreich** | **Hessen** | **Deutschland** | **Afrika** |
| la France | la Hesse | l'Allemagne | l'Afrique |

2 **Il y a cependant des exceptions.**

● Prennent l'article masculin.

| **der Sudan** | **der Libanon** | **der Irak** |
| le Soudan | le Liban | l'Irak |

● Prennent l'article neutre.

| **das Baltikum** | **das Elsaß** | **das Tessin** |
| les pays baltes | l'Alsace | le Tessin |

● Prennent l'article féminin.

die Pfalz	**die Schweiz**
le Palatinat	la Suisse
die Türkei	**die Sowjetunion** (hist.)
la Turquie	l'Union Soviétique

die Gemeinschaft unabhängiger Staaten (GUS)
la Communauté des États Indépendants (CEI)

n

● Prennent l'article pluriel.

die USA
les USA

die Niederlande
les Pays-Bas

die Vereinigten Staaten
les États-Unis

3 Les **noms de pays, régions ou continents qui ne prennent pas d'article** sont employés également **sans article avec** *ganz* = "tout" et *halb* = "la moitié de".

ganz Europa
toute l'Europe

halb Frankreich
la moitié de la France

Lorsque ces mêmes noms sont déterminés par un adjectif épithète, ou par un complément de nom, ou par une relative... ils prennent l'article neutre *das*.

das schöne Österreich
le beau pays d'Autriche

das Deutschland, von dem ich träume
l'Allemagne dont je rêve

das Frankreich von heute
la France d'aujourd'hui

E x e r c i c e

Traduisez en allemand :
1. Il est né en Suisse. 2. Toute la Belgique le sait. 3. Il a connu l'Allemagne wilhelminienne (wilhelminisch). 4. En Angleterre, il a rencontré un de ses amis. 5. J'ai passé une semaine en Alsace. 6. Je vais aux États-Unis.

60 *Noms de pays et nationalités*

Les noms d'habitants de pays se classent en 3 grandes catégories.

1 Noms d'habitants masculins forts en *-er*.

● Sans déplacement d'accent (l'accent est marqué par °).

Nom du pays	Nom de l'habitant	Adjectif
die °Schweiz (la Suisse)	*der °Schweizer*	*°schweizerisch*
°England (l'Angleterre)	*der °Engländer*	*°englisch*
°Österreich (l'Autriche)	*der °Österreicher*	*°österreichisch*
°Belgien (la Belgique)	*der °Belgier*	*°belgisch*
Al°gerien (l'Algérie)	*der Al°gerier*	*al°gerisch*
Tu°nesien (la Tunisie)	*der Tu°nesier*	*tu°nesisch*

● Avec déplacement d'accent.

Nom du pays	Nom de l'habitant	Adjectif
I°talien (l'Italie)	*der Ita°liener*	*ita°lienisch*
A°merika (l'Amérique)	*der Ameri°kaner*	*ameri°kanisch*
Eu°ropa (l'Europe)	*der Euro°päer*	*euro°päisch*
Ma°rokko (le Maroc)	*der Maro°kkaner*	*maro°kkanisch*

2 **Noms d'habitants masculins faibles.**

● Sans déplacement d'accent.

Nom du pays	Nom de l'habitant	Adjectif
°Schweden (la Suède)	der °Schwede	°schwedisch
°Dänemark (le Danemark)	der °Däne	°dänisch
°Finnland (la Finlande)	der °Finne	°finnisch
°Polen (la Pologne)	der °Pole	°polnisch
°Ungarn (la Hongrie)	der °Ungar	°ungarisch
°Irland (l'Irlande)	der °Ire	°irisch
°Griechenland (la Grèce)	der °Grieche	°griechisch
°Rußland (la Russie)	der °Russe	°russisch
°Bosnien (la Bosnie)	der °Bosnier	°bosnisch
Kro°atien (la Croatie)	der Kro°ate	kro°atisch
°Serbien (la Serbie)	der °Serbe	°serbisch
°Tschechien (la rép. tchèque)	der °Tscheche	°tschechisch

▶ Pour leur déclinaison, voir n° 141.

● Avec déplacement d'accent.

Nom du pays	Nom de l'habitant	Adjectif
°Frankreich (la France)	der Fran°zose	fran°zösisch
°China (la Chine)	der Chi°nese	chi°nesisch

3 **Nom d'habitant = adjectif substantivé.**

Un seul cas.

°Deutschland	der °Deutsche	°deutsch
(l'Allemagne)	ein °Deutscher	

▶ Voir aussi les adjectifs substantivés, n° 10.

E x e r c i c e

Donnez le nom d'habitant avec l'accent à partir du nom du pays (cherchez dans un dictionnaire au besoin !) :

Norwegen :	die Türkei :	Spanien :	Luxemburg :
Portugal :	Afrika :	Holland :	Schottland :
Korsika :	Preußen :	Rumänien :	Argentinien :
Australien :	Japan :	Kanada :	Togo :

161 *Noms propres et noms propres avec titre*

1 **Déclinaison des noms propres.**

Les noms propres sont invariables à tous les cas, sauf au génitif pour lequel il faut distinguer deux cas.

● Le nom propre est employé seul (sans déterminatif, article, adjectif possessif...) : alors le nom propre prend une marque, le plus souvent -*s*, même pour les féminins.

Schillers Werke
les œuvres de Schiller

die Eltern Herberts
les parents de Herbert

Giselas Aufsatz
la rédaction de Gisèle

Remarques

– Lorsqu'il y a le prénom et le nom, c'est le dernier élément, le nom, qui prend la marque.

Friedrich von Schillers Werke
les œuvres de Friedrich von Schiller

– Les noms terminés par *s, ß, x, z, tz* prennent seulement une apostrophe et n'ont pas de -*s*.

Marx' Werk "das Kapital"
l'œuvre de Marx "Le Capital"

– On peut toujours remplacer les génitifs par la préposition *von* + datif.

das Werk **von Marx** *"das Kapital"*

● **Le nom propre est employé avec un déterminatif** (article, adjectif possessif...) : alors le nom propre est invariable.

die Werke des jungen **Goethe**
les œuvres du jeune Goethe

die Erfolge unseres Sohnes **Heinrich**
les succès de notre fils Henri

2 **Déclinaison des noms propres avec titre.**
Dans les associations "titre + nom propre", il faut distinguer deux cas.

● Le titre est précédé d'un déterminatif (article, adjectif possessif) : alors c'est le titre qui prend les marques de cas (le problème se pose surtout au génitif) ; le nom propre est invariable.

Das Schloß des **Königs Ludwig XIV.** (on lit : **des Königs Ludwig des Vierzehnten**).
le château du roi Louis XIV

▲ **Attention :** Les indications chiffrées qui suivent certains noms propres (rois, empereurs, papes...) sont des ordinaux en allemand ; ces ordinaux se déclinent (le point qui suit le chiffre est obligatoire et indique qu'ils se mettent au cas du nom propre).

Remarques

– Lorsque plusieurs titres se suivent, seul le premier est en général décliné.

die Rede des **Rektors** *Professor Dr. Schnabel*
le discours du recteur, le Professeur Docteur Schnabel

– En revanche, le titre *Herr* = "Monsieur" est toujours décliné.

*der Brief des **Herrn Professors** Franke*
*der Brief des **Herrn Professor** Franke*
*der Brief von **Herrn Professor** Franke*
la lettre de Monsieur le Professeur Franke

– Le titre *Doktor* = "docteur" (titre universitaire, abrégé *Dr.*) est toujours invariable. Ce titre est considéré comme faisant partie du nom. Toute personne qui a passé une thèse de doctorat (même en littérature ou physique), s'appelle *Doktor*.

*das Haus des **Dr.** Schneider*
la maison du Dr. Schneider

3 **Le titre n'est pas précédé d'un déterminatif ;** alors c'est le nom propre qui se décline.

*die Reise Papst **Pauls VI.** (des Sechsten)*
le voyage du pape Paul VI

*die Vorlesung Professor **Steins** ou Professor **Steins** Vorlesung*
le cours du Professeur Stein

Exercices

A. Traduisez en allemand :
1. Les symphonies de Ludwig van Beethoven (3 traductions). 2. Les châteaux de Louis II (2 traductions). 3. C'est la chambre de notre grand Wolfgang. 4. Était-il le seul frère de Louis XIV ? 5. Connais-tu les parents de Fritz (2 traductions) ?

B. Traduisez en allemand :
1. Les victoires de l'empereur Charlemagne (Karl der Große ; deux traductions). 2. J'ai une lettre pour Monsieur le professeur Meyer. 3. Il est chez notre directeur Monsieur Müller. 4. Le cheval du roi Henri (Heinrich) IV était-il blanc (deux traductions) ? 5. Le discours du Chancelier (Kanzler) Kohl a été publié (veröffentlicht). 6. J'ai écrit à Monsieur le Docteur Braun.

162 ▶ *Notes de musique*

Correspondance des notes entre le français et l'allemand.

do	= **c**[1]	dièse	= **Kreuz : #**	ré bémol	= **des**
ré	= **d**	bémol	= **be : b**	mi bémol	= **es**
mi	= **e**	do dièse	= **cis**[2]	sol bémol	= **ges**
fa	= **f**	ré dièse	= **dis**	la bémol	= **as**
sol	= **g**	fa dièse	= **fis**	si bémol	= **b**
la	= **a**	sol dièse	= **gis**	mineur	= **Moll**
si	= **h**	la dièse	= **ais**	majeur	= **Dur**

*die Messe in **h-Moll***
la messe en si mineur
[1] Prononcez "tsé". [2] Prononcez "tsis".

Exercice

Traduisez en français :
1. eine Sonate in f-Dur 2. ein Konzert (concerto) in c-Moll 3. eine Symphonie in es-Dur 4. eine Sonate in e-Moll 5. das Klarinetten-Quintett in a-Dur

163 *Ordre : donner des ordres*

Un ordre peut s'exprimer de plusieurs manières en allemand.

1 Par l'impératif (voir n° 118).
Steh auf !
Lève-toi !

2 Par le participe II (passé).
*Parken **verboten** !*   ***Stillgestanden** !*
Interdit de stationner !   Garde à vous !

3 Par l'infinitif.
*Nicht **rauchen** !*   *Bitte nicht **rauchen** !*
Interdit de fumer !   Prière de ne pas fumer !

4 Par le passif impersonnel (voir n° 182).
*Jetzt **wird geschlafen** !*
Maintenant on dort !

5 Par l'indicatif (présent, futur...) avec une intonation particulière et souvent *jetzt* ou *bald*.
*Du **gehst jetzt** ins Bett !*   *Wirst du **bald** aufhören !*
Tu vas te coucher ! (C'est l'heure !) Tu vas t'arrêter !

6 Par les verbes de modalité.
*Du **sollst** jetzt den Mund halten !*
Vas-tu te taire !
*Sie **dürfen** hier nicht parken !*
Vous n'avez pas le droit de stationner ici !

7 Par des phrases elliptiques, avec des noms, adverbes, directionnels, particules...
Achtung ! / Vorsicht !   *Nicht so schnell !*
Attention !   Pas si vite !
Langsam !   *Los !*
Doucement !   Allons-y !

Ins Wasser !
A l'eau !

Vorwärts !
En avant !

Herein !
Entrez !

Exercice

Traduisez en allemand :
1. Au travail ! 2. Prière de ne pas stationner ! 3. Maintenant on travaille !
4. Plus vite ! 5. Prière de ne pas se pencher au dehors (hinauslehnen) !
6. Attention à la marche (die Stufe) !

164 *Ordre des mots dans le groupe infinitif*

Dans le groupe infinitif, l'infinitif d'un verbe peut être accompagné
d'un ou de plusieurs autres verbes et d'un ou de plusieurs compléments. Dans ce groupe, l'infinitif occupe en allemand obligatoirement la dernière place ; devant lui il y a éventuellement les
autres éléments verbaux, et devant ces éléments verbaux le ou les
compléments qui forment une unité de sens avec lui.

nach Deutschland	*fahren*	*wollen*
complément	**verbe**	**infinitif**
①	②	③

En français, cet ordre est exactement l'inverse de l'ordre allemand.

vouloir	aller	en Allemagne
infinitif	**verbe**	**complément**
①	②	③

Il ne faut donc pas dire : ~~wollen fahren nach Deutschland~~ !

Autres exemples :

in Paris wohnen
habiter à Paris

Tennis spielen können
savoir jouer au tennis

glücklich sein
être heureux

in Berlin studiert haben
avoir étudié à Berlin

Angst haben
avoir peur

Exercices

A. Remettez les éléments suivants dans l'ordre fondamental du groupe infinitif :
1. gehen – dürfen – ins Kino – mit einem Freund 2. sehr krank – sein – gewesen 3. beobachtet – vom Lehrer – werden 4. zu seinem Onkel – gern – fahren. 5. erinnern – sich – an die Ferien.

B. Traduisez en allemand :
1. manger des pommes 2. être en danger (die Gefahr) 3. commander (bestellen) un livre pour son ami 4. attendre le bus par temps de pluie (bei Regen)
5. se lever la nuit

165 ***Ordre des mots : place du verbe***

Ce que l'on appelle le verbe peut comporter une forme unique – et c'est obligatoirement le verbe conjugué – ou une forme composée, qui comprend une forme conjuguée et un participe ou un infinitif ou toute combinaison de ceux-ci.

Forme unique	Formes composées
schlägt	*geschlagen hat*
	schlagen wird
	geschlagen worden ist
	schlagen können hat, etc.

Les formes composées sont données ici dans leur ordre fondamental ; les formes qui se déplacent selon le type de phrase ou de construction sont les formes conjuguées ; les formes non conjuguées sont pratiquement stables, c'est-à-dire qu'elles ne se déplacent pas.

Cette forme conjuguée du verbe peut occuper plusieurs places :

1 Première place.

● Dans l'interrogation globale (voir n° 123).

Bleibst *du zu Hause ?*   **Möchtest** *du ein Bier trinken ?*
Restes-tu à la maison ?   Veux-tu boire une bière ?

● Dans l'exclamation (voir n° 93).

War *das ein altes Haus !*
Quelle vieille maison c'était !

● Dans l'injonction (voir n° 118).

Mach *die Tür zu !*
Ferme la porte !

● Dans l'expression du souhait ou du regret (voir n° 238).

Hätte *ich nur ein Fahrrad !*   **Wäre** *er doch gestern gekommen !*
Si seulement j'avais un vélo !   Si seulement il était venu hier !

● Dans l'expression de l'hypothèse ou de la condition (voir n° 238).

Bist *du nicht brav, dann bleibst du heute abend zu Hause.*
Si tu n'es pas sage, tu restes ce soir à la maison.

2 Deuxième place.
Pour pouvoir déterminer la deuxième place, il faut connaître les limites de la première (voir n° 166).

● Dans la phrase énonciative affirmative, négative ou même interrogative.

Er **hat** *den ganzen Tag geschlafen. (*ou : *Den ganzen Tag* **hat** *er geschlafen.)*
Il a dormi toute la journée.

*Er **hat** nicht den ganzen Tag geschlafen.*
Il n'a pas dormi toute la journée.
*Er **hat** den ganzen Tag geschlafen ?*
Il a dormi toute la journée ?

● Dans la phrase énonciative sans *daß* du discours indirect.

*Er behauptet, er **sei** in Deutschland gewesen.*
Il prétend avoir été en Allemagne.

● Dans l'interrogative indirecte.

*Wann **hat** er angerufen ?*
Quand a-t-il téléphoné ?

● Dans l'expression du souhait avec le subjonctif I (voir n° 235).

*Es **lebe** der König !*
Vive le roi !

▨ Dernière place.

Le verbe conjugué occupe normalement la dernière place dans toutes les subordonnées introduites par une conjonction de subordination. L'exemple suivant contient deux subordonnées avec chaque fois le verbe à la fin.

*Wenn ich gewußt **hätte,** daß er in Berlin **wohnt,** hätte ich ihn besucht.*
Si j'avais su qu'il habite à Berlin, je lui aurais rendu visite.

▶ Pour la place du verbe dans le groupe infinitif, voir n° 164.

▨ Particularités.

● Dans les subordonnées de comparaison introduites par *als*, le verbe conjugué occupe la première place (voir n° 239).

● Lorsque dans une subordonnée un verbe de modalité *(können, dürfen, wollen, mögen, müssen, sollen)* est utilisé à un temps composé et avec un infinitif complément, le verbe conjugué se place devant ce groupe.

*Ich weiß nicht, warum er ihn nicht **hat** sehen wollen.*
Je ne sais pas pourquoi il n'a pas voulu le voir.

▲ **Attention :** *warum er ihn nicht ~~sehen wollen hat~~* ou *warum er ihn nicht ~~sehen gewollt hat~~* sont impossibles !

▶ Pour la forme du verbe de modalité, voir n° 176.

Exercices

A. Introduisez la forme verbale à la bonne place :
1. du schon (gegessen hast) ? 2. Ich weiß nicht, ob er (kommen wird). 3. Gestern es hier sehr stark (geregnet hat). 4. Ich glaube, daß er nicht (kommen wollen hat). 5. In Deutschland er bis Ende August (bleibt). 6. Warum er nicht (mitkommen darf) ?

B. Traduisez en allemand :
1. Depuis trois ans il habite dans cet appartement. 2. Donne-lui le livre, si tu le vois demain. 3. Il n'a pas voulu rester jusqu'à demain. 4. Combien de poissons (der Fisch, die Fische) a-t-il pêchés (fischen) ? 5. Hier, malgré (trotz + gén.) la pluie, je suis allé me promener. 6. Je me demande s'il est vraiment malade.

---

166 Ordre des mots : première place dans la proposition

Le verbe conjugué devant être en deuxième position dans la proposition, on peut se demander quels éléments peuvent se trouver en première position.
Ce sont :

1 Tous les éléments qui ont une fonction dans la phrase : sujet, complément, attribut, complément circonstanciel.

Gestern hat Peter seinem Freund das Fahrrad geliehen.
Hier, Pierre a prêté le vélo à son ami.

Cette phrase peut encore être construite différemment :

Peter   hat gestern seinem Freund das Fahrrad geliehen.
Seinem Freund hat Peter gestern das Fahrrad geliehen.
Das Fahrrad   hat Peter gestern seinem Freund geliehen.
     1   2

2 Certaines subordonnées ou infinitives.

Obwohl sein Vater es ihm verboten hatte, hat Peter seinem Freund das
          1   2

Fahrrad geliehen.
Bien que son père le lui ait interdit, Pierre a prêté le vélo à son ami.

Um in die Schule zu gehen, muß er mit dem Bus fahren.
      1   2
Pour aller à l'école, il doit prendre le bus.

3 Certains adverbes de phrase (modalisateurs).

Vielleicht haben wir morgen Besuch.
  1   2
Peut-être aurons-nous de la visite demain.

Remarques

● Deux ou plusieurs sujets ou compléments de même nature (par exemple deux compléments de temps, deux compléments de lieu...) peuvent occuper la première place en bloc, qu'ils soient coordonnés ou non.

In Frankreich und in Deutschland fährt man rechts.

⎵⎵⎵⎵⎵⎵⎵⎵⎵⎵⎵⎵⎵⎵⎵⎵
          1   2

En France et en Allemagne on roule à droite.

Gestern um sieben Uhr hat mein Freund Jörg angerufen.

⎵⎵⎵⎵⎵⎵⎵⎵⎵⎵⎵⎵⎵⎵⎵
       1   2

Hier à 7 heures mon ami Jörg a téléphoné.

Mais :

In Frankreich am Mittwoch gehen die Schüler nicht in die Schule est impossible.
  1   2   3

● L'apposition occupe la même place que le groupe nominal auquel il est apposé.

*Peter, **mein bester Freund,** wohnt jetzt in Dortmund.*

 1   1   2

Pierre, mon meilleur ami, habite maintenant à Dortmund.

● Les conjonctions de coordination relient des propositions et n'occupent donc pas de place **dans** la proposition.

*Ich wohne in Bonn **und** Peter wohnt in Dortmund.*
1 2   0   1   2

J'habite à Bonn et Pierre habite à Dortmund.

● Certaines concessives sont coordonnées à la proposition et n'en font donc pas partie.

Wie dem auch sei, ich bleibe zu Hause.

⎵⎵⎵⎵⎵⎵⎵⎵⎵⎵⎵
     0   1   2

Quoi qu'il en soit, je reste à la maison.

▶ Pour la place du verbe, voir n° 165.

Exercices

A. Introduisez le verbe à la bonne place :
1. Aber – mein Hund – nicht (beißt). 2. Daß du krank warst – ich – letzten Sonntag (habe ... erfahren). 3. Gestern – in Paris – es – viel (hat ... geregnet). 4. In München, der schönsten Stadt Deutschlands – ich – zwei Wochen (habe ... verbracht). 5. Während der Osterferien und im Monat Juni – ich (muß .. arbeiten).

B. Traduisez en allemand :
1. Et demain je me lèverai à 5 heures. 2. Pour visiter le parc, il faut payer 5 mark. 3. Si tu viens, je te montrerai ce que j'ai acheté. 4. Hier à cinq heures j'ai rencontré (treffen) Paul. 5. Ce tableau (das Gemälde), le plus beau de l'exposition (die Ausstellung), a été acheté par un étranger (der Ausländer).

167 *Ordre des mots : place du sujet*

Dans la proposition comme dans la subordonnée, le sujet n'a pas de place fixe et obligatoire (sauf s'il s'agit d'un pronom). Sa place dépend de son appartenance au groupe verbal.

1 Le sujet hors du groupe verbal.

● Dans la proposition, il se place avant les adverbes de liaison, lorsqu'il y en a, et le groupe verbal, à une place qui peut être variable.
__Meine Schwester__ geht heute abend vielleicht ins Theater.
        sujet
ou : *Heute abend geht __meine Schwester__ vielleicht ins Theater.*
                              sujet
Ma sœur va peut-être au théâtre ce soir.

● De même, dans une subordonnée.
..., weil __meine Schwester__ heute abend vielleicht ins Theater geht.
ou *..., weil heute abend __meine Schwester__ vielleicht ins Theater geht.*

● Le sujet sous forme de pronom a une place variable dans la phrase.
__Sie__ geht heute abend vielleicht ins Theater.
Heute abend geht __sie__ vielleicht ins Theater.

Mais :
..., weil __sie__ heute abend vielleicht ins Theater geht.

et non :
..., weil ~~heute abend~~ __sie__ vielleicht ins Theater geht.

2 Le sujet dans le groupe verbal.

● Lorsque le sujet fait partie du groupe verbal, il se place après les éléments hors groupe verbal et après les adverbes de liaison lorsqu'il y en a.
Morgen kommt bestimmt __ein Brief von ihm.__ (G.V. : *ein Brief von ihm kommen*)
Demain arrivera certainement une lettre de lui.

● De même, dans une subordonnée.

*..., weil morgen bestimmt **ein Brief von ihm** kommt.*

▶ Pour la place des pronoms, voir n° 208.
Pour la place des adverbes de liaison, voir n° 168.

E x e r c i c e s

A. Dans les propositions suivantes, déplacez le sujet :
1. Die Bäckerei ist morgen zu. 2. Du kannst doch nicht zu Fuß in die Stadt gehen. 3. Ich habe es ihm schon gegeben. 4. Der Lehrer war gestern nicht in die Schule gekommen. 5. Zu Ostern fahren wir mit unseren Freunden wahrscheinlich nach Italien.

B. Même exercice dans les subordonnées suivantes lorsque c'est possible :
1. Weißt du, ob im Keller eine Leiter ist ? 2. Ich glaube, daß unser Nachbar einen Hund gekauft hat. 3. Ich hoffe, daß die Sendung morgen abend interessant ist. 4. Wenn Peter dich anruft, sag ihm, daß es mir hier gefällt. 5. Ich bleibe heute zu Hause, weil das Wetter draußen wirklich zu schlecht ist.

168 ▶ *Ordre des mots : place des adverbes de liaison*

Les adverbes de phrase, c'est-à-dire les adverbes qui expriment une prise de position, un jugement de celui qui parle, sont la négation globale *nicht*, son remplaçant *kein*, et *keineswegs* = "pas du tout". En font partie également les modalisateurs qui permettent de modaliser le jugement en présentant les faits comme certains, probables, possibles, regrettables ou bienvenus.

gewiß	**bestimmt**	**vielleicht**
certes	certainement	peut-être
wahrscheinlich	**möglicherweise**	**sicherlich, sicher**
probablement	il se peut que...	sûrement
wohl	**bekanntlich**	**vermutlich**
bien	comme on sait	comme on suppose
leider	**glücklicherweise**	
malheureusement	heureusement	

1 **Ces adverbes, qui assurent la liaison** entre la partie gauche et la partie droite de la proposition, se placent normalement devant le groupe verbal, c'est-à-dire **à la limite entre les éléments du groupe verbal (partie droite) et les éléments hors du groupe verbal (partie gauche).**

● Dans la subordonnée.

*Ich nehme meinen Regenschirm, weil es in fünf Minuten **bestimmt** regnet.*

gauche   droite

Je prends mon parapluie, parce que dans cinq minutes il va certainement se mettre à pleuvoir.

● Dans la proposition.

Er ist gestern auf der Autobahn **wahrscheinlich** *zu schnell gefahren.*
              gauche   droite (+ *ist*)
Hier, sur l'autoroute, il a vraisemblablement roulé trop vite.

Certains de ces adverbes peuvent se combiner avec *nicht*.

Er geht heute **bestimmt nicht** *in die Stadt.*
       gauche   droite (+ *geht*)
Aujourd'hui, il ne va certainement pas en ville.

▶ Voir aussi ordre des mots dans les subordonnées, n° 170.

2 **Certains de ces adverbes** peuvent se placer **en tête de proposi-tion :** *vielleicht, wahrscheinlich, sicher, sicherlich, bestimmt, bekanntlich.* La négation globale, en revanche, ne peut pas se pla-cer en tête de la proposition.

Vielleicht *gehe ich morgen spazieren.*
Peut-être irai-je me promener demain.

▲ **Attention :** il ne faut pas confondre ces adverbes de phrase avec les adverbes qui portent sur un élément de la phrase, ni avec la négation partielle (voir n° 148).

Ich gehe **vielleicht** *°morgen spazieren. (*avec un accent de phrase sur *°morgen)*
C'est peut-être demain que j'irai me promener.

Nicht *°Peter hat diesen Fehler gemacht. (*avec un accent sur *°Peter)*
Ce n'est pas Pierre qui a fait cette faute.

E x e r c i c e

Introduisez l'adverbe de phrase à l'intérieur des propositions ou des subor-données :
1. Er geht morgen in die Schule (bestimmt nicht). 2. Er hat in der Nacht Angst gehabt (wahrscheinlich). 3. Ich glaube, daß er sehr reich ist (nicht). 4. Er wohnt in einem vornehmen Viertel (bekanntlich). 5. Er ist verhaftet worden, weil er vor einer Woche einen Radfahrer überfahren hat (vermutlich). 6. Um fünf Uhr hatte er Tee trinken wollen (kein-).

169 *Ordre des mots : place des compléments dans la proposition*

1 **Les compléments du verbe qui font partie du groupe verbal** occupent dans la proposition la même place qu'ils occuperaient dans une subordonnée (voir n° 171).

Paul hat heute morgen in der Stadt **einen Unfall gehabt.**
                                       G.V. (+ *hat*)
Paul a eu ce matin un accident en ville.

Comparez avec :

*Ich habe gehört, daß Paul heute morgen in der Stadt **einen Unfall gehabt hat.***
J'ai entendu dire que Paul a eu ce matin un accident en ville.

Il est impossible de dire :

~~*Paul hat einen Unfall heute morgen in der Stadt gehabt*~~

2 **Les compléments qui ne font pas partie du groupe verbal** occupent dans la proposition également la même place qu'ils occuperaient dans une subordonnée, leur ordre étant là aussi variable.

***Brigitte** hat **heute in München** eine Freundin getroffen.*
Brigitte a rencontré aujourd'hui une amie à Munich.

On peut dire aussi, par exemple :

***Heute** hat **Brigitte in München** eine Freundin getroffen.*
***In München** hat **Brigitte heute** eine Freundin getroffen.*

3 **Le cas particulier de la première place.**
Dans une proposition, contrairement à la subordonnée, un élément du groupe verbal peut occuper la première place.

***Einen °Freund** hat Brigitte heute in München getroffen.*
(avec un accent sur *Freund*)
C'est un ami que Brigitte a rencontré aujourd'hui à Munich.

E x e r c i c e s

A. Insérez les compléments entre parenthèses dans la proposition :
1. Haben ... ... gemietet ? (deine Eltern, eine Wohnung) 2. ... hat ... ... gewartet. (auf seine Freundin, vor dem Kino, Dieter) 3. ... ist ... bestimmt ... ... gekommen. (mein Vater, sehr spät, gestern abend, nach Hause) 4. Erinnerst ... ... ? (dich, an die Ferien, du) 5. ... hatte ... ... (einen sehr guten Lehrer, unser Sohn, letztes Jahr).

B. Traduisez en allemand :
1. J'ai déjà bu du thé chez une amie. 2. Avec mon neveu (der Neffe-n) j'ai visité (besichtigen) le musée de 2 à 4. 3. C'est en Amérique que je voudrais faire des études 4. Pour la mère de Monsieur Schmidt j'ai acheté ce matin un bouquet de fleurs (der Blumenstrauß) au marché (der Markt). 5. Il ne mange plus de viande depuis trois ans.

170 *Ordre des mots dans la subordonnée*

La structure des subordonnées introduites par une conjonction de subordination se présente ainsi :

Éléments hors du groupe verbal	Éléments de liaison	Éléments du groupe verbal
weil Peter gestern	nicht	zu Hause war
daß er in Deutschland	vielleicht	ein Zimmer gefunden hat

1 **Pour la place du verbe conjugué :** voir n° 165.

2 **Les éléments du groupe verbal** sont placés selon **l'ordre fonda-mental :** compléments + infinitifs ou participes éventuels + verbe conjugué (voir n° 164).

3 **Les éléments de liaison,** lorsqu'il y en a, sont la plupart du temps placés juste **devant le groupe verbal.**
Certains d'entre eux (*bestimmt, vielleicht, hoffentlich, wahrschein-lich,* mais jamais la négation globale *nicht* ou *kein !*) peuvent se placer juste après la conjonction de subordination (voir n° 168).
*..., weil **wahrscheinlich** Peter gestern nicht zu Hause war.*
..., parce que vraisemblablement Pierre n'était pas à la maison hier.

4 **Les éléments hors du groupe verbal** n'ont de place fixe que si ce sont des **pronoms** (voir n° 208).
*..., weil **er sie ihm** nicht geschenkt hat.*
..., parce qu'il ne la lui a pas offerte.

5 **Les éléments hors du groupe verbal autres que les pronoms** peuvent changer de place.
*..., weil **Peter in Deutschland** vielleicht ein Zimmer gefunden hat.*
a le même sens que
*..., weil **in Deutschland Peter** vielleicht ein Zimmer gefunden hat.*

6 **Places impossibles.**

● Aucun élément du groupe verbal ne peut se trouver en tête de subordonnée.
*..., weil Peter **nach Deutschland** gefahren ist.*
..., parce que Pierre est allé en Allemagne.
*..., ~~weil **nach Deutschland** Peter gefahren ist~~*   est impossible.

● Aucun élément du groupe verbal ne peut se trouver intercalé entre des éléments hors du groupe verbal.
*...~~weil Peter **nach Deutschland** gestern gefahren ist~~*   est impossible.

Exercices

A. Construisez des subordonnées en mettant les éléments dans le bon ordre :
1. nachdem - den Brief - hatte - geschrieben - sein Bruder. 2. daß - arbeitet - seit zehn Jahren - in Deutschland - sein Vater. 3. weil - zu schnell - ist - das Auto - gefahren - auf der Autobahn. 4. ob - er - hat - zu Hause - vielleicht - einen Computer. 5. weil - nicht - er - sehr sportlich - ist. 6. daß - im Bus - war - kein Platz mehr. 7. obwohl - nicht - bestimmt - sehr neu - war - das Auto. 8. daß - schenken - ein Buch - sie - wird - ihm - wahrscheinlich. 9. daß - Tee - er - jetzt - möchte - trinken. 10. seitdem - Deutsch - sein Bruder - lernt.

E x e r c i c e s

B. Traduisez en allemand :
1. Sais-tu que c'est en Angleterre qu'il fait ses études ? 2. S'il n'achète pas de pain ce matin, il n'y en aura pas avant mardi. 3. Je pense qu'il viendra peut-être en voiture. 4. Il dit que son père a certainement voulu doubler (überholen) la voiture qui roulait devant lui. 5. Pourquoi as-tu planté cet arbre ici ? - Parce que je voulais avoir de l'ombre devant la cuisine.

171 *Ordre des mots : place des compléments dans la subordonnée*

Dans la subordonnée introduite par une conjonction de subordination, la place des compléments dépend de leur appartenance au groupe verbal (voir n° 108).

1 **Les compléments du verbe qui font partie du groupe verbal** sont placés immédiatement devant le verbe ou les éléments verbaux. Toute autre place est impossible !

Ces compléments peuvent être, par exemple :

● Un adverbe.
*Er ist müde, weil er gestern **zu viel** gearbeitet hat.*
                                     G.V.
Il est fatigué, parce qu'il a trop travaillé hier.

● Un complément d'objet direct (souvent, mais pas obligatoirement, sans article ou avec article indéfini).
Er hat mir gesagt,
*daß er vor einer Woche zu Hause **ein Glas Wein** getrunken hat.*
                                        G.V.
Il m'a dit qu'il y a une semaine il a bu, à la maison, un verre de vin.

● Un complément d'objet au datif (souvent avec l'article indéfini).
*Er glaubt, daß ich das Geld **einem Kind** gegeben habe.*
                                   G.V.
Il croit que j'ai donné l'argent à un enfant.

A comparer avec la phrase suivante où le complément au datif est défini et ne fait donc pas partie du groupe verbal.
*Er glaubt, daß ich dem Kind **Geld** gegeben habe.*
                                G.V.
Il croit que j'ai donné de l'argent à l'enfant.

● Un directionnel (les directionnels sont presque toujours dans le groupe verbal) ou un locatif (les locatifs peuvent éventuellement faire partie du groupe verbal).

*Er weiß, daß er morgen **zu seinem Onkel** fahren muß.*

G.V.

Il sait que demain il doit aller chez son oncle.

*Er hofft, daß er nächste Woche **in Paris** wohnen wird.*

G.V.

Il espère que la semaine prochaine il habitera à Paris.

▶ Voir le directionnel, n° 80 et le locatif, n° 139.

● Un attribut.

*Ich finde, daß er **sehr sympathisch** ist.*

G.V.

Je trouve qu'il est très sympathique.

● Un sujet (souvent sans article ou avec article indéfini).

*Ich muß mich beeilen, weil in zehn Minuten bestimmt **Schnee** fällt.*

G.V.

Je dois me dépêcher parce que dans dix minutes il va certainement neiger.

● Un complément circonstanciel.

*Glaubst du wirklich, daß die Vorstellung **zwei Stunden** dauert ?*

G.V.

Crois-tu vraiment que la représentation va durer deux heures ?

2 **Les compléments qui ne font pas partie du groupe verbal** se placent immédiatement après la conjonction de subordination ; en principe le sujet vient en tête, mais ce n'est pas obligatoire.
On peut dire :

*Ich glaube, daß **Peter morgen** nach England fährt.*
*Ich glaube, daß **morgen Peter** nach England fährt.*
Je crois que Pierre part demain pour l'Angleterre.

▶ Pour les pronoms, voir n° 208.

Conclusion : on ne peut séparer du verbe les compléments qui font partie du groupe verbal.

Ich finde, daß er ~~traurig heute~~ ist   est impossible.
Je trouve qu'il est triste aujourd'hui.

Les compléments hors du groupe verbal peuvent se mettre dans un ordre variable.

Exercices

A. Intégrez à la bonne place les compléments entre parenthèses :
1. Glaubst du, daß ... ... sein wird. (morgen, zu Hause, Brigitte) 2. Wenn ... ... gefahren wäre, könnte er heute besser Deutsch sprechen. (mein Bruder, während der Ferien, nach Deutschland) 3. Ich frage mich, ob ... ... gefunden hat. (eine Wohnung, in Berlin, ihr Freund) 4. Ich weiß nicht, warum ... ... ist. (so nervös, heute, Peter) 5. Ich frage mich, wer ... ... gegessen hat. (die Schokolade, gestern).

B. Traduisez en allemand :
1. Il pleure parce qu'il voudrait bien faire du ski (Ski laufen) jusqu'à 5 heures. 5. Je crois qu'à cette heure-là il lisait le journal dans son fauteuil. 3. Sais-tu si j'ai donné les billets de cinéma à ton frère ? 4. Bien qu'il soit allé déjà en Allemagne l'an dernier, il a l'intention (die Absicht haben) d'y retourner pendant les vacances. 5. Je crois qu'il fait ses études (studieren) à Paris depuis trois ans.

---

172 *Orthographe : majuscule ou minuscule ?*

1 **Les cas suivants exigent une majuscule.**

● Les noms propres prennent par définition, et comme en français, une majuscule.

Peter und *Heinrich* sind da.
Pierre et Henri sont là.

– Prennent également une majuscule les adjectifs formés sur ces noms propres, lorsqu'ils qualifient une œuvre, une propriété... de ces noms propres, c'est-à-dire lorsqu'ils sont remplaçables par *von* + nom propre.

die **Schillerschen** Dramen   die **Mozartschen** Opern
les drames schil;lériens (de Schiller)   les opéras mozartiens (de Mozart)

Mais :

die **platonische** Liebe
l'amour platonique

– Prennent aussi une majuscule les adjectifs invariables formés sur les noms de villes.

die **Pariser** Mode
la mode parisienne

● Les noms communs prennent également une majuscule, contrairement au français.

das Brot   **das Buch**
le pain   le livre

● Les éléments substantivés : non seulement adjectifs substantivés (voir n° 10), participes substantivés (n° 178) et infinitifs substantivés (voir n° 121), mais aussi des éléments très divers comme les chiffres, les lettres, les pronoms...

der Fremde	**der Angestellte**	**das Lesen**
l'étranger	l'employé	la lecture (le fait de lire)
die Eins	**das A**	**das Ich**
le numéro un	la lettre a	le moi

2 **On ne met pas de majuscule dans les cas suivants.**

● Les adverbes formés sur des noms communs.

abends	**morgens**
le soir (complément de temps)	le matin (complément de temps)

● Certains noms qui forment des groupes verbaux avec des verbes.

Er **ist** daran **schuld**. (schuld sein)	**Nimmst** du es **ernst** ? (ernst nehmen)
C'est de sa faute.	Tu le prends au sérieux ?
Es **tut** mir **leid**. (leid tun)	
Je regrette.	

Dans certains cas, ce nom est même attaché au verbe.

radfahren
faire de la bicyclette

● Certaines expressions à fonction prépositionnelle.

in bezug auf
se rapportant à

Dans certains cas, il y a également soudure graphique.

aufgrund	**anhand**
en vertu de	en se basant sur

● Der eine = "l'un" ; der andere = "l'autre".

● Les adjectifs avec un nom sous-entendu.

Zwei Schüler standen vor mir ; **der erste** weinte,
der zweite (sous-entendu : Schüler) lachte.
Deux élèves étaient debout devant moi, le premier pleurait, le deuxième riait.

● Des adjectifs dans des expressions figées.

alt und jung	**arm und reich**
les jeunes et les vieux	les riches et les pauvres
im großen und ganzen	
en gros	

3 **Majuscules ou minuscules dans la ponctuation.**
La seule différence importante avec le français concerne les deux points : en allemand, après deux points, la phrase commence par

une majuscule, sauf si ces deux points annoncent une énuméra-
tion, un résumé...

*Die Erklärung ist einfach : **Es** lag zu viel Schnee auf den Straßen.*
L'explication est simple : il y avait trop de neige sur les routes.

Mais :

Alle waren da : seine Mutter, sein Vater und seine zwei Brüder.
Tous étaient là : sa mère, son père et ses deux frères.

4 Majuscules dans les formules de politesse.

● Les pronoms personnels (sauf *sich*), possessifs et les adjectifs
possessifs prennent une majuscule dans les formes de politesse.

*Wo arbeitet **Ihr** Sohn ?*   *Wann kann ich **Sie** anrufen ?*
Où travaille votre fils ?   Quand puis-je vous téléphoner ?

● Dans les lettres, les mêmes pronoms prennent également une
majuscule pour le tutoiement.

*Ich danke **Dir** für **Deinen** Brief.*
Je te remercie pour ta lettre.

▶ Voir aussi la forme de politesse, n° 260.

---

173 *Orthographe : ss ou ß ?*

On écrit *ß* au lieu de *ss* dans les cas suivants.

1 En fin de mot (finale absolue ou finale dans un mot en composition).

groß, der Fluß, der Kuß   *die **Groß**industrie*
grand, le fleuve, le baiser   l'industrie manufacturière

2 Devant une consonne.

*er **küßt**, es **fließt**, er **läßt***
il embrasse, ça coule, il laisse

3 Entre voyelles, dans un mot, **lorsque la première voyelle est
longue ou une diphtongue.**

grüßen, die Soße, schweißen, draußen, gießen
saluer, la sauce, souder, dehors, arroser

ß et *ss* se prononcent de la même façon, à savoir /s/.

─────────── **E x e r c i c e** ───────────

Insérez ss ou ß selon les cas :
1. vergrö...ern 2. der Ha... 3. kü...en 4. der Gru... 5. der Nu...baum 6. das Fa...
7. die Kü...e 8. die Grü...e 9. der Schlü...el 10. du mu...t

174 Participe passé (participe II) : formation

1 Ge- ou pas ge- ?

Les verbes accentués sur la 1ʳᵉ syllabe à l'infinitif (qu'ils soient forts ou faibles), prennent ge- au participe passé ; les verbes qui ne sont pas accentués sur la 1ʳᵉ syllabe ne prennent pas ge-.

Accentués sur la 1ʳᵉ syllabe			Non accentués sur la 1ʳᵉ syllabe		
°lernen	→	**ge**lernt	mar°schieren	→	**marschiert**
°kommen	→	**ge**kommen	ver°kaufen	→	**verkauft**
°bringen	→	**ge**bracht	über°setzen	→	**übersetzt**

2 Le cas des préverbes.

● C'est bien la place de l'accent qui détermine la présence ou l'absence de ge- : dans les verbes dits à préverbes accentués (voir n° 196), il faut regarder la place de l'accent sur le verbe qui suit le préverbe.

°auf-machen : °machen, donc → °auf-**ge**-macht
°aus-verkaufen : ver°kaufen, donc → °aus-verkauft

● Les verbes à préverbes inaccentués (voir nᵒˢ 196-201) ne prennent pas ge-, par définition.

zer°reißen → zer°rissen

● Les verbes qui ont les deux types de formation ("préverbes mixtes") appartiennent en fait soit à la catégorie n° 1 ci-dessus, soit à la catégorie n° 2.

°über-setzen (faire passer de l'autre côté) : → °über**ge**setzt

Mais :

über°setzen (traduire) → über°setzt

3 La terminaison : (e)t ou en ?

Le participe passé des verbes faibles, des verbes de modalité et de wissen (voir n° 265) et des verbes dits mixtes, est terminé par -et ou -t.

arbeiten → gearbeit**et**   lernen → gelern**t**
können → gekonn**t**   bringen → gebrach**t**

Le participe passé des verbes forts est terminé par *-en*.

gehen → *gegang**en***   *nehmen* → *genomm**en***

▲ **Exception :**

tun → ***getan***

4 **La voyelle du radical.**

● Pour les verbes faibles, elle est identique à celle de l'infinitif.

stellen → ***gestellt***

● Pour les verbes forts, elle est parfois différente de celle de l'infinitif.

singen → ***gesungen*** mais *kommen* → ***gekommen***

● Pour les verbes dits mixtes ou faibles irréguliers (voir n° 262), elle est toujours différente de celle de l'infinitif.

rennen → ***gerannt***

Exercice

Formez le participe passé des verbes suivants :
1. diktieren 2. aussprechen 3. kennen 4. anerkennen 5. °umkippen 6. unter°scheiden 7. schreiben 8. bringen 9. aufessen 10. über°fliegen 11. einbilden 12. aussprechen 13. einbeziehen 14. prophe°zeien 15. °festsetzen

175 *Participe passé* (participe II) *: emplois*

1 **Avec *sein* ou *haben*,** il forme le **parfait** (voir n° 110).

*Sie **haben** eine Reise nach Schweden **geplant**.*
Ils ont prévu un voyage en Suède.

2 **Avec *werden*,** il forme le **passif** (voir n° 181).

*Sie **wurden befreit**.*
Ils furent libérés.

3 Avec ***kommen*,** il indique la manière de venir.

*Da **kommt** einer **angelaufen**.*
Voilà quelqu'un qui arrive en courant.

4 **Avec *sein* et d'autres verbes**, il peut être **attribut du sujet.**

*Die Reise ist schon längst **geplant**.*
Le voyage est prévu depuis longtemps.
*Er ist immer gut **gekleidet**.*
Il est toujours bien habillé.
*Paß auf, daß nichts **verloren**geht !*
Fais attention à ce que rien ne disparaisse !

5 **Il peut être épithète.**

Die **geplante** Reise findet nicht statt.
Le voyage prévu n'aura pas lieu.

6 **Il peut être apposé.**

Das Flugzeug, vom Blitz **getroffen,** mußte eine Notlandung vornehmen.
L'avion, touché par l'éclair, dut faire un atterrissage forcé.

7 **Il peut exprimer un ordre.**

Stillgestanden !
Garde à vous ! Fixe !

8 **Il peut être employé dans des locutions hypothétiques.**

Vorausgesetzt, daß...
À supposer que...

Abgesehen von...
Sans tenir compte de...

Angenommen, daß...
Admettons que...

E x e r c i c e

Traduisez en allemand :
1. Il a plu toute la journée. 2. Cette lettre postée (poster = einwerfen) à Hambourg n'est arrivée qu'aujourd'hui. 3. Sans tenir compte de l'essence, le voyage a coûté 1 000 Mark. 4. J'ai rencontré un homme ivre (betrunken). 5. La valise s'est perdue. 6. Le ballon est perdu. 7. La lettre, signée par son père, devrait tout régler (in Ordnung bringen).

176 *Participe passé* (participe II) *: à forme d'infinitif*

● Les six verbes de modalité können, dürfen, müssen, sollen, wollen, mögen ont deux formes de participes dont la deuxième est identique aux infinitifs.

gekonnt	**gedurft**	**gemußt**	**gesollt**	**gewollt**	**gemocht**
können	**dürfen**	**müssen**	**sollen**	**wollen**	**mögen**

● La deuxième série de participes s'emploie à la place de la première lorsque les verbes de modalité sont conjugués à un temps composé (parfait, plus-que-parfait, futur) avec un infinitif comme complément.

Er hat nicht kommen **wollen** (et non ~~gewollt~~ !).
Il n'a pas voulu venir.

● De même pour les verbes *sehen, lassen* et *brauchen* (voir n° 55).

Hast du ihn kommen **sehen ?**
L'as-tu vu venir ?

● Pour les verbes *helfen* et *hören,* on a le choix.

Ich habe ihn singen **hören** *(gehört).*
Je l'ai entendu chanter.

▶ Pour les verbes de modalité, voir n° 265.
Pour la construction dans les subordonnées, voir n° 165.

E x e r c i c e

Traduisez en allemand :
1. Je n'ai pas eu le droit de sortir (ausgehen). 2. Il ne l'a pas voulu. 3. Il n'a pas pu nager. 4. As-tu été obligée de travailler ? 5. Pourras-tu venir à 5 heures ? 6. Voudra-t-il se lever de si bonne heure ? 7. Elle avait voulu aller le chercher (abholen) à la gare.

---

177 *Participe présent* (participe I) : *formes et emplois*

Le participe présent se forme en ajoutant *-(e)nd* au radical de l'infinitif du verbe :

singen → *sing* → **singend**
lächeln → *lächel* → **lächelnd**

Il peut être employé :

1 **Comme adjectif épithète.**

ein **weinendes** *Kind*
un enfant en pleurs

2 **Comme apposition** rapportée au sujet (emploi rare !).

Ein Mädchen, sich halb hinter der Mutter **versteckend,** *sah uns an.*
Une fille, se cachant à moitié derrière sa mère, nous regardait.

3 **Comme attribut du sujet.**

Sie ist **reizend.**
Elle est charmante.

4 **Comme adverbe.**

Er kam **weinend** *nach Hause.*
Il arriva en pleurs à la maison.

▶ Pour la traduction de "en + participe présent", voir n° 86.

▲ **Attention** à la traduction des participes français par des verbes de position ! Voir n° 266.

218

Exercices

A. Formez le participe présent des verbes suivants :
1. lachen 2. sammeln 3. einladen 4. erschrecken 5. spannen 6. wimmeln
7. fordern 8. eilen 9. ertragen 10. stürzen

B. Traduisez en allemand :
1. C'était un livre captivant (spannend). 2. Couché par terre, il fumait une cigarette. 3. Nous avons vu un enfant assis dans un fauteuil (der Sessel). 4. Il est entré dans la maison en poussant des cris (crier = schreien).

---

178 *Participes substantivés*

Des participes I (présent) ou II (passé) **peuvent,** comme certains adjectifs, **jouer le rôle d'un nom :** ils prennent alors une majuscule et les mêmes marques que l'adjectif épithète (voir n° 7).

*Er arbeitet als **Angestellter** in einer deutschen Firma.*
Il travaille comme employé dans une entreprise allemande.

verbe : *anstellen*
participe II : *angestellt*
participe substantivé : ***der Angestellte, ein Angestellter***

Autres exemples :

der Vorsitzende	***der Gelehrte***
le président	le savant
der Reisende	***der Angeklagte***
le voyageur	l'accusé

Exercice

Insérez un participe substantivé (soit I, soit II) :
1. Ein ... hat an die Tür geklopft (anstellen). 2. Die ... sind befreit worden (fangen). 3. Kennst du ihren ... (lieben) ? 4. Alle ... haben einen Koffer (reisen).
5. Sie wohnt bei einem ... (kennen).

---

179 *Particules modales* *(particules du discours)*

Les particules modales (ou particules du discours) sont des mots invariables qui **servent à renforcer une question, une déclaration, un ordre ou une exclamation**. Leur fonction est purement communicative (elles s'insèrent dans la situation de communication et portent soit sur la relation entre le locuteur et son partenaire, soit sur celle entre le locuteur et son message). Elles sont en général inaccentuées et ne peuvent pas occuper la première place dans la phrase. D'autres éléments portent l'accent.

1 **Particules modales dans une phrase énonciative :** *eben, halt, nun mal, ja, schon.*

● *Eben, halt, nun mal* expriment la résignation.
*Dann °lassen wir es **eben.***
Eh bien, laissons tomber.
*Ich habe **halt** °immer Pech.*
Je n'ai jamais de chance. (litt. : j'ai toujours de la poisse.)
*Das °ist **nun mal** so.*
C'est comme ça.

● *Ja* renforce une justification ou une explication.
*Ich hab das **ja** nicht ge°wußt.*
C'est que je ne l'ai pas su.
*Du kannst jetzt nicht mehr weggehen. Es ist **ja** schon °spät.*
Tu ne peux plus sortir maintenant. C'est qu'il est déjà tard.

● En utilisant *schon*, le locuteur confirme ou rassure.
*Das °schaffen wir **schon.***
Bien sûr, nous y arriverons.

2 **Particules modales dans une phrase interrogative :** *auch, denn, eigentlich, etwa, überhaupt.*

● *Auch* sert à faire comprendre que le locuteur attend qu'on le rassure (voir aussi n° 34.3.).
*Hast du **auch** deinen °Regenschirm nicht vergessen ?*
Tu n'as pas oublié ton parapluie – j'espère ?

● *Denn* renforce la question. Le locuteur montre qu'il ne comprend pas ou qu'il est impatient.
*Was ist **denn** °los ?*
Qu'est-ce qu'il y a donc ?

● Avec *eigentlich*, le locuteur pose une question, mais en même temps réoriente la discussion.
*Warst du **eigentlich** heute in der °Schule ?*
Au fait, tu étais à l'école aujourd'hui ?

● Avec *etwa*, le locuteur fait semblant de poser une question, mais la réponse ne peut être que négative.
*Hast du **etwa** noch °Hunger ?*   *(Nein, natürlich nicht !)*
Aurais-tu encore faim ?   (Non, bien sûr que non !)

● En utilisant *überhaupt,* le locuteur pose une question de fond.
*Hast du **überhaupt** den °Führerschein ?*
Au fait, peux-tu me dire si tu as le permis ?

p

3 **Particules modales dans une phrase injonctive (ordre, demande, prière) :** *doch, mal, ruhig, bloß / nur / ja.*

● *Doch* renforce l'ordre. *Mal* atténue ou renforce l'ordre selon la situation.

°Komm **doch** endlich !	Hör **mal** gut °zu !
Viens donc à la fin !	Écoute-moi bien !

● Avec *ruhig,* le locuteur rassure son partenaire.

*Bleiben Sie **ruhig** °sitzen !*
Restez donc assis !

● *Nur, bloß, ja* accentués ajoutent une valeur de menace à la phrase.

Komm °**nur** / °**bloß** / °**ja** *nicht zu* °*spät nach Hause !*
Surtout, ne rentre pas trop tard !

4 **Particules modales dans une phrase exclamative :** *ja, aber / vielleicht, bloß / doch / nur.*

● *Ja* renforce une exclamation.

*Das ist **ja** wunderbar !*
Comme c'est magnifique !

● *Aber* et *vielleicht* servent à exprimer l'étonnement, l'admiration ou la désapprobation (voir aussi n⁰ˢ 2 et 3).

Seid °Ihr **aber** gewachsen !	War °das **vielleicht** ein schlechter Film !
Comme vous avez grandi !	Qu'est-ce que ce film était mauvais !

● *Bloß, doch, nur* avec des formes verbales au subjonctif II expriment un souhait ou un regret (voir aussi n° 238).

*Wäre ich **bloß** / **doch** / **nur** früher aufgestanden !*
Si seulement je m'étais levé plus tôt !

Remarquez que ces particules modales appartiennent toutes à d'autres classes de mots et que leur sens dépend de leur fonction dans la phrase.

Comparez :

*Er kommt heute **vielleicht** ein bißchen später* (adverbe de liaison / modalisateur).
Il se peut qu'il vienne un peu plus tard aujourd'hui.

*Bist °du **vielleicht** °spät gekommen* (particule modale) !
Tu es arrivé bien tard !

Exercice

Ajoutez au dialogue suivant la particule modale qui convient :
1. Bist du ...... braun gebrannt ! 2. Wo warst du ...... in den Ferien ? 3. Das weißt du ...... ! Ich war in Griechenland 4. Warum hast du mir ...... keine Karte geschrieben ? 5. Das habe ich ...... ganz vergessen ! 6. Und was macht ...... deine Schwester ? 7. Stell dir ...... vor ! Sie war während der ganzen Ferien zu Hause. 8. Warum ...... ? 9. Das ist ...... so. 10. Jemand muß ...... aufs Haus aufpassen.

180 Passif : formation

Schlagen = "battre".

Indicatif

Présent				Prétérit		
je suis battu...				j'étais battu...		
ich	werde	geschlagen		ich	wurde	geschlagen
du	wirst	geschlagen		du	wurdest	geschlagen
er				er		
es	wird	geschlagen		es	wurde	geschlagen
sie				sie		
wir	werden	geschlagen		wir	wurden	geschlagen
ihr	werdet	geschlagen		ihr	wurdet	geschlagen
sie	werden	geschlagen		sie	wurden	geschlagen

Futur

je serai battu...

ich	werde	geschlagen werden
du	wirst	geschlagen werden
er		
es	wird	geschlagen werden
sie		
wir	werden	geschlagen werden
ihr	werdet	geschlagen werden
sie	werden	geschlagen werden

Parfait

j'ai été battu...

ich bin geschlagen worden
du bist...

Plus-que-parfait

j'avais été battu...

ich war geschlagen worden
du warst...

Futur antérieur

j'aurai été battu...

ich werde geschlagen worden sein
du wirst...

Subjonctif I

Présent				Passé		
ich	werde	geschlagen		ich	sei	geschlagen worden
du	werdest	geschlagen		du	sei(e)st	geschlagen worden
er				er		
es	werde	geschlagen		es	sei	geschlagen worden
sie				sie		
wir	werden	geschlagen		wir	seien	geschlagen worden
ihr	werdet	geschlagen		ihr	seiet	geschlagen worden
sie	werden	geschlagen		sie	seien	geschlagen worden

p

Futur

ich	werde	geschlagen werden
du	werdest	geschlagen werden
er es sie	werde	geschlagen werden
wir	werden	geschlagen werden
ihr	werdet	geschlagen werden
sie	werden	geschlagen werden

Subjonctif II hypothétique

je serais battu...

ich	würde	geschlagen
du	würdest	geschlagen
er es sie	würde	geschlagen
wir	würden	geschlagen
ihr	würdet	geschlagen
sie	würden	geschlagen

Irréel

j'aurais été battu...

ich	wäre	geschlagen worden
du	wär(e)st	geschlagen worden
er es sie	wäre	geschlagen worden
wir	wären	geschlagen worden
ihr	wär(e)t	geschlagen worden
sie	wären	geschlagen worden

181 *Passif personnel*

Le passif personnel est un passif qui a un sujet.

1 La forme verbale.

Le passif se forme en *werden* + participe passé. Aux temps composés, *werden* se conjugue avec *sein* et forme son participe, *worden,* sans *ge-.*

*Das Geschäft **wird geschlossen**.*
On ferme le magasin.

*Das Auto **ist** gestern **verkauft worden**.*
La voiture a été vendue hier.

2 Sens et emploi.

Le sens de *werden* = "devenir", est présent dans la forme passive qui signifie à peu près "est, était, sera... en train d'être" ; il s'agit d'un procès, d'un renversement de perspective. Il s'oppose à un état, au résultat d'un procès, pour lequel on utilise *"sein"* (voir aussi n° 228).

*Das Geschäft **wird geschlossen**.*
Le magasin est en train d'être fermé.

*Das Geschäft **wurde geschlossen**.*
Le magasin était en train d'être fermé.

*Das Geschäft **ist geschlossen**.*
Le magasin est fermé.

En français, on n'utilise pas toujours la forme passive correspondante, car on ne dispose que du seul verbe "être" pour indiquer l'état et le procès ; on préfère souvent utiliser la forme active, en particulier avec le pronom "on".

Seuls les verbes transitifs, c'est-à-dire qui ont un complément d'objet à l'accusatif, peuvent former un passif personnel, excepté certains verbes comme *haben,* les verbes de modalité, *kosten* = "coûter", *schlafen* = "dormir"...

Remarquez que la forme verbale "verbe de modalité + infinitif passif" est possible.

*Dieses Päckchen **darf** nicht **geöffnet werden.***
Ce paquet ne doit pas être ouvert.

▶ Pour l'expression d'un état avec participe passé + *sein,* voir n° 110.

3 La construction de la proposition.

Si on compare la construction de la proposition active et celle de la proposition passive, on observe les cas de figures suivants.

a. Actif

*Ein Auto **hat** den Hund **überfahren**.*
Une voiture a écrasé le chien.

Passif

*Der Hund **ist** von einem Auto **überfahren worden**.*
Le chien a été écrasé par une voiture.

● La forme verbale active *hat... überfahren,* correspond à la forme passive *ist... überfahren worden.*

● Le complément d'objet direct de la proposition active est devenu le sujet de la proposition passive.

● Le sujet de la proposition active est devenu le complément d'agent introduit par *von* de la proposition passive.

b. Actif

*Man **hat** den Mörder **verhaftet**.*
On a arrêté le meurtrier.

Passif

*Der Mörder **ist verhaftet worden**.*
Le meurtrier a été arrêté.

● La forme verbale active *hat... verhaftet* correspond à la forme passive *ist... verhaftet worden.*

● Le complément d'objet direct de la proposition active est devenu le sujet de la proposition passive.

p

● Le sujet de la proposition active, *man*, ne réapparaît pas dans la proposition passive.

4 **Le complément d'agent.**

Lorsqu'il y en a un, il est introduit par *von* + datif.
Les compléments introduits par *durch* + accusatif ou *mit* + datif sont des compléments qui indiquent l'instrument ou l'intermédiaire, et ne sont quasiment jamais employés comme sujets dans la construction active.

*Die Kirche ist **durch** Bomben zerstört worden.*
L'église a été détruite par des bombes.

*Der Gefangene wurde **mit** einer Pistole erschossen.*
Le prisonnier fut abattu à l'aide d'un pistolet.

5 **Emploi de *es*.**

Lorsque le sujet de la proposition au passif est précédé d'un déterminatif indéfini *(ein Kind)*, ou lorsqu'il s'agit d'un partitif *(Wasser...)*, on peut retarder l'apparition de ce sujet en employant en première place *es* ; ce *es* est souvent l'équivalent du "il" français.

***Es** wurde gestern eine Brieftasche gefunden.*
Eine Brieftasche wurde gestern gefunden.
Il a été trouvé hier un portefeuille.

Exercices

A. Donnez la forme passive correspondant à la forme active (même temps, même personne) :
1. (ich) schlage 2. (er) wird beißen 3. (wir) fragten 4. (sie) haben gegessen 5. (du) hattest gefunden

B. Mettez au passif :
1. Man hat dieses Haus in sechs Monaten gebaut. 2. Eine Japanerin interpretiert folgende Sonate. 3. Der Vater spült das Geschirr. 4. Der Hund hatte den Briefträger gebissen. 5. Die Großmutter hatte diese Geschichte erzählt.

C. Traduisez en allemand, en employant un passif :
1. Il a été trouvé un sac à main (die Handtasche). 2. La marchandise (die Ware) a été livrée (liefern an + acc.) au vendeur (der Verkäufer). 3. Il a été arrêté à la frontière. 4. Il a été mis en garde (warnen vor + dat.) contre ce danger (die Gefahr).

182 *Passif impersonnel*

Avec certains verbes, on peut construire un passif sans sujet : c'est le passif impersonnel.

1 **Avec des verbes qui expriment une activité** et qui peuvent se construire à l'actif avec le sujet seul, en particulier avec *man*.

Man arbeitet.	*Man tanzt.*	*Man läuft.*
On travaille.	On danse.	On court.

225

Au passif, ou bien la première place de la proposition est occupée par un complément (de temps, de lieu...), ou bien elle est occupée par *es*, qui n'est pas un sujet, mais qui a pour seule fonction d'occuper la première place pour que le verbe conjugué soit à la deuxième (= *es* "explétif", voir n° 90).

Comparez :

*Es **wurde** viel **getanzt**.*
On dansa beaucoup.

*An diesem Abend **wurde** viel **getanzt**.*
et non : ~~*An diesem Abend wurde es viel getanzt.*~~
Ce soir-là on dansa beaucoup.

*Es **wurde** an diesem Abend viel **getanzt**.*
On dansa beaucoup ce soir-là.

2 **Avec des verbes qui ont comme rection un complément au datif,** par exemple *helfen* = "aider", *danken* = "remercier", *gratulieren* = "féliciter", *drohen* = "menacer" ou un complément prépositionnel, par ex. *diskutieren über* = "discuter de".

● Ou bien il n'y a pas de complément d'agent au passif.

Actif	Passif
Man hat ihm geholfen.	***Ihm ist geholfen worden.***
	ou ***Es ist ihm geholfen worden.***
On l'a aidé.	

● Ou bien il y a un complément d'agent (construction relativement rare) au passif.

Actif	Passif
Sein Vater hat ihm geholfen.	*Ihm **ist** von seinem Vater*
Son père l'a aidé.	***geholfen worden.***
	ou ***Es ist** ihm von seinem Vater*
	geholfen worden.

Mais non : ~~*Er ist von seinem Vater geholfen worden.*~~

Remarquez que dans certains contextes, ce passif impersonnel peut avoir une valeur d'impératif.

*Jetzt **wird** aber **gearbeitet** !*
Maintenant, au travail !

▶ Pour la rection des verbes, voir n° 218.

Exercices

A. Traduisez en allemand, en employant un passif impersonnel :
1. Hier, on a bu beaucoup. 2. Puis subitement on se tut (schweigen). 3. Il y a huit jours on fit la moisson (ernten). 4. Maintenant, c'est l'heure d'aller dormir (schlafen). 5. Toute la journée on s'est moqué (spotten) de lui.

B. Commencez les phrases par un autre élément que es :

1. Es wurde ihm bei der Hausaufgabe geholfen. 2. Es wurde mir von allen zugestimmt (approuver). 3. Es ist über seine finanzielle Lage diskutiert worden. 4. Es ist in der Zeitung von einem schweren Unfall berichtet worden. 5. Es mußte auf diese Reise verzichtet werden.

---

183 ▸ *Passif : équivalents*

Certaines tournures allemandes correspondent à des expressions au passif en français.

1 Bekommen + participe passé.

*Ich habe diese Schallplatte **geschenkt bekommen.***
*(Diese Schallplatte ist mir **geschenkt worden.**)*
On m'a offert ce disque.

2 ***Sein* + *zu* + infinitif** est l'équivalent d'une construction avec verbe de modalité + infinitif passif. Selon le sens de la phrase, le verbe de modalité correspondant est *können* ou *müssen*.

● Verbe de modalité *können* + infinitif passif.

*Das **ist** gar nicht **zu leugnen.***
(Das kann gar nicht geleugnet werden.)
On ne peut le nier.

● Verbe de modalité *müssen* + infinitif passif.

*Diese Aufgabe **ist** für morgen **zu machen.***
(Diese Aufgabe muß für morgen gemacht werden.)
Ce devoir est à faire pour demain.

E x e r c i c e

Transformez les phrases suivantes en phrases passives avec werden.
1. Wann bekommst du ein neues Fahrrad geschenkt ? 2. Wir bekommen die Waschmaschine ins Haus geliefert. 3. Wie ist das zu erklären ? 4. Warum ist das Problem nicht zu lösen ?

---

184 ▸ *Pluriel des noms : tableau des marques*

Le tableau suivant permet de connaître la répartition des marques de pluriel en allemand. Cinq types y participent.

Type I   **: -** ou **̈**
Type II   **: -e** ou **̈e**
Type III   **: -er** ou **̈er**
Type IV   **: -en** ou **-n**
Type V   **: -s**.

TABLEAU DE RÉPARTITION DES MARQUES

	Marques	Masculins	Neutres	Féminins
Type I	–	der Wagen/die Wagen la voiture	das Messer/die Messer le couteau	
	̈	der Apfel/die Äpfel la pomme	das Kloster/die Klöster le couvent	die Tochter/die Töchter la fille
Type II	-e	der Hund/die Hunde le chien	das Jahr/die Jahre l'année	die Kenntnis/ die Kenntnisse la connaissance
	̈e	der Arzt/die Ärzte le médecin	das Floß/die Flöße le radeau	die Nacht/die Nächte la nuit
Type III	-er	der Geist/die Geister l'esprit	das Feld/die Felder le champ	
	̈er	der Wald/die Wälder la forêt	das Haus/die Häuser la maison	
Type IV	-en	der Held/die Helden le héros	das Bett/die Betten le lit	die Tür/die Türen la porte
		der Staat/die Staaten l'État		
	-n	der See/die Seen le lac	das Auge/die Augen l'œil	die Feder/die Federn la plume
		der Buchstabe/ die Buchstaben la lettre		
Type V	-s	der Streik/die Streiks la grève	das Auto/die Autos la voiture	die Oma/die Omas la mamie

1   **Masculins.**

Type I : **-** ou **̈**

La plupart des masculins en **-el, -en, -er** n'ont pas de marque de pluriel.

der Wagen → **die Wagen** = la voiture
ou l'inflexion seule sur a, o, u :
der Apfel → **die Äpfel** = la pomme

p

▲ **Attention,** l'inflexion n'est pas toujours prévisible (voir les listes, n° 185 1a et 1b). Quelques exceptions :

der Muskel → **die Muskeln** = le muscle
der Pantoffel → **die Pantoffeln** = le pantoufle
der Stachel → **die Stacheln** = l'épine
der Vetter → **die Vettern** = le cousin

Type II : -e ou ⁼e

C'est la marque caractéristique du pluriel des masculins. L'inflexion est fréquente sur *a, o, u*, mais pas obligatoire (voir les listes, n° 185 1c et 1d).

-e : *der Weg* → **die Wege** = le chemin
der Hund → **die Hunde** = le chien
⁼e : *der Arzt* → **die Ärzte** = le médecin

Type III : -er ou ⁼er

Quelques masculins prennent les marques *-er* et *⁼er* (voir la liste, n° 185. 1e).

der Geist → **die Geister** = l'esprit
der Wald → **die Wälder** = la forêt

Type IV : -en ou -n

● Les masculins faibles prennent la marque *-n, -en* (voir n°s 141 et 160).
der Held → **die Helden** = le héros

● Quelques masculins prennent la marque *-en* ou *-n* (ce ne sont pas des masculins faibles ; voir la liste, n° 185. 1f).
der Staat → **die Staaten** = l'État
der See → **die Seen** = le lac

● Quelques masculins prennent la marque *-(e)n* au pluriel et *-(e)ns* au génitif (voir les masculins mixtes, n° 142).
der Buchstabe → **die Buchstaben** = la lettre (de l'alphabet)

Type V : -s

Quelques masculins prennent la marque *-s* (voir la liste, n° 185. 1g).
der Streik → **die Streiks** = la grève

2 Neutres.

Type I : - ou ⁼

● Les neutres terminés par *-el, -en, -er* et les suffixes *-chen* et *-lein* sont invariables.

das Messer → **die Messer** = le couteau
das Mädchen → **die Mädchen** = la jeune fille

● Un seul neutre présente l'inflexion.

das Kloster → ***die Klöster*** = le couvent

Type II : -e ou ⁼e

● Quelques neutres prennent la marque *-e* (voir la liste, n° 185. 2a).

das Jahr → ***die Jahre*** = l'année

● Les neutres en *-nis* forment leur pluriel en *-nisse*.

das Gefängnis → ***die Gefängnisse*** = la prison

● Un seul neutre présente ⁼*e*.

das Floß → ***die Flöße*** = le radeau

Type III : -er ou ⁼er

C'est la marque caractéristique des neutres. Ils ont l'inflexion lorsque c'est possible.

das Feld → ***die Felder*** = le champ
das Haus → ***die Häuser*** = la maison

Type IV : -en ou -n

Quelques neutres prennent la marque *-en* ou *-n* (voir la liste, n° 185. 2b).

das Bett → ***die Betten*** = le lit
das Auge → ***die Augen*** = l'œil
das Herz → ***die Herzen*** = le cœur
(génitif sing. : *des Herzens,* aux autres cas : *Herzen*)

▲ Exception : un pluriel de même orthographe, mais de prononciation différente :

das Knie [kni:] → ***die Knie*** *[kni:ə]* = le genou

Type V : -s

Quelques neutres prennent la marque *-s* (voir la liste, n° 185. 2c).

das Auto → ***die Autos*** = la voiture

3 Féminins.

Type I : - ou ⁼

Il n'y a aucun féminin sans marque de pluriel et seulement deux féminins avec la marque ⁼.

die Mutter → ***die Mütter*** = la mère
die Tochter → ***die Töchter*** = la fille

Type II : *-e* ou *⸚e*

● Quelques féminins en *-nis* forment leur pluriel en *-nisse*.
die Erkenntnis → **die Erkenntnisse** = la connaissance

● Il y a quelques féminins en *⸚e* (voir la liste, n° 185. 3).
die Nacht → **die Nächte** = la nuit

Type III : *-er* ou *⸚er*

Aucun féminin.

Type IV : *-en* ou *-n*

● C'est la marque caractéristique des féminins.
die Tür → **die Türen** = la porte
die Feder → **die Federn** = la plume

● Les féminins en *-in* présentent un dédoublement de la consonne *-n*.
die Freundin → **die Freundinnen** = l'amie

Type V : *-s*

Quelques féminins de la langue familière prennent la marque *-s* :
die Oma → **die Omas** = mamie

185 *Pluriel des noms : listes*

1 Masculins.

a. **Liste de quelques masculins en *-el, -en, -er* avec pluriel sans marque, et qui ne prennent pas l'inflexion alors que c'est possible : *der Wagen* → *die Wagen*.**

der Adler	**der Balken**	**der Wagen**
l'aigle	la poutre	la voiture
der Artikel	**der Braten**	
l'article	le rôti	

b. **Liste des principaux masculins en *-el, -en, -er* avec pluriel en *⸚* : *der Apfel* → *die Äpfel*.**

der Acker	**der Apfel**	**der Bogen**
le champ	la pomme	l'arc

der Bruder	der Kasten	der Ofen
le frère	la boîte, le coffre	le poêle
der Faden	der Laden	der Schaden
le fil	le magasin	le dommage
der Garten	der Mangel	der Schwager
le jardin	le défaut	le beau-frère
der Graben	der Mantel	der Vater
le fossé	le manteau	le père
der Hafen	der Nagel	der Vogel
le port	le clou	l'oiseau
der Hammer		
le marteau		

c. **Liste des principaux masculins avec pluriel en -e sans inflexion (alors qu'elle est possible) : der Hund → die Hunde.**

der Abend	der Grad	der Pfad
le soir	le degré	le sentier
der Apparat	der Gurt	der Pol
l'appareil	la ceinture	le pôle
der Arm	der Huf	der Punkt
le bras	le sabot	le point
der Beruf	der Hund	der Ruf
la profession	le chien	l'appel
der Besuch	der Laut	der Schuh
la visite	le son	la chaussure
der Dom	der Monat	der Stoff
la cathédrale	le mois	l'étoffe
der Erfolg	der Mord	der Tag
le succès	le meurtre	le jour
der Gehalt	der Ort	der Versuch
le contenu	le lieu	l'essai
der Gemahl		
l'époux		

d. **Liste de quelques masculins avec pluriel en ¨e : der Arzt → die Ärzte.** Un grand nombre de masculins présentent cette formation. La liste n'est pas exhaustive.

der Antrag	der Brand	der Fall
la demande	l'incendie	la chute
der Ast	der Brauch	der Frosch
la branche	la coutume	la grenouille
der Bach	der Bruch	der Fluß/die Flüsse
le ruisseau	la cassure	la rivière
der Ball	der Busch	der Fuß/die Füße
le ballon	le buisson	le pied
der Bart	der Duft	der Fuchs
la barbe	le parfum	le renard

der Gast l'invité	*der Kuß/die Küsse* le baiser	*der Stuhl* la chaise
der Geruch l'odeur	*der Markt* le marché	*der Sturm* la tempête
der Grund la raison ; le fond	*der Plan* le plan	*der Tanz* la danse
der Hahn le coq	*der Platz* la place	*der Topf* le pot
der Hut le chapeau	*der Raum* la pièce	*der Traum* le rêve
der Kahn le canot	*der Saal/die Säle* la salle	*der Turm* la tour
der Kampf la lutte	*der Satz* la phrase	*der Vertrag* le contrat
der Kanal le canal	*der Schlag* le coup	*der Wolf* le loup
der Kauf l'achat	*der Schrank* l'armoire	*der Wunsch* le souhait
der Knopf le bouton	*der Sohn* le fils	*der Zahn* la dent
der Kopf la tête	*der Sprung* le saut	*der Zug* le train
der Kranz la couronne	*der Strumpf* le bas	

e. **Liste des principaux masculins avec pluriel en ⁼er : der Wald →
die Wälder.**

der Gott le dieu	*der Mund* la bouche	*der Wald* la forêt
der Irrtum l'erreur	*der Rand* le bord	*der Wurm* le ver
der Mann l'homme	*der Reichtum* la richesse	

f. **Liste des principaux masculins avec pluriel en -(e)n : der See
→ die Seen.**

der Dorn l'épine	*der See* le lac	*der Strahl* le rayon (lumineux)
der Schmerz la douleur	*der Staat* l'État	

g. **Liste des principaux masculins avec pluriel en -s : der Streik →
die Streiks.**

der Bankier le banquier	*der Park :* aussi *die Parke* le parc	*der Scheck :* aussi *die Schecke* le chèque
der Chef le chef	*der Salon* le salon	*der Streik :* aussi *die Streike* la grève
der Klub le club		

2 **Neutres.**

a. **Liste des principaux neutres avec pluriel en -e : *das Jahr* → *die Jahre.***

das Beet	*das Jahrhundert*	*das Schaf*
le parterre (de fleurs)	le siècle	le mouton
das Bier	*das Jahrzehnt*	*das Schwein*
la bière	la décennie	le porc
das Boot	*das Kreuz*	*das Schiff*
le bateau	la croix	le bateau
das Brot	*das Meer*	*das Seil*
le pain	la mer	la corde
das Ding	*das Netz*	*das Spiel*
la chose	le filet, le réseau	le jeu
das Dutzend	*das Paar*	*das Stück*
la douzaine	la paire	le morceau
das Fest	*das Pferd*	*das Tier*
la fête	le cheval	l'animal
das Gift	*das Recht*	*das Tor*
le poison	le droit	le portail
das Haar	*das Reh*	*das Zelt*
le(s) cheveu(x)	le cerf	la tente
das Heft	*das Reich*	*das Zeug*
le cahier	l'empire	la chose
das Jahr	*das Rohr*	*das Ziel*
l'année	le tuyau	le but

– les composés en **-werk**
– les dérivés en **-sal, -nis, -bot**

b. **Liste des principaux neutres avec pluriel en -(e)n : *das Auge* → *die Augen.***

das Auge	*das Hemd*	*das Leid*
l'œil	la chemise	la souffrance
das Bett	*das Herz*	*das Ohr*
le lit	le cœur	l'oreille
das Ende		
la fin		

c. **Liste des principaux neutres avec pluriel en -s : *das Auto* → *die Autos.***

das Auto	*das Hotel*	*das Photo*
la voiture	l'hôtel	la photographie
das Büro	*das Kino*	*das Sofa*
le bureau (pièce)	le cinéma	le sofa
das Café		
le café (établissement)		

3 **Féminins.**

**Liste des principaux féminins avec pluriel en ¨e : die Nacht →
die Nächte.**

die Angst	*die Hand*	*die Maus*
la peur	la main	la souris
die Axt	*die Kraft*	*die Nacht*
la hache	la force	la nuit
die Bank	*die Kuh*	*die Naht*
le banc	la vache	la couture
die Brust	*die Kunst*	*die Nuß*
la poitrine	l'art	la noix
die Faust	*die Laus*	*die Stadt*
le poing	le pou	la ville
die Frucht	*die Luft*	*die Wand*
le fruit	l'air	le mur
die Gans	*die Macht*	*die Wurst*
l'oie	la puissance	la saucisse

E x e r c i c e

Donnez le pluriel des noms suivants :
1. der Name 2. der Bankier 3. das Pferd 4. die Höhle 5. der Fuchs 6. der Schwanz
7. das Tuch 8. der Wagen 9. das Spiel 10. der Mensch 11. der Affe 12. der Abend
13. der Irrtum 14. das Ohr 15. die Kraft 16. das Segel 17. der Wurm 18. die Kuh
19. der Ofen 20. der Herr 21. das Auge 22. die Hand 23. der Knoten 24. das Fest
25. die Seite 26. die Kiefer 27. das Schiff 28. die Stadt 29. das Haar 30. die Wurst

86 *Pluriel des noms : particularités*

Certains noms présentent des particularités dans leur formation du
pluriel. Ils sont souvent homonymes au singulier, c'est-à-dire que
leur orthographe est identique, mais leur sens différent. Les noms
suivants ont le même genre, mais leurs pluriels diffèrent.

Singulier	Traduction	Pluriel
das Band	le ruban	*die Bänder*
	le lien	*die Bande*
die Bank	la banque	*die Banken*
	le banc	*die Bänke*
der Bau	le bâtiment	*die Bauten*
	le terrier	*die Baue*
der Block	le bloc	*die Blöcke*
	(blocs de glace)	*(die Eisblöcke)*
	le carnet	*die Blocks*
	(carnets)	*(die Notizblocks)*
	l'immeuble	*die Blocks*
	(pâtés de maison)	*(die Häuserblocks)*

der Druck	copie d'imprimerie	*die Drucke*
	(copies de couleurs)	*(die Farbdrucke)*
	l'empreinte	*die ... drücke*
	(impressions)	*(die Eindrücke)*
	(empreintes digitales)	*(die Fingerabdrücke)*
das Gesicht	le visage	*die Gesichter*
	les visions	*die Gesichte* (pluriel uniquement)
der Mann	l'homme	*die Männer*
	le vassal	*die Mannen*
der Rat	le conseiller	*die Räte*
	le conseil	*die Ratschläge*
der Stock	la canne	*die Stöcke*
	l'étage	*die Stockwerke*
		(ou *Stock* comme unité de
	La maison est haute de trois étages.	mesure : *Das Haus ist drei Stock hoch.*
	J'habite au 4ᵉ étage.	*Ich wohne im 4. Stock.*
der Strauß	le bouquet	*die Sträuße*
	l'autruche	*die Strauße*
das Wort	le mot (isolé)	*die Wörter*
	le mot (en contexte)	*die Worte*
	les paroles	

Remarquez que les composés en -*mann* forment leur pluriel en -*männer* lorsqu'il s'agit d'individus : *die Ehemänner* = "les maris" et en -*leute* lorsqu'il s'agit d'un ensemble ou d'une catégorie professionnelle : *die Eheleute* = "les époux" ; *die Fachleute* = "les spécialistes".

▶ Voir également les homonymes, n° 113.

E x e r c i c e

Ajoutez le nom avec son pluriel aux phrases suivantes :
1. Im Zentrum von London gibt es viele ... 2. Die ... im Park wurden frisch gestrichen. 3. Der Redner beendete seine Rede mit feierlichen ... 4. Du mußt die unbekannten ... im ... buch nachschlagen. 5. Gestern habe ich mir ein paar ... von Picassos Bildern gekauft. 6. Der Einbrecher hat überall Fingerab ... hinterlassen. 7. Riesige Eis ... versperrten den Weg. 8. Gestern habe ich zwei neue Notiz ... gekauft.

187 *Préférer* (traductions)

1 *Etw. lieber tun* = "préférer", "aimer mieux".

*Ich gehe **lieber** zu Fuß.*
Je préfère marcher à pied.

p

● Si l'on compare deux termes, le deuxième est introduit par *als*.

*Ich trinke **lieber** Rotwein **als** Weißwein.*
Je préfère le vin rouge au vin blanc.

● Si l'on a le choix entre plus de possibilités, on dit *am liebsten*.

***Am liebsten** trinke ich Champagner.*
Ce que je préfère, c'est le champagne.

● Pour désigner la personne ou l'objet préféré, on utilise *liebst-* ou *Lieblings-*.

*mein **liebstes** Buch*	*seine **liebste** Schülerin*
mon livre préféré	son élève préférée
*ihr **Lieblings**schauspieler*	*ihre **Lieblings**schallplatte*
son acteur préféré	son disque préféré

2 ***Etw. vorziehen.*** Le terme comparé est introduit au **datif**.

*Sie **zieht** ihren letzten Sohn (**den** anderen Kindern) **vor**.*
Elle préfère son dernier fils (aux autres enfants).
*Er **zieht** den Atlantischen Ozean **dem** Mittelmeer **vor**.*
Il préfère l'Atlantique à la Méditerranée.

3 ***Etw. bevorzugen.*** Le terme comparé est introduit par **vor + datif**.

*Sie **bevorzugt** leichte Zigaretten.*
Elle préfère les cigarettes légères.
***Vor** allen anderen Blumen **bevorzugt** sie die Rosen.*
De toutes les fleurs, elle préfère les roses.

▶ Voir aussi "aimer", n° 17.

E x e r c i c e

Traduisez en allemand :
1. Il aime mieux voyager en train qu'en avion. 2. De tous les sports (die Sportarten), elle préfère le tennis (deux solutions). 3. Nous préférons aller à la montagne qu'à la mer. 4. Je préfère une pièce de théâtre à un opéra. 5. C'est son chanteur préféré (2 solutions). 6. Est-ce que tu préfères le pain noir ou le pain blanc ? 7. Je préfère attendre un peu. 8. Elle préfère Brigitte à toutes ses autres amies.

88 ***Premier, dernier, seul*** *(traductions)*

Des expressions comme "arriver / partir le premier ou le dernier", "être le premier à / le dernier à / le seul à" se traduisent par les tournures suivantes.

● *Als erster* = "le premier", *als letzter* = "le dernier", *als einziger* = "le seul".

*Sie ist **als erste** durchs Ziel gegangen.*
Elle a passé la première la ligne d'arrivée.

*Sie haben **als letzte** das Haus verlassen.*
Ils étaient les derniers à quitter la maison.

*Er hat **als einziger** den Gipfel erreicht.*
Il est le seul à avoir atteint le sommet.

● La construction avec une relative est cependant toujours possible.

*Max ist **der einzige, der** den Gipfel erreicht hat.*
Max est le seul à avoir atteint le sommet. (Max est le seul qui ait atteint le sommet).

Remarquez que *erst-* et *letzt-* prennent une majuscule dans les expressions suivantes.

*Er ist **der / die Erste, der / die Letzte** der Klasse.*
Il est le premier / la première, le dernier / la dernière de la classe.

E x e r c i c e

Traduisez en allemand :
1. Félix est arrivé le premier. 2. Klara est partie la dernière. 3. Lutz est le seul qui soit resté. 4. La première de la classe est la seule à avoir compris le problème de mathématiques. 5. Nous avons été les premiers à apprendre la nouvelle. 6. Jean et Pierre sont les seuls à nous avoir aidés. 7. Il ne veut pas rester le dernier de son groupe. 8. Le vieil homme était le dernier à parler cette langue.

189 *Prépositions + accusatif*

Les prépositions *durch, für, gegen, ohne, um* sont toujours suivies de l'accusatif.

1 *Durch*.

● Sens 1 : "à travers" (sens spatial).

*Er wirft einen Ball **durch** das Fenster.*
Il lance une balle par la fenêtre.

● Sens 2 : "par, au moyen de, par l'intermédiaire de, grâce à".

*Ich habe sie **durch** einen Freund kennengelernt.*
J'ai fait sa connaissance grâce à un ami.

2 *Für*.

● Sens 1 : "pour" (destination).

*Ich habe das Buch **für** dich gekauft.*
J'ai acheté le livre pour toi.

● Sens 2 : "pour" ("pour la quantité, la somme de…").

*Ich habe es **für** zehn Mark bekommen.*
Je l'ai eu pour dix mark.

● Sens 3 : "pour (une durée de…)".

*Ich habe das Auto **für** eine Woche.*
J'ai la voiture pour une semaine.

3 *Gegen.*

● Sens 1 : "contre".

***Gegen** ihn kann man nichts machen.*
Contre lui, on ne peut rien faire.

● Sens 2 : "contre (un obstacle)".

*Sie sind **gegen** einen Baum gefahren.*
Ils ont heurté un arbre.

● Sens 3 : "vers" (temporel).

*Er ist **gegen** Mittag angekommen.*
Il est arrivé vers midi.

4 *Ohne* = "sans".

*Er ist **ohne** ein Wort weggegangen.*
Il est parti sans dire un mot.

5 *Um.*

● Sens 1 : "autour de" (spatial), souvent associé à *herum*.

*Alle saßen **um** ihn (herum).*
Tous étaient assis autour de lui.

● Sens 2 : "pour, à propos de…".

*Schade **um** das Fahrrad !*
Dommage pour le vélo !

● Sens 3 : "à" (temporel).

*Ich esse **um** sieben.*
Je mange à 7 heures.

E x e r c i c e

Traduisez en allemand :

1. Contre qui as-tu combattu (kämpfen) ? 2. Sans son père, je n'aurais jamais trouvé le chemin (der Weg). 3. Il y a des arbres autour de l'église (die Kirche). 4. C'est pour toi ? 5. Nous sommes arrivés à minuit (Mitternacht). 6. Je viendrai vers trois heures.

190 *Prépositions + datif*

Les prépositions *aus, bei, mit, nach, seit, von, zu* sont toujours suivies du datif.

1 *Aus.*

● Sens 1 : "de, en provenance de, originaire de, dans".

*Er kommt **aus** Hamburg.* *Sie ist **aus** Hamburg.* *Er trinkt **aus** dem Glas.*
Il vient de Hambourg.   Elle est de Hambourg.   Il boit dans le verre.

● Sens 2 : "de" ("sortir de").

*Er kommt **aus** dem Geschäft.*
Il sort du magasin.

● Sens 3 : "de" (temporel).

*Das Haus stammt **aus** dem vorigen Jahrhundert.*
La maison date du siècle dernier.

● Sens 4 : "de, en" (avec des noms de matière).

*Ich habe eine Uhr **aus** Gold.*
J'ai une montre en or.

● Sens 5 : "par, pour" (causal).

***Aus** welchem Grund hast du das gemacht ?*
Pour quelle raison as-tu fait cela ?

2 *Bei.*

● Sens 1 : "chez" (voir n° 139).

*Wohnst du **bei** deinen Eltern ?*
Habites-tu chez tes parents ?

● Sens 2 : "près de".

*Die Schule befindet sich gleich **beim** Flugplatz.*
L'école se trouve tout près du terrain d'aviation.

● Sens 3 : "par" (prendre par un endroit précis).

*Nimm ihn **bei** der Hand !*
Prends-le par la main !

● Sens 4 : "à, lors de" (temporel).

***Bei** meinem Aufenthalt in Berlin bin ich krank geworden.*
Lors de mon séjour à Berlin, je suis tombé malade.

● Sens 5 : "par" (conditionnel).

***Bei** Regen bleibe ich zu Hause.*
Par temps de pluie, je reste à la maison.

3 *Mit.*

● Sens 1 : "avec" (accompagnement).

*Ich gehe **mit** dir ins Kino.*
Je vais avec toi au cinéma.
*Eine Wurst **mit** Senf.*
Une saucisse avec de la moutarde.
*Das Mädchen **mit** dem blonden Haar.*
La fille aux cheveux blonds.

● Sens 2 : "avec" (instrument).

*Ich bin **mit** dem Auto hingefahren.*
J'y suis allé en voiture.
*Er hat **mit** lauter Stimme geschrien.*
Il a crié d'une voix forte.

● Sens 3 : "à" (temporel).

***Mit** zehn Jahren hat er seinen Vater verloren.*
A l'âge de dix ans, il a perdu son père.

● Sens 4 : "contre".

*Er hat **mit** den Wellen gekämpft.*
Il s'est battu contre les vagues.

4 *Nach.*

● Sens 1 : "vers" (directionnel voir n° 80).

*Ich fahre **nach** Deutschland.*
Je vais en Allemagne.

● Sens 2 : "après" (temporel voir n° 27).

*Ich komme **nach** Ostern.*
Je viendrai après Pâques.

● Sens 3 : "au bout de" (temporel, durée).

***Nach** einer halben Stunde war er verschwunden.*
Au bout d'une demi-heure, il avait disparu.

● Sens 4 : "selon, d'après" (préposé ou postposé).

*meiner Meinung **nach***
à mon avis
*Man hat sie **nach** ihrer Mutter genannt.*
On lui a donné le nom de sa mère.

● Sens 5 : "après" (ordre, succession).

*einer **nach** dem anderen*
l'un après l'autre

5 *Seit* = "depuis" (temporel).

Er arbeitet seit zwei Monaten.
Il travaille depuis deux mois.

6 *Von.*

● Sens 1 : "de" (provenance).

Er kommt von Berlin.
Il vient de Berlin.

● Sens 2 : "depuis" (temporel).

von Weihnachten bis Ostern
de Noël à Pâques

● Sens 3 : "par".

Er ist von einem Auto überfahren worden.
Il a été écrasé par une voiture.

▶ Pour le complément d'agent, voir n° 181.

● Sens 4 : "de, de la part de".

Grüßen Sie ihn von mir.
Saluez-le de ma part.

die Opern von Mozart
les opéras de Mozart

7 *Zu.*

● Sens 1 : "chez".

Er geht zum Bäcker.
Il va chez le boulanger.

▶ Pour le directionnel, voir n° 80.

● Sens 2 : "chez" (locatif avec *Hause*).

Ich bin zu Hause.
Je suis chez moi.

● Sens 3 : "à" (temporel).

zu Mittag essen
déjeuner

● Sens 4 : "en" (transformation en..., élection, nomination...).

Das Wasser wird zu Eis.
L'eau se transforme en glace.

Er wurde zum Direktor ernannt.
Il fut nommé directeur.

● Sens 5 : "pour" (but).

*Ich zeichne nur **zum** Zeitvertreib.*
Je ne dessine que pour passer le temps.

● Sens 6 : "avec" (accompagnement).

*Nimmst du Brot **zum** Fleisch ?*
Manges-tu du pain avec la viande ?

Expressions

zu Fuß	**zum Beispiel**
à pied	par exemple
zu Befehl !	**zum letzten Mal**
à vos ordres !	pour la dernière fois
zu dritt	**drei zu eins**
à trois	trois à un (résultat sportif)

Exercice

Complétez par la préposition qui convient :
1. Ich fahre ... Hause. 2. Willst du Milch ... deinem Kaffee ? 3. Ich habe ihn ... zwei Wochen nicht gesehen. 4. ... schlechtem Wetter fahre ich ... dem Zug. 5. Das sind Fotos ... meiner Jugend. 6. Dieses Gedicht (poésie) ... Heine ist berühmt. 7. Er wurde ... Präsidenten gewählt (élu). 8. ... drei Tagen darfst du wieder aufstehen. 9. Er fährt ... seinem Bruder. 10. Er trinkt ... ersten Mal Wein.

191 Prépositions + génitif

Voici les plus importantes.

1 *Außerhalb* = "hors de, en dehors de" (spatial ou temporel).

*Er wohnt **außerhalb** der Stadt.*
Il habite en dehors de la ville.

2 *Diesseits* = "de ce côté-ci".

*Das Dorf liegt **diesseits** der Grenze.*
Le village se trouve de ce côté-ci de la frontière.

3 *Infolge* = "par suite de".

***Infolge** eines Unfalls wurde die Autobahn gesperrt.*
Par suite d'un accident, l'autoroute fut fermé.

4 *Innerhalb* = "à l'intérieur de" (spatial), "en l'espace de" (temporel).

*Er darf nur **innerhalb** des Gartens spielen.*
Il n'a le droit de jouer qu'à l'intérieur du jardin.

***Innerhalb** eines Jahres ist er um 10 Zentimeter gewachsen.*
En l'espace d'un an, il a grandi de 10 centimètres.

5 *Jenseits* = "de l'autre côté de", "au-delà de".

Jenseits des Flusses sieht man ein kleines Haus.
De l'autre côté du fleuve, on voit une petite maison.

6 *Längs* = "le long de".

Die Bäume längs der Straße sind krank.
Les arbres, le long de la route, sont malades.

7 *Oberhalb* = "au-dessus de".

Oberhalb der Tür hängt ein Schild.
Au-dessus de la porte, il y a une enseigne.

8 *Trotz* = "malgré".

Wir gehen trotz des Regens spazieren.
Nous allons nous promener malgré la pluie.

▲ **Attention :** dans certaines expressions, *trotz* est suivi du datif.

trotz allem	*trotz alledem*	*trotzdem*
malgré tout	malgré tout cela	malgré cela

9 *Unterhalb* = "en-dessous de".

Unterhalb des Hauses fließt ein Bach.
En-dessous de la maison coule une rivière.

10 *Während* = "pendant".

Während der Ferien war er in Spanien.
Pendant les vacances, il était en Espagne.

11 *Wegen* = "à cause de".

Wegen schlechten Wetters fällt die Vorstellung aus.
A cause du mauvais temps, la représentation n'aura pas lieu.

Remarques

● "A cause de moi, toi, lui..." se dit soit *meinetwegen, deinetwegen, seinetwegen*, soit *wegen mir, dir, ihm...*

● En langue courante, *trotz, während* et *wegen* s'emploient avec le datif.

Exercice

Traduisez en allemand :
1. De l'autre côté des montagnes (das Gebirge), on parle l'italien. 2. Pendant la Deuxième Guerre mondiale (der zweite Weltkrieg), ils ont dû aller en exil (ins Exil gehen). 3. Malgré sa maladie, il s'est levé pour vous saluer. 4. En l'espace d'une semaine, l'arbre a perdu toutes ses feuilles. 5. Es-tu parti à cause de moi ?

192 *Prépositions spatiales + locatif ou directionnel*

Lorsqu'elles sont utilisées dans le domaine spatial, les prépositions suivantes sont utilisées soit avec un locatif, soit avec un
directionnel.

1 *An* = "à", "au contact de".

● Locatif.

Die Stadt liegt am Meer (datif).
La ville se trouve au bord de la mer.

● Directionnel.

Er lehnt sich an die Wand (accusatif).
Il s'appuie contre le mur.

2 *Auf* = "sur" ("posé sur").

● Locatif.

Was hast du auf dem Kopf (dat.) ?
Qu'est-ce que tu as sur la tête ?

● Directionnel.

Stell dich auf den Stuhl (acc.) !
Mets-toi debout sur la chaise !

3 *In* = "dans".

● Locatif.

Er läuft im Wald herum (dat.).
Il court dans la forêt.

● Directionnel.

Er läuft in den Wald (acc.).
Il va dans la forêt en courant.

4 *Hinter* = "derrière".

● Locatif.

Was machst du hinter der Mauer (dat.) ?
Qu'est-ce que tu fais derrière le mur ?

● Directionnel.

Stell dich hinter den Baum (acc.) !
Mets-toi derrière l'arbre !

5 *Vor* = "devant".

● Locatif.

Er spielt vor der Schule (dat.).
Il joue devant l'école.

● Directionnel

*Setz dich **vor** die Tür* (acc.) *!*
Assieds-toi devant la porte !

6 ***Über*** = "au-dessus de" (sans contact).

● Locatif.

*Das Flugzeug fliegt **über** der Stadt* (dat.).
L'avion vole au-dessus de la ville.

● Directionnel.

*Das Flugzeug fliegt **über** die Stadt* (acc.).
L'avion passe au-dessus de la ville.

7 ***Unter*** = "sous".

● Locatif.

*Der Ball ist **unter** dem Auto* (dat.).
La balle est sous la voiture.

● Directionnel.

*Leg den Koffer **unter** den Schrank* (acc.) *!*
Mets la valise sous l'armoire !

8 ***Neben*** = "à côté de".

● Locatif.

*Er sitzt **neben** mir* (dat.).
Il est assis à côté de moi.

● Directionnel.

*Setz dich **neben** mich* (acc.) *!*
Assieds-toi à côté de moi !

9 ***Zwischen*** = "entre".

● Locatif.

***Zwischen** beiden Häusern ist ein kleiner Weg* (dat.).
Entre les deux maisons, il y a un petit chemin.

● Directionnel.

*Ich setze mich **zwischen** die beiden Schwestern* (acc.).
Je m'assieds entre les deux sœurs.

▶ Pour le locatif et le directionnel, voir n⁰ˢ 139 et 80.

Exercices

A. Complétez par un datif ou un accusatif :
1. Er sitzt neben dein ... Freund. 2. Leg das Päckchen auf ... Tisch ! 3. Such die Tasche in mein ... Zimmer (das Zimmer) ! 4. Der Zug fährt über d... Brücke (die Brücke). 5. Stell dich vor d... Auto !

B. Traduisez en allemand :
1. A côté de la gare, on voit une grande place. 2. Qu'est-ce qu'il y a sur le bureau (der Schreibtisch) ? 3. Est-il derrière la maison ? 4. Il y a des nuages (die Wolke) au-dessus de la mer. 5. J'irai te chercher à la gare.

193 *Prépositions spatiales et compléments de lieu*

1 Le locatif et le directionnel.

● On trouve le datif (locatif) ou l'accusatif (directionnel) avec les prépositions suivantes. (Comparez aussi les exemples de la rubrique précédente pour l'opposition des cas, n° 192).

– *In* = "dans (à l'intérieur de)".
Er arbeitet im Wald.
Il travaille dans la forêt.

– *An* = "à" (au contact de).
Er ist am Fenster.
Il est à la fenêtre.

– *Auf* = "sur" (contact vertical).
Lege das Buch auf den Tisch.
Mets le livre sur la table.

– *Unter* = "sous" (en-dessous de).
Die Puppe liegt unter dem Bett.
La poupée se trouve sous le lit.

– *Über* = "au-dessus de" (locatif).
Über *dem Sofa hängt ein Bild.*
Au-dessus du sofa est suspendu un tableau.

– *Über* = "par-dessus" ("traverser" : directionnel).
Er geht über die Grenze.
Il traverse la frontière.

– *Vor* = "devant".
Der Wagen steht vor dem Haus.
La voiture est devant la maison.

– *Hinter* = "derrière".
Wer ist hinter der Mauer ?
Qui est derrière le mur ?

– *Neben* = "à côté".
Et sitzt neben mir.
Il est assis à côté de moi.

– *Zwischen* = "entre".

*Was sieht man **zwischen** dem Baum und der Mauer ?*
Que voit-on entre l'arbre et le mur ?

● Prépositions sans opposition de cas.

– *Bei* + datif = "chez" (locatif).

*Sie wohnt noch **bei** ihren Eltern.*
Elle habite encore chez ses parents.

– *Zu* + datif = "chez" (directionnel).

*Ich fahre **zu** meinem Onkel.*
Je vais chez mon oncle.

– *In* + datif = "en", "à" (locatif noms géographiques).

*Er wohnt **in** Deutschland.*
Il habite en Allemagne.

– *Nach* + datif = "en", "à" (directionnel noms géographiques).

*Ich fahre **nach** Frankfurt.*
Je vais à Francfort.

– *Zu Hause* = "à la maison" (locatif).

*Ist er heute abend **zu** Hause ?*
Est-il à la maison ce soir ?

– *Nach Hause* = "à la maison" (directionnel).

*Wann fährst du **nach** Hause ?*
Quand rentres-tu ?

● Autres prépositions qui sont toujours suivies de l'accusatif.

– *Durch* + accusatif = "à travers".

*Er läuft **durch** den Wald.*
Il traverse la forêt en courant.

– *Gegen* + accusatif = "contre".

*Er ist **gegen** eine Laterne gefahren.*
Il a heurté un lampadaire.

– *Um* + accusatif ... *(herum)* = "autour de".

*Sie sitzen **um** den Tisch **(herum)**.*
Ils sont assis autour de la table.

2 Les mouvements de sortie.

● *Aus* ou *von* + datif = "de" ("hors de").

*Wann kommst du **aus** der Schule ?*
Quand sors-tu de l'école ?

*Ich komme **von** zu Hause.*
Je viens de chez moi.

● *Hinter* + datif ... *hervor, heraus* = "de derrière".

*Dann tritt er **hinter** dem Gebüsch **hervor**.*
Puis il sort de derrière le buisson.

● *Unter* + datif ... *hervor, heraus* = "de dessous".

*Ich sehe ihn **unter** dem Tisch **hervor**kommen.*
Je le vois sortir de dessous la table.

Les déplacements à deux.

● "Précéder" : *vor* + datif ...*her,* datif + *voran* ou datif + *voraus*.

*Er läuft **vor** mir **her**.*   *Er läuft mir **voraus**.*
Il court devant moi.   Il me devance.
*Er läuft mir **voran**.*
Il me précède.

● "Suivre" : *hinter* + datif ...*her,* datif + *hinterher,* ou datif + *nach*.

*Er läuft **hinter** mir **her**.*   *Er läuft mir **nach**.*
*Er läuft mir **hinterher**.*   Il me suit.
Il court derrière moi.

● "Côte à côte" : *neben* + datif ...*her*.

*Et läuft **neben** mir **her**.*
Il court à côté de moi.

Les face à face.

● Statique : datif + *gegenüber*.

*Er sitzt mir **gegenüber**.*
Il est assis en face de moi.

● Dynamique.
– Soit datif + *entgegen* (deux partenaires en mouvement).

*Er kommt mir **entgegen**.*
Il vient à ma rencontre.

– Soit *auf* + accusatif *zu* (un seul partenaire en mouvement).

*Er kommt **auf** mich **zu**.*
Il vient vers moi.

Les passages le long de...

● *An* + datif ...*vorüber* ou *vorbei* = "le long de, à côté de...".

*Ich bin **an** der Kaserne **vorüber**gegangen.*
J'ai longé la caserne.
*Er ist **an** mir **vorbei**geritten.*
Il est passé à cheval à côté de moi.

● *An* + datif *...entlang* = "le long de..." (ou : acc. + *entlang* ou : *ent-lang* + dat.).

*Ich gehe **am** Rhein **entlang** spazieren.*
Je vais me promener au bord du Rhin.

Exercice

Traduisez en allemand :
1. Nous avons tourné en voiture deux fois autour de la maison. 2. Ce matin, je l'ai suivi en vélo. 3. Ils marchent le long du mur. 4. J'ai vu un chat sortir de derrière la cabane (die Hütte). 5. Assieds-toi à côté de lui ! 6. L'oiseau s'est jeté en volant contre la vitre (die Fensterscheibe). 7. Il est passé devant moi en courant. 8. La voiture qui vient vers nous roule très vite.

194 *Près de* (traductions)

1 Sens spatial.

● *An* + datif/*an* + accusatif = "être très près de qqch." (ne pas utiliser *an* pour les personnes !).

*Sie sitzt **am** Fenster.*
Elle est assise près de la fenêtre.
*Sie setzt sich **ans** Fenster.*
Elle s'assoit près de la fenêtre.
*Sein Haus steht dicht **am** Wald.*
Sa maison est tout près de la forêt.

● *Neben* + datif/*neben* + accusatif = "à côté de" (pour les personnes et les lieux).

*Er saß im Kino **neben mir**.*
Au cinéma, il était assis près de moi.
*Er setzte sich im Kino **neben mich**.*
Au cinéma, il s'assit près de moi.
*Sie standen dicht **nebeneinander**.*
Ils se tenaient tout près l'un de l'autre.

● *Bei / nahe bei / dicht bei* + datif = "près de" (pour les lieux).

*Die Fabrik befindet sich **nahe beim** Flugplatz.*
L'usine se trouve près de l'aéroport.
*Die Schlacht fand **bei** Leipzig statt.*
La bataille eut lieu près de Leipzig.

● *In der Nähe* + génitif (ou *von* + datif) = "dans les environs, à proximité de".

*Sein Landhaus liegt **in der Nähe des** Bodensees.*
Sa maison de campagne est située près du lac de Constance.
*Ich arbeite hier ganz **in der Nähe**.*
Je travaille tout près d'ici.

2 Sens temporel.

● *Nahe daran sein, etw. zu tun* = "être près de faire qqch.".

*Er war **nahe daran**, alles aufzugeben.*
Il était près de tout abandonner.

● *Nicht so schnell etwas tun* = "ne pas être près de faire qqch.".

*Er kommt **nicht so schnell** wieder (*ou : *so schnell nicht).*
Il n'est pas près de revenir.

3 Sens quantitatif.

● *Ungefähr / an die / rund* = "près de" (devant des nombres).

***An die (rund)** 20 Personen sind bei dem Attentat umgekommen.*
Près de 20 personnes ont trouvé la mort dans l'attentat.

*Ich habe **ungefähr** eine Dreiviertelstunde warten müssen.*
J'ai dû attendre près de trois quarts d'heure.

▶ Voir aussi "être sur le point de", n° 91.

E x e r c i c e

Traduisez en allemand :
1. Le chat est assis près du feu. 2. Erlangen se trouve près de Nuremberg.
3. Près de 4 000 personnes s'étaient réunies sur la place. 4. Je ne suis pas près
de l'inviter. 5. Il habite tout près de l'église. 6. Notre maison est près du village.

---

195 *Préverbes : définition*

Un verbe peut comporter à l'infinitif :

● Un préverbe toujours accentué et détachable de ce verbe (= particule), par exemple °*aufstehen* = "se lever".

*ich stehe °**auf**, ich bin °**auf**gestanden*

● Un préverbe toujours inaccentué et soudé à lui (= préfixe), par exemple *ver*°*schwinden* = "disparaître".

*ich **ver**°schwinde, ich bin **ver**°schwunden*

● Un préverbe soit accentué et séparable, soit inaccentué et inséparable (préverbe "mixte"), par exemple °*übersetzen* = "faire passer sur l'autre rive" et *über*°*setzen* = "traduire".

ich setze °über, ich habe °übergesetzt ich über°setze, ich habe über°setzt

196 *Préverbes accentués séparables*

● Un verbe peut être précédé, à l'infinitif, de préverbes (ou particules) comme *ab, an, auf, aus, ein, bei, zu, nach, vor, entgegen, her, hin* et leurs composés, *fort, los, weg, zurück, nieder, empor, zusammen...* et des préverbes *durch, um, über, unter.*

● Ces préverbes portent l'accent du groupe "préverbe + verbe".
°*aufstehen*
se lever

● Le verbe s'en détache pour venir en première ou deuxième place dans la proposition.

Steh auf !   *Er* **steht auf**.
Lève-toi !   Il se lève.

● *Ge-* se place devant le verbe, donc entre la particule et le verbe au participe passé (ou participe 2), de même que *zu* à l'infinitif.

Er ist um 7 **aufgestanden.**   *Er hat keine Lust* **aufzustehen**.
Il s'est levé à 7 heures.   Il n'a pas envie de se lever.

▶ Voir aussi "préverbes : "les mixtes"", n° 203.

Exercice

Insérez le verbe entre parenthèses dans les propositions suivantes :
1. Wann ... du ... ? (zurückkommen) 2. Er ist noch nicht ... (ankommen). 3. Bist du schon mal ... (hinfahren). 4. ... du mir ... ? (zuhören) 5. Gestern hat er mich ... (auslachen). 6. Um wieviel Uhr ... der Zug... ? (abfahren). 7. ... ... ! (aufpassen) 8. Bist du ihn ... ? (loswerden) 9. Er ... ... (mitfahren). 10. Ich ... ihm ... (nachlaufen).

---

197 *Préverbe inaccentué : be-*

Étant inaccentués, les préfixes font toujours partie du verbe (sont **toujours inséparables du verbe**). Dans les exemples qui suivent, on compare du point de vue du sens et de la rection les verbes simples sans *be-*, lorsqu'ils existent, et les verbes avec *be-*.

1 **A côté du verbe simple, il existe un verbe avec *be-*,** qui a un sens voisin et qui, seul, a un complément à l'accusatif.

beantworten + acc. / *antworten auf* + acc.   = répondre
bekämpfen + acc. / *kämpfen gegen* + acc.   = combattre
betreten + acc. / *treten in* + acc.   = entrer dans
bedrohen + acc. / *drohen* + dat.   = menacer
besiegen + acc. / *siegen über* + acc.   = vaincre

Er hat **meinen Brief** *noch nicht* **beantwortet.**
Er hat **auf meinen Brief** *noch nicht* **geantwortet.**
Il n'a pas encore répondu à ma lettre.

2 **Le verbe simple et le verbe avec be- existent ;** ils ont des sens voisins, mais des emplois différents ; ils admettent tous les deux un complément à l'accusatif.

bedecken + acc.	***das Gesicht bedecken***	= cacher le visage
decken + acc.	***den Tisch decken***	= mettre la table
besuchen + acc.	***seine Eltern besuchen***	= rendre visite à ses parents
suchen + acc.	***den Ball suchen***	= chercher la balle
bekennen + acc.	***seine Schuld bekennen***	= reconnaître sa faute
kennen + acc.	***Deutsche kennen***	= connaître des Allemands

3 **Le verbe simple et le verbe avec be- existent ;** ils ont des sens et des emplois très différents.

begehen + acc.	***einen Mord begehen***	= commettre un meurtre
gehen	***in die Schule gehen***	= aller à l'école

4 **Le verbe simple n'existe pas.**

begegnen + dat. ***einem Freund begegnen*** = rencontrer un ami
bereichern + acc. ***seine Kenntnisse bereichern*** = enrichir ses connaissances

▲ **Attention :** il vaut mieux vérifier le sens des différents verbes dans un dictionnaire !

E x e r c i c e

Traduisez en allemand à l'aide d'un verbe en be- :
1. Où l'as-tu rencontrée ? 2. Le sol est recouvert de feuilles. 3. As-tu pu répondre à cette question ? 4. J'ai rendu visite à ma sœur. 5. Qui l'a menacé avec une arme (die Waffe) ?

---

198 *Préverbe inaccentué : ent-/emp-*

1 **Le verbe simple et le verbe avec ent- existent ;** *ent-* peut exprimer :

● L'opposition.

färben = teindre, colorer/***entfärben*** = décolorer
laden = charger/***entladen*** = décharger
das Schiff laden/entladen = charger/décharger le bateau

● La séparation.

fliehen = fuir/***entfliehen*** = s'enfuir
laufen = courir/***entlaufen*** = s'échapper

● L'entrée dans un état.

brennen = brûler/***entbrennen*** = s'enflammer
stehen = être debout/***entstehen*** = naître, se produire

2 **Il n'y a que trois verbes avec *emp-*.**

empfangen	***empfehlen***	***empfinden***
accueillir	recommander	ressentir

Il n'y a pas de rapport de sens avec le verbe simple.

3 **Le verbe simple n'existe pas.**

entgleisen	***enthaupten***
dérailler	décapiter

E x e r c i c e

Introduisez le verbe à la bonne forme :
1. Der Präsident hat eine Statue ... (enthüllen = inaugurer, dévoiler). 2. Er hat mir dieses Buch ... (empfehlen). 3. Was hast du dabei ... (empfinden) ? 4. Wer hat Amerika ... (entdecken) ? 5. Wie ist er ... (entlaufen) ?

199 *Préverbe inaccentué : er-*

1 **Le verbe simple et le verbe avec *er-* existent ;** *er-* peut exprimer :

● L'entrée dans un état.

blühen = fleurir/***erblühen*** = (se mettre à) fleurir
klingen = sonner/***erklingen*** = retentir
frieren = geler/***erfrieren*** = mourir de froid

● Le résultat d'une action.

schlagen = battre/***erschlagen*** = abattre
fragen = demander/***erfragen*** = questionner
finden = trouver/***erfinden*** = inventer
greifen = saisir/***ergreifen*** = attraper

2 **Le verbe simple et le verbe avec *er-* existent ;** leur sens est totalement différent.

fahren = rouler, aller en voiture/***erfahren*** = apprendre (une nouvelle)
zählen = compter/***erzählen*** = raconter

3 **Le verbe simple n'existe pas.**

erröten	***ergänzen***	***erlauben***
rougir	compléter	autoriser

E x e r c i c e

Traduisez en allemand :
1. Où as-tu appris cela ? 2. Peux-tu compléter la liste ? 3. Raconte-moi ton histoire. 4. Qui a inventé ce jeu ?

p

200 Préverbe inaccentué : ge-

1 Le verbe simple et le verbe en *ge-* existent ; les sens sont voisins, mais les emplois différents.

brauchen = avoir besoin de/*gebrauchen* = utiliser
horchen = écouter/*gehorchen* + dat. = obéir à

2 Le verbe simple et le verbe avec *ge-* existent, mais les sens sont très différents.

hören = écouter/*gehören* + dat. = appartenir à
fallen = tomber/*gefallen* + dat. = plaire à
stehen = être debout/*gestehen* = avouer

3 Le verbe simple n'existe pas.

geschehen = se passer   *es gelingt mir* = je réussis à
gebären = mettre au monde   *sich gewöhnen an* + acc. = s'habituer à

Exercice

Traduisez en allemand :
1. T'es-tu habitué à ton nouvel appartement ? 2. Je n'ai pas réussi à l'en convaincre (jmn von + dat. überzeugen). 3. A qui appartient ce manteau ? 4. Il s'y plaît.

201 Préverbe inaccentué : ver-

1 Le verbe simple et le verbe avec *ver-* existent ; les sens sont voisins, les emplois différents.

ändern = changer/*verändern* = transformer
lassen = laisser/*verlassen* = abandonner, quitter
werfen = jeter/*verwerfen* = rejeter
stoßen = pousser/*verstoßen* = repousser, enfreindre

2 Le verbe simple et le verbe avec *ver-* existent, mais les sens sont différents ; *ver-* peut exprimer :

● L'erreur.

laufen = courir/*sich verlaufen* = s'égarer
wechseln = changer/*verwechseln* = confondre
sagen = dire/*versagen* = échouer

● Une action poussée à bout.

blühen = fleurir/*verblühen* = se faner
brennen = brûler/*verbrennen* = brûler (consumer)
hungern = avoir faim/*verhungern* = mourir de faim
sinken = sombrer/*versinken* = couler

3 **Le verbe simple n'existe pas.**

verwöhnen	***verschönern***	***verbreiten***
gâter (par ex. enfants)	embellir	répandre

E x e r c i c e

Traduisez en allemand :
1. Elle a abandonné sa famille. 2. Ils se sont égarés. 3. J'ai brûlé le livre. 4. Ils ont gâté leurs enfants.

202 *Préverbe inaccentué : zer-*

1 **Le verbe simple et le verbe avec *zer-* existent.**
Zer- exprime la destruction, la réduction en petits morceaux.

brechen = briser / ***zerbrechen*** = mettre en pièces
fallen = tomber / ***zerfallen*** = s'écrouler, se désagréger
schlagen = battre / ***zerschlagen*** = casser
stören = déranger / ***zerstören*** = détruire
schneiden = couper / ***zerschneiden*** = couper en morceaux

2 **Le verbe simple n'existe pas.**

zerkleinern	***zerlöchern***
concasser	cribler de trous

E x e r c i c e

Traduisez en allemand :
1. La maison a été détruite. 2. Pourquoi découpes-tu cette feuille de papier ?
3. Qui a cassé le vase (die Vase) ? 4. Ta chemise est pleine de trous.

203 *Préverbes "mixtes"*

Pour certains verbes, il faut se demander s'ils sont précédés d'un préverbe séparable ou inséparable et surtout apprendre leur accentuation et le sens correspondant (pour leur définition, voir n° 195). Voici quelques exemples.

1 *Durch-*.

● Préverbe inséparable dans les verbes :

durch°ziehen	***durch°suchen***
parcourir, sillonner	fouiller (une maison)

● Préverbe séparable dans les verbes :

°durchscheinen	***°durchlesen***
passer à travers (lumière)	lire complètement

°**durchschneiden**
couper en deux, sectionner

°**durchgehen**
passer à travers

°**durchfallen**
échouer, être recalé (examen)

°**durchziehen**
passer (un fil)

2 Um-.

● Préverbe inséparable dans les verbes :

um°**armen**
serrer dans ses bras

um°**fahren**
faire le tour de (en voiture)

um°**fassen**
contenir, comprendre

um°**geben**
entourer

● Préverbe séparable dans les verbes :

°**umändern**
transformer

°**umbauen**
transformer (construction)

°**umdrehen**
retourner

°**umfallen**
tomber par terre, se renverser

°**umfahren**
renverser (avec un véhicule)

°**umkehren**
retourner, faire demi-tour

°**umziehen**
déménager

sich °**umziehen**
se changer

3 Über-.

● Préverbe inséparable dans les verbes :

über°**blicken**
parcourir des yeux

über°**fahren**
écraser (véhicule)

über°**holen**
dépasser (voiture)

über°**legen**
réfléchir

über°**nachten**
passer la nuit

über°**schreiten**
franchir (une limite)

über°**setzen**
traduire (un texte)

über°**zeugen**
convaincre

● Préverbe séparable dans les verbes :

°**überfließen**
déborder

°**übersetzen**
faire passer sur l'autre rive

4 Unter-.

● Préverbe inséparable dans les verbes :

unter°**brechen**
interrompre

unter°**halten**
entretenir

unter°**richten**
enseigner

unter°**schreiben**
signer

unter°**nehmen**
entreprendre

unter°**suchen**
examiner

unter°**stützen**
soutenir

● Préverbe séparable dans les verbes :

°**untergehen**
se coucher (soleil), décliner

°**unterkommen**
trouver un logis

Remarques
● *Voll-* est préverbe séparable au sens de "remplir" : °*vollmachen,* °*vollgießen* et préverbe inséparable au sens de "achever" : *voll°bringen, voll°enden.*

● *Wider-* est préverbe séparable dans les verbes °*widerhallen* = "résonner" et °*widerspiegeln* = "refléter" et préverbe inséparable au sens de "s'opposer" = *wider°sprechen* = "contredire".

● *Wieder-* est préverbe inséparable dans un seul verbe : *wieder°holen* = "répéter".

E x e r c i c e

Traduisez en allemand :
1. Il a lu le livre d'un bout à l'autre. 2. As-tu écrasé la poule (das Huhn) ? 3. Il m'a serré dans ses bras. 4. Où a-t-il passé la nuit ? 5. Où l'as-tu dépassé ? 6. Ai-je signé la lettre ? 7. Qui a traduit ce texte ? 8. Il s'est entretenu avec ma mère. 9. Nous déménageons demain. 10. Je répète la question.

204 *Pronoms démonstratifs*

Il existe plusieurs sortes de pronoms démonstratifs.

1 Le pronom *der, das, die* (toujours accentué).

	Masculin	Neutre	Féminin	Pluriel
N	*der*	*das*	*die*	*die*
A	*den*	*das*	*die*	*die*
D	*dem*	*dem*	*der*	*denen*
G	*dessen*	*dessen*	*deren*	*deren/derer*

Ce pronom peut être employé dans les cas suivants.

● Pour montrer quelque chose ou quelqu'un.

***Den** habe ich schon irgendwo gesehen.*
Celui-là, je l'ai déjà vu quelque part.

● Pour reprendre un élément énoncé précédemment, comme un pronom personnel.

*Peter hat eine Flasche Wein gekauft ; **die** hat er mir gegeben.*
Pierre a acheté une bouteille de vin ; il me l'a donnée.

● Comme antécédent d'un pronom relatif.

*Wehe **dem**, der lügt.*
Malheur à celui qui ment.

● Au génitif, comme équivalent d'un adjectif possessif.

*Ich bin mit Peter, Maria und **deren** Bruder spazieren gegangen.*
Je suis allé me promener avec Pierre, Marie et le frère de celle-ci.

Lorsque cet antécédent est au génitif pluriel, on utilise *derer* et non *deren*.

*Gedenket **derer**, die hier gestorben sind.*
Souvenez-vous de ceux qui sont morts ici.

2 **Les pronoms *dieser* et *jener*,** dont les formes sont identiques à celles des adjectifs *dieser* et *jener*, mais dont le génitif n'est pas employé.

Dieser signifie "celui-ci" (proche du locuteur), *jener* "celui-là" (éloigné du locuteur). Ces deux pronoms sont surtout employés pour reprendre des éléments énoncés précédemment.

*Ich habe das Schloß von Versailles und das Schloß von Chantilly besichtigt ; **dieses** ist zwar prächtig, aber **jenes** gefällt mir besser.*
J'ai visité le château de Versailles et le château de Chantilly ; il est vrai que celui-ci est somptueux, mais celui-là me plaît davantage.

3 **Le pronom indéfini *einer, eines, eine*** (voir n° 205) précédé de *so* ou de *solch* invariables.

*Sie hatte ein modernes Fahrrad ; **so eins** hatte ich noch nie gesehen.*
Elle avait une bicyclette moderne ; je n'en avais encore jamais vu une pareille.

4 **Le pronom *solch-*,** employé rarement et presque exclusivement au pluriel *(solche)*.

*Diese Bäume sehen komisch aus ; hast du **solche** schon mal gesehen ?*
Ces arbres sont bizarres ; en as-tu déjà vu de pareils ?

5 **Le pronom *derjenige, dasjenige, diejenige*.**

	Masculin	Neutre	Féminin	Pluriel
N	*derjenige*	*dasjenige*	*diejenige*	*diejenigen*
A	*denjenigen*	*dasjenige*	*diejenige*	*diejenigen*
D	*demjenigen*	*demjenigen*	*derjenigen*	*denjenigen*
G	*desjenigen*	*desjenigen*	*derjenigen*	*derjenigen*

Ce pronom est utilisé exclusivement comme antécédent d'un pronom relatif ; la relative qui suit est obligatoirement une relative déterminative (en allemand, contrairement au français, il y a une virgule devant le pronom relatif).

*Er ist also **derjenige**, der das getan hat.*
C'est donc lui qui l'a fait.

Exercices

A. Traduisez en allemand :
1. Celui qui vient est un ami à moi. 2. J'ai acheté deux disques : celui-ci pour mon père et celui-là pour ma sœur. 3. Elle a deux manteaux : celui-là, elle ne l'a encore jamais mis. 4. J'ai différentes robes : en voudriez-vous une comme ça ? 5. J'ai vu Paul, son père et la sœur de celui-ci.

B. Complétez par le pronom der, das, die (décliné ou non) :
1. Peter ist zu Besuch ; ... habe ich heute Montmartre gezeigt. 2. Unsere Nachbarn sind zum Glück ausgezogen ; ... waren sowieso immer unfreundlich. 3. Erinnerst du dich an ..., der neben uns stand ? 4. Schau dir die Westen an ; hast du ... schon mal anprobiert ?

---

205 *Pronoms indéfinis*

Il y a plusieurs types de pronoms indéfinis.

1 *Man* = "on" ne s'emploie qu'au nominatif.

Man weiß nie, ob er gutgelaunt sein wird oder nicht.
On ne sait jamais s'il sera de bonne humeur ou non.

Au datif et à l'accusatif, le français utilise "vous", l'allemand ***einer*** décliné.

*In dieser Stadt kann **einem** nichts passieren.*
Dans cette ville rien ne peut vous arriver.

2 ***Einer, eines, eine*** = "quelqu'un" ou "l'un de..." et ***keiner, keines, keine*** = "aucun ou aucune de..." (voir aussi n° 36). Ces pronoms se déclinent comme *der, das, die.*

***Einer** meiner Mitarbeiter ist gestorben.*
L'un de mes collaborateurs est mort.

*Ich habe **einen** der schönsten Filme von Fritz Lang gesehen.*
J'ai vu un des plus beaux films de Fritz Lang.

***Keiner** ist gekommen.*
Aucun d'entre eux n'est venu.

3 ***Jemand*** = "quelqu'un" et ***niemand*** = "personne". A l'accusatif et au datif, *jemand* et *niemand* sont invariables *(jemand, niemand)* ou déclinés *(jemanden, jemandem, niemanden, niemandem).*

*Hat **jemand** geklopft ?*	*Ich habe **niemand(en)** gesehen.*
Quelqu'un a-t-il frappé ?	Je n'ai vu personne.

4 ***Etwas*** = "quelque chose" et ***nichts*** = "rien". *Etwas* et *nichts* sont invariables.

*Hast du **etwas** zu trinken ?*	*Ich habe **nichts** gesagt.*
As-tu quelque chose à boire ?	Je n'ai rien dit.

Dans certains cas, *etwas* peut s'abréger en *was*.

*Hast du **was** zu essen ?*   *Hast du **was** gehört ?*
As-tu quelque chose à manger ?   As-tu entendu quelque chose ?

Pour *etwas, nichts* + adjectif voir n° 151.

▲ **Attention :** "rien" se traduit parfois par *etwas* en allemand, en particulier dans les cas de double négation.

*Ich habe nie **etwas** Schöneres gesehen.*
Je n'ai jamais rien vu de plus beau.

E x e r c i c e

Traduisez en allemand :
1. Tu voulais un bateau ; en as-tu acheté un ? 2. Aucun de ces livres ne m'a intéressé.
3. Personne ne m'a rien dit. 4. On ne sait jamais ce qui peut vous arriver. 5. Il n'a besoin de rien. 6. L'un de mes amis m'a téléphoné. 7. As-tu rencontré quelqu'un ?

206 *Pronoms personnels : formes*

| | | 1ʳᵉ pers. | 2ᵉ pers. | 3ᵉ pers. | | | Forme de politesse |
				Masculin	Neutre	Féminin	
Singulier	N	ich	du	er	es	sie	Sie
	A	mich	dich	ihn	es	sie	Sie
	D	mir	dir	ihm	ihm	ihr	Ihnen
	G	meiner	deiner	seiner	seiner	ihrer	Ihrer
Pluriel	N	wir	ihr	sie			Sie
	A	uns	euch	sie			Sie
	D	uns	euch	ihnen			Ihnen
	G	unser	euer	ihrer			Ihrer

E x e r c i c e

Mettez le pronom personnel qui convient :
1. Habt ... Kleingeld ? 2. Herr Meyer, waren ... schon einmal in Paris ? 3. Gib ... sein Buch zurück ! 4. Rita hat morgen Geburtstag ; schenk ... Blumen ! 5. Frau Schmitt, soll ... ... einen Stuhl bringen ? 6. Kinder, soll ich ... zeigen, was ich gekauft habe ?

207 *Pronoms personnels : particularités d'emploi*

1 **Les formes du génitif** sont rarement employées. Elles subsistent dans quelques expressions.

*Erbarme dich **unser** !*
Aie pitié de nous !

2 **Les formes doubles du français "moi, je... ; toi, tu... ; lui, il..."** etc., correspondent à la forme unique du pronom personnel allemand, éventuellement suivie de *aber* ; **"nous, on..."** correspond à *wir*. Dans ce cas, le pronom personnel porte un accent, un autre élément de la phrase portant un autre accent.

°*Ich (aber) glaube, daß er in I°talien ist.*
Moi, je pense qu'il est en Italie.
~~*Mich, ich*...~~ est impossible.

3 **Les formes du français "c'est moi, toi ... qui..., c'est à moi, à toi ... que...,"** etc., correspondent, elles aussi, à la forme unique du pronom personnel allemand. Dans ce cas, c'est le pronom qui porte seul l'accent de la phrase (voir aussi n° 59).

°*Ich habe das gemacht.*
C'est moi qui ai fait cela.
~~*Es ist ich, der*...~~ est impossible.

Mit °*mir ist er spazierengegangen.*
C'est avec moi qu'il est allé se promener.

4 **Les formules de présentation.**
"C'est moi" : se traduit par *Ich bin es* ou *ich bin's*.
"Me voici" se traduit par *Da bin ich*.

5 **Les formes du pronom personnel de la 3ᵉ personne** sont parfois remplacées, en allemand, par les formes du pronom démonstratif *der, das, die* surtout dans le langage familier, sous forme de reprise.

*Dem Peter, **dem** habe ich eine Schallplatte geschenkt.* (*dem* reprend *dem Peter*)
A Pierre j'ai offert un disque.

6 **Lorsqu'un pronom personnel** de la 1ʳᵉ ou 2ᵉ personne est **antécédent d'un relatif,** deux solutions sont possibles.

● Ou bien on répète le pronom dans la relative en faisant concorder la forme du verbe et la forme du pronom.

*Du, der **du** so gut Klavier spielst...*
~~*(der so gut Klavier spielst* : impossible*)*~~
Toi qui joues si bien du piano...

● Ou bien on ne répète pas le pronom et on fait concorder la forme du verbe et le pronom relatif (3ᵉ personne).

Du, der so gut Klavier spielt.

Cette deuxième solution semble se répandre dans l'usage courant.

7 **Dans une lettre,** les pronoms personnels qui représentent celui à qui on s'adresse prennent une majuscule (voir aussi n° 137).

*"... Bist **Du** immer noch krank ? ..."*
"... Es-tu toujours malade ? ..."
*Ich danke **Dir** ganz herzlich für **Deinen** Brief.*
Je te remercie beaucoup (litt. : très cordialement) pour ta lettre.

▶ Pour le pronom *es,* voir n° 90.

Exercice

Traduisez en allemand (en utilisant le pronom accentué) :
1. Eux, ils ne pensent qu'aux vacances. 2. C'est moi qui ai ouvert la porte.
3. C'est à elle que j'ai donné la clef. 4. Toi, tu es un menteur (der Lügner) !
5. A moi, ils ne m'ont rien donné. 6. Lui qui avait toujours de si belles voitures. 7. C'est chez nous qu'ils auraient dû passer la nuit. 8. Te voilà ?
9. Nous, on reste à la maison. 10. Moi, je vais en Italie.

---

208 *Pronoms personnels : place et ordre*

Les pronoms personnels obéissent aux lois générales de la place des mots. On peut cependant relever quelques particularités.

1 **Place du pronom personnel sujet :** soit en tête de proposition, soit immédiatement après le verbe conjugué, soit immédiatement après la conjonction de subordination (dans les subordonnées).

***Er** fährt morgen mit seinem Bruder nach Essen.*
*Morgen fährt **er** mit seinem Bruder nach Essen.*
Demain, il se rend avec son frère à Essen.

*Ich weiß, daß **er** morgen mit seinem Bruder nach Essen fährt.*
Je sais que demain il se rend avec son frère à Essen.

2 **Place des pronoms personnels autres que les pronoms sujets :** soit en tête de proposition, soit immédiatement après le verbe conjugué, soit à une place indifférente dans la subordonnée à l'intérieur des éléments hors groupe verbal.

***Ihm** hat mein Vater gestern einen Brief geschrieben.*
Mon père lui a écrit hier une lettre.

*Mein Vater hat **ihm** gestern einen Brief geschrieben.*
Mon père lui a écrit hier une lettre.

Ich glaube, daß { * **ihm** mein Vater gestern*
*mein Vater **ihm** gestern*   *einen Brief geschrieben hat.*
*mein Vater gestern **ihm***
Je crois que mon père lui a écrit hier une lettre.

3 **Ordre des pronoms personnels.**

Lorsque plusieurs pronoms personnels à des cas différents se trouvent dans une même proposition, il faut respecter l'ordre suivant :
1 : nominatif ; 2 : accusatif ; 3 : datif. Cet ordre est obligatoire, même dans les subordonnées.

Er hat es ihm gegeben.   *..., weil er es ihm gegeben hat.*
Il le lui a donné.   parce qu'il le lui a donné.
Er hat ~~ihm es gegeben~~ est impossible

▶ Pour l'ordre des mots, voir aussi nᵒˢ 164 à 171.

E x e r c i c e

Traduisez en allemand :
1. Pourquoi lui as-tu caché (verstecken) son portefeuille (die Brieftasche) ?
2. Je le lui ai rendu ce matin. 3. Je sais que tu le lui as rendu. 4. Crois-tu qu'elle sera là demain ? 5. Je l'ai remerciée pour sa lettre. 6. Que lui as-tu offert ? 7. Lui as-tu apporté le journal (die Zeitung) ?

---

209 *Pronoms possessifs*

Les pronoms possessifs se présentent sous trois formes.

1 **Adjectif possessif + marques de l'article défini der, das, die.**

● **Possesseur unique.**

Genre et nombre de l'objet possédé			
Masculin	Neutre	Féminin	Pluriel
1ʳᵉ personne			
N *meiner*	*mein(e)s*	*meine*	*meine*
A *meinen*	*mein(e)s*	*meine*	*meine*
D *meinem*	*meinem*	*meiner*	*meinen*
G *meines*	*meines*	*meiner*	*meiner*
2ᵉ personne			
N *deiner*	*dein(e)s*	*deine*	*deine*
A *deinen*	*dein(e)s*	*deine*	*deine*
D *deinem*	*deinem*	*deiner*	*deinen*
G *deines*	*deines*	*deiner*	*deiner*
3ᵉ personne			
N *seiner/ihrer*	*sein(e)s/ihr(e)s*	*ihre / seine*	*seine/ihre*
A *seinen/ihren*	*sein(e)s/ihr(e)s*	*ihre / seine*	*seine/ihre*
D *seinem/ihrem*	*seinem/ihrem*	*ihrer/ seiner*	*seinen/ihren*
G *seines/ihres*	*seines/ihres*	*ihrer/ seiner*	*seiner/ihrer*

● Possesseurs multiples.

	Masculin	Neutre	Féminin	Pluriel
	1re personne			

	Masculin	Neutre	Féminin	Pluriel
1re personne				
N	uns(e)rer	uns(e)res	uns(e)re	uns(e)re
A	uns(e)ren	uns(e)res	uns(e)re	uns(e)re
D	uns(e)rem	uns(e)rem	uns(e)rer	uns(e)ren
G	uns(e)res	uns(e)res	uns(e)rer	uns(e)rer
2e personne				
N	eu(e)rer	eu(e)res	eu(e)re	eu(e)re
A	eu(e)ren	eu(e)res	eu(e)re	eu(e)re
D	eu(e)rem	eu(e)rem	eu(e)rer	eu(e)ren
G	eu(e)res	eu(e)res	eu(e)rer	eu(e)rer
3^e personne				
N	ihrer	ihres	ihre	ihre
A	ihren	ihres	ihre	ihre
D	ihrem	ihrem	ihrer	ihren
G	ihres	ihres	ihrer	ihrer

FORME DE POLITESSE

● Possesseur unique.

N	Ihrer	Ihres	Ihre	Ihre
A	Ihren	Ihres	Ihre	Ihre
D	Ihrem	Ihrem	Ihrer	Ihren
G	Ihres	Ihres	Ihrer	Ihrer

● Possesseurs multiples.

N	Ihre
A	Ihre
D	Ihren
G	Ihrer

Remarques

● Il faut distinguer entre le singulier ou le pluriel de l'élément possédé et le singulier ou le pluriel du/des possesseurs.

*Meine Schuhe sind klein. Sind **deine** größer ?*
(possesseur unique – élément possédé multiple)
Mes chaussures sont petites. Les tiennes sont-elles plus grandes ?

● Comme pour l'adjectif possessif, on distingue à la 3e personne entre le possesseur masculin ou neutre d'une part et le possesseur féminin.

*Inge sucht ihr Fahrrad ; hast du **ihres** genommen ?*
Inge cherche sa bicyclette ; as-tu pris la sienne ?

● Le génitif est rarement employé.

● Certains -e- peuvent disparaître, comme le montre le tableau.

2 Les formes *der meine, das meine, die meine...* etc., *mein-* prenant les mêmes marques que l'adjectif dans le groupe nominal type I.

*Dein Auto ist schwarz ; **das meine** ist rot.*
Ta voiture est noire ; la mienne est rouge.

▶ Pour l'adjectif dans le groupe nominal, voir n° 7.

Il existe des formes substantivées : *die Seinen* = "les siens" (ses proches) ; *das Seine* = "ses biens" (cf. l'expression : *Jedem das Seine* = "A chacun ce qui lui revient").

3 Les formes *der meinige, das meinige, die meinige...* etc., *meinig-* prenant les mêmes marques que l'adjectif dans le groupe nominal type I. Cette troisième forme est la plus rarement employée.

E x e r c i c e s

A. Traduisez en allemand :
1. Voici des livres ; est-ce que ce sont les tiens ? 2. Vous avez deux enfants ? Les nôtres sont au cinéma aujourd'hui. 3. Laisse ce manteau ! Ce n'est pas le tien. 4. Regarde ce bateau ! Est-ce le leur ? 5. Un portefeuille (die Brieftasche)... Pierre, est-ce le vôtre ?

B. Introduisez un pronom possessif dans les phrases :
1. Du hast auch einen Plattenspieler ; nimm doch... mit ! 2. Wem gehört dieser Regenschirm, Paul ? Ist das... ? 3. Hast du ein Auto ? Ist das... ? 4. Schmitts haben zwei Hunde. Das sind... 5. Ich habe auch ein Schachspiel ; ich komme mit...

210 *Pronoms relatifs*

Il existe plusieurs sortes de pronoms relatifs ; ils introduisent une relative.

1 Le pronom *der, das, die.*

	Masculin	Neutre	Féminin	Pluriel
N	der	das	die	die
A	den	das	die	die
D	dem	dem	der	denen
G	dessen	dessen	deren	deren

Ce pronom s'accorde en genre (masculin, neutre ou féminin) et en nombre (singulier ou pluriel) avec son antécédent.
Il se met au cas correspondant à sa fonction dans la relative.

masculin singulier

*Der Zug, **der** jetzt gerade ankommt, hat 10 Minuten Verspätung.*

sujet (= nominatif)

Le train qui arrive à l'instant a 10 minutes de retard.

*Die Frau, mit **der** ich gesprochen habe, war sehr freundlich.*

féminin   datif (après *mit*)
singulier

La dame avec qui j'ai parlé était très aimable.

▲ **Attention** au génitif :

● Les formes *dessen* et *deren* jouent le rôle d'un génitif saxon, c'est-à-dire qu'elles se placent devant le nom dont elles sont le complément et d'autre part, ce nom ne prend pas d'article.

*Michael, **dessen** Bruder in Hamburg wohnt, ist heute bei uns.*
cf. ----- *Michaels Bruder*-----
Michel, dont le frère habite à Hambourg, est aujourd'hui chez nous.

... ***dessen der Bruder*** est impossible !

● En revanche, le nom peut être précédé d'adjectifs (type II).

*Michael, **dessen jüngster** Bruder in Hamburg wohnt, ist heute bei uns.*
Michel, dont le plus jeune frère habite à Hambourg, est aujourd'hui chez nous.

● Les formes *dessen* et *deren* correspondent aux relatifs français, "dont, duquel, de laquelle, desquels" ou "desquelles", mais elles sont toujours des compléments de nom, ce qui n'est pas le cas pour les formes françaises.

▶ Pour la traduction de "dont", voir n° 82.
Pour le génitif saxon, voir n° 104.

2 **Le pronom *welcher, welches, welche.***

	Masculin	Neutre	Féminin	Pluriel
N	*welcher*	*welches*	*welche*	*welche*
A	*welchen*	*welches*	*welche*	*welche*
D	*welchem*	*welchem*	*welcher*	*welchen*

*Der Student, **welchem du** deine Adresse gegeben hast, wohnt hier.*
L'étudiant à qui tu as donné ton adresse habite ici.

Remarquez que le génitif de ce pronom n'est pas employé.

3 **Le pronom *wer, was*.**

Les formes du pronom *wer, was* sont les mêmes que celles du pronom interrogatif (voir n° 124). On les emploie pour des personnes ou des choses indéterminées ; on ne peut pas les remplacer par *der, das, die* ou *welcher, welches, welche*.

Wer zu viel Alkohol trinkt, wird bestimmt eines Tages krank werden.
Qui boit trop d'alcool, tombera certainement malade un jour ou l'autre.

Was du gesehen hast, interessiert mich nicht.
Ce que tu as vu ne m'intéresse pas.

On emploie obligatoirement *was* après un antécédent au superlatif neutre indéfini et après les indéfinis *alles* = "tout", *nichts* = "rien", *vieles* = "beaucoup de choses", *etwas* = "quelque chose" et après le démonstratif *das*.

*Das ist alles, **was** ich gekauft habe.*
C'est tout ce que j'ai acheté.

*Das, **was** du siehst, ist der Eiffelturm.*
Ce que tu vois est la Tour Eiffel.

*Das ist das Schönste, **was** er bis jetzt gemalt hat.*
C'est ce qu'il a peint de plus beau jusqu'à présent.

Mais :

*Das ist das schönste Bild, **das** er gemalt hat.*
C'est le plus beau tableau qu'il ait peint.

On emploie également *was*, "ce qui, ce que" comme reprise d'un énoncé antérieur.

*Er ist drei Tage bei uns geblieben, **was** uns natürlich sehr gefreut hat.*
Il est resté trois jours chez nous, ce qui naturellement nous a fait grand plaisir.

4 **Les pronoms invariables.**

Wo (où locatif) et ses composés : *wo* + préposition ou *wo* + *r* + préposition : *womit, worauf...* ainsi que *wohin* (où directionnel), *woher* (d'où), etc., peuvent être des pronoms relatifs ; mais ils ne sont jamais employés avec des antécédents d'êtres animés. Leur forme est identique à celle des pronoms interrogatifs.

*Ich kenne ein Restaurant, **wo** man sehr gut ißt.*
Je connais un restaurant où l'on mange très bien.

*Die Stadt, **wohin** Sie fahren wollen, liegt nicht sehr weit von der Autobahn.*
La ville où vous voulez aller n'est pas très loin de l'autoroute.

*Das ist das Paket, **worauf** (auf das) ich so lange gewartet habe.*
C'est le paquet que j'ai attendu si longtemps.

Remarquez que les formes en "*wo* + préposition" tendent à disparaître au profit des formes "préposition + relatif".

▶ Pour les pronoms interrogatifs invariables, voir n° 125.

p

Exercices

A. Introduisez l'un des quatre types de pronoms relatifs :
1. ... viel Geld verdient, muß auch viele Steuern (impôts) zahlen. 2. Kennst du ein Land, ... Apfelsinen wachsen ? 3. Der Freund, mit ... ich nach Schweden gefahren bin, wohnt in Köln. 4. Die Nachbarn, ... Auto vor der Garage steht, waren in der Türkei. 5. Das war die schönste Stadt, ... ich je gesehen habe. 6. Das ist alles, ... ich sagen kann.

B. Traduisez en allemand :
1. Le vin que j'ai bu en Espagne était très bon. 2. Ce que tu vois là-bas au loin (in der Ferne) est un navire de guerre. 3. J'ai visité un château dont le propriétaire (der Besitzer) est mort l'an dernier. 4. Le train que nous attendons (warten auf + acc.) vient de Lyon. 5. Tout ce que j'avais apporté a été mangé.

211 *Pronoms et adverbes d'annonce et de reprise*

On peut annoncer ce que l'on va dire, ou reprendre ce que l'on vient de dire à l'aide de pronoms ou d'adverbes.

1 L'annonce : on annonce soit des propositions, soit des subordonnées.

● Par *es, das, dem, dessen* selon le verbe ou l'adverbe employés.
*Ich weiß **es** : du warst gestern krank.*
Je le sais : tu étais malade hier.

● Par les pronoms adverbiaux en *da-*.
*Ich habe mich **daran** erinnert, daß du in Spanien warst.*
Je me suis rappelé que tu étais en Espagne.

● Par les adverbes *darum, deswegen* ou *deshalb* en corrélation avec *weil*.
*Er ist nur **deshalb** gekommen, weil er Geld haben wollte.*
Il n'est venu que parce qu'il voulait de l'argent.

2 La reprise : on reprend soit des propositions, soit des subordonnées, soit des éléments encore plus vastes du discours précédent.

● Par *es, das, dem, dessen* selon le verbe ou l'adverbe employés.
*Ich hatte einen Fehler gemacht ; **dessen** war ich mir völlig bewußt.*
J'avais fait une erreur ; j'en avais pleinement conscience.

● Par les pronoms adverbiaux en *da-*.
*Sein Auto war schlecht geparkt ; ich machte ihn **darauf** aufmerksam.*
Sa voiture était mal garée ; je le lui fis remarquer.

● Par les adverbes *deswegen, deshalb, trotzdem.*
*Ich fühle mich heute abend nicht wohl ; ich gehe aber **trotzdem** ins Kino.*
Ce soir je ne me sens pas bien ; mais j'irai quand même au cinéma.

E x e r c i c e

Traduisez en allemand :
1. Il est né un premier avril ; je m'en souviens. 2. Je voulais aller en Angleterre ; mais j'ai dû y renoncer (verzichten auf + acc.). 3. Je le lui ai dit qu'il devait mettre un chapeau. 4. Il a plu toute la journée hier ; pour cette raison je n'ai pas pu jouer au tennis. 5. J'ai réfléchi (nachdenken über + acc.) à ce que je pourrais lui dire. 6. Il avait escompté (rechnen mit + dat.) que le train aurait cinq minutes de retard.

212 *Prononciation*

1 Les signes phonétiques.

● Voyelles (en syllabes accentuées).

Voyelles brèves	Voyelles longues
[I] : ich, Mitte	*[i:] : ihr, Bier, sie*
[Y] : Müller	*[y:] : üben, Bühne*
[U] : und, Mutter	*[u:] : Uhr, Huhn, Kuh*
[ɛ] : Erker, ätzen, Bett, Männer	*[e:] : Erde, beten, See*
[œ] : öffnen, können	*[ø:] : Öfen, Größe*
[ɔ] : offen, Post	*[o:] : Ofen, groß, so*
[ɑ] : alt, Hand	*[ɛ:] : Ära, Bär*
	[ɑ:] : aber, brav, da

● Diphtongues.

[aI] : Ei, Bein, Blei   *[ɔY] : Leute, läuten*
[aU] : aus, Haus

● Consonnes.

[p] : Punkt, Rippe, Abt	*[v] : Wagen*
[b] : blau, Rabe	*[s] : Straße, Gras, küssen, Kuß*
[m] : Mutter, Kammer, Lamm	*[z] : satt, Rose*
[t] : tanzen, Sitte, Lied	*[ʃ] : schön, Tasche, Tisch*
[d] : du, Lieder	*[ç] : ich, streicheln*
[n] : nein, Tanne, dünn	*[j] : ja, Familie*
[k] : kein, Rücken, Blick	*[l] : lachen, fehlen, Knall*
[g] : gut, sagen	*[h] : Hund*
[ŋ] : singen, sinken, Ding	*[r] : rund, Paris*
[f] : für, Affe, Brief, Vater	*[ɐ] : Tür*

● Voyelles en syllabe inaccentuée.

[ə] : lieben   *[ɐ] : Bäcker*

2 L'accent dans les mots.
Les mots de l'allemand sont accentués selon leur nature.

● Les mots simples d'origine allemande : 1re syllabe.
°arbeiten, °fühlen, das °Eisen

● Les mots dérivés : sur la syllabe accentuable du radical.
*ver°**kau**fen, °**Ach**tung, die Er°**zieh**ung*

Mais le suffixe *-ei* est toujours accentué.
*die Büche°**rei***

● Les mots composés : en général sur la syllabe accentuable du premier élément.
*die °**Ei**senbahn, die Ver°**kaufs**bedingungen, °**auf**stehen, der Philo°**so**phenweg*

● Les mots d'origine étrangère : selon le type de suffixe, souvent sur la dernière syllabe.

*– oph : der Philo°**soph***	*– ent : das Parla°**ment***
*– ist : der Germa°**nist***	*– tät : die Universi°**tät***
*– ur : die Na°**tur***	*– ion : die Na°**tion***
*– ie : die Theo°**rie***	

Souvent sur l'avant-dernière syllabe.

*– or : der °**Dok**tor (pl. Dok°toren)*	*– ierer : der Hau°**sie**rer*
*– ie : die Fa°**mi**lie*	*– iner : der Benedik°**ti**ner*
*– ose : die Nar°**ko**se*	*– aner : der Republi°**ka**ner*

Parfois sur l'avant-avant dernière syllabe.
*– iker : der Po°**li**tiker, der Mathe°**ma**tiker, der °**Che**miker*

213 *Qualificative*

● Certaines relatives déterminatives peuvent être transformées en une qualificative.

Der Bus, der gerade vorbeifährt, hat zehn Minuten Verspätung.
***Der gerade vorbeifahrende Bus** hat zehn Minuten Verspätung.*
L'autobus qui est juste en train de passer a dix minutes de retard.

● Il n'y a pas de différence de sens entre les deux structures ; la qualificative est d'un niveau de langue plus élevé ; elle est plus utilisée à l'écrit qu'à l'oral.

● Il faut pouvoir transformer le verbe de la relative en participe I ou II : on utilise le participe I lorsqu'il s'agit d'une action en cours, et le participe II pour une action passée. Ces participes ont alors une fonction d'adjectif épithète.

Soll ich die Bücher aufheben, die auf den Teppich gefallen sind ?
*Soll ich **die auf den Teppich gefallenen Bücher** aufheben ?*
Dois-je ramasser les livres qui sont tombés sur le tapis ?

▶ Pour l'adjectif épithète, voir n° 7.

● Lorsque le verbe de la relative est le verbe *sein* accompagné de certains adjectifs attributs, ce sont ces adjectifs qui deviennent épithètes.

Der Turm, der 300 Meter hoch ist, heißt Eiffelturm.
***Der 300 Meter hohe Turm** heißt Eiffelturm.*
La tour qui fait 300 mètres de haut s'appelle la Tour Eiffel.

● Lorsque le verbe de la relative est l'un des verbes de position (voir n° 266), ce verbe se met au participe I et non au participe II.

Das Kind, das dort auf der Bank sitzt, heißt Bernd.
***Das dort auf der Bank sitzende** (et non ~~gesessene~~) **Kind** heißt Bernd.*
L'enfant qui est assis là-bas sur le banc s'appelle Bernd.

● L'ordre des mots de la qualificative est identique à celui de la relative.

Das Kind, das dort auf der Bank sitzt, ...
         1   **2**   **3**

Das dort auf der Bank sitzende Kind...
    1   **2**   **3**

● Ce groupe de mots 1-2-3, dans l'exemple ci-dessus, s'insère entre l'article, lorsqu'il y en a un, et le nom.

Exercice

Transformez les relatives en qualificatives :
1. Der Mann, der vor der Tür steht, wartet auf seinen Freund. 2. Das Kind, das draußen im Garten spielt, ist unser Sohn. 3. Der Wagen, der in Deutschland am meisten verkauft wird, ist der Volkswagen. 4. Die Freunde, die gestern abend angekommen sind, fahren heute weiter nach Paris. 5. Vor unserem Haus gibt es eine Straße, die 6 Meter breit ist.

14 *Quel est ... ?, Quels sont ... ?* (traductions)

Dans ce type de questions, "quel, quelle, quels et quelles" sont des attributs du sujet ; ils sont donc invariables en allemand – contrairement au français – et se traduisent par *welches ... ?*, quel que soit le sujet.

Welches *ist der höchste Berg Europas ?*
Quelle est la plus haute montagne d'Europe ?

Welches *sind die interessantesten Bücher, die du gelesen hast ?*
Quels sont les livres les plus intéressants que tu as lus ?

Remarquez qu'en langue courante *welches* est souvent remplacé par *was*.

Exercice

Traduisez en allemand :
1. Quel est ton nom ? 2. Quel est le plus long fleuve d'Amérique du Sud ?
3. Quelles sont les plus belles émissions (die Sendung) que tu as vues ?
4. Quelle est la capitale de la BRD ? 5. Quels étaient, à ton avis, les plus beaux tableaux de l'exposition (die Ausstellung) ?

15 *Question : être question de ...* (traductions)

1 **"Il est question de"** dans le sens de **"on parle de"** se traduit par :

● *Es ist die Rede von* + datif.
Erst **war die Rede von** *der Picasso-Ausstellung.*
D'abord, il était question de l'exposition Picasso.

● *Man spricht von* + datif (ou : *über* + accusatif).
Dann **sprach man von** *der letzten Klee-Ausstellung.*
Ensuite, il était question de la dernière exposition Klee.

2 "Il est question de" dans le sens "on dit que", "le bruit court que" se traduit par :

● *Es heißt* + subjonctif I.

Es heißt, *der Mörder* **sei** *verhaftet worden.*
Le bruit court que l'assassin est arrêté.

● *Jmd, etw. soll* + infinitif.

Sie soll **sich** *wieder* **verheiraten**.
Il est question qu'elle se remarie.

● *Jmd, etw. soll* + infinitif passif.

Diese Fabrik **soll geschlossen werden**.
Il est question de fermer cette usine.

● *Es ist die Rede von* + datif.

Es ist die Rede von *einer Preiserhöhung.*
(ou : **Es ist von** *einer Preiserhöhung* **die Rede**.)
Il est question d'une augmentation de prix.

● *Es geht die Rede, daß...*

Es geht die Rede, daß *die Preise erhöht werden sollen.*
Il est question que les prix soient augmentés.

3 Lorsque "il est question de" signifie "il s'agit de", il se traduit par :

● *Es handelt sich um* + accusatif.

In diesem Roman **handelt es sich um** *einen Staatsstreich.*
Dans ce roman, il est question d'un coup d'État.

● *Es geht um* + accusatif.

In dem Artikel **geht es um** *die Wirtschaftskrise.*
Dans cet article, il est question de la crise économique.

4 Pour exprimer une éventualité, on peut traduire "il est question de" par :

● *Etw. soll (vielleicht)* + infinitif passif.

Hier **soll** *ein Schwimmbad* **gebaut werden**.
Il est question de construire une piscine ici.

● *Es wird in Betracht gezogen* + infinitif ou *etw. wird in Betracht gezogen.*

Es wird in Betracht gezogen, *ihn zum Direktor* **zu** *ernennen.*
Seine Ernennung zum Direktor **wird in Betracht gezogen**.
Il est question de le nommer directeur.

● *Es wird erwogen* + infinitif ou *etw. wird erwogen* (style plus élevé).

Es wird erwogen, *den Minister* **zu** *entlassen.*
Die Entlassung des Ministers **wird erwogen**.
Il est question de révoquer le ministre.

5 **"Il n'est pas question de"** se traduit par :
Es kommt nicht in Frage, daß (ou *zu* + infinitif).

*Es kommt **nicht in Frage, daß** du allein wegfährst.*
Il n'est pas question que tu partes seule.

E x e r c i c e

Traduisez en variant les expressions :
1. Dans le journal, il est question d'un nouveau vaccin (der Impfstoff). 2. A Bruxelles, il est question d'une rencontre au sommet (das Gipfeltreffen). 3. Il est question de fermer des écoles. 4. Il est question de construire un stade (das Stadion) ici. 5. Il n'est pas question que je signe cette lettre. 6. Depuis trois jours, il est question d'un changement de gouvernement (der Regierungswechsel). 7. Dans ce roman, il est question d'une grève des mineurs (die Bergarbeiter). 8. J'aimerais sortir ce soir. – Il n'en est pas question !

216 *Rection des adjectifs*

Les listes suivantes indiquent les principaux adjectifs dont la rection fait difficulté pour les francophones.

1 Les cas sans préposition.

● Accusatif : pour les unités de mesure.

alt sein
être âgé de ...

dick sein
être épais de ...

hoch sein
être haut de ...

schwer sein
être lourd de ...

weit sein
être distant de ...

breit sein
être large de ...

groß sein
être grand de ...

lang sein
être long de ...

tief sein
être profond de ...

wert sein
qui vaut ...

*Das Haus ist **zehn Meter hoch**.*
La maison a une hauteur de 10 mètres (est haute de 10 mètres).

● Datif.

*jmm **ähnlich sein***
être semblable à qqn

*jmm **bekannt sein***
être connu de qqn

*jmm **dankbar sein***
être reconnaissant à qqn

*jmm **gleichgültig sein***
être indifférent à qqn

*jmm **nah sein***
être proche à qqn

*jmm **treu sein***
être fidèle à qqn

*jmm **willkommen sein***
être le bienvenu

*jmm **angenehm sein***
être agréable à qqn

*jmm **böse sein***
être fâché contre qqn

*jmm **fremd sein***
être étranger à qqn

*jmm **lieb sein***
être cher à qqn

*jmm **nützlich sein***
être utile à qqn

*jmm **überlegen sein***
être supérieur à qqn

*Du bist **mir** immer **willkommen**.*
Tu es toujours le bienvenu chez moi.

● Génitif.

sich einer Sache **bewußt sein**
être conscient d'une chose

einer Sache/jms **würdig sein**
être digne d'une chose/de qqn

einer Sache gewiß/sicher sein
être sûr d'une chose

2 Préposition + cas.

● *Auf* + accusatif.

auf etw./jmn **aufmerksam sein**
être attentif à qqch./à qqn

auf etw./jmn **eifersüchtig sein**
être jaloux de qqch./de qqn

Ich bin sehr **stolz auf dich**.
Je suis très fier de toi.

auf jmn **böse sein**
être fâché contre qqn

auf etw./jmn **stolz sein**
être fier de qqch./de qqn

● *Für* + accusatif.

für etw. **dankbar sein**
être reconnaissant pour qqch.

für etw./jmn **typisch sein**
être typique de qqch./de qqn

für etw./jmn **verantwortlich sein**
être responsable de qqch./de qqn

Er ist **für den Unfall verantwortlich**.
Il est responsable de l'accident.

● *In* + accusatif.

in jmn **verliebt sein**
être amoureux de qqn

Sie ist **in Peter verliebt**.
Elle est amoureuse de Pierre.

● *Über* + accusatif.

über etw./jmn **enttäuscht sein**
être déçu de qqch./de qqn

über etw./jmn **erstaunt sein**
être étonné de qqch./de qqn

über etw./jmn **traurig sein**
être triste de qqch./de qqn

Er ist **über den Tod** seines Großvaters sehr traurig.
Il est très triste de la mort de son grand-père.

● *An* + datif.

an etw. **arm sein**
être pauvre de qqch.

an etw. **reich sein**
être riche de qqch.

an etw. **interessiert sein**
être intéressé par qqch.

an etw. **schuldig sein**
être coupable de qqch.

jmm **an** *etw.* **überlegen sein**
être supérieur par qqch à qqn

Er ist **mir an Erfahrung überlegen**.
Il a une expérience supérieure à la mienne.

● *Mit* + datif.

mit *etw.* **einverstanden sein**
être d'accord avec qqch.

mit *etw.* **vergleichbar sein**
être comparable à qqch.

Bist du **mit dem Abendbrot fertig** ?
As-tu terminé ton dîner ?

mit *etw.* **fertig sein**
en avoir terminé avec qqch.

mit *etw.* **zufrieden sein**
être satisfait de qqch.

● *Von* + datif.

von *etw.* **abhängig sein**
être dépendant de qqch., dépendre de qqch.

von *etw.* **frei sein**
être dispensé de qqch., ne pas avoir qqch.

von *etw.* **weit sein**
être loin de qqch.

Ich bin noch **von der Reise müde**.
Je suis encore fatigué du voyage.

von *etw.* **fern sein**
être loin de qqch.

von *etw.* **müde sein**
être fatigué de qqch.

● *Zu* + datif.

zu *etw.* **bereit sein**
être prêt à qqch.

zu *jmm* **freundlich sein**
être aimable avec qqn

Sie war sehr **höflich zu mir**.
Elle a été très polie à mon égard.

zu *etw.* **fähig sein**
être capable de qqch.

zu *jmm* **höflich sein**
être poli envers qqn

217 *Rection des noms*

Pour trouver la rection des noms, il suffit souvent de se référer à la préposition du verbe ou de l'adjectif correspondants. Cependant, lorsque le verbe est suivi d'un cas sans préposition (accusatif ou datif), la rection des noms en est différente.

1 **Rection identique à celle des verbes correspondants.**

die Antwort auf + acc.
réponse à (une question...)

die Erinnerung an + acc.
souvenir de

die Hoffnung auf + acc.
espoir de

der Mangel an + dat.
manque de

der Dank für + acc.
remerciement pour

der Glaube an + acc.
foi en

der Kampf gegen + acc.
lutte contre

der Verzicht auf + acc.
renoncement à

2 Rection identique à celle des adjectifs correspondants.

die Abhängigkeit von + dat.
dépendance de

die Enttäuschung über + acc.
déception causée par

die Verwandtschaft mit + dat.
parenté avec

die Armut an + dat.
pauvreté de

der Reichtum an + dat.
richesse en

die Zufriedenheit mit + dat.
satisfaction causée par

3 Rection différente du verbe correspondant.

die Achtung vor + dat. *(jmn achten)*
respect de

die Bitte an + acc. *(jmn bitten)*
requête adressée à

der Einfluß auf + acc. *(jmn beeinflussen)*
influence sur

der Haß gegen + acc. *(jmn hassen)*
haine de

die Liebe zu + dat. ou **für** + acc. *(jmn lieben)*
amour de

das Mißtrauen gegen + acc. *(jmm mißtrauen)*
méfiance envers

der Verlust an + dat. *(etw. acc. verlieren)*
perte de

218 *Rection des verbes*

Les listes suivantes indiquent les principaux verbes dont la rection est difficile pour les francophones. Par exemple :

Ich habe ihm **(datif)** *gratuliert.*
Je l'**(accusatif)** ai félicité.

1 Les cas sans préposition.

● Accusatif.

jmn **anreden**
s'adresser à qqn

jmn/etw. **brauchen**
avoir besoin de qqn/qqch.

etw. **genießen**
jouir de qqch.

jmn/etw. **loswerden**
se débarrasser de qqn/qqch.

jmn **überleben**
survivre à qqn

jmn **vermissen**
regretter l'absence de qqn

jmn **auslachen**
se moquer de qqn

jmn **fragen**
demander à qqn

jmn etw. **lehren**
enseigner qqch. à qqn

jmn **sprechen**
parler à qqn

sich etw. **überlegen**
réfléchir à qqch.

● Datif.

jmm/einer Sache **ausweichen**
éviter qqn/qqch.

jmm **beistehen**
assister qqn

jmm **dienen**
servir qqn, rendre service à qqn

jmm **folgen**
suivre qqn

jmm **glauben**
croire qqn

jmm **helfen**
aider qqn

sich jmm/einer Sache **nähern**
s'approcher de qqn/qqch.

jmm **nachlaufen**
courir après qqn

jmm **widersprechen**
contredire qqn

jmm/einer Sache **zusehen**
regarder qqn/qqch.

jmm **begegnen**
rencontrer qqn

jmm **danken**
remercier qqn

jmm **drohen**
menacer qqn

es gelingt mir
je réussis à...

jmm **gratulieren**
féliciter qqn

jmm **mißtrauen**
se méfier de qqn

jmm **nachgehen**
suivre qqn

jmm **vertrauen**
avoir confiance en qqn

jmm/einer Sache **zuhören**
écouter qqn/qqch.

jmm **zustimmen**
approuver qqn

● Génitif (emploi rare)

sich einer Sache **bedienen**
se servir de qqch

sich einer Sache/Person
bemächtigen
s'emparer de qqch./qqn

einer Person **gedenken**
se souvenir de qqn

sich einer Person **erbarmen**
avoir pitié de qqn

Remplacés le plus souvent par :

etw. (acc.) **benutzen**

jmn **festnehmen ;** *etw.* (acc.) **erobern**

an jmn **denken, sich an** *jmn* **erinnern**

mit jmm **Mitleid haben**

2 Préposition + cas.

● *An* + accusatif.

an jmn/etw. **denken**
penser à qqn/qqch.

sich an jmn/etw. **gewöhnen**
s'habituer à qqn/qqch.

an jmn **liefern**
livrer à qqn

sich an jmn **richten**
s'adresser à qqn

an jmn **senden, schicken**
envoyer à qqn

sich an jmn/etw. **erinnern**
se rappeler qqn/qqch.

an jmn/etw. **glauben**
croire en qqn/qqch.

sich an etw. **machen**
se mettre à qqch. (travail...)

an jmn **schreiben**
écrire à qqn

an jmn **verkaufen**
vendre à qqn

● *Auf* + accusatif.

auf *etw.* **achten**
faire attention à qqch.

auf *jmn/etw.* **anspielen**
faire allusion à qqn/qqch.

auf *jmn/etw.* **ankommen**
dépendre de qqn/qqch.

sich auf *etw.* **beschränken**
se limiter à qqch.

auf *jmn* **folgen**
succéder à qqn

auf *etw.* **gespannt sein**
être impatient de connaître qqch.

auf *etw.* **Lust haben**
avoir envie de qqch.

auf *jmn/etw.* **schauen**
regarder qqn/qqch.

sich auf *jmn/etw.* **verlassen**
se fier à qqn/qqch.

auf *jmn/etw.* **warten**
attendre qqn/qqch.

auf *jmn/etw.* **zielen**
viser qqn/qqch.

auf *jmn/etw.* **achtgeben**
faire attention à qqn/qqch.

auf *etw.* **antworten**
répondre à qqch.

auf *jmn/etw.* **aufpassen**
faire attention à qqn/qqch.

auf *jmn/etw.* **deuten**
montrer qqn/qqch.

sich auf *etw.* **freuen**
se réjouir de qqch.

auf *etw.* **hoffen**
espérer qqch.

auf *etw.* **reagieren**
réagir à qqch.

auf *jmn/etw.* **stoßen**
rencontrer qqn/qqch. (par hasard)

auf *etw.* **verzichten**
renoncer à qqch.

auf *jmn/etw.* **zählen**
compter sur qqn/qqch.

● *Für* + accusatif.

für *etw.* **danken**
remercier de qqch.

für *jmn/etw.* **halten**
tenir pour qqn/qqch.

für *jmn* **schwärmen**
raffoler de qqn

für *jmn/etw.* **verantwortlich sein**
être responsable de qqn/qqch.

für *jmn/etw.* **gelten**
passer pour qqn/qqch.

sich für *etw.* **interessieren**
s'intéresser à qqch.

für *jmn/etw.* **sorgen**
s'occuper de qqn/qqch.

● *In* + accusatif.

in *etw.* **eingreifen**
intervenir dans qqch.

in *etw.* **übersetzen**
traduire en (une langue)

sich in *jmn* **verlieben**
s'éprendre de qqn

in *etw.* **geraten**
tomber dans qqch., se mettre dans (un état...)

sich in *etw.* **(ein)mischen**
se mêler de qqch.

(sich) in *jmn/etw.* **verwandeln**
se transformer en qqn/qqch.

● *Über* + accusatif ("au sujet de").

sich über *jmn/etw.* **ärgern**
se fâcher contre qqn/qqch.

über *etw.* **berichten**
relater qqch.

sich über *jmn/etw.* **aufregen**
s'irriter contre qqn/qqch.

sich über *jmn/etw.* **beklagen**
se plaindre de qqn/qqch.

● *Über* + accusatif ("au sujet de").

über jmn/etw. *diskutieren*
discuter de qqn/qqch.

sich über etw. *freuen*
être heureux de qqch.

über jmn/etw. *klagen*
se plaindre de qqn/qqch.

über etw. *nachdenken*
réfléchir à qqch.

über jmn/etw. *spotten*
se moquer de qqn/qqch.

über etw. *staunen*
s'étonner de qqch.

über jmn/etw. *verfügen*
disposer de qqn/qqch.

sich über jmn/etw. *wundern*
s'étonner de qqn/qqch.

über jmn/etw. *erschrecken*
être effrayé par qqn/qqch.

über etw. *herrschen*
régner sur qqch.

über jmn/etw. *lachen*
rire de qqn/qqch.

über jmn/etw. *schimpfen*
pester contre qqn/qqch.

über etw. *sprechen*
parler de qqch.

sich über jmn/etw. *unterhalten*
s'entretenir de qqn/qqch.

über jmn/etw. *weinen*
pleurer qqn/sur qqch.

● *Um* + accusatif.

um etw. *bitten*
demander qqch.

es handelt sich um jmn/etw.
il est question de qqn/qqch.

um jmn *trauern*
être en deuil de qqn

es geht um etw.
il s'agit de qqch.

sich um jmn/etw. *kümmern*
s'occuper de qqn/qqch.

● *An* + datif.

an etw. *ändern*
changer à qqch.

an etw. *erkranken*
tomber malade de qqch.

es fehlt an etw.
il manque qqch.

an etw. *leiden*
souffrir de qqch. (maladie)

an etw. *sterben*
mourir de qqch.

an jmm/etw. *zweifeln*
douter de qqn/qqch.

an etw. *arbeiten*
travailler à qqch.

an etw./jmm *festhalten*
se cramponner à qqch./qqn

an jmm/etw. *hängen*
tenir à qqn/qqch.

sich an jmm/etw. *rächen*
se venger de qqn/qqch.

an etw. *teilnehmen*
participer à qqch.

● *Auf* + datif.

auf etw. *beruhen*
provenir de qqch., être fondé sur qqch.

● *Aus* + datif.

aus jmm/etw. *bestehen*
se composer de qqn/qqch.

aus etw. *entstehen*
provenir de qqch.

sich aus etw. *ergeben*
résulter de qqch.

aus etw. *trinken*
boire dans... (verre...)

sich aus jmm/etw. *zusammensetzen*
se composer de qqn/qqch.

aus etw. *essen*
manger dans (assiette...)

aus etw. *schließen*
conclure de qqch.

● *In* + datif.

in etw. *bestehen*
consister en qqch.

● *Mit* + datif.

mit jmm/etw. *anfangen*
commencer par qqn/qqch.

mit etw. *bedecken*
couvrir de qqch.

sich mit jmm/etw. *beschäftigen*
s'occuper de qqn/qqch.

mit etw. *füllen*
remplir de qqch.

mit jmm/etw. *rechnen*
tenir compte de qqn/qqch.

mit etw. *schließen*
conclure par qqch.

mit jmm/etw. *zusammenstoßen*
entrer en collision avec qqn/qqch.

mit jmm/etw. *aufhören*
finir par qqn/qqch.

sich mit etw. *begnügen*
se contenter de qqch.

mit etw. *enden*
finir par qqch.

mit etw. *meinen*
vouloir dire par qqch.

mit jmm *sprechen*
parler avec qqn

mit jmm/etw. *vergleichen*
comparer à qqn, avec qqch.

● *Nach* + datif.

nach etw. *duften*
sentir qqch.

nach jmm/etw. *fragen*
s'enquérir de qqn/qqch.

nach etw. *riechen*
sentir qqch.

nach etw. *streben*
chercher à atteindre qqch.

sich nach jmm/etw. *erkundigen*
s'informer de qqn/qqch.

nach jmm/etw. *greifen*
saisir qqn/qqch.

nach etw. *schmecken*
avoir le goût de qqch.

sich nach jmm/etw. *sehnen*
avoir la nostalgie de qqn/qqch.

● *Von* + datif.

von jmm/etw. *abhängen*
dépendre de qqn/qqch.

von jmm/etw. *denken*
penser de qqn/qqch.

von jmm/etw. *hören*
entendre parler de qqn/qqch.

von jmm/etw. *träumen*
rêver de qqn/qqch.

von jmm/etw. *befreien*
libérer de qqn/qqch.

von jmm/etw. *erzählen*
parler de qqn/qqch.

von jmm/etw. *sprechen*
parler de qqn/qqch.

● *Vor* + datif.

vor *jmm/etw.* ***Angst haben***
avoir peur de qqn/qqch.

sich vor *jmm/etw.* ***fürchten***
avoir peur de qqn/qqch.

vor *jmm/etw.* ***schützen***
protéger contre qqn/qqch.

vor *jmm/etw.* ***warnen***
mettre en garde contre qqn/qqch.

vor *jmm/etw.* ***erschrecken***
s'effrayer de qqn/qqch.

vor *etw.* ***schreien (Angst...)***
crier de qqch. (peur...)

vor *etw.* ***sterben (Hunger...)***
mourir de qqch. (faim...)

vor *etw.* ***zittern (Kälte...)***
trembler de qqch. (froid…)

● *Zu* + datif.

zu *etw.* ***beitragen***
contribuer à qqch.

zu *etw.* ***dienen***
servir à qqch.

sich zu *etw.* ***entschließen***
se décider à qqch.

zu *etw.* ***gehören***
appartenir à qqch.

zu *etw.* ***passen***
convenir à qqch.

zu *etw.* ***veranlassen***
inciter à qqch.

zu *etw.* ***zwingen***
contraindre à qqch.

zu *etw.* ***bringen***
amener à qqch.

zu *etw.* ***einladen***
inviter à qqch.

zu *jmm/etw.* ***führen***
mener à qqn/qqch.

zu *etw.* ***gratulieren***
féliciter de qqch.

zu *etw.* ***taugen***
être propre à qqch., être utile à qqch.

zu *etw.* ***werden***
devenir qqch.

219 *Refuser* (traductions)

Selon la nature ou le sens des compléments de "refuser", celui-ci se traduit par un verbe différent.

1 "Refuser qqch."

● *Etw.* (acc.) *ablehnen* = "ne pas accepter ce qui est offert ou proposé" *(Geschenk, Einladung, Trinkgeld, Vorschlag, Wahl)* ; "ne pas accorder" *(Antrag)*.

*Er **lehnte** unsere Einladung **ab**.*
Il refusa notre invitation.

*Sein Antrag auf ein Stipendium wurde **abgelehnt**.*
Sa demande de bourse fut refusée.

2 "Refuser de faire qqch."

● *Es ablehnen* + groupe infinitif avec *zu*.

*Er **lehnte es ab**, für die Wahl zu kandidieren.*
Il refusa d'être candidat aux élections.

● *Sich weigern* + groupe infinitif avec *zu* = "refuser de faire qqch." ; "ne pas vouloir faire".

*Er hat **sich geweigert**, an der Demonstration teilzunehmen.*
Il a refusé de participer à la manifestation.
*Warum **weigerst** du **dich**, mitzukommen ?*
Pourquoi refuses-tu de venir avec nous ?

3 "Refuser qqch. à qqn".

● *Jmm etw. abschlagen* = "ne pas accorder" *(Wunsch, Bitte, Gefallen, Dienst, Unterredung).*

*Warum hast du (mir) meine Bitte **abgeschlagen** ?*
Pourquoi m'as-tu refusé ce que j'ai demandé ?

● *(Jmm) etw. (acc.) verweigern ; (Annahme eines Briefes, Unterschrift, Zahlung, Visum, Befehl, Gehorsam, (Wehr)dienst, Nahrung).*

*Es wurde ihnen das Einreise-Visum **verweigert**.*
*Man hat ihnen das Einreise-Visum **verweigert**.*
On leur a refusé le visa d'entrée.

*Seit zwei Tagen **verweigert** die Katze jede Nahrung.*
Depuis deux jours le chat refuse de se nourrir.

*Er **verweigert** den Wehrdienst.*   *der Wehrdienstverweigerer*
Il refuse de faire son service militaire.   l'objecteur de conscience

4 "Refuser qqch. ou qqn" ; "rejeter" = *jmn* ou *etw. zurückweisen* *(Personen ; Waren ; Manuskript ; Verdacht ; Anschuldigung ; Verantwortung).*
*Der Verlag hat sein Manuskript **zurückgewiesen**.*
La maison d'édition a refusé son manuscrit.

E x e r c i c e

Traduisez en allemand :
1. Le garçon de café (der Ober) a refusé le pourboire. 2. Les travailleurs étrangers (die Fremdarbeiter) furent refusés à la frontière. 3. Nous ne pouvons pas lui refuser ce service. 4. Il a refusé le paiement des impôts (die Steuern). 5. Je me demande pourquoi il nous a refusé cet entretien. 6. Tous les soirs, le théâtre a dû refuser des spectateurs. 7. Elle refuse de payer ses dettes (die Schulden). 8. Il a refusé d'obéir (traduire par "Gehorsam"). 9. Il refuse d'en parler.

220 *Réussir, échouer* (traductions)

1 "Réussir".

● *Etwas gelingt (jmm)* ou *etw. glückt (jmm)* = "réussir qqch." ; ("qqn réussit qqch."). Le parfait est formé avec *sein.*

*Die Überraschung **ist** wirklich **gelungen (geglückt)**.*
Comme surprise, c'est vraiment réussi.
(litt. : la surprise est vraiment réussie.)

● *Es gelingt mir, etwas zu tun* = "je réussis à faire qqch.".

*Es **ist ihm** nicht **gelungen**, mich zu überzeugen.*
Il n'a pas réussi à me convaincre.

● *Etwas fertigbringen* (langue courante) = "venir à bout de".

*Er **hat** seinen Aufsatz noch rechtzeitig **fertiggebracht**.*
Il réussi à terminer sa dissertation à temps
(Il est venu à bout de sa dissertation à temps.)

● *Eine Prüfung bestehen* = "réussir à un examen".

*Endlich hat sie ihre Fahrprüfung **bestanden**.*
Elle a enfin réussi à passer son permis de conduire.

2 "Échouer / ne pas réussir".

● *Scheitern ; etwas scheitert* = "qqch. échoue" *(Hoffnungen, Pläne, Bemühungen, Verhandlungen, Versuche)*. Le parfait est formé avec *sein*.

*Seine Pläne **sind gescheitert**.*
Ses projets ont échoué.

● *Etwas mißlingt (jmm)* ou *etw. mißglückt (jmm)*.

*Der Kuchen **ist** mir **mißlungen (mißglückt)**.*
Mon gâteau n'est pas réussi.

● *Bei einer Prüfung durchfallen* = "échouer à un examen". Le parfait se forme avec *sein*.

*Bei der Biologieprüfung **ist** sie **durchgefallen**.*
Elle a échoué à son examen de biologie.

▶ Voir aussi "arriver", n° 29.

E x e r c i c e

Traduisez en allemand :
1. La tentative a échoué. 2. L'opération du cœur a bien réussi. 3. Nos photos de vacances sont très réussies. 4. A cause de sa maladie, il a échoué à son Bac (das Abitur). 5. Les négociations ont échoué. 6. L'architecture de l'hôtel de ville est vraiment réussie. 7. Il a réussi à passer la frontière. 8. Tous les enfants ont réussi à passer leur brevet de natation (die Schwimmprüfung).

221 *Richtig, gerecht, recht*

Il ne faut pas confondre ces adjectifs/adverbes, qui s'emploient dans des contextes différents. *Richtig* et *gerecht* correspondent à deux acceptions différentes de "juste", alors que *recht* se traduit généralement par "bon", "bien".

r

1 *Richtig* = "bon", "bien", "juste", dans le sens de "justesse", "qui est conforme à la raison ou à la situation", "adéquat", "exact" (pour des mécanismes). Le contraire est *falsch* = "faux".

*Er hat **richtig** gehandelt. Er hat sofort die Polizei angerufen.*
Il a bien agi (conformément à la situation). Il a appelé immédiatement la police.

E x p r e s s i o n s

richtig finden	***für richtig halten***	
trouver bon/juste	juger bon	
richtig singen	***richtig raten***	***das Richtige treffen***
chanter juste	deviner juste	tomber juste/voir juste

*Ich **finde es nicht richtig**, daß sie so viele Schulaufgaben haben.*
Je ne trouve pas bien qu'ils aient tant de devoirs.

*Ist meine Rechnung **richtig** ? – Nein, sie ist ganz **falsch**.*
Est-ce que mon calcul est juste ? – Non, il est complètement faux.

***Geht** deine Uhr **richtig** ?*
Est-ce que ta montre est exacte ?

Mais :

*Hast du die **genaue** Zeit ?*
As-tu l'heure exacte ?

*Meine Uhr **geht** auf die Sekunde **genau**.*
Ma montre est juste à la seconde près.

2 *Gerecht* = "juste" dans le sens de "justice", "équité". Le contraire est *ungerecht* = "injuste".

*Er ist ein **gerechter** Richter.*
C'est un juge équitable.

*Sie kämpfen für eine **gerechte** Sache.*
Ils luttent pour une cause juste.

*Dieser Lehrer ist **gerecht** gegen alle Schüler.*
Ce professeur est juste envers tous les élèves.

3 *Recht.*

● "Bon", "bien", "adéquat", "comme il convient". Le contraire est *unrecht* = "mauvais", "mal".

*Das ist mir **nicht recht**.*	*Wenn ich **recht** verstehe.*
Cela ne me convient pas.	Si je comprend bien.

E x p r e s s i o n s

am rechten Ort	***zur rechten Zeit***
au bon endroit	au bon moment

● "Bien", "conformément au code de la morale".

*Er hat **recht** gehandelt. Er hat mit seinem Geld ein Kinderdorf in Afrika gegründet.*
Il a bien agi (conformément à la morale). Avec son argent il a fondé un village d'enfants en Afrique.

● "Avoir raison" = *recht haben* ; "avoir tort" = *unrecht haben*.

Ich weiß, daß du immer **recht hast**.   *Du* **hast** *nicht ganz* **unrecht**.
Je sais que tu as toujours raison.   Tu n'as pas tout à fait tort.

● "Très", "bien", "assez" = *recht.* Il sert à renforcer le terme qui suit.

Es ist **recht** *kalt heute.*   *Sie ist noch ein* **rechtes** *Kind.*
Il fait très froid aujourd'hui.   Elle est encore très enfant.

▶ Voir aussi "juste", n° 130 et "bien", n° 52.

E x e r c i c e

Traduisez en allemand :
1. L'addition (die Rechnung) est juste. 2. Son jugement n'était pas juste. 3. Tu as choisi le bon moment pour venir. 4. Est-ce que tu juges bon qu'elle sorte ce soir ? 5. Je ne t'ai pas bien compris. 6. N'est-il pas juste envers tous ? 7. C'est un article bien intéressant. 8. Crois-tu vraiment que tu as raison ?

222 Sagen, sprechen, reden

1 Sagen.

- *Jmm etw. sagen ; zu jmm etw. sagen* = "dire qqch. à qqn".
  *Er sagt **ihm (zu ihm)** "Guten Tag !"*
  Il lui dit "Bonjour".

- *Über jmn, über etw.* (acc.) *etw. sagen* = "dire qqch. de qqn, de qqch.".
  ***Über den** Film hat er viel zu sagen.*
  Il a beaucoup à dire sur le film.

- *Von jmm, von etw.* (dat.) *etw. sagen.*
  *Er **sagt von** seiner Freundin nur Gutes.*
  Il ne dit que du bien de son amie.

- *Sagen* est verbe introducteur du discours indirect.
  *Er **sagt, daß** er morgen kommt.*
  Il dit qu'il viendra demain.

- *Sagen* peut avoir le sens de "signifier", "avoir de l'importance".
  Das hat nichts zu sagen.
  Cela n'a pas d'importance.

▶ Pour le discours indirect, voir n° 81.

2 Sprechen et reden.
Ces verbes, qui signifient "parler", "s'exprimer", sont pratiquement interchangeables dans les significations suivantes.

- Adverbe + *sprechen* ou *reden* = "parler d'une certaine manière".
  *Er **sprach (redete)** langsam und deutlich.*
  Il parlait lentement et distinctement.

- *Mit jmm sprechen* ou *reden* = "parler à qqn".
  *Warum **sprichst (redest)** du nicht **mit mir** ?*
  Pourquoi ne me parles-tu pas ?
  *Sie haben lange **miteinander gesprochen (geredet).***
  Ils se sont entretenus longtemps.

● *Von jmm, von etw. sprechen* ou *reden* = "parler de qqn, de qqch.".

*Sie **sprachen (redeten) von** ihren Bekannten / **von** ihren Ferien.*
Ils parlaient de leurs connaissances / de leurs vacances.

● *Über jmn, über etw. sprechen* ou *reden.*

*Der Minister **spricht (redet) über** die neue Wirtschaftslage / über den Bundeskanzler.*
Le ministre parle de la nouvelle situation économique / du Chancelier.

– *Sprechen* ou *reden* + *von* + datif s'emploient plutôt dans le sens de "parler de" (conversation).
– *Sprechen* ou *reden* + *über* + accusatif s'emploient plutôt dans le sens de "traiter un sujet".

3 **Sprechen** et **reden** se différencient dans les emplois suivants.

● *Sprechen* = "parler une langue" (maternelle ou étrangère).

*Das Kind **lernt sprechen.*** *Yves kann schon gut **Deutsch sprechen.***
L'enfant apprend à parler. Yves sait déjà bien parler allemand.

● *Jmn sprechen* = "parler à qqn", "chercher à voir qqn".

*Ich möchte **Sie** gern **sprechen.*** *Könnte ich Herrn Meier **sprechen** ?*
Je voudrais bien vous parler. Pourrais-je parler à M. Meier ?

● *Reden* = "faire un discours".

*Heute abend **redet** er vor der Versammlung.*
Ce soir, il fait un discours devant l'assemblée.

*Er **redet** gut.*
Il parle bien. (Il sait faire des discours.)

● *Über etw.* (acc.) *reden* = "discuter de", "négocier".

Darüber** läßt sich **reden.
On peut en discuter.

<hr>

E x e r c i c e s

A. Complétez par sagen, sprechen *ou* reden :
1. Sie ... ausgezeichnet Russisch. 2. Er ... schon zwei Stunden und ist immer noch nicht fertig. 3. Sie ... uns gestern, wir möchten sie anrufen. 4. Ist der Direktor jetzt zu ... ? 5. Wovon habt ihr denn so lange ... ? 6. Dieser Fehler hat nichts zu ...

B. Traduisez en allemand :
1. Elle nous a dit le contraire. 2. Il veut absolument nous voir. 3. De quoi voulais-tu parler ? 4. Il ne dit que des bêtises (Unsinn). 5. Il n'aime pas parler de sa maladie. 6. S'il vous plaît, parlez plus fort (lauter).

223 *Saluer, présenter qqn, prendre congé* *(traductions)*

1 **"Saluer"** = *grüßen, begrüßen.*

● *Jmn grüßen* a le sens très général de "saluer qqn". Il s'utilise en passant, dans la rue, pour transmettre des salutations ou à la fin d'une lettre.

*Er hat sie nicht **gegrüßt.***   ***Grüße** bitte deine Eltern von mir.*
Il ne l'a pas saluée.   Transmets mes salutations à tes parents.

● *Jmn begrüßen* a un sens plus intensif = "saluer qqn en l'accueillant" (souvent en lui serrant la main).

*Er hat uns herzlich **begrüßt.***
Il nous a accueilli cordialement.

*Der Rektor hat die Studenten feierlich **begrüßt.***
Le président de l'Université a accueilli solennellement les étudiants.

> **F o r m u l e s   d e   s a l u t a t i o n**

Guten Tag, Peter, wie geht es dir ?   **Danke, und dir ?**
Bonjour, Pierre, comment vas-tu ?   Merci, et toi ?

Guten Tag, Herr Bach, wie geht es Ihnen ?   **Danke, und Ihnen ?**
Bonjour, Monsieur Bach, comment allez-vous ?   Merci, et vous ?

Danke, es geht mir gut und dir / und Ihnen ?   **Guten Morgen !**
Merci, je vais bien, et toi/et vous ?   Bonjour ! (le matin)

Guten Abend !
Bonsoir !

Ich habe Sie lange nicht gesehen.   **Grüß Gott !**
Je ne vous ai pas vu depuis longtemps.   Bonjour ! (All. du Sud)

● Tournures plus familières.

Tag, Sylvia !   **Hallo, Corinna !**   **Grüß dich !**
Salut, Sylvie !   Salut, Corinne !   Salut !

Wie geht's ?   **Danke, gut.**   **Es geht.**
Ça va ?   Merci, ça va bien.   Ça va.

Was machst du denn so ?
Qu'est-ce que tu deviens ?

Was machst du denn hier ?
Qu'est-ce que tu fais là ?

2 **"Présenter qqn".**

● *Jmn jmm vorstellen* ou *jmm jmn vorstellen* = "présenter qqn à qqn".

*Darf ich **Sie** Herrn Schmidt **vorstellen** ?*
Puis-je vous présenter à M. Schmidt ?

*Darf ich **Ihnen** Herrn Schmidt **vorstellen** ?*
Puis-je vous présenter M. Schmidt ?

Darf ich Sie vorstellen ? – Herr Schmidt.   **– Frau Berger.**
Puis-je vous présenter ?   – Monsieur Schmidt   – Madame Berger.
(Présentation par une tierce personne, avec un geste.)

● *Jmn mit jmm bekannt machen* = "présenter qqn à qqn".

*Darf ich Sie **mit** Herrn Gruber **bekannt machen** ?*
Puis-je vous présenter à M. Gruber ?

*Darf ich Sie **miteinander bekannt machen** ?*
Puis-je vous présenter (l'un à l'autre) ?

● Autres formules de présentation.

Kennt ihr euch schon ? -   **Das ist Klaus, das ist Gisela.**
Vous vous connaissez déjà ? -   C'est Klaus, c'est Gisela.

Ich freue mich, Sie kennenzulernen. Sehr erfreut.
Enchanté de faire votre connaissance. Enchanté.

● *Sich vorstellen* = "se présenter".

Ich möchte mich vorstellen : ich heiße... / mein Name ist... / ich bin...
Je voudrais me présenter :   je m'appelle... / mon nom est... / je suis...

■ **Prendre congé de qqn** = *sich (von jmm) verabschieden.*

*Darf ich mich (von Ihnen) **verabschieden** ?*
Puis-je prendre congé (de vous) ?

*Ich möchte mich jetzt (von Ihnen) **verabschieden.***
Je voudrais prendre congé maintenant.

Formules d'adieux

Auf Wiedersehen !   **Wiedersehen !**   **Ade !**
Au revoir !   Au revoir !   Adieu !

Ich habe mich sehr gefreut, Sie kennenzulernen.
Ich habe mich sehr gefreut, Ihre Bekanntschaft gemacht zu haben.
Je suis enchanté d'avoir fait votre connaissance.

Ich habe mich sehr gefreut, dich wiederzusehen.
J'ai été très content de te revoir.

Hoffentlich sehen wir uns bald wieder.
J'espère que nous nous reverrons bientôt.

Leider muß ich jetzt weg. ou **Leider muß ich jetzt gehen.**
Je regrette, mais maintenant je dois partir.

Tschüs, Inge ! Mach's gut, Peter ! Laß es dir gut gehen !
Salut, Inge ! Salut, Pierre ! (litt. : porte-toi bien !)

Bis bald ! Bis morgen !   **Gute Nacht !**
A bientôt ! A demain !   Bonne nuit !

Exercices

Traduisez en allemand :
A. Salut, Pierre, ça va ? - Merci, ça va, et toi ? - Cela fait longtemps que je ne t'ai pas vu. Qu'est-ce que tu deviens ? - Je te présente Monique, une amie. Veux-tu venir avec nous ? Nous allons au cinéma. - Non, je regrette, je n'ai pas le temps. Il faut que je parte. Salut, Pierre ! - Salut, Paul ! - A bientôt !

B. Bonsoir, Madame Schwarz, comment allez-vous ? - Très bien, merci, Monsieur Braun, et vous ? - Puis-je vous présenter mon collègue (der Kollege-n-n), Monsieur Weiß ? - Enchanté de faire votre connaissance. - Nous prenons le même train (fahren mit), voulez-vous venir avec nous ? - Non, je regrette, je partirai un peu plus tard. Au revoir, M. Braun ! - Bonsoir, Mme Schwarz, j'ai été ravi de vous revoir !

224 *Scheinen* et *erscheinen*

1 *Scheinen.*

● *Scheinen* = "briller".

Die Sonne **scheint.**
Le soleil brille.

● *(Jmm) scheinen* + groupe infinitif avec *zu* = "sembler", "paraître", "avoir l'air".

Er **scheint** *krank* **zu** *sein.*	*Er* **schien (mir)** *sehr nervös* **zu** *sein.*
Il semble être malade.	Il (me) paraissait (être) bien nerveux.

Notez :
● *Scheinen* dans ce sens est le plus souvent employé au présent ou au prétérit, rarement aux temps composés.

● Lorsque *scheinen* se trouve dans une subordonnée, le groupe infinitif doit être placé devant ce verbe.

Ich will ihn anrufen, weil er krank **zu sein schien.**
Je vais l'appeler parce qu'il semblait être malade.

2 **Expressions impersonnelles avec** *scheinen*.

● *Es scheint, daß* + indicatif = "il semble que", "il paraît que".

Es scheint, daß *er im Oktober ein Konzert gibt.*
Il paraît qu'il donnera un concert en octobre.

● *Es scheint, als ob* (ou *als*) + subjonctif I ou subjonctif II = "il semble" + infinitif.

Es scheint, als ob *er die Verabredung vergessen* **hätte**.
Es scheint, als habe (ou **hätte)** *er die Verabredung vergessen.*
Il semble avoir oublié le rendez-vous.

● Adjectif au comparatif + *als es* (ou pronom personnel) *scheint* = comparatif + qu'il (ou pronom personnel) ne paraît.

Sie ist sportlicher, **als es scheint.**	*Sie ist älter,* **als sie scheint.**
Elle est plus sportive qu'il ne paraît.	Elle est plus âgée qu'elle ne paraît.

● *Wie es scheint* = "à ce qu'il paraît".

*Er ist umgezogen, **wie es scheint**.*
Il a déménagé, à ce qu'il paraît.

3 *Erscheinen.*

● *Erscheinen* = "apparaître", "se montrer", "devenir visible". On utilise *sein* pour former les temps composés.

*Wir sprachen von ihm, als er plötzlich **erschien**.*
Nous parlions de lui lorsqu'il apparut soudain.

*Gewitterwolken **sind** am Himmel **erschienen**.*
Des nuages annonçant l'orage sont apparus dans le ciel.

● *Erscheinen* = "paraître" (livres, journaux).

*Sein Buch **ist** letzte Woche **erschienen**.*
Son livre a paru la semaine dernière.

● *Jmm erscheinen* = "paraître à qqn" (cf. *jmm scheinen*).

*Sein Verhalten **erschien mir** merkwürdig.*
Son comportement me paraissait curieux.

● Expression impersonnelle :

Es erscheint (par ex. *mir*) ... (adjectif) + groupe infinitif ou + *daß* ... = "il (me) paraît ... de ...".

***Es erscheint mir** notwendig, darüber **zu** sprechen.*
                    *(ou : **daß** wir darüber sprechen.)*
Il me paraît nécessaire d'en parler.

Exercice

Complétez par scheinen *ou* erscheinen *à la forme adéquate :*
1. Der Mond ... hell. 2. Diese Zeitschrift ... täglich. 3. Es ..., als (forme de "wollen") es regnen. 4. Das ... mir falsch zu sein. 5. Sie ist zum Ball in einem neuen Kleid... . 6. Er ist jünger, als er ... . 7. Es ... mir ratsam (utile), einen Arzt zu fragen. 8. Sie (pl.) ... neue Nachbarn zu haben.

225 *Sehen, schauen, ansehen, zusehen*

1 *Jmn ou etw. sehen* = "voir qqn, qqch.".

*Ich habe sie noch nie **gesehen**.*
Je ne l'ai encore jamais vue.

*Er **sieht** nur mit einem Auge.*
Il ne voit que d'un œil.

*Heute abend wollen wir nicht **fernsehen**.*
Ce soir, nous n'allons pas regarder la télévision.

Notez :

● Pour "voir + infinitif", deux constructions sont possibles.

*Siehst du den Vogel **fliegen** ? / **Siehst** du, **wie** der Vogel fliegt ?*
Vois-tu voler l'oiseau ?

● Lorsque *sehen* est employé à un temps composé avec un infinitif complément, il faut utiliser *sehen* (forme de l'infinitif) et non pas *gesehen*.

*Ich habe ihn nicht **kommen sehen*** (et non pas ~~gesehen~~).
Je ne l'ai pas vu venir.

2 *Schauen* = "regarder".

*Sie **schaut** zum Fenster hinaus.*	*Er **schaut** auf seine Uhr.*
Elle regarde par la fenêtre.	Il regarde sa montre.

3 *Ansehen, anschauen.*

● *Jmn, etw. ansehen* ou *jmn, etw. anschauen* = "regarder qqn, qqch.".

*Sieh **mich an** !* ou *Schau **mich an** !*	*Er **sah** (ou **schaute**) uns verwundert **an.***
Regarde-moi !	Il nous regarda d'un air étonné.

● *Sich* (dat.) *etw. ansehen* ou *anschauen* = "regarder qqch. avec attention, avec intérêt".

*Darf ich **mir** die Photos **anschauen** ?*
Puis-je regarder les photos ?

*Wir wollen **uns** die Kirche **ansehen.***
Nous allons visiter l'église.

*Hast du **dir** gestern abend den Krimi im Fernsehen **angeschaut** ?*
As-tu regardé le film policier à la télé hier soir ?

4 *Jmm bei etw.* (dat.) *zusehen* ou *zuschauen* = "regarder qqn faire qqch., observer qqn dans son activité".

*Ich **sehe ihm** gern **beim** Zeichnen **zu.***
J'aime le regarder dessiner.

*Wir **schauen ihnen bei** der Arbeit **zu**.*
Nous les regardons travailler.

E x e r c i c e

Traduisez en allemand :
1. Elle l'a regardé en souriant. 2. Vois-tu déjà la mer ? 3. Je l'ai regardé peindre. 4. Puis-je regarder ce livre un instant ? 5. Je ne l'ai pas vu entrer. 6. Je n'ai pas regardé la télévision depuis une semaine. 7. Nous regardons les enfants jouer. 8. Vois-tu tomber la pluie ?

226 *Sehr* et *viel*

1 Sehr.

● *Sehr* = "très", "bien" avec des adjectifs ou des adverbes.

Es war ein sehr schöner Abend.
C'était une soirée très agréable.

Der Fahrer war sehr nervös.
Le conducteur était très nerveux.

Ich komme sehr gern.
Je viendrai avec (grand) plaisir.

● *Sehr* = "beaucoup". Associé à certains verbes, il exprime l'intensité d'une action.

Es regnet heute sehr.   *Ich hoffe sehr auf deinen Besuch.*
Il pleut beaucoup aujourd'hui.   J'espère beaucoup que tu me rendras visite.

Sie fehlt mir sehr.
Elle me manque beaucoup.

E x p r e s s i o n s

zu sehr   *Du hast mich **zu sehr** geärgert.*
trop   Tu m'as trop contrarié.

2 Viel.

Viel = "beaucoup", "bien". *Viel* associé à des verbes exprime la quantité.

Gestern abend haben wir im Kino viel gelacht.
Hier soir au cinéma, nous avons beaucoup ri.

E x p r e s s i o n s

zuviel   **viel zuviel**
trop   beaucoup trop
Du sprichst zuviel.   *Sie raucht viel zuviel.*
Tu parles trop.   Elle fume beaucoup trop.

▶ Voir également "beaucoup" et "bien" n° 48 et n° 52.

E x e r c i c e

Traduisez en allemand :
1. Nous l'estimons beaucoup. 2. Il (en) sait trop. 3. Je suis très content de te voir (sich freuen). 4. A Noël, nous avons beaucoup joué aux échecs (Schach spielen). 5. C'est un pianiste (der Pianist) très célèbre. 6. Je t'ai beaucoup attendu ! 7. Elle mange vraiment trop. 8. Je te remercie beaucoup !

227 ▸ *Sein : conjugaison*

Sein = "être"

Indicatif

Présent	Prétérit	Futur
je suis, tu es...	j'étais, tu étais...	Je serai, tu seras...

Présent		Prétérit		Futur		
ich	bin	ich	war	ich	werde	sein
du	bist	du	warst	du	wirst	sein
er		er		er		
es }	ist	es }	war	es }	wird	sein
sie		sie		sie		
wir	sind	wir	waren	wir	werden	sein
ihr	seid	ihr	wart	ihr	werdet	sein
sie	sind	sie	waren	sie	werden	sein

Parfait	Plus-que-parfait	Futur antérieur
j'ai été, tu as été...	j'avais été, tu avais été...	j'aurai été, tu auras été...
ich bin gewesen	*ich war gewesen*	*ich werde gewesen sein*
...	...	...

Subjonctif I

Présent		Passé			Futur		
ich	sei	ich	sei	gewesen	ich	werde	sein
du	sei(e)st	du	sei(e)st	gewesen	du	werdest	sein
er		er			er		
es }	sei	es }	sei	gewesen	es }	werde	sein
sie		sie			sie		
wir	seien	wir	seien	gewesen	wir	werden	sein
ihr	seiet	ihr	seiet	gewesen	ihr	werdet	sein
sie	seien	sie	seien	gewesen	sie	werden	sein

Futur antérieur

ich	werde	gewesen sein
du	werdest	gewesen sein
er		
es }	werde	gewesen sein
sie		
wir	werden	gewesen sein
ihr	werdet	gewesen sein
sie	werden	gewesen sein

Subjonctif II				
Hypothétique (A)		Hypothétique (B)		Irréel

Je serais, tu serais...   j'aurais été

ich	wäre	ich	würde sein	ich	wäre	gewesen
du	wärest	du	würdest sein	du	wär(e)st	gewesen
er		er		er		
es	} wäre	es	} würde sein	es	} wäre	gewesen
sie		sie		sie		
wir	wären	wir	würden sein	wir	wären	gewesen
ihr	wär(e)t	ihr	würdet sein	ihr	wär(et)	gewesen
sie	wären	sie	würden sein	sie	wären	gewesen

Impératif

sois, soyez !

sei !
seid !

228 *Sein* ou *werden* ?

1 **En français,** "être + participe passé (II) peut signifier une action en train de se dérouler ou un état.

être attaqué =   être arrivé =
se faire attaquer   être là

2 **En allemand,** cette différence de sens se marque par l'emploi de *sein* pour l'état et de *werden* pour l'action en train de se dérouler.

überfallen werden   **angekommen sein**
se faire attaquer   être arrivé

3 Pour certains verbes on peut employer soit *sein,* soit *werden* avec des sens différents.

● *Verkauft sein* = "être vendu".

*Das Auto **war** schon **verkauft.***
La voiture était déjà vendue.

● *Verkauft werden* = "être en train de se faire vendre".

*Das Auto **wurde** gestern **verkauft.***
La voiture s'est vendue hier.

▶ Pour l'emploi de *werden,* voir le passif, n° 181.
Pour la conjugaison de *sein* et *werden,* voir n⁰ˢ 227 et 275.

E x e r c i c e

Traduisez en allemand :
1. Tu n'étais pas prévue (vorsehen). 2. La lettre a été envoyée il y a une semaine. 3. La maison est complètement détruite (zerstören). 4. Elle avait été construite sur une colline. 5. Demain, il sera élu président. 6. J'étais déçu (enttäuschen). 7. L'arbre a été coupé dans la nuit.

229 **Selb-, selbst, sogar**

1 **Selb-** = "même" placé devant le nom. *Selb-* **exprime l'identité.**
(On emploie *selb-* à la place de *derselbe, dieselbe, dasselbe*
lorsqu'il y a contraction entre la préposition et l'article).

am **selben** *Tag*	am **selben** *Ort*	zur **selben** *Zeit*
le même jour	au même endroit	au même moment

*Die beiden Kinder sind im **selben** Jahr geboren.*
Les deux enfants sont nés la même année.

▶ Voir également *derselbe, der gleiche*, n° 78.

2 **Selbst** (ou *selber,* plus familier) = "même" placé après le nom ou le
pronom. Il **exprime qu'il s'agit exactement de la personne ou
de la chose en question** ("en personne"). Ce *selbst* est accentué
et généralement postposé ; cependant, lorsqu'il se réfère au sujet,
il peut être placé après celui-ci ou dans le groupe verbal.

*Er °**selbst** fährt den Wagen.*
C'est lui-même qui conduit la voiture.

*Er fährt den Wagen °**selbst.***
Il conduit lui-même la voiture.

*Er sagt, daß er den Wagen °**selbst** fährt.*
Il dit qu'il conduit lui-même la voiture.

*Sie war die Güte °**selbst.***
Elle était la bonté même.

*Ich möchte den Direktor °**selbst** sprechen.*
Je voudrais parler au directeur lui-même.

ich selbst	***du selbst***	***er/sie selbst***
moi-même	toi-même	lui-même/elle-même
wir selbst	***ihr selbst***	***sie selbst***
nous-mêmes	vous-mêmes	eux-mêmes

3 **Selbst** ou **sogar** = "même" placé devant le nom, servant à une
graduation ou à la mise en relief d'un terme de la phrase. *Selbst* et
sogar sont inaccentués. C'est le terme souligné par *selbst* ou
sogar qui est accentué.

Selbst *der °Arzt wußte keinen Rat mehr.*
Même le médecin ne savait plus quoi faire.

Sogar *im °Sommer kann man hier Ski laufen.*
Ici, on peut skier même en été.

Expressions

Selbst- sert fréquemment de déterminant dans des mots composés où il a le sens de "auto-" ou "de soi".

selbstverständlich	***selbstsicher***	***selbständig***
cela va de soi	sûr de soi	indépendant

Expressions

das Selbstbildnis
l'autoportrait

die Selbstkritik
l'autocritique

die Selbstbestimmung
l'autodétermination

der Selbstmord
le suicide

die Selbstbeherrschung
la maîtrise de soi

der Selbstbedienungsladen
le magasin libre-service

▲ **Attention :** "même pas" se traduit par *nicht einmal.*

*Er hat uns **nicht einmal** benachrichtigt.*
Il ne nous a même pas avertis.

Mais "sans même" se traduit par *ohne überhaupt* ou par *ohne auch nur.*

***Ohne überhaupt** zu bemerken, daß die Bremsen versagten, fuhr er weiter.*
Sans même s'apercevoir que les freins ne fonctionnaient plus, il continua son voyage.

***Ohne auch nur** zu wissen, was er tat, klopfte er an die Tür.*
Sans même savoir ce qu'il faisait, il frappa à la porte.

Exercice

Traduisez en allemand :
1. Elle lit toujours les mêmes livres. 2. Le pain fait chez soi est bien meilleur. 3. Les magasins libre-service sont ouverts même le dimanche. 4. Je ne m'en souviens même plus. 5. Ce fut une surprise (die Überraschung) pour tous, même pour moi. 6. Eux-mêmes ne croyaient pas que cela puisse arriver (geschehen). 7. Sans même me demander la permission, il a emprunté ma voiture. 8. La même année, elle a passé son bac (das Abitur ablegen).

230 **Sich** *ou* **einander ?**

● En principe, *sich* s'emploie avec un verbe dans un sens réfléchi et *einander* dans un sens réciproque ; on devrait donc dire :

*Sie küssen **einander.***
Ils s'embrassent.

● En réalité, *einander* est remplacé dans la langue courante par *sich*, sauf dans les cas d'ambiguïté.

*Sie waschen **sich.***
Ils se lavent (chacun se lave).

*Sie waschen **einander.***
Ils se lavent (l'un lave l'autre et réciproquement).

● Même dans les cas d'ambiguïté on préfère la tournure *sich gegenseitig.*

*Sie waschen **sich gegenseitig.***
Ils se lavent mutuellement.

● En revanche *einander* est employé obligatoirement avec les prépositions *neben* et *hinter*.

Sie stehen **nebeneinander** *(~~neben sich~~ impossible).*
Ils sont debout l'un à côté de l'autre.
Sie laufen **hintereinander** *(~~hinter sich~~ impossible).*
Ils courent l'un derrière l'autre.

E x e r c i c e

Traduisez en allemand en n'utilisant einander *que dans les cas obligatoires :*
1. Les deux équipes (die Mannschaften) jouent l'une contre l'autre. 2. Ils se
consolent (trösten) mutuellement. 3. Ils se sont rencontrés devant la gare.
4. Ils se connaissent depuis trois ans. 5. Ils jouent entre eux dans le jardin.

---

231 *Sich + adjectif/GN + verbe* (groupe verbal résultatif)

▊ Type *sich* + adjectif + verbe.

Dans certaines expressions verbales du type *sich* + adjectif
+ verbe, le verbe aboutit à un résultat exprimé par l'adjectif.

Er hat **sich heiser geschrien.**
Il s'est enroué à force de crier (il a crié si fort qu'il s'est enroué).
Du hast **dich heiser geschrien.**
Tu t'es enroué à force de crier.

E x p r e s s i o n s

kaputt : **sich kaputt lachen**
mourir de rire

müde : **sich müde laufen**
courir à s'en fatiguer

tot : **sich totlachen**
mourir de rire
(Notez l'attachement de *tot* à *lachen*.)

warm : **sich warm laufen**
se réchauffer en courant

▊ Type avec groupe nominal.

La même idée de résultat se rencontre dans les expressions du
type *sich* ou datif + groupe nominal + adjectif + verbe ; mais c'est
le groupe nominal qui subit la conséquence de l'action exprimée
par le verbe.

Er hat **sich die Füße wund gelaufen.**
A force de courir il s'est blessé les pieds.
Er hat **mir die Ohren voll geschrien.**
Il m'a rebattu les oreilles.

▲ **Mais attention :** *sich* est ici un datif ! Donc :

Du hast **dir** *die Füße wund gelaufen.*
A force de courir tu t'es blessé les pieds.

E x p r e s s i o n s

voll : **sich die Taschen vollstopfen**
se bourrer/remplir les poches de...

kurz : **sich die Haare kurz schneiden lassen**
se faire couper les cheveux courts

E x e r c i c e

Traduisez en allemand :
1. Dans la forêt il s'est réchauffé en courant. 2. Devant ses élèves il s'est enroué à force de crier. 3. Il m'a rebattu les oreilles avec ses histoires. 4. Je me suis bourré les poches de prunes (die Pflaume). 5. Quand il raconte des histoires, on meurt de rire.

232 So

So a des emplois multiples.

1 *(Nicht) so* + **adjectif-adverbe +** *wie...* = "aussi".

Er ist nicht **so groß wie** *sein Bruder.*
Il n'est pas aussi grand que son frère.

▸ Voir aussi le comparatif d'égalité ou d'infériorité, n° 63.

2 *So* + **adjectif/adverbe +,** *daß...* = "si".

Ich bin **so müde, daß** *ich nicht mal die Zeitung lesen kann.*
Je suis si fatigué que je ne peux même pas lire le journal.

▸ Voir aussi les conjonctions de subordination, n° 70.

3 *So daß...* = "de telle sorte que, si bien que".

Er hat mich mit dem Wagen zum Bahnhof gefahren, **so daß** *ich den 6-Uhr-Zug noch erreicht habe.*
Il m'a conduit en voiture à la gare, si bien que j'ai encore pu avoir le train de 6 heures.

4 *So* + **adjectif-adverbe ...** *auch...* = "si" (concessif).

So groß *du* **auch** *sein magst, du wirst den Ball nicht fangen können.*
Si grand que tu sois, tu ne pourras pas attraper la balle.

▸ Voir aussi "il a beau" et les concessives, n°s 47 et 67.

5 *Um so* + **comparatif** = d'autant (plus...).

Die Kathedrale war beleuchtet ; das Konzert war **um so schöner.**
La cathédrale était illuminée ; le concert était d'autant plus beau.

▸ Voir aussi "autant", n° 38.

6 **So + groupe nominal ou pronom** = "tant, si, quel, autant, tel, comme ça...".

So ein schöner Hund !   *Er hat noch nie **so viel Geld** gehabt.*
Quel beau chien !   Il n'a encore jamais eu autant d'argent.

*Hast du schon **so ein Auto** gesehen ? Ich habe **so Kopfschmerzen !***
As-tu déjà vu une voiture comme ça ? J'ai un de ces maux de tête !

*Hast du schon **so was** gehört ?*
As-tu déjà entendu une chose pareille ?

7 **So,** en relation avec le contexte précédent, ou une situation précise = "ainsi, comme ça".

*Wer spielt denn **so schön** Klavier ?*   *Hat er auch **so** reagiert ?*
Qui donc joue si bien du piano ?   A-t-il aussi réagi comme cela ?

So habe ich es nicht gemeint.
Ce n'est pas ce que j'ai voulu dire. (Je ne l'entendais pas ainsi.)

8 **So,** en relation avec une hypothèse ne se traduit pas en français.

*Regnet es morgen, **so** bleiben wir zu Hause.*
S'il pleut demain, nous resterons à la maison.

9 **So,** seul = "bon !, bien !".

So, jetzt können wir essen.   ***So ?***
Bon. Maintenant nous pouvons manger. Ah bon ?

10 **So,** après du discours direct entre guillemets, = "d'après, d'après ce que dit...".

*"Er liebte die Erdbeben.", **so** seine ehemalige Mitarbeiterin.*
"Il aimait les tremblements de terre.", d'après ce que dit son ancienne collaboratrice.

Exercice

Traduisez en allemand :
1. Ce livre est-il aussi intéressant que le premier ? 2. Cela s'écrit comme cela. 3. Il a tellement bu qu'il ne peut plus se lever. 4. Il a roulé d'autant plus vite. 5. Je suis si fatigué que je ne peux plus marcher. 6. Je n'ai jamais mangé un si bon gâteau.

233   *Sollen : emplois*

1 **Expression de la volonté d'une tierce personne, invitation à faire, ou ne pas faire.**

*Sie **sollen** zum Chef kommen.*   ***Soll** ich dir helfen ?*
Le chef veut vous voir.   Veux-tu que je t'aide ?

2 Sens de "devoir", interdits ou obligations morales, arguments d'autorité plus ou moins atténués.

*Du **sollst** nicht töten.*
Tu ne tueras point.

*Du **solltest** nicht rauchen.*
Tu ne devrais pas fumer.

3 Sens de "devoir", "il convient de".

*Er hätte länger warten **sollen**.*
Il aurait dû attendre plus longtemps.

4 Sens de "devoir", prospectif dans le futur.

*Er **sollte** 14 Tage später in Rom sterben.*
Il devait mourir 15 jours plus tard à Rome.

5 *Sollte,* expression de l'hypothèse.

***Sollte** er zufällig krank sein, dann müßten wir zu Hause bleiben.*
Si par hasard il devait être malade, nous devrions rester à la maison.

6 "Devoir", expression de l'ordre dans le discours indirect et direct.

*Er **soll** hereinkommen !*
Qu'il entre !

*Er hat mir gesagt, ich **solle** nicht so laut reden.*
Il m'a dit de ne pas parler si fort.

7 Sens de "on dit que".

*Er **soll** sehr krank sein.*
On le dit très malade.

8 Dans les questions avec infinitif.

*Was **soll** ich **tun** ?*
Que faire ?

▶ Voir aussi n° 127.

Notez que *sollen* sans infinitif dans des expressions figées uniquement rapportées au sujet (souvent ce que l'on se dit à soi-même).

*Was **soll** das ?*
Qu'est-ce que cela signifie ? Qu'est-ce qui se passe ?

*Was **soll** ich hier ?*
Qu'est-ce que je fais là ?

▶ Pour la conjugaison de *sollen*, voir verbes de modalité, n° 265.

Exercice

Traduisez en allemand :
1. A qui dois-tu téléphoner ? 2. Il devait mourir trois semaines plus tard.
3. On dit qu'il a hérité (erben + acc.) d'une grande maison. 4. On m'a dit de répondre le plus vite possible. 5. Tu ne dois pas mentir (lügen). 6. Si tu devais arriver plus tôt, téléphone-moi de suite.

234 Subjonctif I : formation

Le mode du subjonctif I présente trois formes différentes.

1 **Le présent,** formé sur le radical de l'infinitif auquel on rajoute la marque du subjonctif I -e et les marques de personnes ø, st, ø, n, t, n.

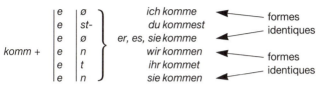

2 **Le futur,** qui est la transposition au discours rapporté de l'indicatif futur (voir n° 99), formé avec *werden* au subjonctif I + l'infinitif du verbe.

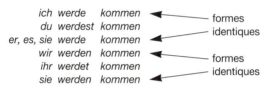

3 **Le passé,** qui est la transposition au discours rapporté de l'indicatif prétérit, parfait ou plus-que-parfait, formé avec *haben* ou *sein* au subjonctif I + le participe II du verbe.

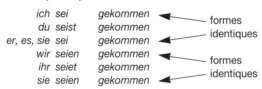

Remarques

● Comme on le voit, certaines formes du subjonctif I sont identiques aux formes de l'indicatif présent.

● D'autre part, contrairement à l'indicatif présent, les 1re et 3e personnes du singulier sont identiques.

● Seules les formes du présent peuvent s'employer en dehors du discours rapporté ; les formes du futur et du passé ne peuvent être traduites en français que dans le cadre du discours rapporté.

● Seul le verbe *sein* n'a pas de marque -e aux 1re et 3e pers. du sing.

Exercice

Formez le subjonctif I des verbes suivants :
1. 2ᵉ pers. sing. : sich waschen 2. 1ʳᵉ pers. plur. : gehen 3. 3ᵉ pers. sing. : arbeiten 4. 2ᵉ pers. plur. : schlafen 5. 1ʳᵉ pers. sing. : überlegen 6. 3ᵉ pers. plur. : sprechen 7. 2ᵉ pers. sing. : bringen 8. 1ʳᵉ pers. plur. : rennen 9. 2ᵉ pers. plur. : laufen 10. 3ᵉ pers. sing. : gewinnen

---

235 *Subjonctif I : emplois*

Le subjonctif I est employé principalement pour l'expression du discours rapporté. On le rencontre cependant aussi dans les cas suivants.

1 Comme impératif.

● A la 1ʳᵉ personne du pluriel et à la forme de politesse (sg. ou pl.).
Geben Sie mir das Buch zurück !
Rendez-moi le livre !

● A la 3ᵉ personne du singulier et à la 1ʳᵉ personne du pluriel souvent comme moyen d'expression du souhait ou du désir dans des tournures figées.

Hoffen wir es !	*Man gebe ihm für die Nacht eine Spritze.*
Espérons-le !	Qu'on lui fasse une piqûre pour la nuit.
Es lebe der Kaiser !	*Gott segne dich !*
Vive l'Empereur !	Dieu te bénisse !
Man nehme ein Pfund Mehl.	*Es sei eine Gerade xy.*
Prendre une livre de farine.	Soit une droite xy.

2 Comme moyen d'expression de la concession dans des expressions figées.

Es komme, was wolle.	*Es sei denn, daß ...*
Advienne que voudra.	A moins que...

3 Dans certaines subordonnées finales introduites par *damit*, l'indicatif étant cependant plus fréquent.

Sie hat den Brief geschrieben, damit man wisse, warum sie Selbstmord begangen hat.
Elle a écrit la lettre pour que l'on sache pourquoi elle s'est suicidée.

4 Dans certaines subordonnées de comparaison introduites par *als ob,* ou *als*, le subjonctif II étant également employé.

Er tut, als ob er krank sei / als sei er krank.
Il fait comme s'il était malade.

▶ Pour le discours indirect, voir n° 81.

S

Exercice

Traduisez en allemand :
1. Vive le roi ! (der König) 2. Espérons qu'il ne se passera rien ! 3. Venez demain matin à 9 heures. 4. Il fait comme s'il travaillait. 5. Il sera sûrement là, à moins qu'il ne soit malade.

236 *Subjonctif II hypothétique : formation*

Le mode de subjonctif II hypothétique présente deux formes différentes.

1 Une forme simple.

● Pour les verbes faibles, la forme est identique à celle de l'indicatif prétérit.

Indicatif prétérit	Subjonctif II hypothétique A
er spielte	*er spielte*

● Pour les verbes forts, on part du radical de l'indicatif prétérit, auquel on rajoute -e-, une inflexion de la voyelle, si c'est possible (c'est possible pour *a, u, o*) et les marques de personne *ø, st, ø, n, t, n.*

Indicatif prétérit						Subjonctif II hypothétique A	
ich	*kam*	e		ø	→	*ich*	*käme*
du	*kam*	e		st	→	*du*	*kämest*
er, es, sie	*kam*	e		ø	→	*er, es, sie*	*käme*
wir	*kam*	+ e	+	n	→	*wir*	*kämen*
ihr	*kamt*	e		t	→	*ihr*	*kämet*
sie	*kam*	e		n	→	*sie*	*kämen*
ich	*ging*	e		ø	→	*ich*	*ginge*
du	*ging*	e		st	→	*du*	*gingest*
er, es, sie	*ging*	e		ø	→	*er, es, sie*	*ginge*
wir	*ging*	+ e	+	n	→	*wir*	*gingen*
ihr	*gingt*	e		t	→	*ihr*	*ginget*
sie	*ging*	e		n	→	*sie*	*gingen*

2 Une forme composée avec *würde* + infinitif.

Subjonctif II hypothétique B

ich	*würde*	*spielen*	*ich*	*würde*	*gehen*
du	*würdest*	*spielen*	*du*	*würdest*	*gehen*
er, es, sie	*würde*	*spielen*	*er, es, sie*	*würde*	*gehen*
wir	*würden*	*spielen*	*wir*	*würden*	*gehen*
ihr	*würdet*	*spielen*	*ihr*	*würdet*	*gehen*
sie	*würden*	*spielen*	*sie*	*würden*	*gehen*

Remarques

● Dans l'usage actuel, la forme composée en *würde* + infinitif est plus courante que la forme simple ; cette forme simple ne subsiste plus guère que pour les verbes suivants : *haben, sein, werden, wissen* et les verbes de modalité *können, dürfen, müssen, sollen, mögen, wollen* et quelques verbes forts comme *kommen, gehen, bleiben, fallen, lassen, nehmen, sehen*, pour lesquels la forme en *würde* n'est d'ailleurs pas exclue. Pour l'emploi du subjonctif II hypothétique dans la conditionnelle, voir n° 68.

● Les verbes *wollen* et *sollen* ne prennent pas d'inflexion au subjonctif II hypothétique.

Exercice

Donnez les deux formes de subjonctif II hypothétique des verbes suivants :
1. 3e pers. sing. : sein 2. 1re pers. plur. : fallen 3. 2e pers. sing. : laufen 4. 2e pers. plur. : können 5. 1re pers. plur. : müssen 6. 3e pers. plur. : nehmen 7. 2e pers. sing. : sehen 8. 1re pers. sing. : sollen 9. 3e pers. sing. : lassen 10. 2e pers. plur. : bleiben

---

237 *Subjonctif II irréel : formation*

Le subjonctif II irréel se forme à l'aide des verbes *haben* ou *sein* au **subjonctif II hypothétique + participe II (passé)**.

Subjonctif II hypothétique	+ Participe II (passé)	= Subjonctif II irréel
er hätte	**+ gegessen**	**= er hätte gegessen**
er wäre	**+ gekommen**	**= er wäre gekommen**

▶ Pour la forme du participe II des verbes de modalité accompagnés d'un infinitif complément, voir n°s 176 et 165.
Pour le choix de *haben* ou *sein,* voir n° 110.

Exercice

Donnez la forme du subjonctif II irréel des verbes suivants :
1. 1re pers. plur. : wissen 2. 3e pers. sing. : fallen 3. 2e pers. plur. : vergessen 4. 1re pers. sing. : kommen können 5. 3e pers. plur. : weinen 6. 2e pers. sing. : essen sollen 7. 3e pers. sing. : aufstehen 8. 1re pers. sing. : sein 9. 3e pers. plur. : haben 10. 2e pers. sing. : spazieren gehen

238 *Subjonctif II : emplois*

1 **Le subjonctif II hypothétique** peut s'employer dans les cas suivants :

● Pour exprimer un souhait, souvent avec *doch* ou *nur*. Deux constructions sont alors possibles : avec *wenn* et le verbe conjugué à la fin ou sans *wenn* et le verbe conjugué en tête de phrase.

*Wenn ich doch einen Computer **hätte** !*
***Hätte** ich nur einen Computer !*
Si seulement j'avais un ordinateur !

● Pour exprimer une hypothèse dont la réalisation est possible.

*Nehmen wir mal an, du **hättest** einen Bruder.*
Supposons que tu aies un frère.

● Pour exprimer une hypothèse conditionnelle, soit avec une subordonnée conditionnelle, soit avec *gern*, soit avec *an meiner, deiner... Stelle*, soit avec un groupe prépositionnel introduit par *ohne* ou *trotz...*

*Ich **würde** gern ins Kino **gehen**.*
J'irais bien au cinéma.

*An deiner Stelle **würde** ich ein Motorrad **kaufen**.*
A ta place j'achèterais une moto.

*Ohne Auto **könnte** er nicht leben.*
Il ne pourrait pas vivre sans voiture.

● Pour exprimer, dans des expressions souvent figées, le résultat d'une action dont le déroulement a été difficile.

*Das **wär's** für heute.*
C'est tout pour aujourd'hui.

● Dans les subordonnées introduites par *als ob* ou *als* (voir n° 239).

▶ Pour l'emploi du subjonctif II dans le discours indirect, voir n° 81.

2 **Le subjonctif II irréel** peut s'employer :

● Pour exprimer un regret (on regrette quelque chose qui n'a pas eu lieu) ; avec *doch* et *nur*, le verbe conjugué est en tête de phrase.

***Wäre** er doch gestern **gekommen** !*   *Ich **wäre** gern nach Spanien **gefahren**.*
Si seulement il était venu hier !   J'aurais bien aimé aller en Espagne.

● Pour exprimer une hypothèse conditionnelle, un fait qui aurait pu se produire si... soit avec une subordonnée conditionnelle, soit avec *fast, beinahe* = "presque", soit avec *an meiner, deiner... Stelle,* soit avec un groupe prépositionnel introduit par *ohne, mit...*

*Das Auto **hätte** beinahe den Hund **überfahren**.*
La voiture a failli écraser le chien.

*An seiner Stelle **hätte** ich ihm kein Buch **geschenkt**.*
A sa place je ne lui aurais pas offert de livre.

*Ohne seine Hilfe **hätte** ich nie das Examen **bestanden**.*
Sans son aide je n'aurais jamais réussi à l'examen.

▶ Pour la subordonnée conditionnelle, voir n° 68.

Exercices

A. Complétez par un subjonctif II hypothétique ou irréel :
1. Ich ... gern eine Uhr gekauft. 2. An seiner Stelle ... ich nicht baden gehen. 3. Ich ... fast vergessen, ihn abzuholen. 4. Mit meinem Vater ... ich keine Schwierigkeiten gehabt. 5. Er ... gern mit dir in die Stadt fahren. 6. ... ich doch gestern abend zu Hause geblieben !

B. Traduisez en allemand :
1. A ta place, je resterais à Paris. 2. J'aurais aimé aller me promener dans les montagnes. 3. J'ai failli tomber. 4. Sans lui, je n'aurais jamais trouvé la maison de mon ami. 5. Si seulement il avait fermé la porte !

---

239 *Subordonnées de comparaison* introduites par als ob, als wenn, als

1 La forme du verbe.

Le verbe des subordonnées de comparaison introduites par *als ob, als wenn* ou *als* est le plus souvent au subjonctif II, parfois au subjonctif I (voir n° 235.4).

*Er tut, **als ob er sehr reich wäre**.*
Il fait comme s'il était très riche.

▲ **Attention** à la différence de forme du verbe en français !

2 La place du verbe.

Avec *als ob* ou *als wenn* (moins fréquent), le verbe conjugué occupe la dernière place, comme il est de règle dans les subordonnées (voir n° 170).

Avec *als,* le verbe conjugué occupe la première place de la subordonnée, ce qui s'explique par analogie avec l'interrogative (sens de *ob*) ou l'hypothétique (sens de *wenn*).

*Er tut, **als wäre er sehr arm**.*
Il fait comme s'il était très pauvre.

Remarquez que la tournure "faire comme si" se traduit par *tun, als ob*.

▶ Pour les autres subordonnées, voir les conjonctions de subordination, n° 70.

Exercices

A. Remplacez als ob *par* als.
1. Er tut, als ob er sich ein Bein gebrochen hätte. 2. Er kümmert sich um den Jungen, als ob er sein eigener Sohn wäre. 3. Ihr war, als ob sie plötzlich von einer Biene gestochen worden wäre. 4. Er läßt sich auf den Boden fallen, als ob er nicht mehr laufen könnte.

B. Traduisez en allemand en utilisant als ob :
1. Il fait comme s'il avait reçu un coup (der Schlag) sur la tête. 2. Elle fait comme si elle n'était pas malade. 3. Ils font comme s'ils étaient heureux. 4. Ils marchent comme s'ils étaient ivres (betrunken). 5. Il ne dort pas ; il fait comme si.

240 *Suivre* *(traductions)*

1 Sens spatial.

● *Jmm/einer Sache* (dat.) *folgen* = "suivre qqn, qqch." (sens spatial ou figuré). Le parfait se forme avec *sein*.

Folgen Sie **mir** !	**Fortsetzung folgt !**
Suivez-moi !	A suivre !

*Sie **sind** der Spur im Schnee **gefolgt**.*
Ils ont suivi la trace dans la neige.

*Wir **sind** seiner Rede mit Interesse **gefolgt**.*
Nous avons suivi son discours avec intérêt.

● *Hinter jmm hergehen / herfahren* (ou *her-* + autre verbe).

*Der Hund **läuft hinter** seinem Herrn **her**.*
Le chien suit son maître.

*Die Autos **fahren hintereinander her**.*
Les voitures se suivent.

● *Jmm nachgehen / nachlaufen / nachfahren* (ou *nach-* + autre verbe).

*Er ist **uns** bis nach Hause **nachgegangen**.*
Il nous a suivis jusqu'à la maison.

***Lauf ihr** schnell **nach** ! Sie hat ihr Portemonnaie liegen lassen.*
Cours vite après elle ! Elle a oublié son porte-monnaie.

2 Sens temporel.

● *Auf etw.* (acc.) *folgen* = "suivre", "succéder". Le parfait se forme avec *sein*.

***Auf** den Krieg **folgten** 20 Friedensjahre.*
20 ans de paix suivirent la guerre.

***Auf** Regen **folgt** Sonne.*
Après la pluie le beau temps.

● *Einer Sache* (dat.) *folgen*.

*De**m** Gewitter **folgte** eine Überschwemmung.*
L'orage a été suivi d'une inondation.

3 **Sens figuré.**

● *Etw.* (acc.) *befolgen* = "suivre un conseil, un ordre, des indications". L'auxiliaire employé est *haben*.

*Warum hast du meinen Rat nicht **befolgt** ?*
Pourquoi n'as-tu pas suivi mon conseil ?

● *Etw.* (acc.) *besuchen* = "suivre des cours" (Schule, Universität, Vorlesung, Kurs).

*Lutz **besucht** die Vorlesungen an der Universität Hamburg.*
Lutz suit les cours de l'Université de Hambourg.

Remarquez que *jmm* (dat.) *folgen* peut avoir le sens de "obeir". Le verbe pour former les temps composés est alors *haben*.

*Er **hat** als Kind seinen Eltern nie **gefolgt**.*
Enfant, il n'a jamais obéi à ses parents.

*Willst du endlich **folgen** ?*
Veux-tu enfin obéir ?

E x e r c i c e

Traduisez en allemand :
1. Le chien m'a suivi jusqu'à la gare. 2. Le printemps suit l'hiver. 3. Il faut suivre le mode d'emploi (die Gebrauchsanweisung). 4. Elle aimerait suivre un cours de danse (der Tanzkurs). 5. Elle a suivi attentivement le spectacle. 6. Les avions se suivent. 7. Nous l'avons suivi sans nous faire remarquer (unauffällig). 8. Ils les ont suivis (en voiture) jusqu'à la frontière.

---

241 *Superlatif des adjectifs et adverbes* (ou degré 2 de l'adjectif et de l'adverbe)

1 **Superlatif de l'adjectif épithète :** adjectif + *st* + marque de déclinaison.

*das **klein** + **st** + **e** Auto*   *Das ist das **kleinste** Auto auf der Welt.*
la plus petite voiture   C'est la plus petite voiture du monde.

2 **Superlatif de l'adverbe :** *am* + adverbe + *sten*.

*am + **schnell** + **sten***   *Er läuft **am schnellsten**.*
le plus vite   Il court le plus vite.

Remarques
● Certains adjectifs et adverbes ont des formes irrégulières ou avec inflexion.

Formes irrégulières	Formes avec inflexion
nah : **der nächste, am nächsten**	**alt, arm, dumm, grob, hart, hoch,**
gut : **der beste, am besten**	**jung, kalt, klug, krank, kurz, lang,**
bald : **am ehesten**	**scharf, schwach, stark, warm**
gern : **der liebste, am liebsten**	
groß : **der größte, am größten**	
viel : **die meisten, am meisten**	

*Er ist der **jüngste** Schüler der Klasse.*
Il est le plus jeune élève de la classe.

● La plupart des adjectifs et adverbes terminés par *d, t, ß, s, z, x* (sauf *groß*, les participes présents et les participes passés terminés par -*et*) prennent un -*e*- intercalaire.

*der **interessanteste** Roman, den ich je gelesen habe*
le roman le plus intéressant que j'aie jamais lu

Mais :

*der **größte** Baum*   *der **bedeutendste** Maler des 19. Jahrhunderts*
l'arbre le plus grand   le peintre le plus important du 19ᵉ siècle

*der **gefürchtetste** Lehrer*
le professeur dont on a le plus peur

● Lorsque l'on compare deux éléments, on utilise en allemand la forme du comparatif et non celle du superlatif.

*Herr Schmitt hat zwei Söhne ; der **jüngere** heißt Michael.*
Monsieur Schmitt a deux fils ; le plus jeune s'appelle Michel.

Exercices

A. Introduisez l'adjectif ou l'adverbe sous la forme du superlatif.
1. Peter ist der ... Schüler der Klasse (alt). 2. Dieser Bleistift schreibt ... (gut). 3. Der ... von beiden ist mein Freund (groß). 4. Die ... Sportler führen ein gesundes Leben (viel). 5. Es ist der ... Winter seit 1975 (kalt). 6. Im Januar regnet es ... (viel).

B. Traduisez en allemand :
1. C'est le roman le plus captivant (spannend) que j'aie lu. 2. As-tu mis ton manteau le plus chaud ? 3. Il était le plus nerveux de tous. 4. Août a été le mois le plus chaud. 5. C'est Pierre qui mange le plus.

---

242 *Supposer, être sûr, douter* (traductions)

1 Supposer.
Pour dire que l'on suppose qqch., on peut utiliser les expressions suivantes.

● *Etw.* (acc.) *annehmen* = "supposer qqch." ; *annehmen, (daß)* = "supposer que" ("émettre une hypothèse").

***Nehmen** wir **an, daß** wir im Jahre 2000 sind. (**Nehmen** wir **an**, wir sind...)*
Supposons que nous soyons en l'an 2000.

● *Etw.* (acc.) *vermuten* = "supposer qqch." ; *vermuten, daß* = "supposer que" ("présumer").

Wir **vermuten, daß** *er umgezogen ist.*
Nous supposons qu'il a déménagé.

● *Davon ausgehen, daß...* = "supposer que..." ; "présumer que...".

Ich **gehe davon aus, daß** *wir die Wahlen gewinnen werden.*
Je présume que nous allons gagner les élections.

● *Mir scheint etw. zu sein ; mir scheint, daß...* = "il me semble que...".

Das **scheint mir** *falsch* **zu sein.** */* **Mir scheint, daß** *das falsch ist.*
Il me semble que c'est faux.

● *Etw.* mag / kann / könnte wohl so sein = "il se peut ; il se pourrait que...".

Sie **mag wohl** *zwanzig* **sein.**	*Sie* **kann** *auch fünfundzwanzig* **sein.**
Il se peut qu'elle ait vingt ans.	Elle pourrait aussi bien avoir vingt-cinq ans.
Sie **könnte** *sogar dreißig* **sein.**	*Was* **mag** *das* **wohl sein** *?*
Il se pourrait même qu'elle ait trente ans.	Qu'est-ce que cela peut bien être ?

2 Être sûr.

Pour dire que l'on est sûr de qqch., on peut se servir de différentes expressions.

● *(Ganz) sicher sein, daß...* = "être (tout à fait) sûr que...".

Ich bin **sicher, daß** *ich recht habe.*
Je suis sûr d'avoir raison.

● *Einer Sache* (gén.) *sicher sein* = "être sûr de...".

Ich bin **dessen sicher.**
J'en suis sûr.

● *Etw. genau wissen* = "savoir très bien qqch.".

Das **weiß** *ich* **genau.** */ Ich* **weiß** *es* **genau.**
Je le sais très bien.

● *Genau (sicher) wissen, daß...* = "savoir très bien que...".

Ich **weiß** *ganz* **sicher, daß** *du dich getäuscht hast.*
Je suis tout à fait certain que tu t'es trompé.

● *Nicht daran zweifeln, daß...* = "ne pas douter que...".

Ich **zweifle nicht daran, daß** *du die Wahrheit sagst.*
Je ne doute pas que tu dises la vérité.

E x p r e s s i o n s

ohne Zweifel	**Darüber / daran besteht kein Zweifel.**
sans aucun doute	Il n'y a pas de doute.

314

3 Douter.

Pour dire que l'on n'est pas sûr d'un fait ou que l'on en doute, on peut employer les tournures suivantes, **en utilisant l'indicatif dans tous les cas**.

● *Nicht sicher sein, daß / ob...* = "ne pas être sûr que...".

*Ich bin **nicht sicher, ob** er da ist.*
Je ne suis pâs sûr qu'il soit là.

● *Einer Sache* (gén.) *nicht sicher sein* = "ne pas être sûr de...".

*Ich bin **dessen nicht sicher**.*
Je n'en suis pas sûr.

● *Nicht (genau) wissen, ob...* = "ne pas savoir très bien si...".

*Ich **weiß nicht genau, ob** der Bus hier hält.*
Je ne sais pas très bien si le bus s'arrête ici.

● *Sich fragen, ob...* = "se demander si...".

*Ich **frage mich, ob** ich die Einladung annehmen soll oder nicht.*
Je me demande si je dois accepter l'invitation ou non.

● *An etw.* (dat.) *zweifeln* = "douter de qqch.".

***Zweifelst du an** meinem guten Willen ?*
Est-ce que tu doutes de ma bonne volonté ?

● *Zweifeln, ob / daß...* = "douter que...".

*Ich **zweifle, ob** das richtig ist.*
Je doute que ce soit juste.

● *Etw. bezweifeln* ou *bezweifeln, daß...* = "mettre qqch. en doute" ; "douter de".

*Ich **bezweifle** den Nutzen dieses Apparats.*
Je doute de l'utilité de cet appareil.

Exercice

Traduisez en allemand :
1. Je sais très bien qui a cassé le vase. 2. Je doute que ce soit une bonne idée. 3. Il me semble qu'on a sonné. 4. Je suis sûr que c'est au bout du monde (am Ende der Welt). 5. Je suppose que cela t'est égal. 6. Je ne sais vraiment pas comment il s'appelle. 7. Comment peux-tu douter de ma fidélité (die Treue) ? 8. Quel âge peut-elle bien avoir ? 9. Je suppose que tu t'en moques (sich über etw. lustig machen). 10. Je ne doute pas qu'il viendra ce soir.

243 *Temps du verbe et compléments de temps : introduction*

La ligne suivante représente l'axe du temps :

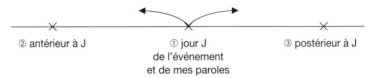

② antérieur à J　　　　① jour J　　　　③ postérieur à J
　　　　　　　　　de l'événement
　　　　　　　　　et de mes paroles

1 **Le temps normal du verbe qui situe un événement en même temps que j'en parle est le présent.**

*Er **singt**.*
Il chante. (Il est en train de chanter pendant que je dis "Il chante").

En relation avec des compléments de temps, ce présent peut prendre d'autres valeurs.

● Il peut, par exemple, indiquer un événement qui se répète.

*Er **singt** jeden Morgen.*
Il chante tous les matins.

● Il peut aussi situer un événement avec un léger décalage dans le futur, à l'intérieur du jour J (le futur n'est pas exclu pour le verbe).

*Ich **esse** heute um 8 (ou Ich **werde** heute um 8 **essen**).*
Aujourd'hui, je déjeune à huit heures.

● Dans un récit, il peut aussi avoir une valeur de passé (présent historique).

*1949 **wird** Konrad Adenauer zum Bundeskanzler **gewählt**.*
En 1949, Konrad Adenauer est élu Chancelier de la République Fédérale.

2 **Le temps qui situe un événement postérieur au jour J est le présent ou le futur.**

*Ich **komme** morgen (ou Ich **werde** morgen **kommen**).*
Je viens (viendrai) demain.

3 **Le temps qui situe un événement antérieur au jour J est le prétérit, le parfait ou le plus-que-parfait.**

● Le prétérit indique souvent un événement qui a eu un début et une fin dans le passé. Il correspond, en français, à un imparfait ou à un passé simple.

*Er **war** krank.*
Il était malade.

● Le parfait signifie que l'événement est terminé. Il correspond, en français, à un passé composé.

*Er **hat** eine Flasche Limonade **gekauft**.*
Il a acheté une bouteille de limonade (son achat est fait).

● Le plus-que-parfait indique un événement qui a eu un début et une fin par rapport à un repère du passé. Ces temps du verbe se combinent souvent avec des compléments de temps.

*Am Dienstag **hatte** er den Brief **weggeschickt**.*
Il avait expédié la lettre mardi.

*Bevor er das Haus verließ, **hatte** er alle Fenster **geschlossen**.*
Avant de quitter la maison, il avait fermé toutes les fenêtres.

▶ Pour les adverbes de temps, voir n° 16.

244 *Temps du verbe : compléments au jour J*

Le verbe est au présent (éventuellement au futur) avec les compléments de temps suivants, pour exprimer :

1 **L'heure.**

● L'heure précise : *um* + accusatif.

***um** 12 Uhr*	***um** Mitternacht*
à midi	à minuit
***um** 3 Uhr nachmittags*	***um** 10 Uhr morgens, abends*
à 3 heures de l'après-midi	à 10 heures du matin, du soir

*Er kommt heute **um** 8 (Uhr).*
Il vient aujourd'hui à 8 heures.

● L'heure approximative : *gegen* + accusatif.

*Er kommt heute **gegen** 8 (Uhr).*
Il vient aujourd'hui vers 8 heures.

● Avant l'heure : *vor* + datif.

vor 8 *(Uhr)*
avant 8 heures

● Après l'heure : *nach* + datif.

nach acht *(Uhr)*
après huit heures

2 La date.

Heute haben wir Samstag, **den 7. Dezember 19..**
Aujourd'hui, nous sommes le samedi 7 décembre 19..

3 Le jour.

Er kommt **heute.**
Il vient aujourd'hui.

4 Les moments de la journée.

● Les moments précis.

Soit :

am Morgen
le matin

am Vormittag
dans la matinée

am Mittag
à midi

am Nachmittag
l'après-midi

am Abend
le soir

in der Nacht
la nuit

Soit :

heute morgen/heute früh
ce matin

heute vormittag
ce matin/aujourd'hui dans la matinée

heute mittag
à (ce) midi

heute nachmittag
cet après-midi

heute abend
ce soir

heute nacht
cette nuit

● Les moments approximatifs.

gegen Abend
dans la soirée

5 Le moment correspondant à celui de mes paroles.

jetzt, nun
maintenant, à présent
zur Zeit
en ce moment (durée plus longue)

augenblicklich, momentan, im Augenblick
en ce moment, pour le moment (courte durée)

t

E x e r c i c e

Traduisez en allemand :
1. Où dors-tu cette nuit ? 2. Tu peux me téléphoner vers 11 heures. 3. A midi il mange au restaurant. 4. Pour le moment il est dans sa baignoire (die Badewanne). 5. Cet après-midi je ne vais pas à l'école. 6. En ce moment il est à Bonn.

---

245 *Temps du verbe : compléments avant le jour J*

Le verbe est au prétérit, parfait ou plus-que-parfait avec les compléments de temps suivants, pour exprimer :

1 Le jour.

● Le jour précis : *am...* ou indication du jour seule.

*Er ist **am** 20. März gestorben.*   *Er ist **(am)** Dienstag gekommen.*
Il est mort le 20 mars.   Il est venu mardi.

● Le jour approximatif : *um* + accusatif ... *(herum).*

*Er ist **um** den 20. März gestorben.*
Il est mort vers le 20 mars.

● Avant le jour : *vor* + datif.

*Er ist **vor** dem 20. März gestorben.*
Il est mort avant le 20 mars.

● Après le jour : *nach* + datif.

*Er ist **nach** dem 20. März gestorben.*
Il est mort après le 20 mars.

2 Les moments de la journée.

● Soit :

gestern morgen (früh)   **gestern vormittag**   **gestern mittag**
hier matin   hier dans la matinée   hier (à) midi

gestern nachmittag   **gestern abend**   **gestern nacht**
hier après-midi   hier soir   la nuit dernière

● Soit :

am Morgen   **am Vormittag**
le matin   dans la matinée, etc.

3 L'heure (voir n° 244).

*Er ist gestern **um** 10 angekommen.*
Il est arrivé hier à 10 heures.

4 Les semaines.

*Er ist **vorige (letzte) Woche** abgefahren.*
Il est parti la semaine dernière.

5 Les mois.

● Soit : *im.*

Im Juli waren wir in Italien.
En juillet, nous étions en Italie.

● Soit : *letzten Monat* (accusatif !).

***Letzten Monat** hat er nicht gearbeitet.*
Le mois dernier, il n'a pas travaillé.

6 Les années.

● Soit : *im Jahre 19.. ou 19..*

*Er ist **im Jahre 1940** geboren (Er ist **1940** geboren).*
(Er ist ~~in 1940~~ impossible !)
Il est né en 1940.

● Soit : *letztes Jahr* (accusatif !).

***Letztes Jahr** war er zwei Monate in Deutschland.*
L'année dernière, il était deux mois en Allemagne.

7 Les saisons.

● Soit : *im.*

Im Winter waren wir in Österreich.
En hiver, nous étions en Autriche.

● Soit : *letzten Sommer* (accusatif !).

***Letzten Sommer** hatten wir sehr schönes Wetter.*
L'été dernier, nous avons eu très beau temps.

8 Les fêtes : *zu.*

***Zu** Weihnachten sind sie zu Hause geblieben.*
A Noël, ils sont restés à la maison.

9 Les époques.

im 19. Jahrhundert   *zu meiner Zeit*
au dix-neuvième siècle   de mon temps

● "Vers", "avant", "après", suivis d'une indication ponctuelle (date, heure, jour, fête...) se traduisent toujours par *um... (herum), vor* et *nach.*

*Er ist **vor** 1940 geboren.*
Il est né avant 1940.

Mais pour exprimer une antériorité calculée à partir du jour J on emploie *gestern* = "hier", *vorgestern* = "avant-hier", ou *vor* + datif = "il y a ...".

*Er ist **vor zwei Monaten** gestorben.*
Il est mort il y a deux mois.

vor zwei Monaten   jour J

▲ **Attention :** "il y a 15 jours" (= 2 semaines) se dit *vor vierzehn Tagen* (et non *fünfzehn !*).

10 Une antériorité par rapport à un autre moment que le jour J.

am Tag zuvor/am Vortag **drei Tage zuvor**
le jour avant trois jours avant

am Abend zuvor **das Jahr, den Herbst, einen Monat zuvor**
le soir d'avant l'année précédente, l'automne précédent, un mois auparavant

zwei Monate zuvor   jour J

11 Une postériorité par rapport à un moment du passé.

am Tag danach/am folgenden Tag **zwei Monate danach, später**
le jour suivant, le lendemain deux mois plus tard

nach zwei Wochen
au bout de deux semaines

zwei Monate danach   jour J

E x e r c i c e

Traduisez en allemand :
1. Il est né il y a dix-sept ans. 2. Il est né en 1969. 3. Il est né le 4 avril 1969. 4. Il est venu mardi ; le jour d'avant il avait beaucoup neigé. 5. A Pâques, j'ai passé deux semaines en Allemagne. 6. Hier soir vers 8 heures, j'ai entendu un chien aboyer (bellen). 7. L'hiver dernier, il a été très malade. 8. Je l'ai rencontrée vers 11 heures du matin. 9. Il est venu le 9 février ; trois semaines plus tard, il a eu un accident de voiture. 10. Il est parti au bout de deux mois.

246 *Temps du verbe : compléments après le jour J*

Le verbe est au présent ou au futur avec les compléments suivants, pour exprimer :

1 **Le jour :** *am...* ou l'indication du jour seule.

*Er kommt **am** 23. Mai.*　　　　*Er kommt **(am)** Montag.*
Il vient le 23 mai.　　　　　　　Il vient lundi.

2 **Les moments de la journée.**

Soit :　　　　　　　　　　　　Soit :

morgen früh　　　　　　　***am Abend***
demain matin

morgen mittag　　　　　　***am Morgen...***
demain midi　　　　　　　　　(voir nᵒˢ 244 et 245)

morgen nachmittag
demain après-midi

morgen abend
demain soir

3 **L'heure :** voir nᵒˢ 244 et 245.

*Et kommt morgen **um** 11.*
Il vient demain à 11 heures.

4 **Les mois :** voir nᵒˢ 244 et 245.

Soit : *im*

***Im** August wird er in Spanien sein.*
En août, il sera en Espagne.

Soit : *nächsten Monat* (accusatif !)

***Nächsten Monat** fängt die Schule wieder an.*
L'école recommence le mois prochain.

5 **Les années.**

Soit : *im Jahre 19.. ou 19..*
Soit : *nächstes Jahr* (accusatif !)

***Nächstes Jahr** werden wir in Amerika wohnen.*
L'année prochaine, nous habiterons en Amérique.

6 **Les saisons.**

Soit : *im*
Soit : *nächsten Sommer...* (accusatif !)

***Nächsten Sommer** kommt er zu uns zu Besuch.*
L'été prochain, il viendra nous rendre visite.

7 **Les fêtes :** voir nᵒˢ 244 et 245.

8 **Les époques :** voir nᵒˢ 244 et 245.
"Vers", "avant", "après", suivis d'une indication ponctuelle (date, heure, jour...) se traduisent toujours par *um (herum), vor* et *nach.*
*Ich muß **vor dem Winter 1996** einen neuen Wagen kaufen.*
Il faut que j'achète une nouvelle voiture avant l'hiver 1996.

Mais pour exprimer une postériorité à partir du jour J, on emploie *morgen* = "demain", *übermorgen* = "après-demain" ou *in* + datif.
*Ich fahre **in zehn Tagen** nach Wien.*
Dans dix jours, je vais à Vienne.

jour J   *in zehn Tagen*

▲ **Attention :** "dans 15 jours" se dit *in vierzehn Tagen* (et non *fünfzehn !*).

9 **Une postériorité par rapport à un autre moment que le jour J,** par exemple le 30 janvier.

am folgenden Tag, am Tag darauf	*am Abend darauf*
le jour suivant	le soir suivant
am folgenden Samstag	*in der folgenden Woche*
le samedi suivant	la semaine suivante
ein Jahr später, darauf	*zehn Tage später*
une année plus tard	dix jours plus tard
nach zehn Tagen	*kurz darauf*
au bout de 10 jours	peu après

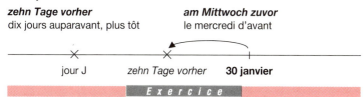

jour J   **30 janvier**   *zehn Tage später*

10 **Une antériorité par rapport à un moment du futur,** par exemple le 30 janvier.

zehn Tage vorher   *am Mittwoch zuvor*
dix jours auparavant, plus tôt   le mercredi d'avant

jour J   *zehn Tage vorher*   **30 janvier**

E x e r c i c e

Traduisez en allemand :

1. Dans trois semaines, c'est Noël. 2. Demain après-midi à 3 heures, je serai déjà à Berlin. 3. La semaine prochaine, nous allons au théâtre. 4. Dans quinze jours, les fleurs seront fanées (verwelkt). 5. Le 25, je serai à Hambourg, et trois jours auparavant, je serai à Cologne. 6. Après Noël, nous revenons en France. 7. Où vas-tu après-demain ?

247 Temps du verbe : durée

1 La durée est liée au jour J dans le futur : *bis* = "jusqu'à" (voir aussi n° 129) ou *ab, von... ab, von... an*, depuis (voir n° 1). **Le verbe est au présent ou au futur.**

Ich **warte bis** *morgen,* **bis** *nächsten Dienstag* (accusatif), **bis** *5 Uhr...*
J'attends jusqu'à demain, jusqu'à mardi prochain, jusqu'à 5 heures...

Er wartet bis Ostern.
Il attend jusqu'à Pâques.

Von morgen ab (ou **Ab morgen**) *bekommst du kein Taschengeld mehr.*
A partir de demain, tu ne recevras plus d'argent de poche.

2 La durée est liée au jour J dans le passé : *seit* = "depuis". **Le verbe est au présent.**

Er **wartet seit** *acht Tagen.*
Il attend depuis huit jours.

3 La durée n'est pas liée au jour J, mais le début et/ou la fin sont précisés.

● *Von... bis (zu)...* = "de... jusqu'à...". Le verbe est au présent, futur, prétérit, parfait ou plus-que-parfait.

Er blieb **vom** *5.* **bis zum** *27. März bei uns.*
Il resta chez nous du 5 au 27 mars.

● *Zwischen* = "entre".

Sie spielen Karten **zwischen** *6 und 7.*
Ils jouent aux cartes de 6 à 7.

● *Seit* = "depuis". Le verbe est au passé.

Er hatte **seit** *dem 1. April keine Arbeit mehr.*
Depuis le 1er avril, il n'avait plus de travail.

4 La durée n'est pas liée au jour J ; le début et la fin ne sont pas précisées. Le temps du verbe est indifférent.

● Accusatif.

Die Ferien dauern **einen Monat.**
Les vacances durent un mois.

- *Während* + génitif = "pendant".

*Er ist **während des Krieges** geboren.*
Il est né pendant la guerre.

- *Innerhalb* + génitif, ou *innerhalb von* + datif = "en l'espace de".

*Die Arbeit muß **innerhalb einer Woche** fertig sein.*
Le travail doit être terminé en l'espace d'une semaine.

▶ Voir aussi les adverbes de temps, n° 16.

Exercice

Traduisez en allemand :
1. Jusqu'à quand restes-tu à Munich ? 2. Depuis trois mois, il n'a pas plu.
3. Le concert a duré trois heures. 4. Je reste un mois dans les Alpes. 5. De Noël à Pâques, j'aurai beaucoup de travail. 6. Depuis trois ans, la maison n'avait pas été chauffée (heizen). 7. A partir de jeudi, il doit faire beau.

248 *Temps du verbe : répétition*

Lorsqu'un événement se répète, le verbe peut être à différents temps : il peut se répéter au présent, au passé, au futur...

1 Accusatif avec *jeder*.

*Er steht **jeden Morgen** um 7 auf.*
Il se lève tous les matins à 7 heures.

2 Adverbes de temps.

- *Morgens* = "le matin", *samstags* = "le samedi", *nachts* = "la nuit..."

***Morgens** kam er immer zu spät.*
Le matin, il arrivait toujours en retard.

- *Monatlich* = "tous les mois", *wöchentlich* = "toutes les semaines", *jährlich* = "tous les ans".

*Die Zeitschrift erscheint **wöchentlich**.*
La revue paraît toutes les semaines.

▶ Pour les adverbes de temps, voir aussi n° 16.

3 Certains compléments de temps accompagnés de *immer* = "toujours" (voir n° 251), *ab und zu* = "de temps à autre", *manchmal* = "parfois"...

*Er geht **am Abend immer** im Park spazieren.*
Le soir, il va toujours se promener dans le parc. (Tous les soirs...)

- "Une fois par..." se traduit par *einmal im…,* ou *am...* ; "deux fois" par *zweimal...* etc.

● "Tous les deux, trois…" se traduit par *alle zwei, drei…* ou *jeden zweit-, dritt-…*

*Er fährt **alle vierzehn Tage** nach Deutschland.*
Il va tous les quinze jours en Allemagne.

E x e r c i c e

Traduisez en allemand :
1. Tous les mois, il rend visite à son oncle. 2. Deux fois par an, il va en Allemagne. 3. Tous les soirs, ils regardent la télévision. 4. Le matin, je ne peux jamais me lever. 5. Les Jeux Olympiques ont lieu tous les quatre ans.

249 *Temps et modes du verbe : différences avec le français*

Les cas les plus importants de divergences entre le français et l'allemand sont les suivants.

1 **Dans les subordonnées** suivantes avec "que", le français emploie le subjonctif, l'allemand l'indicatif.

● Temporelles : "avant que" = *bevor,* "après que" = *nachdem,* "jusqu'à ce que" = *bis.*

*Ich warte, bis du **zurückkommst**.*
J'attends jusqu'à ce que tu reviennes.

● Concessives.

– Bien que, quoique" = *obwohl, obgleich.*

*Er ist ausgegangen, **obwohl** er Fieber **hat**.*
Il est sorti, bien qu'il ait de la température.

– "Si… que, quoi que…" = *so… auch ist* ou *so… auch sei.*

***So** stark er auch **ist** (ou sei), er wird ihn nicht niederwerfen können.*
Si fort qu'il soit, il n'arrivera pas à le mettre par terre.

● De but : "pour que…" = *damit… ;* "de façon à ce que…", "de sorte que…" = *so daß.*

*Komm ein bißchen früher, **damit** wir um 6 abfahren **können**.*
Arrive un peu plus tôt, pour que nous puissions partir à 6 heures.

● Après des verbes exprimant une hypothèse : "il est possible que…" = *es ist möglich, daß…,* "il semble que…" = *es scheint, daß,…* "il se peut que…" = *es kann sein, daß…,* "admettons que…" = *nehmen wir an, daß…*

*Es **kann** sein, daß er morgen **kommt**.*
Il se peut qu'il vienne demain.

2 **Dans certaines relatives** (superlatif + relative, le seul + relative...), le français emploie le subjonctif, l'allemand l'indicatif.

*Das ist das schönste Haus, das ich je gesehen **habe.***
C'est la plus belle maison que j'aie jamais vue.
*Er ist der einzige, der **gekommen ist.***
Il est le seul qui soit venu.

3 **Les conditionnelles et les subordonnées de comparaison** sont à l'imparfait ou au plus-que-parfait de l'indicatif en français ; elles sont au subjonctif II en allemand (voir aussi n°s 68 et 239).

***Wenn** du Geld **hättest,** könntest du dir eine Schallplatte kaufen.*
Si tu avais de l'argent, tu pourrais t'acheter un disque.
***Wenn** ich das **gewußt hätte,** wäre ich nicht gekommen.*
Si j'avais su cela, je ne serais pas venu.
*Er tut, **als ob** er Angst **hätte.***
Il fait comme s'il avait peur.

4 Le futur français peut correspondre à un présent de l'allemand (voir n° 99).

*Ich **komme** morgen.*
Je viendrai demain.

5 Le **passé simple et l'imparfait** du français se traduisent par le prétérit allemand.

*Er **fragte** den kleinen Jungen, der vor der Tür **stand.***
Il interrogea le petit garçon qui se trouvait devant la porte.

6 **Le prétérit allemand** est souvent rendu par un parfait en français.

*Er **schrieb** mir, daß er einverstanden war.*
Il m'a écrit qu'il était d'accord.

▶ Pour le discours indirect, voir n° 81.

E x e r c i c e

Traduisez en allemand :
1. Admettons qu'il ne vienne qu'à trois heures. 2. Je voudrais que tu sois à l'heure (pünktlich). 3. Achète du pain pour que nous ayons au moins quelque chose à manger. 4. Bien que j'aie lu ce livre il y a peu de temps, je ne me souviens plus de l'histoire. 5. Connais-tu un restaurant qui ne soit pas trop cher ? 6. Avant que tu ne viennes, il avait déjà bu trois verres de vin.

250 *Tod, tot, sterben*

Ces termes prêtent facilement à confusion. Il faut distinguer :

1 ***Der Tod*** (majuscule et *d* final à l'orthographe !) = "la mort".

*Heute morgen hat man **den Tod** des Präsidenten angekündigt.*
Ce matin on a annoncé la mort du président.

2 Et ***tot*** (minuscule et *t* final à l'orthographe, mais se prononce comme *Tod*) = "mort" (adjectif, adverbe ou adjectif substantivé).

*Der Hund ist von einem Auto überfahren worden ; er ist **tot**.*
Le chien a été écrasé par une voiture ; il est mort.

*Er hat ihn **tot**geschlagen.*
Il l'a frappé à mort.

*Manche Völker ehren **die Toten** besonders.*
Certains peuples vénèrent particulièrement les morts.

3 ***Sterben*** (verbe fort) = mourir.

*Er **ist** am 21. Januar **gestorben**.*
Il est mort le 21 janvier.

▲ **Attention :** "il est mort..." peut se traduire en allemand de plusieurs manières selon le sens.

● Pour exprimer un état : *tot sein*.

*Als der Arzt kam, **war er** schon **tot**.*
Quand le médecin arriva, il était déjà mort.

● Pour exprimer un événement : *sterben*.

*Sie **ist** vor drei Jahren **gestorben**.*
Elle est morte il y a trois ans.

● Avec un sens figuré (avec des verbes comme "rire"...) : *sich totlachen* (ou *sich zu Tode lachen*).

*Heute abend werden wir uns garantiert **totlachen**.*
Ce soir, nous allons mourir de rire, je vous le garantis.

E x e r c i c e s

A. Complétez par Tod(e) *ou* tot.
1. Seit wann ist er... ? 2. Er hat sich zu ... gearbeitet. 3. Weißt du, daß sie eine ... Maus gesehen hat ? 4. Sie hat keine Angst vor dem ... .

B. Traduisez en allemand :
1. Goethe est mort en 1832. 2. De quelle maladie est-il mort ? 3. Cela fait 20 ans qu'il est mort ! 4. La forêt meurt. 5. Il ne serait pas mort aujourd'hui, si l'on avait découvert ce médicament (das Medikament) plus tôt.

251 *Toujours* *(traductions)*

1 **Immer.** On traduit "toujours" par *immer* lorsqu'il a le sens de "en tout temps" ; "généralement".

*Ich habe ihm **immer** geglaubt.*
Je l'ai toujours cru.

*Sie ist **immer** pünktlich.*
Elle est toujours ponctuelle.

2 **Immer noch ; noch immer** s'emploient lorsqu'il s'agit d'un événement qui dure (= encore).

*Es regnet **immer noch**.*
Il pleut toujours.

*Wir warten **immer noch**.*
Nous attendons toujours.

*Unsere Freunde sind **noch immer** (ou **immer noch**) nicht da.*
Nos amis ne sont toujours pas là.

3 **Immer wieder** est employé lorsqu'il s'agit d'une répétition.

*Ich habe dir **immer wieder** gesagt, daß du das nicht tun sollst.*
Je t'ai toujours dit qu'il ne fallait pas faire cela.

4 **Schon immer ; von jeher** sont employés lorsque le sens est "depuis toujours".

*Was ich **schon immer** wissen wollte, ist...*
Ce que j'ai toujours voulu savoir, c'est...

*Wir haben ihn **schon immer (von jeher)** gekannt.*
Nous le connaissons depuis toujours.

Expressions

wie immer ou **wie gewöhnlich**
comme toujours

auf immer ou **für immer**
pour toujours

immer mehr
toujours plus

immer weniger
toujours moins

immer + comparatif : de plus en plus

immerzu
sans arrêt

*Es wird **immer** wärmer.*
Il fait de plus en plus chaud (toujours plus chaud).

Exercice

Complétez par le terme qui convient :
1. Arbeitest du denn ... ... ! 2. Die Abwesenden haben ... unrecht. 3. Warum fängst du ... ... damit an ! 4. Sie hat den Schauspieler ... ... verehrt. 5. Hast du den Großeltern ... ... nicht geschrieben ? 6. Sein Benehmen war ... ... etwas merkwürdig.

252 *Traverser, à travers* *(traductions)*

Dans le langage courant, on emploie surtout *durch* + GN (acc.) et *über* + GN (acc.). Dans un langage plus soigné, on utilise également les verbes *durchqueren* et *überqueren*.

● *Durch* désigne la traversée de ce qui est considéré comme un volume.

● *Über* correspond à un passage au-dessus d'une surface.

1 Durch.

● *Durch* + GN (acc.) + verbe.

Traverser un tunnel, la ville, les rues (en se promenant), l'appartement, la chambre, le village, le jardin, le pays, la campagne, la forêt, la vallée, la montagne, l'air ; passer une porte, une fenêtre, un portail ; traverser une foule, la vie, la nuit, l'obscurité, le désert. Le verbe précise le mode de locomotion.

*Der Bach **fließt durch** das Tal.*
Le ruisseau traverse la vallée.

*Sie **bummelten durch** die Straßen (**durch** die Stadt).*
Elles flânaient dans les rues (à travers la ville).

*Sie **ritten** auf Kamelen **durch** die Wüste.*
Ils traversèrent le désert à dos de chameau.

*Er **bahnte sich** einen Weg **durch** die Menschenmenge.*
Il se fraya un chemin à travers la foule.

● *Etw.* (acc.) *durchqueren* : mêmes possibilités d'emploi que "*durch* + verbe", mais d'un style plus élevé. Le mode de locomotion n'est pas précisé.

*Sie **durchquerten** das ganze Land.*
Ils traversèrent tout le pays.

2 Über.

● *Über* + GN (acc.) + verbe.

Traverser une rue, une place, un carrefour, un pré, un pont, un lac, un fleuve (en bateau ou à la nage), la mer. Le verbe précise le mode de locomotion.

*Paß auf, wenn du **über** die Straße **gehst** !*
Fais attention en traversant la rue.

*Wir **fliegen über** den Atlantischen Ozean.*
Nous traversons (en avion) l'Atlantique.

*Die Tränen **liefen** ihr **über** das Gesicht.*
Les larmes ruisselèrent sur son visage.

*Eine Brücke **führt über** die Autobahn.*
Un pont traverse l'autoroute.

● *Etw.* (acc.) *überqueren* : mêmes possibilités d'emploi que pour *über* + verbe, mais d'un style plus élevé. Le mode de locomotion n'est pas précisé.

*Wir konnten nur mühsam die Kreuzung **überqueren.***
Nous avons eu du mal à traverser le carrefour.

Exercice

Utilisez durch *ou* über + *verbe en choisissant chaque fois le verbe approprié :*
1. As-tu déjà traversé le tunnel du Mont Blanc ? 2. Les canards traversent l'étang (der Teich). 3. Nous avons traversé la Forêt Noire (der Schwarzwald) à pied. 4. A cause de la circulation, il est impossible de traverser la place à pied. 5. Ils traversent la pièce en dansant. 6. Un papillon est passé par la fenêtre. 7. Nous avons survolé les Alpes. 8. Ils ont traversé la forêt en vélo. 9. Il ne faut jamais traverser la rue sans regarder à gauche et à droite. 10. Elle a traversé le lac à la nage.

253 *Überhaupt* *(nicht, nichts, kein, niemand)*

1 "Ne + verbe + pas du tout/absolument pas".

● *Überhaupt/gar nicht* + verbe.
*Ich habe **überhaupt/gar nicht** geschlafen.*
Je n'ai pas du tout dormi.

● *Überhaupt/gar kein* + nom.
*Ich habe **überhaupt/gar kein** Geld.*
Je n'ai pas du tout d'argent.

2 "Ne + verbe + plus du tout".

● *Überhaupt/gar nicht mehr.*
*Er spielt **überhaupt/gar** nicht mehr mit mir.*
Il ne joue plus du tout avec moi.

● *Überhaupt/gar kein* + nom + *mehr.*
*Ich habe **überhaupt/gar kein** Geld **mehr**.*
Je n'ai plus du tout d'argent.

3 "Ne... rien du tout ; ne... personne du tout".

● "Ne + verbe + rien du tout/absolument rien" : *überhaupt/gar nichts* + verbe.
*Ich sehe **überhaupt/gar nichts**.*
Je ne vois rien du tout.

● "Ne + verbe + personne du tout/absolument personne" : *überhaupt niemand(en)* + verbe.
*Hier kenne ich **überhaupt niemand(en)**.*
Ici, je ne connais absolument personne.

4 "Ne... plus rien du tout ; ne... plus personne du tout".

● "Ne + verbe + plus rien du tout/absolument plus rien" : *überhaupt/gar nichts mehr* + verbe.
*Er ißt **überhaupt/gar nichts mehr**.*
Il ne mange plus rien du tout.

● "Ne + verbe + plus personne du tout/absolument plus personne" :
überhaupt niemand(en) mehr + verbe.

*Es ist **überhaupt niemand mehr** da.*
Il n'y a plus personne du tout.

E x e r c i c e

Traduisez en allemand :
1. Je ne sais rien du tout. 2. Il ne lit plus du tout de romans. 3. Il ne joue plus du tout avec Paul. 4. Je crois qu'il ne trouvera plus rien du tout. 5. Je n'invite absolument personne. 6. Je n'entends absolument plus rien. 7. Il ne boit absolument pas d'alcool.

254 *Übrigbleiben, übrig sein*

Übrigbleiben et *übrig sein* = "rester" dans le sens de "être de reste".

1 *Übrigbleiben : es bleibt (mir) etw. (acc.) übrig* = "il (me) reste qqch.".

Ihr bleiben** nur noch 50 Mark **übrig.
Il ne lui reste que 50 DM.

*Es **blieb ihm** nichts mehr zum Leben **übrig.***
Il ne lui restait plus rien pour vivre.

2 *(Von etw.) übrig sein* = "rester".

*Ist noch etwas **von** dem Kuchen **übrig** ?*
Reste-t-il encore du gâteau ?

E x p r e s s i o n s

*Es **bleibt** noch viel **zu** tun.*
Il reste beaucoup à faire.

*Es **bleibt (mir)** nichts anderes **übrig, als...** + groupe infinitif*
Il ne (me) reste rien d'autre à faire qu'à...

*Es **blieb uns** nichts anderes **übrig, als** wieder abzureisen.*
Il ne nous resta rien d'autre à faire qu'à repartir.

übrigens / im übrigen
du reste / d'ailleurs

E x e r c i c e

Traduisez en allemand :
1. Reste-t-il encore du café ? 2. D'ailleurs, j'ai oublié de le lui dire. 3. Il ne te reste rien d'autre à faire qu'à recommencer. 4. Il reste à espérer qu'il guérira (gesund werden).

255 **Valoir** (traductions)

1 **Kosten** (**viel, wenig** ou + acc.) = "valoir" dans le sens de "coûter".

*Dieses Gemälde von Renoir **kostet viel** (Geld).*
Ce tableau de Renoir vaut cher.

***Wieviel kostet** ein Kilo Äpfel ?*
Combien vaut un kilo de pommes ?

2 **Teuer sein** = "valoir cher" (pour les prix).

*Kunstbücher sind **teuer**.*
Les livres d'art valent cher.

3 **Wert sein** (**viel, wenig** ou + acc.) = "avoir une certaine valeur".

*Wieviel **ist** dieser goldene Ring **wert** ?*
Combien vaut cette bague en or ?

*Dieses alte Auto **ist nichts** mehr **wert**.*
Cette vieille voiture ne vaut plus rien.

*Das **ist keinen** Heller **wert**.*
Cela ne vaut pas un sou.

*Paris **ist** eine Messe **wert**.*
Paris vaut bien une messe.

Notez que dans certaines locutions on utilise encore le génitif.

*Das **ist** nicht die Mühe (der Mühe) **wert**.*
Cela ne vaut pas la peine.

4 **Gelten** = "avoir de la valeur" ; "être valable pour".

*Meine Stimme **gilt** ebensoviel wie seine.*
Ma voix vaut autant que la sienne.

*Was ich gesagt habe, **gilt** für alle.*
Ce que j'ai dit vaut pour tous.

5 **Es wäre besser** + groupe infinitif ou **es wäre besser, wenn** + subjonctif. "Il vaudrait mieux + infinitif".

***Es wäre besser**, noch etwas **zu** warten.*
Il vaudrait mieux attendre encore un peu.

***Es wäre besser gewesen, wenn** du nach Deutschland gefahren wärest.*
Il aurait mieux valu que tu partes en Allemagne.

6 ***Es lohnt sich*** + groupe infinitif ou ***es lohnt sich, daß...*** = "cela vaut la peine de".

Es lohnt sich nicht, *darüber* ***zu*** *reden (ou :* ***daß*** *wir darüber reden).*
Cela ne vaut pas la peine d'en parler (ou : qu'on en parle).

Etw. (nom.) ***lohnt sich*** = "qqch. vaut la peine".
Der Spaziergang hat sich ***gelohnt.***
Cette promenade valait la peine.

E x e r c i c e

Traduisez en allemand :
1. Est-ce que ce tapis vaut cher (3 solutions) ? 2. Il vaudrait mieux recommencer. 3. Combien valent les billets de théâtre ? 4. Cela ne vaut pas la peine d'essayer. 5. Berlin vaut le voyage. 6. Ce livre vaut 50 DM. 7. Cela valait la peine de visiter ce musée. 8. Il aurait mieux valu appeler le médecin tout de suite.

256 *Venir de + infinitif, aller + infinitif* (traductions)

Ces tournures qui expriment un passé récent et un futur proche sont rendues en allemand par des adverbes.

1 **"Venir de + infinitif".**

● *Ich habe gerade* (ou *eben, soeben*) *etwas getan* = "je viens de faire qqch.".

Le parfait allemand + *gerade* correspond au présent français de "venir".
Sie ***ist gerade*** *mit ihren Aufgaben* ***fertiggeworden.***
Elle vient de terminer ses devoirs.

● *Ich hatte gerade* (ou *eben, soeben*) *etwas getan* = "je venais de faire qqch.".

Le plus-que-parfait allemand correspondant à l'imparfait français de "venir".
Sie ***hatte soeben*** *den Tisch* ***gedeckt.***
Elle venait de mettre la table.

2 **"Aller + infinitif".**
Gleich etw. tun = "faire qqch. tout de suite" ; le verbe est au présent.

Gleich *regnet es.*   *Das Essen ist* ***gleich*** *fertig.*
Il va pleuvoir.   Le repas va être prêt.

Ich mache ***gleich*** *meine Zigarette aus.*
Je vais éteindre ma cigarette.

▲ **Attention :** *gleich* exprime un futur immédiat. Lorsqu'en français "aller + infinitif" indique d'autres nuances, il faut avoir recours à des traductions différentes.

● Lorsque le futur est associé à une idée de volonté, on emploie *wollen* + **infinitif.**

*Ich **will** mit dem Rauchen aufhören.*
Je vais arrêter de fumer.

● Lorsqu'un terme quelconque (adverbe, complément de temps ou autre terme) indique que l'action est à situer dans le futur, le **présent** suffit.

*Wir **verbringen** den kommenden Sommer in Österreich.*
Nous allons passer l'été prochain en Autriche.

● *Ich wollte gerade etwas tun* = "j'allais faire qqch.". L'intention de faire qqch. se situe dans un passé récent.

*Er **wollte gerade** die Polizei anrufen.*
Il allait appeler la police.

Exercice

Traduisez en allemand :
1. Ils vont jouer au tennis dimanche prochain. 2. Je viens de lire un livre en entier (ein Buch auslesen). 3. Allons nous mettre au travail (anfangen mit) ! 4. Ils venaient de déjeuner (zu Mittag essen). 5. Il va neiger. 6. Je viens de constater que j'ai perdu mon porte-monnaie. 7. J'allais justement vous appeler.

257 *Verbes faibles : conjugaison*

Lernen = "apprendre".

Indicatif		
Présent	Prétérit	Futur
j'apprends, tu apprends, ...	j'apprenais, tu apprenais, ...	j'apprendrai, tu apprendras, ...
ich lerne	*ich lernte*	*ich werde lernen*
du lernst	*du lerntest*	*du wirst lernen*
er *es* } *lernt* *sie*	*er* *es* } *lernte* *sie*	*er* *es* } *wird lernen* *sie*
wir lernen	*wir lernten*	*wir werden lernen*
ihr lernt	*ihr lerntet*	*ihr werdet lernen*
sie lernen	*sie lernten*	*sie werden lernen*
Parfait	Plus-que-parfait	Futur antérieur
j'ai appris, ...	j'avais appris, ...	j'aurai appris, ...
ich habe gelernt	*ich hatte gelernt*	*ich werde gelernt haben*
du hast gelernt	*du hattest gelernt*	*du wirst gelernt haben*

Subjonctif I

Présent		Passé			Futur		
ich	lerne	ich	habe	gelernt	ich	werde	lernen
du	lernest	du	habest	gelernt	du	werdest	lernen
er		er			er		
es	lerne	es	habe	gelernt	es	werde	lernen
sie		sie			sie		
wir	lernen	wir	haben	gelernt	wir	werden	lernen
ihr	lernet	ihr	habet	gelernt	ihr	werdet	lernen
sie	lernen	sie	haben	gelernt	sie	werden	lernen

Futur antérieur

ich	werde	gelernt haben
du	werdest	gelernt haben
er		
es	werde	gelernt haben
sie		
wir	werden	gelernt haben
ihr	werdet	gelernt haben
sie	werden	gelernt haben

Subjonctif II

Hypothétique (A)		Hypothétique (B)			Irréel		
j'apprendrais					j'aurais appris		
tu apprendrais...					tu aurais appris...		
ich	lernte	ich	würde	lernen	ich	hätte	gelernt
du	lerntest	du	würdest	lernen	du	hättest	gelernt
er		er			er		
es	lernte	es	würde	lernen	es	hätte	gelernt
sie		sie			sie		
wir	lernten	wir	würden	lernen	wir	hätten	gelernt
ihr	lerntet	ihr	würdet	lernen	ihr	hättet	gelernt
sie	lernten	sie	würden	lernen	sie	hätten	gelernt

Impératif

apprends ! apprenez !

lern(e) !
lernt !

258 *Verbes forts : conjugaison*

Schlafen = "dormir".

Indicatif

Présent	Prétérit	Futur
je dors, tu dors...	je dormais, tu dormais...	je dormirai, tu dormiras

ich	schlafe	ich	schlief	ich	werde	schlafen
du	schläfst	du	schliefst	du	wirst	schlafen
er es } schläft sie		er es } schlief sie		er es } wird schlafen sie		
wir	schlafen	wir	schliefen	wir	werden schlafen
ihr	schlaft	ihr	schlieft	ihr	werdet schlafen
sie	schlafen	sie	schliefen	sie	werden schlafen

Parfait	Plus-que-parfait	Futur antérieur
j'ai dormi...	j'avais dormi...	j'aurai dormi...
ich habe geschlafen	ich hatte geschlafen	ich werde geschlafen haben
...	...	...

Subjonctif I

Présent	Passé	Futur
ich schlafe	ich habe geschlafen	ich werde schlafen
du schlafest	du habest geschlafen	du werdest schlafen
er es } schlafe sie	er es } habe geschlafen sie	er es } werde schlafen sie
wir schlafen	wir haben geschlafen	wir werden schlafen
ihr schlafet	ihr habet geschlafen	ihr werdet schlafen
sie schlafen	sie haben geschlafen	sie werden schlafen

Futur antérieur

ich	werde	geschlafen haben
du	werdest	geschlafen haben
er es } werde geschlafen haben sie		
wir	werden	geschlafen haben
ihr	werdet	geschlafen haben
sie	werden	geschlafen haben

Subjontif II		
Hypothétique (A)	Hypothétique (B)	Irréel

je dormirais,
tu dormirais...

j'aurais dormi,
tu aurais dormi...

ich	schliefe	ich	würde	schlafen	ich	hätte	geschlafen
du	schliefest	du	würdest	schlafen	du	hättest	geschlafen
er		er			er		
es	schliefe	es	würde	schlafen	es	hätte	geschlafen
sie		sie			sie		
wir	schliefen	wir	würden	schlafen	wir	hätten	geschlafen
ihr	schliefet	ihr	würdet	schlafen	ihr	hättet	geschlafen
sie	schliefen	sie	würden	schlafen	sie	hätten	geschlafen

Impératif

dors, dormez !

schlaf(e) !
schlaft !

---

259 ▸ *Verbes : particularités de conjugaison*

On peut relever les particularités suivantes dans la conjugaison des verbes allemands.

1 **Les alternances vocaliques aux 2ᵉ et 3ᵉ personnes du singulier du présent de l'indicatif.**

● La plupart des verbes forts en *e*, *ä* et *ö* ont un *i* bref ou un *i* long.

ich gebe, **du gibst, er gibt,** *wir geben...* (donner)
ich gebäre, **du gebierst, sie gebiert...** (engendrer)
erlöschen : **es erlischt** (s'éteindre)

Cependant, cette règle ne s'applique pas aux verbes *gehen* = "aller", *stehen* = "être debout", *gären* = "fermenter", *genesen* = "guérir".

● Les verbes en *a* (sauf *schaffen* = "créer") ont un *ä* bref ou un *ä* long.

ich trage, **du trägst, er trägt,** *wir tragen...* (porter)
ich halte, **du hältst, er hält,** *wir halten...* (tenir).

● Les verbes en *au* (sauf *hauen,* battre) ont *äu*.

ich laufe, **du läufst, er läuft,** *wir laufen...* (courir).

● Le verbe *stoßen* prend un *ö*.

ich stoße, **du stößt, er stößt,** *wir stoßen...* (pousser).

2 **Suppression du s** à la deuxième personne du singulier du présent de l'indicatif pour les verbes dont le radical se termine par *s, ss et tz, z, ß.*

ich lese, **du liest...** (et non pas *du liesst*) *ich lasse,* **du läßt...**
ich sitze, **du sitzt...**   *ich heize,* **du heizt...**
ich grüße, **du grüßt...**

3 **Suppression du e du radical** à la première personne du singulier du présent de l'indicatif des verbes en *-eln,* et souvent des verbes en *-ern.*

sammeln (rassembler) : **ich sammle** (et non pas *ich sammele*)
wandern (se promener à pied) : **ich wandre** (aussi bien que *ich wandere*)

4 **Suppression du e de la terminaison** aux 1re et 3e personnes du pluriel de ces mêmes verbes.

wir, sie sammeln (et non pas *sammelen*)
wir, sie wandern

5 **Ajout d'un e** intercalaire au présent et au prétérit de l'indicatif (verbes faibles) pour les verbes dont le radical se termine par *d, t* ou *consonne + m* ou *n.*

Présent

ich arbeite   *ich zeichne*
*du arbeit-**e**-st*   *du zeichn-**e**-st*
*er arbeit-**e**-t*   *er zeichn-**e**-t*
wir arbeiten   *wir zeichnen*
*ihr arbeit-**e**-t*   *ihr zeichn-**e**-t*
sie arbeiten   *sie zeichnen*

Prétérit

*ich arbeit-**e**-te*   *ich zeichn-**e**-te*
*du arbeit-**e**-test*   *du zeichn-**e**-test*
*er arbeit-**e**-te*   *er zeichn-**e**-te*
*wir arbeit-**e**-ten*   *wir zeichn-**e**-ten*
*ihr arbeit-**e**-tet*   *ihr zeichn-**e**-tet*
*sie arbeit-**e**-ten*   *sie zeichn-**e**-ten*

Remarquez que les verbes forts qui ont l'alternance vocalique ne suivent pas cette règle au présent.
Treten (marcher) : **du trittst, er tritt** (et non pas *trittest et trittet*).

▶ Pour les verbes forts et faibles, voir n° 261.
Pour le subjonctif I, voir n° 234.
Pour le subjonctif II, voir n° 236, 237.
Pour les verbes de modalité et *wissen*, voir n° 265.
Pour l'impératif, voir n° 118.
Pour le choix de *haben* ou *sein,* voir n° 110.
Pour le passif, voir n° 181.

V

E x e r c i c e

Donnez les 2e et 3e personnes de l'indicatif présent des verbes suivants :
1. sehen 2. saufen 3. empfehlen 4. nehmen 5. fahren 6. essen 7. erschrecken
(v. fort) 8. wachsen 9. treffen 10. schlafen 11. reden 12. laden (v. fort) 13. atmen
14. raten 15. zittern 16. setzen 17. beißen 18. warten 19. lassen 20. klingeln

---

260 **Verbes : forme de politesse**

Quand on s'adresse à une ou plusieurs personnes que l'on vou-
voie, on emploie en allemand la forme de politesse du verbe et
éventuellement de l'adjectif possessif et du pronom personnel.

1 **Pour le verbe** on utilise la troisième personne du pluriel (également pour l'impératif) ; le pronom *Sie* prend une majuscule ainsi
que *Ihnen*. Le réfléchi est *sich* avec une minuscule.

Trinken Sie Milch ?   ***Kommen Sie** herein !*
Buvez-vous du lait ?   Entrez !

*Hat man **Ihnen** die Wohnung gezeigt ?* ***Setzen Sie sich !***
Vous a-t-on montré l'appartement ?   Asseyez-vous !

2 **Pour l'adjectif possessif** on utilise également la troisième personne du pluriel, avec une majuscule.

*Wo ist **Ihr** Auto ?*
Où est votre voiture ?

E x e r c i c e

Traduisez en allemand, en utilisant la forme de politesse :
1. Combien d'enfants avez-vous ? 2. Vous a-t-on donné mon adresse ?
3. Votre maison est très belle. 4. Dépêchez-vous ! 5. Avez-vous déjà mangé ?
6. On vous téléphonera ce soir. 7. Donnez-moi votre manteau !

---

261 **Verbe faible ou verbe fort ?**

● **Certains verbes faibles** sont issus de verbes forts, soit avec la
même forme à l'infinitif, soit avec une forme différente ; ces verbes
faibles signifient toujours "faire l'action de...". Ils sont le plus souvent transitifs (ont un complément d'objet direct). L'auxiliaire
employé est *haben*.

● **Les verbes forts**, en revanche, sont le plus souvent intransitifs
(sans complément d'objet direct). L'auxiliaire employé est *sein*.

IL NE FAUT PAS LES CONFONDRE ! Leur sens est différent.

1 **Les verbes de position.**

Les verbes faibles *legen, setzen, stellen, hängen* = "faire l'action de coucher, asseoir, mettre debout, suspendre" s'opposent aux verbes forts *liegen, sitzen, stehen, hängen* = "être couché, assis, debout, pendu".

▶ Voir aussi n° 266.

2 **Les verbes faibles dits factitifs.**

Verbe faible	s'oppose à	Verbe fort
erschrecken effrayer qqn		*erschrecken(a, o)* s'effrayer
fällen abattre (un arbre...)		*fallen(ie, a)* tomber
führen conduire qqn		*fahren(u, a)* aller (en voiture)
löschen éteindre (un feu)		*erlöschen(o, o)* s'éteindre
schmelzen faire fondre		*schmelzen(o, o)* fondre
schwellen faire gonfler		*schwellen(o, o)* enfler
tränken abreuver		*trinken(a, u)* boire

Comparez :

Verbe faible *erschrecken* = "effrayer qqn" :

*Der Hund **hat das Kind erschreckt**.*
Le chien a effrayé l'enfant.

Verbe fort *erschrecken* = "s'effrayer" :

*Das Kind **ist (vor dem Hund) erschrocken**.*
L'enfant s'est effrayé (à la vue du chien).

Comparez :

Verbe faible *löschen* = "éteindre".

*Die Feuerwehr **hat das Feuer** rechtzeitig **gelöscht**.*
Les pompiers ont éteint le feu à temps.

Verbe fort *erlöschen* = "s'éteindre".

Das Feuer ist erloschen.
Le feu s'est éteint.

3 **Attention aux verbes suivants.**

Verbes faibles	Verbes forts
schaffen travailler	*schaffen (schuf, geschaffen)* créer
wiegen balancer	*wiegen (wog, gewogen)* peser

E x e r c i c e

Traduisez en allemand :
1. Comment as-tu éteint le feu ? 2. Il est allé en ville en voiture. 3. Qu'est-ce qui t'avait effrayé ? 4. La neige a fondu. 5. Pourquoi t'es-tu effrayé ?

262 *Verbes faibles irréguliers*

Infinitif	Prétérit	Participe passé
brennen, brûler	*brannte*	*gebrannt*
bringen, apporter	*brachte*	*gebracht*
denken, penser	*dachte*	*gedacht*
kennen, connaître	*kannte*	*gekannt*
nennen, nommer	*nannte*	*genannt*
rennen, courir	*rannte*	*gerannt (ist)*
senden, envoyer	*sandte, sendete*	*gesandt, gesendet*
wenden, tourner	*wandte, wendete*	*gewandt, gewendet*

Remarques

● Ne confondez pas : *bringen* = "apporter" et *brechen* = "briser" (*brachte* = prétérit de *bringen* ; *brach* = prétérit de *brechen !*).

● Pour *senden* : les formes *sendete, gesendet* sont utilisées pour la technique au sens d'"émettre" (ondes radio, télévision...), les formes *sandte, gesandt* et aussi *sendete, gesendet* au sens d'"envoyer".

● Pour *wenden :* les formes *wandte, gewandt* sont surtout employées pour le réfléchi, "se tourner vers", dans les autres cas, on emploie plutôt *wendete, gewendet*.

263 *Verbes forts : liste*

Remarques

● La liste suivante n'est pas exhaustive.

● Les traductions ne sont données qu'à titre indicatif ; elles peuvent être différentes selon les contextes.

● Un verbe simple a les mêmes formes qu'un verbe à particule accentuée (cf. *stehen-aufstehen*).

● Les verbes qui se conjuguent avec *sein,* ou avec *sein* et *haben* sont indiqués par la présence de ces verbes à côté du participe.

● L'infinitif de certains verbes est suivi des voyelles de la 2ᵉ et de la 3ᵉ personne du singulier de l'indicatif présent.

● On a donné les indications phonétiques uniquement dans les cas où la graphie ne permet pas de décider.

▲ **Mais attention ! Ne confondez pas :**
– Les verbes faibles et les verbes forts qui ont le même infinitif (voir n° 261).
– Les verbes *bitten (a, e)* : "demander, prier" ;
  bieten (o, o) : "offrir" ;
  beten (verbe faible) : "prier, faire sa prière".
– Les verbes de position faibles et forts (voir n° 266).
– *Waschen* = "laver" et *wachsen* = "grandir".
– *Lügen* = "mentir" et *liegen* = "être couché".

Infinitif	Prétérit	Participe passé

B

backen (ä, ä), cuire au four	*backte (buk)*	*gebacken*
befehlen (ie, ie), commander	*befahl*	*befohlen*
beginnen, commencer	*begann*	*begonnen*
beißen, mordre	*biß (I)*	*gebissen*
biegen, courber	*bog (o:)*	*gebogen*
bieten, offrir	*bot (o:)*	*geboten*
binden, lier	*band (a)*	*gebunden (U)*
bitten, prier, demander	*bat (a:)*	*gebeten*
blasen (ä, ä), souffler	*blies*	*geblasen*
bleiben, rester	*blieb*	*geblieben (ist)*
braten (ä, ä), rôtir	*briet*	*gebraten*
brechen (i, i), briser	*brach (a:)*	*gebrochen (ɔ)*

D

dringen, pénétrer	*drang (a)*	*gedrungen (U) (ist)*

E

empfangen (ä, ä), recevoir	*empfing*	*empfangen*
empfehlen (ie, ie), recommander	*empfahl*	*empfohlen*
empfinden, éprouver	*empfand*	*empfunden*
erbleichen, pâlir	*erblich (I)*	*erblichen (I) (ist)*
erlöschen (i, i), s'éteindre	*erlosch (ɔ)*	*erloschen (ɔ) (ist)*
erschrecken (i, i), s'effrayer	*erschrak (a:)*	*erschrocken (ist)*
essen (i, i), manger	*aß (a:)*	*gegessen*

F

fahren (ä, ä), aller (voiture...) conduire	*fuhr*	*gefahren (ist)*
fallen (ä, ä), tomber	*fiel*	*gefallen (ist)*
fangen (ä, ä), attraper	*fing*	*gefangen*
finden, trouver	*fand (a)*	*gefunden (U)*

fliegen, voler	**flog (o:)**	**geflogen (ist)**
fliehen, s'enfuir	**floh**	**geflohen (ist)**
fließen, couler	**floß (ɔ)**	**geflossen (ist)**
fressen (i, i), manger (animaux)	**fraß (a:)**	**gefressen**
frieren, geler	**fror (o:)**	**gefroren (ist/hat)**

G

geben (i, i), donner	**gab (a:)**	**gegeben**
gehen, aller	**ging**	**gegangen (ist)**
gelingen, réussir	**es gelang**	**gelungen (ist)**
gelten (i, i), valoir	**galt**	**gegolten**
geschehen (ie, ie), se produire	**geschah**	**geschehen (ist)**
gewinnen, gagner	**gewann**	**gewonnen**
gießen, verser	**goß (ɔ)**	**gegossen**
gleichen, ressembler	**glich (l)**	**geglichen (l)**
gleiten, glisser	**glitt**	**geglitten (ist)**
graben (ä, ä), creuser	**grub (u:)**	**gegraben**
greifen, saisir	**griff**	**gegriffen**

H

halten (ä, ä), tenir	**hielt**	**gehalten**
hängen, être suspendu	**hing**	**gehangen**
heben, lever	**hob (o:)**	**gehoben**
heißen, s'appeler	**hieß**	**geheißen**
helfen (i, i), aider	**half (a)**	**geholfen (ɔ)**

K

klingen, retentir	**klang**	**geklungen**
kommen, venir	**kam (a:)**	**gekommen (ist)**
kriechen, ramper	**kroch (ɔ)**	**gekrochen (ɔ) (ist)**

L

laden (ä, ä), charger	**lud (u:)**	**geladen**
lassen (ä, ä), laisser	**ließ**	**gelassen**
laufen (äu, äu), courir	**lief**	**gelaufen (ist)**
leiden, souffrir	**litt**	**gelitten**
leihen, prêter	**lieh**	**geliehen**
lesen (ie, ie), lire	**las (a:)**	**gelesen**
liegen, être couché	**lag (a:)**	**gelegen**
lügen, mentir	**log (o:)**	**gelogen**

M

meiden, éviter	**mied**	**gemieden**
messen (i, i), mesurer	**maß (a:)**	**gemessen**

N

nehmen (i, i), prendre	**nahm**	**genommen**

P

pfeifen, siffler	**pfiff**	**gepfiffen**

Infinitif	Prétérit	Participe passé

R

raten (ä, ä), conseiller	*riet*	*geraten*
reiben, frotter	*rieb*	*gerieben*
reißen, arracher	*riß (I)*	*gerissen*
reiten, aller à cheval	*ritt*	*geritten (ist-hat)*
riechen, sentir	*roch (ɔ)*	*gerochen (ɔ)*
rufen, appeler	*rief*	*gerufen*

S

saufen (äu, äu), boire (animaux)	*soff*	*gesoffen*
scheinen, sembler, briller	*schien*	*geschienen*
schelten (i, i), gronder	*schalt (a)*	*gescholten (ɔ)*
schieben, pousser	*schob (o:)*	*geschoben (o:)*
schießen, tirer (arme)	*schoß (ɔ)*	*geschossen*
schlafen (ä, ä), dormir	*schlief*	*geschlafen*
schlagen (ä, ä), battre	*schlug (u:)*	*geschlagen*
schließen, fermer	*schloß (ɔ)*	*geschlossen*
schmelzen (i, i), fondre	*schmolz (ɔ)*	*geschmolzen (ɔ) (ist)*
schneiden, couper	*schnitt*	*geschnitten*
schreiben, écrire	*schrieb*	*geschrieben*
schreien, crier	*schrie*	*geschrien*
schreiten, marcher	*schritt*	*geschritten (ist)*
schweigen, se taire	*schwieg*	*geschwiegen*
schwimmen, nager	*schwamm*	*geschwommen (ist-hat)*
schwören, jurer	*schwor (o:)*	*geschworen*
sehen (ie, ie), voir	*sah*	*gesehen*
singen, chanter	*sang*	*gesungen*
sinken, s'enfoncer	*sank*	*gesunken (ist)*
sitzen, être assis	*saß (a:)*	*gesessen*
sprechen (i, i), parler	*sprach (a:)*	*gesprochen (ɔ)*
springen, sauter	*sprang*	*gesprungen (ist)*
stechen (i, i), piquer	*stach (a:)*	*gestochen (ɔ)*
stehen, être debout	*stand (a)*	*gestanden (a)*
stehlen (ie, ie), voler (voleur)	*stahl*	*gestohlen*
steigen, monter	*stieg*	*gestiegen (ist)*
sterben (i, i), mourir	*starb (a)*	*gestorben (ɔ) (ist)*
stinken, puer	*stank*	*gestunken*
stoßen (ö, ö), pousser	*stieß*	*gestoßen*
streichen, rayer	*strich*	*gestrichen*
streiten, se battre	*stritt*	*gestritten*

T

tragen (ä, ä), porter	*trug (u:)*	*getragen*
treffen (i, i), rencontrer	*traf (a:)*	*getroffen*
treiben, pousser	*trieb*	*getrieben*
treten (i, i), marcher	*trat (a:)*	*getreten (ist)*
trinken, boire	*trank*	*getrunken*
tun, faire	*tat (a:)*	*getan (a:)*

V

vergessen (i, i), oublier	*vergaß (a:)*	*vergessen*
verlieren, perdre	*verlor (o:)*	*verloren*

W

wachsen (ä, ä), grandir	*wuchs*	*gewachsen (ist)*
waschen (ä, ä), laver	*wusch*	*gewaschen*
werfen (i, i), jeter	*warf (a)*	*geworfen (ɔ)*
wiegen, peser	*wog (o:)*	*gewogen*

Z

ziehen, tirer	*zog (o:)*	*gezogen*
zwingen, contraindre	*zwang*	*gezwungen*

264 *Verbes impersonnels*

Les verbes impersonnels comportent tous comme sujet *es*. On les distingue de la façon suivante.

1 Les verbes qui désignent des phénomènes météorologiques.

Es regnet, schneit, hagelt, donnert...
Il pleut, neige, grêle, tonne...

2 Les verbes exprimant un bruit.

Es klopft, rattert, knistert...
Ça frappe, pétarade (moteur), crépite (feu)...

3 Les verbes qui expriment l'idée de croître (plantes et humains).

Es blüht.   *Es gedeiht.*
Ça fleurit.   Ça pousse.

4 Les verbes qui expriment des sensations physiques.

Es friert mich.   *Es ekelt* mir ou *mich davor.*
Je gèle.   Cela me dégoûte.

Mais l'emploi personnel de ces verbes est de plus en plus fréquent :
Ich friere, ich ekele mich davor.

5 Autres verbes.

es *handelt* sich um... : ⎫
es *geht* um... : ⎬ il s'agit de... il est question de...
es *gibt* + acc. : il y a...

Remarquez que pour tous ces verbes, sauf ceux du groupe n° 4, *es* est conservé quelle que soit la forme syntaxique employée.

Heute regnet **es**.
Aujourd'hui il pleut.

Mais :

                          Mich *friert*.
                          Je gèle / j'ai froid.

E x e r c i c e

Traduisez en allemand :
1. Depuis trois jours il neige. 2. Dans ce village, il n'y a pas de gare. 3. Dans cet article de journal, il est question de l'Italie. 4. Tu entends comme ça crépite ? 5. Tous les soirs ça pétarade jusqu'à 11 heures.

---

265   *Verbes de modalité* et **wissen** : *définition et conjugaison*

1 Définition.

Les verbes de modalité et *wissen* ont une caractéristique commune : ils présentent au singulier de l'indicatif présent des formes qui ressemblent à des formes de prétérit des verbes forts, c'est-à-dire une voyelle différente de celle de l'infinitif (sauf pour *sollen*) et la 1re et la 3e personne semblables.
Les six verbes de modalité sont : *können, dürfen, mögen, wollen, sollen, müssen.*

Verbe fort	Prétérit	Verbes de modalité et *wissen*	Présent
kommen	*ich kam*	*dürfen*	*ich darf / ich weiß*
	du kamst	*müssen...*	*du darfst / du weißt*
	er kam...	*wissen*	*er darf / er weiß*

2 Conjugaison.

Indicatif présent

	können	*dürfen*	*müssen*	*sollen*	*wollen*	*mögen*	*wissen*
ich	*kann*	*darf*	*muß*	*soll*	*will*	*mag*	*weiß*
du	*kannst*	*darfst*	*mußt*	*sollst*	*willst*	*magst*	*weißt*
er *es* *sie*	*kann*	*darf*	*muß*	*soll*	*will*	*mag*	*weiß*
wir	*können*	*dürfen*	*müssen*	*sollen*	*wollen*	*mögen*	*wissen*
ihr	*könnt*	*dürft*	*müßt*	*sollt*	*wollt*	*mögt*	*wißt*
sie	*können*	*dürfen*	*müssen*	*sollen*	*wollen*	*mögen*	*wissen*

Indicatif prétérit

*ich konnte   durfte   mußte   sollte   wollte   mochte   wußte
...*

Indicatif parfait

*ich habe gekonnt gedurft   gemußt   gesollt   gewollt   gemocht gewußt
...*

Subjonctif I présent

*ich könne   dürfe   müsse   solle   wolle   möge   wisse
...*

Subjonctif II hypothétique

ich könnte   dürfte   müßte   sollte   wollte   möchte   wüßte

▶ Pour le sens des verbes de modalité et de *wissen*, voir :
dürfen, n°s 79 et 83   *sollen,* n°s 79 et 233
können, n°s 29, 133 et 276   *wollen,* n°s 91, 256 et 277
mögen, n°s 47, 67 et 146   *wissen,* n°s 242 et 276.
müssen, n°s 55, 60, 79 et 147

Exercice

Introduisez le verbe à l'indicatif présent :
1. Ich ... (wissen) nicht, ob er zu Hause ist. 2. Er ... (müssen) in die Schule gehen. 3. ... (wollen) du mitfahren ? 4. Er ... (können) nicht mehr aufstehen. 5. Das ... (mögen) wahr sein. 6. ... (wissen) du, ob er krank ist ? 7. Er ... (sollen) jetzt aufstehen.

266 *Verbes de position*

On distingue quatre positions : assise, couchée, debout et suspendue ; à chacune de ces positions correspondent deux verbes : l'un qui indique la position dans laquelle on est (verbe fort + locatif éventuellement), l'autre la position dans laquelle on se met (verbe faible + directionnel éventuellement). Il ne faut pas confondre ces verbes et les employer correctement avec d'éventuels compléments.

Verbes faibles transitifs + directionnel (accusatif)	Verbes forts intransitifs + locatif (datif)

1. Position assise

(sich) setzen
(s')asseoir
*Er **setzt sich** auf den Stuhl.*
Il s'assoit sur la chaise.

sitzen (a, e)
être assis
*Er **sitzt** auf dem Stuhl.*
Il est assis sur la chaise.

2. Position couchée

(sich) legen
(se) coucher, poser
*Er **legt sich** auf den Boden.*
Il se couche par terre.

liegen (a, e)
être couché
*Er **liegt** auf dem Boden.*
Il est couché par terre.

3. Position debout

stellen
mettre debout, poser
*Er **stellt** die Flasche auf den Tisch.*
Il pose la bouteille sur la table.

stehen (a, a)
être debout
*Er **steht** auf dem Tisch.*
Il est (debout) sur la table.

4. Position suspendue

hängen
suspendre
*Ich **hängte** das Bild an die Wand.*
Je suspendis le tableau au mur.

hängen (i, a)
être suspendu
*Das Bild **hing** an der Wand.*
Le tableau était suspendu au mur.

Remarques

● Pour la position suspendue, on utilise actuellement le verbe faible *hängen* au présent quel que soit le sens du verbe.

*Das Bild **hängt** an der Wand.*
Le tableau est suspendu au mur.

*Ich **hänge** das Bild an die Wand.*
Je suspends le tableau au mur.

● Notez que les verbes français "être assis, couché, debout, pendu" se traduisent par un seul verbe en allemand :
"Je suis assis." = *Ich sitze* et non : ich ~~bin gesessen~~.

● Au parfait, les verbes forts se conjuguent avec *haben* :
*Ich **habe** den ganzen Tag **gestanden**.*
J'ai été debout toute la journée.

● Notez que "poser à plat" se traduit par *legen* et "poser debout" par *stellen*.

▶ Pour le locatif, voir n° 139.
Pour le directionnel, voir n° 80.

E x e r c i c e

Traduisez en allemand :
1. Pose l'assiette sur la table ! 2. Il s'assoit sur le banc (die Bank). 3. Le livre est posé sur la table. 4. Il est assis à côté de moi. 5. Il a accroché des étoiles à l'arbre de Noël. 6. Mets la caisse (die Kiste) dans le garage !

267 *Verbes pronominaux*

Les verbes pronominaux sont des verbes qui s'emploient toujours avec le pronom *mich, dich, sich....*

*ich beeile **mich***
je me dépêche

*du beeilst **dich***
tu te dépêches

*er beeilt **sich***
il se dépêche...

Autres verbes du même type :

sich schämen
avoir honte

sich auskennen
être au courant

sich bücken
se baisser

sich benehmen
se comporter

sich befreunden
se lier d'amitié

sich entschließen
se décider

sich erholen
se reposer

Exercice

Traduisez en allemand :
1. Pourquoi vous dépêchez-vous tant ? 2. Nous nous sommes reposés à la montagne. 3. Comment s'est-elle comportée ? 4. J'ai été obligé de me baisser pour ramasser (aufheben) mon sac. 5. J'ai eu honte.

---

268 *Verbes réfléchis*

1 Certains verbes peuvent s'employer avec le pronom réfléchi *mich, dich, sich...* : ils peuvent aussi être employés avec d'autres compléments à l'accusatif.

Er **wäscht sich.**
Il se lave.

Er **wäscht ihn.**
Il le lave.

Autres exemples :

sich setzen
s'asseoir

sich legen
se coucher

sich umdrehen
se retourner

sich anschnallen
mettre sa ceinture de sécurité

sich schneiden
se couper

sich anziehen
s'habiller

sich kämmen
se peigner

sich ernähren
se nourrir

sich vorbereiten
se préparer

2 Certains verbes réfléchis ou pronominaux en allemand ne le sont pas en français, par exemple :

sich ändern
changer

sich schämen
avoir honte

sich fürchten
avoir peur

3 Inversement certains verbes réfléchis ou pronominaux en français, ne le sont pas en allemand, par exemple :

aufstehen	**erschrecken**
se lever	s'effrayer
staunen	**aufwachen**
s'étonner	se réveiller
geschehen	**ertrinken**
se produire	se noyer
spazierengehen	**entlaufen**
se promener	se sauver

▲ **Attention :** il ne faut pas confondre les verbes réfléchis ou pronominaux avec des verbes qui peuvent avoir un pronom réfléchi au datif, au sens de "pour soi". Le datif de la 3ᵉ personne du pronom est alors également *sich*, mais la 1ʳᵉ est *mir*, la 2ᵉ *dir* au singulier, *uns* et *euch* au pluriel.

*Er kauft **sich** einen Hut.*   *Ich kaufe **mir** einen Hut.*
Il s'achète un chapeau.   Je m'achète un chapeau.

Exercice

Traduisez en allemand :
1. Toute la journée, je me suis ennuyé (sich langweilen). 2. Le chien s'est noyé dans le fleuve. 3. Il s'est assis par terre. 4. Il s'est levé à 8 heures. 5. Ces derniers temps, Pierre a beaucoup changé. 6. Je me suis réveillé trois fois dans la nuit. 7. Il s'est habillé chaudement. 8. Pourquoi te retournes-tu ? 9. Va te chercher une chaise ! 10. Ils se sont acheté un appartement.

269 *Virgule*

1 La virgule et les subordonnées.

La virgule marque les limites antérieures et postérieures de la subordonnée (et du groupe infinitif). On peut distinguer trois cas d'intégration de la subordonnée et du groupe infinitif dans la phrase :

● ..., subordonnée, ...

*Das Auto, **das vor dem Haus steht,** gehört meinem Vater.*
La voiture qui est devant la porte appartient à mon père.

*Die Tatsache, **daß er am Tatort war,** beweist nichts.*
Le fait qu'il était sur le lieu du crime, ne prouve rien.

● Subordonnée, ...

Als er ankam, war nichts mehr zu essen da.
Lorsqu'il arriva, il n'y avait plus rien à manger.

Um gesund zu bleiben, mußt du ein bißchen Sport treiben.
Pour rester en bonne santé, tu dois faire un peu de sport.

● ..., subordonnée.

*Er glaubt, **daß er gewonnen hat.***   *Er schläft, **anstatt zu arbeiten.***
Il croit qu'il a gagné.   Il dort au lieu de travailler.

Remarques
● Lorsque la conjonction de subordination est complexe, la virgule se place devant l'ensemble, par exemple :
..., ohne daß...
..., als ob...
..., vor allem weil (ou *wenn*)... à condition que *vor allem weil* (ou *wenn*) forment une unité.

Comparez :
*Ich freue mich auf deinen Besuch, **vor allem weil** ich dich schon lange nicht mehr gesehen habe.*
Je me réjouis de ta visite, surtout parce que je ne t'ai pas vu depuis longtemps.
*Ich freue mich vor allem auf deinen Besuch, **weil** ich oft allein bin.*
Je me réjouis surtout de ta visite parce que je suis souvent seul.

● Dans les cas de l'infinitif avec *zu, zu* + infinitif n'est pas précédé d'une virgule lorsqu'il est intégré à la proposition ou lorsque l'infinitif n'a pas de complément.
*Er kam schnell nach Hause, weil es **stark zu regnen** begann.*
Il rentra vite à la maison parce qu'il se mit à pleuvoir violemment.

*Er hat keine Lust **zu singen.***
Il n'a pas envie de chanter.

Mais cette règle ne s'applique pas lorsque plusieurs groupes infinitifs se suivent, ou lorsque le groupe infinitif est sujet ou attribut ailleurs qu'en tête de phrase.
*Du hast keinen Grund, **zu schreien und zu weinen.***
Tu n'as aucune raison de crier et de pleurer.
*Seine Absicht war, **fortzulaufen** (Fortzulaufen war seine Absicht).*
Son intention était de s'enfuir.

● Toutes les relatives sont précédées d'une virgule en allemand, contrairement au français.
*Der Hund, **der bellt,** heißt Bello* (relative déterminative).
Le chien qui aboie s'appelle Bello.
*Meine Freunde, **die morgen mit dem Zug kommen,** bleiben bis Donnerstag* (relative appositionnelle).
Mes amis, qui arrivent demain par le train, restent jusqu'à jeudi.

2 La virgule et les conjonctions de coordination *und* et *oder*.

● Lorsque *und* et *oder* relient des propositions, ils sont précédés d'une virgule si le sujet de la deuxième proposition n'est pas sous-entendu.

*Peter spielt, **und Paul arbeitet.***
Pierre s'amuse et Paul travaille.

Mais :

*Peter spielt Schach **und denkt nicht an die Schule.***
Pierre joue aux échecs et ne pense pas à l'école.

● Lorsque *und* ou *oder* relient des subordonnées, ils ne sont pas précédés de virgule.

*Ich glaube, daß er in Deutschland ist **und daß er erst am Sonntag zurück-
kommt.***
Je crois qu'il est en Allemagne et qu'il ne rentre que dimanche.

3 La virgule et les adjectifs épithètes.

Lorsqu'un groupe nominal comporte plusieurs adjectifs épithètes, la virgule indique qu'ils sont coordonnés, l'absence de virgule qu'ils sont dans une relation de détermination avec le nom.

ein großer, blonder Mann
un homme grand et blond

eine große schwarze Tafel
un grand tableau noir (un tableau noir qui est grand)

▲ **Attention :** les sujets et compléments de la proposition en première place ne peuvent pas être précédés ou suivis de virgules en allemand.

Heute bleibe ich *zu Hause.*   ~~Heute, bleibe ich...~~ est impossible.
Aujourd'hui, je reste à la maison.

Seule l'apposition est obligatoirement délimitée par des virgules ou d'autres signes de ponctuation.

Dieses Schloß, *das habe ich schon gesehen.*

Mais :

Dieses Schloß habe *ich schon gesehen.*
Ce château, je l'ai déjà vu.

*Paul, **mein bester Freund,** wohnt jetzt in Bayern.*
Paul, mon meilleur ami, habite maintenant en Bavière.

Exercice

Insérez une virgule lorsque c'est nécessaire :
1. Hattest du Gelegenheit zu schwimmen ? 2. Er tut als ob er etwas wüßte.
3. Er hofft bald nach Frankreich fahren zu dürfen. 4. Diese Geschichte die habe ich schon einmal gehört. 5. Seine Schwester wohnt in Amerika und sein Bruder lebt in Spanien. 6. Du kannst kommen wenn du Lust hast und wenn deine Eltern einverstanden sind. 7. Kannst du mir das Buch geben ohne aufzustehen ? 8. Ich möchte nicht daß du zu lange wartest und daß du dich langweilst.

270 Weder ... noch ..., entweder ... oder ...

1 "Ni ... ni ..." se traduit par *weder ... noch ...* pour mettre en corrélation :

● Soit des éléments de la proposition.

Weder seine Mutter noch sein Vater wußten es.
Ni sa mère ni son père ne le savaient.
Sie hatte weder gegessen noch getrunken.
Elle n'avait ni mangé ni bu.

● Soit des propositions entières (moins courant).

Dans ce cas, *noch* est précédé d'une virgule.

Die Eltern haben ihm weder bei den Hausaufgaben geholfen, noch haben sie ihm geraten, einen Freund anzurufen.
Les parents ne l'ont ni aidé à faire ses devoirs, ni ne lui ont conseillé d'appeler un ami. (Ses parents ne l'ont pas aidé à faire ses devoirs et ne lui ont pas non plus conseillé d'appeler un ami.)

Remarquez que la répétition des "ni ..." se rend par *weder ..., noch ..., noch ...* (noter la place des virgules).

2 "Ou (bien) ... ou (bien) ...", "soit ... soit ..." se traduisent par *entweder ... oder ...* pour mettre en corrélation :

● Soit des éléments de la proposition.

Ich komme entweder mit meinem Vater oder mit meinem Bruder.
Je viendrai soit avec mon père soit avec mon frère.

● Soit des propositions entières.

Entweder kommst du (ou : *du kommst) jetzt mit mir, oder ich lasse dich allein.*
Ou bien tu viens avec moi, ou bien je te laisse seul.

Notez l'absence de virgule dans le premier exemple et la virgule obligatoire dans le deuxième.
Notez la place du verbe dans le deuxième exemple.

E x e r c i c e

Traduisez en allemand :
1. Ou bien je reste à Paris, ou bien je pars en Allemagne. 2. Je n'ai vu ni son père ni sa mère. 3. Ils n'ont ni chien, ni chat, ni oiseaux. 4. Je m'achèterai soit un livre soit un disque. 5. Je n'ai visité ni le musée ni l'église. 6. Ou bien je lui achète des livres, ou bien je lui donne de l'argent.

---

271 *Weit ... entfernt, weit*

Ces expressions correspondent à "être loin de", "être éloigné", "être à une certaine distance de".

1 *Weit ... entfernt von ...* = "être loin de ...".

*Wohnst du **weit vom** Stadtinneren **entfernt** ?*
Est-ce que tu habites loin du centre ville ?

● *Weit* est facultatif lorsqu'une indication de distance est donnée.
*Das Dorf liegt 5 **Kilometer (weit) von hier entfernt**.*
Le village est à 5 km d'ici.

● La question pour connaître une distance est introduite par "wie".
Wie weit ... von ... entfernt ? = "à quelle distance de est... ?"
***Wie weit** ist der Bahnhof **von** hier **entfernt** ?*
A quelle distance d'ici est la gare ?

2 *Weit ... von ...* peut s'employer sans *entfernt* lorsqu'une indication de lieu est donnée.
***Wie weit** ist es **von** hier zur Post ?*
Quelle est la distance d'ici au bureau de poste ?
*Es ist nicht **weit von** hier.*
Ce n'est pas loin d'ici.

3 *Weit.*

● *Weit* signifie "loin".
*Ist **es** noch **weit ?** ou **Wie weit** ist es noch ?*
Est-ce encore loin ?
*Jetzt ist **es** nicht mehr sehr **weit**.*
Ce n'est plus très loin maintenant.

● *Weit* demande un complément à l'accusatif.
*Es ist noch ein**en** Kilometer **weit**.*
C'est encore à un kilomètre.

_W_

> ### Exercice

Traduisez en allemand :
1. Ils habitent à une heure de voiture de chez leurs parents (die Autostunde).
2. Berlin est à 1 000 km de Paris. 3. A quelle distance d'ici est l'aéroport ?
4. Est-ce que le château est loin de l'autoroute ? 5. Mes grands-parents
habitent loin de la ville. 6. Le prochain village n'est pas très éloigné d'ici.

---

272 **Welch-** *ou* **was für ?**

Welch- et *was für* s'emploient :

1 Comme déterminatif dans un groupe nominal : "quel + nom... ?".

● "Quel" au sens de "lequel" parmi un ensemble d'éléments se
traduit par *welch-*.

Welches Auto meinst du ? Das auf dem Bürgersteig ?
De quelle voiture parles-tu ? De celle qui est garée sur le trottoir ?

● "Quel" au sens de "quelle sorte de... ?" se traduit par *was für*
+ groupe nominal (avec *ein* au singulier et sans déterminant au pluriel).

Was für ein Auto hat er gekauft ? Einen Mercedes ?
Quelle voiture a-t-il achetée ? Une Mercédès ?

Was für Bücher hast du mitgebracht ? Krimis ?
Quel genre de livres as-tu apportés ? Des romans policiers ?

▲ **Attention :**

● Particularité morphologique : dans *was für, für* n'est pas une
préposition ; donc le cas du groupe nominal qui suit *was für*
dépend de sa fonction dans la proposition et non de ce *für*.

Mit was für einem Flugzeug ist er nach Düsseldorf geflogen ?
(et non : *mit was für ein...*).
Quel type d'avion a-t-il pris pour aller à Düsseldorf ?

● Particularité syntaxique : avec *was für,* une deuxième construction est possible.

Was hat er für ein Auto ? à côté de : *Was für ein Auto hat er ?*

2 Comme pronom interrogatif : "lequel... ?"
Dans le cas du pronom interrogatif, la distinction de sens entre
welch- et *was für* est la même que précédemment.

Sie hat zwei Töchter. Mit welcher ist sie spazieren gegangen ?
Elle a deux filles. Avec laquelle est-elle allée se promener ?

▲ **Attention** aux particularités d'emploi de *was für,* qui interroge sur
l'espèce, le genre, la race...

Peter hat sich einen Hund gekauft. – Was für einen ?
Pierre s'est acheté un chien. – De quelle race ?

Er hat viele Bäume in seinem Garten. – **Was für** *Bäume* ? (reprise du nom obligatoire au pluriel ; en Allemagne du nord, on entend : *Was für welche ?*)
Il a beaucoup d'arbres dans son jardin. – Quelles sortes d'arbres ?

Exercice

Traduisez en allemand les phrases qui ne sont pas entre parenthèses :
1. Quels livres préfères-tu ? (les romans, les récits d'aventure ou les bandes dessinées ?) 2. (Voici trois chemises.) Laquelle veux-tu acheter à ton père ? 3. Dans quel pays roule-t-on à gauche ? 4. Dans quel genre de bateau as-tu passé la nuit ? (dans un voilier ou un bateau à moteur ?) 5. (J'ai acheté une machine à écrire.) Une machine de quel type ? (électrique ou électronique ?)

273 *Wenn* ou *ob* ?

1 Les confusions des francophones entre *wenn* et *ob* s'expliquent par le fait que ces deux conjonctions de subordination peuvent se traduire par "si".

Mais :
● *Wenn* = "si" conditionnel.

● *Ob* = "si" de l'interrogation indirecte.
Wenn *er Geld hätte, würde er sich einen Computer kaufen.*
S'il avait de l'argent, il s'achèterait un ordinateur.

Ich frage mich, **ob** *er wirklich krank ist.*
Je me demande s'il est vraiment malade.

2 L'interrogative indirecte introduite par *ob* peut parfois se trouver en tête de proposition.

● Comme complément du verbe dans la subordonnée avec une reprise par le démonstratif *das*.
Ob er heute zu Hause ist, *das frage ich mich.*
S'il est à la maison aujourd'hui, ça je me le demande.

● Comme sujet du verbe de la proposition entière.
Ob er morgen kommen wird, *ist fraglich (das ist fraglich).*
Quant à savoir s'il viendra demain, ce n'est pas sûr.

▶ Pour le conditionnel et l'interrogation indirecte, voir aussi nos 68 et 123.

Exercices

A. Introduisez wenn *ou* ob *dans les phrases suivantes :*
1. Frag ihn doch, ... er mit dem Zug kommt oder mit dem Auto. 2. ... du willst, kannst du bei mir schlafen. 3. ... er am Sonntag zu Hause bleibt, ist noch nicht sicher. 4. Weißt du, ... in Deutschland die Geschwindigkeit begrenzt ist ? 5. Ich weiß nicht, ... er zufrieden gewesen wäre, ... ich ihm dieses Buch geschenkt hätte.

B. Traduisez en allemand :
1. Je me demande s'il habite encore en France. 2. Si tu t'en vas, n'oublie pas de fermer la porte. 3. Je te donnerai le cadeau si tu viens me voir. 4. Il ne sait pas s'il a réussi à son examen (sein Examen bestehen). 5. Crois-tu que la représentation (die Aufführung) aura lieu (stattfinden) s'il pleut ?

274 **Wenn** *ou* **wann ?**

Il ne faut pas confondre *wenn* et *wann*, même si en français ils peuvent se traduire l'un et l'autre par "quand".

1 **Wenn,** en dehors de son emploi conditionnel, a aussi un sens temporel, il signifie alors "quand" au sens de "chaque fois que" et introduit une subordonnée temporelle.

Wenn *Hans Geige spielt, fängt der Hund an zu bellen.*
Quand (chaque fois que) Jean joue du violon, le chien se met à aboyer.

▶ Pour *wenn*, voir aussi nos 20 et 68.

2 **Wann** signifie "quand" au sens de "au moment où, à n'importe quel moment que", dans les interrogations directes, indirectes et certaines subordonnées temporelles.

Wann *kommt er ?*
Quand vient-il ?

Ich frage mich, **wann** *er mit seiner Arbeit fertig ist.*
Je me demande quand il aura fini son travail.

Du kannst kommen, **wann** *du willst.*
Tu peux venir quand tu veux.

E x e r c i c e

Traduisez en allemand :
1. Quand il neige (schneien), les enfants sont contents. 2. Sais-tu quand le film commence ? 3. Quand as-tu écrit la lettre ? 4. Quand il est en Angleterre, on le prend pour un Allemand. 5. Quand reviens-tu ?

275 **Werden : conjugaison**

Werden = "devenir"

Indicatif

Présent	Prétérit	Futur
je deviens, tu deviens...	je devenais, tu devenais...	je deviendrai, tu deviendras...

Indicatif

Présent		Prétérit		Futur		
ich	werde	ich	wurde	ich	werde	werden
du	wirst	du	wurdest	du	wirst	werden
er		er		er		
es	wird	es	wurde	es	wird	werden
sie		sie		sie		
wir	werden	wir	wurden	wir	werden	werden
ihr	werdet	ihr	wurdet	ihr	werdet	werden
sie	werden	sie	wurden	sie	werden	werden

Parfait	Plus-que-parfait	Futur antérieur
je suis devenu...	j'étais devenu...	je serai devenu...
ich bin geworden	*ich war geworden*	*ich werde geworden sein*
du bist geworden...	*du warst geworden...*	*du wirst geworden sein...*

Subjonctif I

Présent		Passé			Futur		
ich	werde	ich	sei	geworden	ich	werde	werden
du	werdest	du	sei(e)st	geworden	du	werdest	werden
er		er			er		
es	werde	es	sei	geworden	es	werde	werden
sie		sie			sie		
wir	werden	wir	seien	geworden	wir	werden	werden
ihr	werdet	ihr	seiet	geworden	ihr	werdet	werden
sie	werden	sie	seien	geworden	sie	werden	werden

Futur antérieur

ich	werde	geworden	sein
du	werdest	geworden	sein
er			
es	werde	geworden	sein
sie			
wir	werden	geworden	sein
ihr	werdet	geworden	sein
sie	werden	geworden	sein

Subjonctif II

Hypothétique		Irréel		
je deviendrais, tu deviendrais...		je serais devenu, tu serais devenu...		
ich	würde	ich	wäre	geworden
du	würdest	du	wärest	geworden
er		er		
es	würde	es	wäre	geworden
sie		sie		
wir	würden	wir	wären	geworden
ihr	würdet	ihr	wär(e)t	geworden
sie	würden	sie	wären	geworden

Impératif

deviens, devenez !

werde !
werdet !

276 *Wissen, können, kennen*

1 *Wissen* **indique un savoir, des connaissances.** Il se construit avec *über* + accusatif ou *von* + datif et avec des subordonnées. *Wissen* est fréquemment employé en relation avec *Bescheid* et prend alors, selon les prépositions, le sens de "être au courant de" ou de "s'y connaître".

● *Etw.* (acc.) *wissen* = "savoir qqch.".

Weißt *du schon das Neueste ?*
Connais-tu déjà la dernière nouvelle ?

Ich **weiß** *es aus Erfahrung.*
Je le sais d'expérience.

Weißt *du deine Vokabeln ?*
Est-ce que tu sais ton vocabulaire ?

Soviel ich **weiß,** *hat er kein Telefon.*
Autant que je sache, il n'a pas le téléphone.

● *Etw. über etw.* (acc.) *wissen* ou *von etw.* (dat.) *wissen* = "savoir de".

Was **weißt** *du* **über** *die Schlacht* (ou : **von** *der Schlacht) bei Waterloo ?*
Qu'est-ce que tu sais de la bataille de Waterloo ?

Ich **weiß** *nichts* **darüber** *(*ou **davon***).*
Je n'en sais rien.

● *Wissen* + subordonnée.

– *Wissen, daß...* = "savoir que...".

Ich **weiß, daß** *ich nichts weiß.*
Je sais que je ne sais rien.

– *Wissen, ob...* = "savoir si...".

Weißt *du,* **ob** *er einen Fernseher hat ?*
Sais-tu s'il possède un téléviseur ?

– *Nicht wissen, ob...* = "ne pas savoir si...".

Ich **weiß nicht, ob** *er zu Hause ist.*
Je ne sais pas s'il est chez lui.

– *Wissen* + interrogatif en *w-* (interrogation partielle) : *wer, was, wie, wieviel...* etc. = "savoir qui / ce que / comment / combien..." (etc.).

Weißt *du,* **wer** *angerufen hat ?*
Sais-tu qui a appelé ?

Wissen *Sie,* **wie** *man zum Bahnhof kommt ?*
Savez-vous comment on va à la gare ?

Ich **weiß** *nicht,* **was** *ich tun soll.*
Je ne sais que faire. (Je ne sais pas ce que je dois faire.)

Wißt *ihr,* **wieviel** *das Buch kostet ?*
Savez-vous combien coûte ce livre ?

● *Über etw.* (acc.) *Bescheid wissen* = "être au courant de qqch." ; "en être informé" ; "avoir connaissance de".

Ich **weiß über** *seine Pläne nicht* **Bescheid.**
Je ne suis pas au courant de ses plans.

● *In etw.* (dat.) *Bescheid wissen* = "s'y connaître".

In Geschichte **weiß** *er gut* **Bescheid.**
Il s'y connaît bien en histoire.

▶ Pour la conjugaison de *wissen*, voir n° 265.

2 *Können* **indique un savoir-faire, la capacité ou la possibilité de faire qqch.** Il peut remplacer *dürfen* pour demander ou accorder une permission. *Können* est également employé pour l'expression d'une probabilité.

● *Können* = "savoir faire qqch." ; "avoir la capacité physique ou intellectuelle de faire qqch.".

Sie **kann** *gut Klavier spielen.*
Elle sait bien jouer du piano.

Sie **konnte** *mit einem Jahr laufen.*
Elle marchait à un an.

Kannst *du Russisch ?*
Sais-tu le russe ?

Kannst *du dein Gedicht ?*
Sais-tu ton poème ?

● *Können* = "pouvoir" ; possibilité donnée selon les circonstances.

Heute nacht habe ich nicht schlafen **können.**
Cette nuit, je n'ai pas pu dormir.

Schade, ich **kann** *nicht kommen.*
C'est dommage, je ne peux pas venir.

Da **kann** *man nichts machen.*
On n'y peut rien.

● *Können* = "pouvoir". Pour demander à qqn de faire qqch., on peut utiliser les formes de l'indicatif ou celles du subjonctif II, *könnte.*

Kannst *du mir helfen ?*
Peux-tu m'aider ?

Könnte *ich einen Kaffee haben ?*
Pourrais-je avoir un café ?

● *Können* = "avoir le droit". Pour exprimer une demande polie, on emploie également le subjonctif II, *könnte*.

Kann (darf) *ich heute abend länger aufbleiben ?*
Est-ce que je peux rester debout plus longtemps ce soir ?

Ja, das **kannst (darfst)** *du.*
Oui, tu peux.

Könnte (dürfte) *ich mal dein Auto benutzen ?*
Est-ce que je pourrais utiliser ta voiture ?

● *Können* = "il se peut que", "il se pourrait que". *Können* à l'indicatif présent ou au subjonctif II peut être employé pour exprimer une probabilité plus ou moins forte. Dans ce sens, il est souvent renforcé par *wohl*. Il se construit avec l'infinitif présent ou l'infinitif passé.

Das **kann wohl** *sein.*   *Du* **könntest (wohl)** *recht haben.*
Cela se peut bien.   Il se pourrait bien que tu aies raison.

▲ **Attention :** contrairement au français, ce *können* ne se met pas à un temps composé.

Ich **kann** *mich* **geirrt haben.**
J'ai pu me tromper. (Il se peut que je me sois trompé.)

▶ Pour *können*, voir aussi n° 133.

3 *Kennen* **indique une connaissance acquise à la suite d'une observation, une expérience ou d'études.** Il s'emploie également avec quelques abstraits comme *Angst, Furcht, Gnade, Mitleid, Maß.*

● *Jmn, etw.* (acc.) *kennen* = "connaître qqn, qqch.".

Ich **kenne** *hier niemanden.*   **Kennst** *du diese Beethoven-Sonate ?*
Je ne connais personne ici.   Connais-tu cette sonate de Beethoven ?

Ich **kenne** *ihn vom Sehen.*   *Ich* **kenne** *diese Gegend nicht.*
Je le connais de vue.   Je ne connais pas cette région.

● *Sich* (acc.) *kennen* = "se connaître".

Wir **kennen uns** *seit langem.*
Nous nous connaissons depuis longtemps.

● *Jmn* (acc.) *kennenlernen* = "faire la connaissance de qqn".

Er hat sie in Rom **kennengelernt.**
Il a fait sa connaissance à Rome.

● *Sich in etw.* (dat.) *auskennen (in etw. Bescheid wissen)* = "s'y connaître".

Ich **kenne mich** *in dieser Stadt gut* **aus**.
Je connais bien cette ville.

E x e r c i c e s

A. Complétez par wissen, können *ou* kennen *à la forme adéquate :*
1. ... du dich in Informatik... ? 2. Sie ... keinen Ausweg mehr. 3. Er ... ausgezeichnet Ski laufen. 4. In dieser Stadt ... ich gut ... 5. ... du seinen Großvater ?
6. ... ich heute meine Freunde einladen ? 7. ... ihr, ob alle benachrichtigt sind ?
8. ... (subj. II) ich Sie einen Augenblick sprechen ? 9. Wie ... (prétérit) du das
tun ! 10. Er ... (prés.) verreist sein, er ... (subj. II) aber auch umgezogen sein.

B. Traduisez en allemand :
1. Je ne peux pas me lever. 2. Elle ne sait pas nager. 3. Pourrais-je avoir un
kilo de pommes ? 4. Elle s'y connaît en géographie (2 possibilités). 5. Sais-tu
comment il s'appelle ? 6. Il se peut qu'il soit malade. 7. Je n'ai pas pu le
savoir. 8. J'ai fait sa connaissance l'an dernier. 9. Es-tu au courant des der-
nières nouvelles ? 10. Il ne connaît pas la peur.

277 *Wollen : emplois*

1 **Sens de "vouloir", expression de la volonté.**

Er will nichts essen.
Il ne veut rien manger.
Er will unbedingt, daß ich mit ihm spazieren gehe.
Il veut absolument que j'aille me promener avec lui.

2 **Sens de "prétendre", "vouloir faire croire" (souvent avec l'infinitif passé).**

Er will das nicht geschrieben haben.
(Er behauptet, daß er das nicht geschrieben hat).
Il prétend n'avoir pas écrit cela.

▶ Pour la conjugaison de *wollen,* voir n° 265.
  Pour l'expression du futur immédiat et du passé récent, voir n° 256.

E x e r c i c e

Traduisez en allemand :
1. Je veux rester à la maison ce soir. 2. Elle prétend n'avoir que 30 ans. 3. Il
veut que je l'accompagne jusqu'à la gare. 4. Veux-tu y aller à ma place ?

278 ▸ *Y pronom* (traductions)

1 **Dort,** pour le pronom exprimant la localisation (locatif).
*Ich kenne Hamburg gut ; ich bin **dort** geboren.*
Je connais bien Hambourg ; j'y suis né.

2 **Dorthin** ou **hin**, ou les **composés avec hin** (*hinab, hinauf...* selon le sens) pour le pronom exprimant le directionnel.
*Das Geschäft macht bald zu ; soll ich dich **hin**fahren ?*
Le magasin ferme bientôt ; veux-tu que je t'y conduise en voiture ?
*Ich steige auf das Dach. – Soll ich auch **hinauf**steigen ?*
Je monte sur le toit. – Veux-tu que j'y monte moi aussi ?

3 **Da** + **préposition** selon la rection du verbe ou de l'adjectif.
*Er hat sich **daran** gewöhnt.*   *Er hat **darauf** angespielt.*
Il s'y est habitué.   Il y a fait allusion.
*Er ist **dazu** entschlossen.*
Il y est décidé.

▸ Pour la rection des verbes et des adjectifs, voir nos 216 et 218.

4 **Es** dans certaines expressions.
*Er hat **es** geschafft.*
Il y est arrivé.

Exercice

Introduisez l'équivalent allemand de "Y" :
1. ... bin ich schon einmal gewesen. 2. Hast du morgen Schule ? Gehst du ... ?
3. Es ist zu teuer ; ich muß ... verzichten. 4. Er hat dir doch einen Brief geschickt ; hast du schon ... geantwortet ? 5. Morgen veranstalten wir ein Fußballspiel ; willst du ... teilnehmen ?

279 *Zahlen, zählen, rechnen*

Ne confondez pas :

1 *Zahlen*, *bezahlen* = "payer".

Herr Ober, ich möchte zahlen !
Garçon, l'addition ! (littéralement : je voudrais payer.)
Der Kunde kann nicht zahlen.
Le client ne peut pas payer.

2 *Zählen* = "compter".

● "Faire les comptes".

Er zählt sein Geld. *Er kann bis 3 zählen.*
Il compte son argent. Il sait compter jusqu'à 3.

● "Comporter".

Das Dorf zählt 300 Einwohner.
Le village compte 300 habitants.

● "Faire partie".

Ich zähle zu seinen Freunden.
Je compte parmi ses amis.

● "Avoir une valeur".

Das zählt nicht.
Cela ne compte pas.

● "Faire confiance à".

Ich zähle auf dich.
Je compte sur toi.

3 *Rechnen* = "compter".

● "Calculer".

Er kann gut rechnen.
Il est bon en calcul (il sait bien calculer).

● "Faire partie".

Ich rechne ihn zu meinen Freunden.
Je le compte parmi mes amis.

● "Compter sur".

Ich rechne auf dich.
Je compte sur toi (que tu viennes).

● "S'attendre à ce que".

Ich rechne damit, daß heute abend alle kommen.
Je m'attends à ce que ce soir, tout le monde vienne.

E x e r c i c e

Insérez l'un des trois verbes selon le sens :
1. Die Kinder ... die Tage bis Weihnachten. 2. Mit welchem Geld willst du das... ? 3. Für morgen abend ... ich auf deine Freunde. 4. Was habe ich zu ... ? 5. Ich ... zwei Stunden bis Hamburg. 6. Hast du die Kinder ... ? 7. Wie soll ich das Kleid ... ?

---

280 *Zeit, Stunde, Uhr*

1 *Die Zeit.*

● "Le temps qui passe" (ne pas confondre avec *das Wetter* = "le temps qu'il fait" !).

Ich habe keine Zeit.
Je n'ai pas le temps.

● "L'heure" au sens de "moment précis, défini".

Hast du die genaue Zeit ?   *Es ist Abendbrotzeit.*
As-tu l'heure exacte ?   C'est l'heure du dîner.

2 *Die Stunde* = "l'heure", correspond à un espace de temps (la durée).

eine Viertelstunde	*eine halbe Stunde*	*eine Dreiviertelstunde*
un quart d'heure	une demi-heure	trois quarts d'heure

Eine Stunde hat sechzig Minuten.
Une heure a soixante minutes.

Er kommt in einer Dreiviertelstunde ou in drei Viertelstunden.
Il vient dans trois quarts d'heure.

Notez que *Stunde* se met au pluriel à partir d'une heure et quart.

eineinviertel Stunden	*zwei Stunden*
une heure et quart	deux heures

Er blieb nur anderthalb Stunden.
Il ne resta qu'une heure et demie.

3 **Die Uhr** = "l'heure" correspond à un point précis de la journée par référence à une horloge.

Wieviel Uhr ist es ? Wie spät ist es ?   **Es ist sieben Uhr.**
Quelle heure est-il ?   Il est sept heures.

● Indication de l'heure dans la langue courante.

– Les quarts d'heure et la demi-heure sont comptés par rapport à l'heure qui vient (pour le quart on peut aussi se référer à l'heure passée).

*Es ist **viertel acht** (Uhr) ou Es ist **Viertel nach sieben.***
Il est 7 h un quart.

*Es ist **halb acht** (Uhr).*
Il est 7 h et demie.

*Es ist **dreiviertel acht** (Uhr) ou Es ist **Viertel vor acht.***
Il est 8 h moins le quart.

– Pour les minutes, on compte la première demi-heure par rapport à l'heure passée.

*Es ist **fünf** (Minuten) **nach sieben** (Uhr).*
Il est 7 h 5.

*Es ist **zehn** (Minuten) **nach sieben** (Uhr).*
Il est 7 h 10.

*Es ist **zwanzig** (Minuten) **nach sieben** (Uhr).*
Il est 7 h 20.

– La deuxième demi-heure est comptée en se référant à l'heure qui suit.

*Es ist **zwanzig** (Minuten) **vor acht** (Uhr).*
Il est 8 h moins 20.

*Es ist **zehn** (Minuten) **vor acht** (Uhr).*
Il est 8 h moins 10.

*Es ist **fünf** (Minuten) **vor acht** (Uhr).*
Il est 8 h moins 5.

– Cependant, pour les minutes autour de la demi-heure, par ex. entre 7 h 20 et 7 h 40, on se réfère généralement à la demie.

*Es ist **zehn** (Minuten) **vor halb acht** (Uhr).*
Il est 7 h 20.

*Es ist **fünf** (Minuten) **vor halb acht** (Uhr).*
Il est 7 h 25.

*Es ist **fünf** (Minuten) **nach halb acht** (Uhr).*
Il est 7 h 35.

*Es ist **zehn** (Minuten) **nach halb acht** (Uhr).*
Il est 7 h 40.

● Indication de l'heure à la radio, à la télévision et dans les gares.

*Es ist **19 Uhr 30** (neunzehn Uhr dreißig).*
Il est 19 h 30.

*Der Zug fährt **um 6 Uhr 57** (sechs Uhr siebenundfünfzig) ab.*
Le train part à 6 h 57.

● La préposition utilisée pour l'heure précise est *um*.

Um *wieviel Uhr kommt sie ?*
A quelle heure vient-elle ?

Sie kommt **um** *drei Uhr.*
Elle vient à trois heures.

● La préposition utilisée pour l'heure approximative est *gegen*.

Ich habe sie **gegen** *5 Uhr getroffen.*
Je l'ai rencontrée vers 5 heures.

Expressions

kurz vor + GN
peu avant + GN

kurz vorher
peu de temps auparavant

Es läutete **kurz vor** *Mitternacht.*
On sonna peu avant minuit.

kurz nach + GN
peu après + GN

kurz darauf
peu après

Kurz nach *12 Uhr gab es ein Gewitter.*
Peu après midi, il y eut un orage.

▲ **Attention :** *die Uhr* se traduit également par "l'horloge", "la montre".

▶ Voir aussi n° 244.

Exercice

Traduisez en allemand :
1. Veux-tu rester une demi-heure de plus ? C'est l'heure du goûter (die Vesper). 2. Le train est parti à 15 h 45. 3. J'ai un rendez-vous (die Verabredung) à 5 heures et demie. 4. Il fut battu en un quart d'heure. 5. Quelle heure est-il ? – Il est 10 h moins 5. 6. Quelqu'un a appelé peu avant 7 heures. 7. J'ai dû attendre une heure et demie chez le docteur. 8. A quelle heure t'es-tu couché ? – Peu après minuit. 9. Il est venu à 9 heures moins le quart. 10. Il est reparti à 10 heures un quart.

281 *Zu : place dans le groupe infinitif*

Dans le groupe infinitif, *zu* se place :

1 **Immédiatement devant l'infinitif, même lorsque cet infinitif a des compléments.**

Peter hat keine Lust **zu** *arbeiten.*
Pierre n'a pas envie de travailler.

Birgit hat keine Angst, über die Holzbrücke **zu** *gehen.*
Birgit n'a pas peur de traverser le pont de bois.

2 **Entre l'infinitif et les préverbes verbaux accentués** (y compris les éléments intégrés au verbe) ; préverbe, *zu* et infinitif sont alors graphiquement liés.

*Bist du froh weg***zu***fahren ?*
Es-tu content de partir ?

*Hast du Lust rad***zu***fahren ?*
As-tu envie de faire du vélo ?

Exercice

Traduisez en allemand :

1. As-tu envie d'aller au restaurant ? 2. J'ai peur de tomber par terre (hinfallen). 3. As-tu le temps de visiter (besichtigen) le musée (das Museum) ? 4. As-tu l'intention (die Absicht) d'aller en Allemagne ? 5. Je suis content de pouvoir me lever.

---

282 *Zu : présence ou absence devant un infinitif ou un groupe infinitif*

Certains verbes peuvent avoir un infinitif ou un groupe infinitif comme complément. L'infinitif est ou n'est pas précédé de *zu*.

1 Ne sont pas précédés de *zu* les infinitifs dépendants suivants.

● Ceux des 6 verbes de modalité *können, dürfen, müssen, sollen, wollen, mögen*.

*Er darf ins Kino **gehen**.*
Il peut (a le droit d') aller au cinéma.

● Ceux du verbe *werden* (= futur).

*Ich werde trotzdem **kommen.***
Je viendrai quand même.

● Ceux des verbes *hören* = "entendre", *sehen* = "voir", *fühlen* = "sentir", *lassen* = "laisser faire", *lernen* = "apprendre", *lehren* = "enseigner".

*Ich höre ihn **kommen.***
Je l'entends venir.

2 Sont précédés de *zu* les infinitifs dépendants.

● Ceux des autres verbes, et en particulier des verbes *glauben* = "croire", *wissen* = "savoir", qui n'entraînent ni "de" ni "à" en français.

*Er glaubt, intelligent **zu sein.***
Il croit être intelligent.

● Ceux des verbes *haben* et *sein*.

*Er hat **zu gehorchen.***	*Er hat etwas **zu verkaufen.***
Il doit obéir (litt. : il a à obéir).	Il a quelque chose à vendre.
*Es ist **zu verkaufen.***	
C'est à vendre.	

● Ceux des expressions telles que *Lust haben* = "avoir envie", *Zeit haben* = "avoir le temps", *froh sein* = "être content"...

*Hast du Zeit, mit uns **zu kommen** ?*
As-tu le temps de venir avec nous ?

● L'usage hésite pour *helfen* = "aider" et *heißen* (au sens de "donner l'ordre") ; en principe il y a absence de *zu* si l'infinitif n'a pas de complément, présence de *zu* s'il en a.

*Ich helfe ihr **aufräumen**.*
Je l'aide à débarrasser.

*Ich helfe ihm, das Gepäck **zu tragen**.*
Je l'aide à porter les bagages.

▶ Pour *brauchen,* voir n° 55.

Exercice

Traduisez en allemand :
1. Cette voiture est-elle à vendre ? 2. Il croit tout savoir. 3. Sait-il nager ?
4. As-tu le temps de venir chez moi ? 5. A-t-il peur de skier (Ski laufen) ?
6. Aide la dame à traverser la rue !

283 *Zwei, beide, doppelt*

1 *Zwei* = "deux".

● Non décliné.

*die ersten **zwei***
les deux premiers

*die Aussagen der **zwei** Zeugen*
les dépositions des deux témoins

*viele Grüße von **zwei** alten Freunden*
meilleurs souvenirs de deux vieux amis

● Décliné (au génitif pluriel s'il n'est pas précédé d'un article).

*die Aussagen **zweier** Zeugen*
les dépositions de deux témoins

Lorsque *zweier* est suivi d'un adjectif simple, d'un adjectif ou d'un participe substantivés, ceux-ci prennent également la marque du déterminatif (type 2).

*Er ist Vater **zweier** hübsch**er** Töchter.*
Il est le père de deux jolies filles.

*das Büro **zweier** Angestellt**er***
le bureau de deux employés

*die Reise zweier Blind**er***
le voyage de deux aveugles

Expressions

zu zweit
à deux, par deux.

*Sie machen die Aufgaben **zu zweit**.*
Ils font leurs devoirs à deux.

*Sie gehen immer **zu zweit**.*
Ils vont toujours par deux.

2 *Beide* = "les deux", "tous les deux", se réfère à deux personnes ou objets déjà connus.

● *Beide* pronom.

*Ich habe **zwei** Brüder. **Beide** sind Arzt geworden.*
J'ai deux frères. Ils sont devenus médecins tous les deux.

● *Beide* adjectif épithète.

*die beid**en** Kinder*   *beid**e** Kinder*
les deux enfants   les deux enfants

*das Leben beid**er** Kinder*
la vie des deux enfants

● *Beide* déterminatif.
L'adjectif simple, l'adjectif ou le participe substantivé placés après *beide* portent la marque -*en.*

beide *klein**en** Kinder*
les deux petits enfants

beide *Jugendlich**en***
les deux adolescents

*die Eltern **beider** Jugendlich**en***
les parents des deux adolescents

Notez :
● *Beide* précédé d'un pronom personnel porte la marque du déterminatif. Lorsqu'il se réfère au sujet, il peut se placer à côté de celui-ci ou dans le groupe verbal.

*Er hat uns **beiden** geschrieben.*
Il nous a écrit à tous deux.

*Ich denke an euch **beide**.*
Je pense à vous deux.

*Wir **beide** sind allein.*
Nous sommes seuls tous les deux.

*Wir sind jetzt endlich **beide** allein.*
Maintenant, nous sommes enfin seuls tous les deux.

● *Beides* = "les deux", pronom neutre, se réfère à deux objets ou deux événements différents.

*Der Film oder die Oper ? **Beides** hat uns gefallen.*
Le film ou l'opéra ? Les deux m'ont plu.

E x p r e s s i o n s

einer von beiden   **keiner von beiden**
l'un des deux   aucun des deux

Einer *(eine, eines)* **von euch beiden** *hat das Glas zerbrochen !*
L'un de vous deux a cassé ce verre !

Keiner *(keine, keines)* **von uns beiden !**
Aucun de nous deux !

alle beide
tous les deux

▶ Pour l'adjectif dans le groupe nominal, voir n° 7.

3 **Doppelt** = "double, doublement ; deux fois plus."

● *Doppelt* = "double", à fonction d'adjectif.

der **doppelte** Preis   in **doppelter** Ausfertigung
le double du prix   en double exemplaire

● *Doppelt so* + adj. + *wie...* = "deux fois plus + adj. + que...".

Dein Zimmer ist **doppelt so** *groß* **wie** *meins.*
Ta chambre est deux fois plus grande que la mienne.

● *Doppelt soviel* + verbe + *wie...* = "deux fois...".

Er mußte **doppelt soviel** *bezahlen* **wie wir.**
Par rapport à nous, il a dû payer le double.

● *Doppel-* se trouve fréquemment comme déterminant dans des noms composés.

das Doppelbett   **die Doppeltür**   **der Doppelmord**
les lits jumeaux   la double porte   le double meurtre

─────────────── **E x e r c i c e** ───────────────

Traduisez en allemand :
1. Il est deux fois plus âgé que moi. 2. Meilleurs souvenirs de nous deux !
3. La double fenêtre est cassée. 4. L'expérience (der Versuch) des deux astro-
nautes (Astronaut) américains... 5. Il me faut une facture en double exemplaire. 6. Tu fais du ski ou de la luge (Ski laufen, Schlitten fahren) ? Les deux.
7. On les voit toujours à deux. 8. Lequel de vous deux voudrait m'aider ?

CORRIGÉS DES EXERCICES

1 1. Von diesem Augenblick an beschloß er abzureisen (wegzugehen, fortzugehen). 2. Von seinem Fenster aus kann man das Meer sehen. 3. Ab fünf Exemplaren wird eine Ermäßigung gewährt. 4. Ab morgen werde ich eher (früher) aufstehen. 5. Alle Züge ab Hauptbahnhof werden Verspätung haben. 6. Von hier aus ist es nicht sehr weit. 7. Vom Fernsehturm aus sieht man die ganze Stadt. 8. Ab ersten (erstem) Mai wird das Theater geschlossen sein.

2 1. Das ist aber fein ! 2. Jetzt kann ich nicht kommen, aber morgen abend habe ich Zeit (morgen abend aber habe ich Zeit). 3. Es regnet, aber die Sonne scheint (die Sonne scheint aber). 4. Ist das aber eine Freude ! 5. Nun aber schnell zu Bett !

3 1. Der Zug fuhr rechtzeitig ab, aber (er) kam mit Verspätung an. 2. Er hat keinen Wein (nicht Wein) getrunken, sondern Wasser. 3. Sein Haus ist nicht sehr groß, aber es ist gemütlich. 4. Diese Zeitung ist nicht von heute, sondern von gestern. 5. Diese Uhr ist nicht sehr hübsch, aber sie ist praktisch. 6. Er ist nicht nur liebenswürdig, sondern auch aufrichtig.

4 1. Frage diesen Herrn, wo der Bahnhof ist (wo sich der Bahnhof befindet). 2. Wo geht er jeden Nachmittag hin (Wohin geht er jeden Nachmittag) ? 3. Ist er auf den Gipfel des Berges gestiegen (geklettert) ? 4. Heute geht er ohne seinen Hund spazieren. 5. Sie denkt an ihre Ferien. 6. Er ist neidisch auf seine Schwester.

5 1. Du mußt die Verkehrszeichen beachten. 2. Du mußt besser auf deine Sachen achtgeben (achten). 3. Sie paßt gern auf ihren kleinen Bruder auf. 4. Sie hat mein Geschenk überhaupt nicht beachtet. 5. Achte deine Eltern ! 6. Darauf müssen wir unbedingt achten ! 7. Die

Vorschriften müssen beachtet werden. 8. Gib acht (achte darauf, paß auf), daß uns niemand sieht !

7 A. 1. type 1 - 2. type 2 - 3. type 1 - 4. type 2 - 5. type 2 - 6. type 1 - 7. type 1 - 8. type 1 - 9. type 1 - 10. type 2.
B. 1. Seine ehemaligen Nachbarn sind heute zu Besuch. 2. Unser bester Freund ist im Krankenhaus. 3. Er hat einen langen Mantel aus schwarzem Leder an. 4. Das war ein schlimmer Unfall. 5. Wo hast du meine blaue Jacke hingelegt ?

8 A. 1. Alle guten Restaurants befinden sich in diesem Viertel. 2. Dort gibt es einige deutsche Bücher zu kaufen. 3. Bei solchem schlechten (solch schlechtem) Wetter gehe ich nicht spazieren. 4. Ich habe in Deutschland schon manches gute (manch gutes) Bier getrunken. 5. Welche bekannten Weine gibt es in dieser Gegend ?
B. 1. Ich habe andere interessante Filme gesehen. 2. Einige deutsche Freunde haben mich besucht. 3. In Italien gibt es mehrere angenehme Städte zu besichtigen. 4. Hast du viele ausländische Briefmarken ? 5. Ich habe alle bekannten Gedichte von Heine gelesen.

9 1. Hast du schon das Straßburger Münster besichtigt ? 2. Zieh dein lila Kleid an ! 3. Ich kenne den Hamburger Hafen. 4. Warum nimmst du deinen rosa Hut mit ? 5. Die Pariser Mode hat viel Erfolg.

10 1. Ich bin kein Heiliger. 2. Ich wünsche Ihnen alles Gute. 3. Ein Alter sitzt vor seinem Haus. 4. Schauen Sie sich mal diese gelben an ! 5. Möchtest du mit diesem Jungen spazierengehen ? 6. Das Wichtigste ist, man fühlt sich wohl.

11 1. väterlich 2. tragbar 3. nikotinfrei 4. wirksam / wirklich 5. fröhlich 6. heutig 7. rätselhaft 8. chinesisch 9. gläsern

10. rötlich 11. Hamburger 12. winterlich 13. kleinlich 14. freundlich 15. arbeitsam / arbeitslos 16. fehlerfrei / fehlerlos

12 1. strohblond 2. rabenschwarz 3. hausgemacht 4. seekrank 5. farbenblind 6. grasgrün 7. farbenprächtig 8. lebensnotwendig

13 1. Hast du diesen Mann schon irgendwo gesehen ? 2. Dieses Haus gehört seinen (ihren) Eltern ; jenes Haus gehört ihnen nicht mehr. 3. Warum herrscht hier (eine) solche Stille ? 4. Ich habe solch einen / einen solchen Durst ! 5. Mit solch einem / einem solchen Regenschirm wirst du bestimmt auffallen. 6. Ich habe selten so (solch) gutes Fleisch gegessen.

14 1. Meine Schwester hat ihre Freunde eingeladen. 2. Peter, wo haben Sie Ihre Brille hingelegt ? 3. Unser Wagen (Auto) ist grau. 4. Paul ist umgezogen ; kennst du seine neue Wohnung ? 5. Inge sieht ihrem Bruder ähnlich. 6. Ihre Koffer sind verschwunden.

15 1. Kommst du von draußen ? 2. Oben habe ich deinen Mantel gefunden. 3. Schau nach vorn ! 4. Geh (Fahr) nach rechts ! 5. Er kommt von unten. 6. Fahr ein bißchen vorwärts !

16 1. Er kommt gleich / sofort. 2. Früher gab es hier keine Autobahn. 3. Ich habe mir gerade / soeben ein neues Kleid gekauft. 4. Hat er wieder / von neuem Fieber ? 5. Ich denke immer noch daran. 6. Er verdient immer mehr. 7. Kommt er oft hierher ? 8. Heutzutage ißt man immer weniger Brot. 9. Er hat dauernd / beständig / stets einen Schnupfen. 10. Damals gab es in jedem Dorf eine Schule.

17 1. Sie spielt gern Klavier. 2. Ich mag keine Schnecken. 3. Sie mögen diesen Schauspieler nicht. 4. Möchtest

du mit mir ausgehen ? 5. Ich gehe lieber ins Kino als ins Theater. 6. Er liebt Peter wie einen Bruder.

18 1. Er allein kann diesen Wagen / dieses Auto reparieren. 2. Ich war todmüde, allein ich konnte nicht schlafen. 3. Darfst du allein verreisen ?

19 1. Wie lange fliegen wir bis nach Berlin ? 2. Dieser Bus fährt nur sonntags. 3. Komm, wir wollen in den Garten gehen. 4. Fliegst du mit Air France oder mit Lufthansa ? 5. Im Urlaub sind wir am Strand viel gelaufen. 6. Wir sind mit dem Schiff nach Griechenland gefahren.

20 A. 1. Als das Telefon klingelte, war ich gerade draußen. 2. Gerade als er bezahlen wollte, ging das Licht aus. 3. Jedesmal wenn er Geld brauchte, besuchte er seine Eltern. 4. Wenn ich in Deutschland bin, verstehe ich die Leute kaum.

B. 1. Als er aufstand, fragte man sich, was passieren würde. 2. Wenn ich in England bin, trinke ich Tee. 3. Wenn er Deutsch sprach, verstand man ihn kaum. 4. Wenn ich in Wien ankommen werde, wirst du schon in den Vereinigten Staaten sein.

21 1. ein alter Herr 2. das alte Griechenland 3. die Vereinigung der ehemaligen Schüler 4. ein alter Wagen 5. mein ehemaliger Schullehrer 6. eine alte Kirche

22 1. Niemand anders wollte Kandidat sein. 2. Von einem Tag zum anderen. 3. Einer war gekommen, die beiden (zwei) anderen fehlten. 4. Dieser Text muß anders übersetzt werden. (Man muß diesen Text anders übersetzen.) 5. Willst du nichts anderes essen ? 6. Er ist woandershin (anderswohin) gefahren.

23 1. Ich habe ihn (am) Anfang der Woche getroffen. 2. Er ist gegen Ende

CORRIGÉS DES EXERCICES

des vorigen Jahrhunderts geboren. 3. Ende Mai haben wir schönes Wetter gehabt. 4. Anfang 1995 wird er eine Reise nach Afrika unternehmen. 5. Sie ist Anfang sechzig. 6. Am Anfang schuf Gott Himmel und Erde. 7. Ich werde erst Mitte August verreisen. 8. Es schneite seit Ende November.

24 1. Er wohnt bei seinem Onkel, einem ehemaligen Bankangestellten. 2. Mein Vater, den Mantel über der Schulter, ging im Weld spazieren. 3. Die Touristen, im Sand liegend, lassen sich bräunen. 4. Diesen Mann, den habe ich schon irgendwo getroffen. 5. In München, der Hauptstadt Bayerns (ou Bayerns Hauptstadt) habe ich eine Brauerei besichtigt.

25 1. Ich lerne Chinesisch. 2. Haben Sie erfahren, daß er einen Unfall gehabt hat ? 3. Er hat mich lesen gelehrt (Er hat mir das Lesen beigebracht.) 4. Sie hat ihn Tennis spielen gelehrt. (Sie hat ihm das Tennisspielen beigebracht.) 5. Ich habe vom Tod seines Vaters gehört. 6. Sie lernen tanzen. 7. Du mußt dieses Gedicht auswendig lernen ! 8. Welchen Beruf willst du erlernen ?

26 1. Bist du damit einverstanden, daß ich heute abend meine Freunde einlade ? 2. Ich habe nichts dagegen. 3. Glaubst du, daß ihnen das Datum recht ist ? 4. Sie stimmen unseren Vorschlägen nicht zu. 5. Bist du damit einverstanden, daß sie allein verreist ? 6. Selbstverständlich nicht !

27 1. Nachdem sie das Schloß besichtigt hatten, gingen sie in den Park. 2. Nach seinem Besuch rief er mich aus Bonn an. 3. Im Mai wohnte er noch in Frankreich ; drei Monate danach war er in den Vereinigten Staaten. 4. Ich werde nachher essen. 5. Nachdem unser Hund sich mit der Katze des Nachbarn gebalgt hatte, fing er an zu bellen.

28 **A.** 1. Wir müssen an der nächsten Tankstelle halten. 2. Seit drei Tagen hört es nicht auf zu schneien. 3. Als er unterwegs seinen Freund sah, blieb er stehen. 4. Überrascht hielt er in seiner Rede inne.

B. 1. Das Kind hört auf zu spielen. (Das Kind hört mit dem Spielen auf.) 2. Ohne anzuhalten, sind wir durch München gefahren. (Wir sind durch München gefahren, ohne anzuhalten.) 3. In der gleichen Nacht verhaftete die Polizei die Diebe. 4. Halten wir hier und trinken wir einen Kaffee !

29 1. Ihm ist sicher ein Unglück passiert / geschehen. 2. Am frühen Morgen sind sie in der Stadt angekommen. 3. Ich werde es nie schaffen. 4. Ich kann ihn nicht erreichen. 5. Der Unfall ist gestern abend geschehen. 6. Sie sind alle mit Verspätung angekommen.

30 1. Letztes Jahr war ich in Österreich. 2. Er ist zum Präsidenten ernannt worden. 3. Im Winter laufe ich oft Ski. 4. Wirst du Französisch lernen ? 5. Auf Seite 12 habe ich einen interessanten Artikel gelesen. 6. 1975 (Im Jahre 1975) war ich in der Schweiz. 7. Gold wird immer teurer. 8. Trinken sie Bier ?

31 1. Er hat eine hohe Stirn. 2. Ich habe plötzlich großen Durst. 3. Er hat immer ein gutes Gewissen. 4. Warum zieht er ein Gesicht ? 5. Er hat schmutzige Finger.

32 1. Warte einen Augenblick auf mich ! 2. Seit einer Stunde warte ich auf dich ! 3. Ich warte (darauf), daß er mich anruft. 4. Sie erwartete eine Belohnung. 5. Er war auf eine negative Antwort gefaßt. 6. Sie erwartet uns zum Kaffee. 7. Wenn er wüßte, was ihn erwartet. 8. Wir haben lange warten müssen.

33 **A.** 1. Sein Wagen ist schön. 2. Ihre Augen sind blau. 3. Ihre Katze ist schwarz. 4. Ihr Garten ist groß. 5. Seine Nachbarn sind angenehm.

B. 1. Sie scheinen glücklich zu sein. 2. Sie sind jung geblieben. 3. Findest du sie schön ? 4. Sie fühlen sich krank. 5. Er glaubt sich besser als ich. 6. Sie wird groß werden. 7. Man nennt ihn den Tropenarzt. 8. Er ist der beste von allen.

34 **A.** 1. Ich hatte auch recht. 2. Doch, auch im Sommer kann man Ski laufen. 3. Ich kann auch nicht tanzen. 4. Wir wollen heute auch ins Kino gehen. 5. Mir war das Wasser auch zu kalt. 6. Ja, ich bin damit auch (auch damit) einverstanden.

B. 1. Hast du deinen Regenschirm auch nicht vergessen ? 2. Du kannst auch nie still sein ! 3. Habt ihr den Nachbarn auch gegrüßt ? - Habt ihr auch den Nachbarn gegrüßt ? 4. Hast du deine Lektion auch gut gelernt ? - Hast du auch deine Lektion gut gelernt ?

35 1. Er hat keinen Brief bekommen ; ich auch nicht. 2. Ich habe dir kein Buch mitgebracht ; Brigitte auch nicht. 3. Ich spiele auch nicht mehr. 4. Ich kaufe auch keine Birnen mehr. 5. Ich bin zu Ostern nicht nach Deutschland gefahren ; du auch nicht ? 6. Ich finde sie auch nicht mehr. 7. Ich habe dir nicht guten Tag gesagt ; ihm auch nicht. 8. Er liest auch nicht mehr die Zeitung.

36 1. Ich kenne keinen von ihnen. 2. Keiner der Anwesenden gab seine Stimme ab. 3. Kein Licht war sichtbar. 4. Ich habe keinen Pfennig bei mir. 5. Ohne jeden Hintergedanken hat er mir vorgeschlagen, mir zu helfen.

37 1. Drei Jahre zuvor (vorher). 2. Einige Augenblicke zuvor (vorher). 3. In der Nacht zuvor (vorher). 4. Ein Jahrhundert zuvor (vorher). 5. Kurz zuvor (vorher).

38 1. Ich gehe oft ins Kino, um so mehr als ich kein Fernsehen habe. 2. Dieses Kind ißt genauso viel wie ein

Erwachsener. 3. Heute ist nicht so viel Schnee gefallen wie gestern. 4. Er treibt nicht gern Sport, um so weniger als er sehr dick ist. 5. Soweit ich mich erinnere, trug mein Großvater einen schwarzen Hut. 6. Es ist sehr warm, zumal (da) kein Wind weht.

39 1. Bevor du dieses Buch kaufst, frage, wieviel es kostet. 2. Vor dem Mittagessen spielte er Fußball. 3. Bevor du einschläfst, vergiß nicht, das Licht auszumachen. 4. Bevor sie aus dem Bus stiegen, photographierten sie das Schloß. 5. Er verließ das Schiff, bevor es unterging.

40 1. Bist du auch seiner Meinung ? 2. Ich finde, daß sein Verhalten merkwürdig war. 3. Meiner Meinung nach sollte man ihm schreiben. 4. Ich teile ihre Ansicht über dieses Thema nicht. 5. Ich bin der Auffassung, daß der Streik weitergeführt werden sollte. 6. Ich bin ganz mit Ihrem Plan einverstanden. 7. Bist du mit mir einverstanden oder bist du anderer Ansicht ? 8. Denken Sie, daß man sie benachrichtigen sollte ?

41 1. Sie sieht vornehm aus. 2. Sie scheint zu schlafen. 3. Er sieht wie ein Mädchen aus. 4. Sie scheinen glücklich zu sein. 5. Es sieht aus, als ob sie das Fußballspiel verloren hätten (als hätten sie...).

42 1. Frierst du ? - Friert es dich ? 2. Ich habe kalte Füße. 3. Den Kindern tun die Beine weh. 4. In diesem Büro ist (es) mir immer zu warm. 5. Wir haben während der ganzen Reise gefroren. 6. Ist Ihnen kalt ? 7. Ihr tun der Hals und die Ohren weh.

43 1. Hast du Lust, mit uns Fußball zu spielen ? 2. Wir möchten einen schnelleren Wagen. 3. Hast du Lust auf ein frisches Bier ? 4. Ich habe Lust, heute abend ins Theater zu gehen. 5. Haben

CORRIGÉS DES EXERCICES

Sie Lust zu einem Spaziergang (Lust spazierenzugehen). 6. Ich mag jetzt nicht essen.

44 1. Ich habe weder Hunger noch Durst. - Ich bin weder hungrig, noch durstig. 2. Die Kinder sind noch ganz schläfrig. 3. Die Gartenarbeit hat ihn hungrig gemacht. 4. Reden macht mich immer durstig.

45 1. Sie hat Angst vor Hunden und vor Katzen. (Sie fürchtet sich vor...) 2. Er hat Angst, ins Wasser zu springen. 3. Ich fürchte, daß er krank ist. 4. Sie fürchtet, Zeit zu verlieren. 5. Das Kind hat Angst vor dem Meer.

46 1. Er hatte unrecht, so laut zu schreien. 2. Sie haben recht, so zu handeln. 3. Sie glaubt, daß sie immer recht hat. (Sie glaubt, immer recht zu haben.) 4. In dieser Angelegenheit hast du unrecht gehabt.

47 1. Er mochte noch so lange schlafen, er war immer müde. - So lange er auch schlafen mochte, er war immer müde. - Wenn er auch lange schlafen mochte, er war immer müde. 2. Ich mag sie noch so oft daran erinnern, sie vergessen immer meine Schallplatte. - So oft ich sie auch daran erinnern mag, sie vergessen immer meine Schallplatte. - Wenn ich sie auch immer wieder daran erinnere, sie vergessen immer meine Schallplatte. 3. Sie mochten sich noch so sehr ärgern, die Kinder spielten immer unter ihren Fenstern. - So sehr sie sich auch ärgern mochten, die Kinder spielten immer unter ihren Fenstern. - Wenn sie sich auch sehr ärgerten, die Kinder spielten immer unter ihren Fenstern. 4. Er mag noch so lange warten, sie wird die Tür nicht aufmachen. - So lange er auch warten mag, sie wird die Tür nicht aufmachen. - Wenn er auch lange wartet, sie wird die Tür nicht aufmachen.

48 1. Ich habe nicht viel Zeit. 2. Ich bin heute viel gelaufen. 3. Das interessiert mich sehr. 4. Viele Leute waren gekommen. 5. Das ist viel zuviel ! 6. Ich schätze sie sehr.

49 1. Beinahe hätte er das Geheimnis verraten. (Er hätte beinahe...) 2. Er hat fast (beinahe) alles gegessen. 3. Meine Arbeit ist fast (beinahe) beendet. 4. Beinahe hätte er seinen Bus verpaßt.

50 1. Darf ich mal deinen Bleistift benutzen ? 2. Dieser Fernseher ist nicht mehr zu gebrauchen. 3. Kann man diesen Stoff noch verwenden ? 4. Ich nutze die Gelegenheit, um ihn daran zu erinnern. 5. Wofür verwendet man diesen Apparat ? 6. Warum willst du nicht dein Fahrrad benutzen ? 7. Das sind gebrauchte Möbel. 8. Ich könnte dich jetzt gut gebrauchen. 9. Auf diesen Aufsatz hast du aber nicht viel Zeit verwendet ! 10. Ich gebrauche nur mein Recht !

51 1. Er ist sich der Gefahr nicht bewußt. 2. Sie ist sich ihrer Verantwortung bewußt. 3. Ihm war nicht bewußt, was er sagte. 4. Bist du dir dessen bewußt ?

52 A. 1. Dieses Puzzlespiel ist viel zu schwierig für mich. 2. Fühlst du dich heute nicht wohl ? 3. Ist das Kind krank ? Es ist recht blaß. 4. Diese Farbe steht dir nicht gut. 5. Ich habe sie wohl seit 5 Jahren nicht gesehen. 6. Er fährt gut Auto. 7. Ich würde dich gern vom Bahnhof abholen. 8. Hast du gut geschlafen ? 9. Findest du, daß er seinen Kindern gegenüber recht gehandelt hat ? 10. Er hat richtig gehandelt. Er hat sofort die Polizei angerufen.

B. 1. Wie geht es dir ? - Danke, es geht mir sehr gut. 2. Er wird wohl zu spät kommen. 3. Sie tanzt viel besser als ich. 4. Wir haben gestern abend viel

378

getanzt. 5. Er wird wohl eine Flasche Wein mitbringen. 6. Wir waren sehr froh, sie zu treffen.

53 1. Ich danke dir herzlich für das Buch, das du mir geschickt hast. 2. Seien Sie so nett, und rufen Sie mich nicht mehr an. 3. Oh, die schönen Blumen ! Tausend Dank dafür ! 4. Wie nett ist das von Ihnen ! - Das wäre aber nicht nötig gewesen ! 5. Möchten Sie noch ein Stück Kuchen ? - Nein, danke ! 6. Ich möchte dich bitten, mich zum Bahnhof zu bringen. 7. Herr Ober, einen Kaffee bitte ! 8. Darf ich Sie um das Salz bitten ?

54 1. Willst du über Nacht bleiben ? 2. Es bleibt uns keine andere Wahl. 3. Gestern bin ich zu Hause geblieben. 4. Die Bahnhofsuhr ist stehengeblieben. 5. Es bleiben noch 1 000 Mark zu bezahlen. 6. Ich bin drei Monate in Bayern geblieben.

55 1. Ich brauche dich. 2. Er hat nie einen Arzt gebraucht. 3. Sie braucht einen neuen Mantel. 4. Er braucht unseren Rat nicht. 5. Du brauchst mich nur zu rufen, wenn du mich brauchst. 6. Sie brauchen das nicht zu wissen. 7. Wieviel Zeit wirst du für diese Arbeit brauchen ? 8. Ich werde drei Stunden brauchen. 9. Sie hätten uns nicht zu schreiben brauchen. 10. Wir brauchen nicht mehr auf ihn zu warten.

56 1. Sie kamen immer zu einem bestimmten Zeitpunkt an. 2. Ich brauche eine gewisse Zeit, um diese Übungen zu übersetzen. 3. Eine gewisse Anzahl von Leuten war gekommen. 4. Bist du dessen sicher ? - Ich bin dessen nicht sicher. 5. Ich bin sicher, daß er kommen wird. 6. Das ist ein sicherer Beweis. 7. Wie kann man dessen sicher sein ? 8. Er brauchte dazu einen gewissen Mut.

57 1. Er spricht weiter (immer noch). 2. Stör mich nicht immer wieder (unauf-hörlich) ! 3. Seit zwei Tagen

schneit es unaufhörlich. 4. Spielst du nicht mehr Tennis ? 5. Seit heute morgen läutet das Telefon immer wieder (unaufhörlich). 6. Er verteidigt uns immer noch. 7. Er spielt nicht mehr Klavier.

58 1. Kinder singen. Es sind die Schüler der Grundschule. 2. Schau ! Das ist ein Apfelbaum. 3. Es (das) war die gute alte Zeit. 4. Er ist ein guter Skiläufer. 5. Sie ist Filmschauspielerin. 6. Macht auf ! Wir sind es !

59 1. °Gestern habe ich ihn getroffen. 2. °Sie hatten uns gestört. 3. So°fort wollte er sein Geschenk. 4. Um °Mitternacht habe ich die Neuigkeit erfahren. 5. Hast °du das gemacht ? 6. °Alle waren gekommen. °Felix aber fehlte.

60 1. °Du bist noch nicht dran ! - °Du bist noch nicht an der Reihe ! 2. °Sie müssen die Verantwortung übernehmen. - Sie müssen die Verantwortung °selbst übernehmen. 3. °Wir sind dran, euch einzuladen ! - °Wir sind an der Reihe, euch einzuladen. 4. Bin °ich jetzt dran ? - Bin °ich jetzt an der Reihe ? 5. °Du mußt die Lösung finden ! - Du mußt die Lösung ° selbst finden. 6. °Sie sind dran, uns anzurufen. - °Sie sind an der Reihe, uns anzurufen.

61 1. Wir fahren falsch, du mußt die Richtung ändern. 2. Klaus ist nach Berlin umgezogen. 3. Das Haus hat seinen Besitzer gewechselt. 4. Wir müssen gleich weg. Warum hast du dich noch nicht umgezogen ? 5. Peter will nun Architekt werden. Er hat die Universität gewechselt. 6. An seinem Charakter ist leider nichts zu ändern. 7. Wir hatten eine Panne. Wir haben einen Reifen wechseln müssen. 8. Warum änderst du dauernd deine Meinung ?

62 1. Wir müssen anfangen (beginnen), die starken Verben zu lernen. 2. Ich bekomme langsam (allmählich)

CORRIGÉS DES EXERCICES

Durst. 3. Zuerst hat sie gesagt, sie lehne die Stelle ab. 4. Hast du schon mit dem Kofferpacken angefangen (begonnen) ? 5. Er fällt mir langsam (allmählich) auf die Nerven. 6. Wir werden mit der Diskussion in 5 Minuten beginnen (anfangen).

63 1. Ich werde so schnell wie möglich auf den Brief antworten. 2. Er spielt ebenso gut Klavier wie seine Mutter. 3. Sie spricht nicht so gut Deutsch wie ihr Bruder. 4. Er ist dumm wie Bohnenstroh. 5. Hast du schon eine so schöne Kirche gesehen wie diese ?

64 1. Er ißt mehr als ich. 2. Dieser Roman war interessanter als der, den ich während der Ferien gelesen habe. 3. Er läuft (rennt) schneller als du. 4. Er springt immer höher. 5. Peter hat längere Beine als Paul. 6. Er ist eher (mehr) geizig als sparsam.

65 1. Je mehr Arbeit ich habe, desto (um so) müder bin ich. 2. Je heißer es ist, desto (um so) mehr trinke ich. 3. Je mehr es schneit, desto (um so) mehr Schwierigkeiten werden wir auf der Straße haben. 4. Je weniger er arbeitet, desto weniger Geld verdient er.

66 **A.** 1. Was meine Arbeit betrifft, so kann ich sagen, daß sie gut voran-kommt. 2. Was uns angeht, so freuen wir uns sehr. 3. Was seine Prüfung anbe-langt, so ist er wieder durchgefallen. 4. Was meine Gesundheit anbetrifft, so mache dir keine Sorgen. 5. Was unse-ren Zeichenlehrer angeht, so habe ich gehört, daß er schon wieder krank ist. 6. Was den Unfall anbelangt, so war er nicht schuld daran.
B. 1. Unsere die Reparatur des Wagens betreffende Anfrage blieb unbeantwortet. - Unsere Anfrage, die Reparatur des Wagens betreffend, blieb unbeantwortet. 2. Ihre die Herausgabe des Buches betreffende Anfrage freut

uns. - Ihre Anfrage, die Herausgabe des Buches betreffend, freut uns. 3. Alle den Unfall betreffenden Hinweise werden angenommen. - Alle Hinweise, den Unfall betreffend, werden angenommen.

67 1. Er ist trotz des Gewitters bis ans Auto gelaufen. 2. Obwohl er in Berlin wohnt, ist er nie nach Potsdam gefahren. 3. Was du auch machst (machen magst), du wirst nicht gewinnen. 4. So schnell er auch läuft (laufen mag), er wird ihn nicht einholen. 5. Er hat zwar sein Examen bestanden, er hat aber immer noch keine Stelle.

68 1. Wenn du gestern gekommen wärest, hättest du ihn noch gesehen. 2. Wenn du Zeit hast, kannst du ihn besuchen. 3. Wenn du vorbeikämest (vorbeikommen würdest), würde ich dir die Dias zeigen. 4. Wenn du Glück hast, kannst du einen Computer gewinnen. 5. Wenn du die Zeitung gelesen hättest, hättest du es erfahren. 6. Wenn er vor-sichtiger gefahren wäre, hätte et keinen Unfall gehabt. 7. Wenn er seine Ferien in Deutschland verbringen würde, würde er Fortschritte machen.

69 1. Er ist erst acht Jahre alt und kann schon Schach spielen. 2. Während der Ferien lese ich Romane oder höre mir Schallplatten an. 3. Es ist schön aber teuer ! 4. Nimm deinen Regenschirm, denn es regnet (es regnet nämlich). 5. Fährst du mit dem Zug oder mit dem Bus dorthin ?

70 1. Sobald ich fertiggegessen habe, spiele ich mit dir. 2. Er ist rechtzei-tig angekommen, obwohl sein Zug 10 Minuten Verspätung hatte. 3. Bring deine Säge mit, damit ich mein Holz sägen kann. 4. Seitdem er ein Motorrad hat, fährt er jeden Sonntag spazieren. 5. Während sie beim Essen waren, bebte die Erde.

71 1. Ich rate dir, nichts zu sagen. 2. An Ihrer Stelle würde ich mit ihm darüber sprechen. 3. Er läßt sich von seinem Rechtsanwalt beraten. 4. Ich rate Ihnen, diesen Weg einzuschlagen. 5. Kannst du mich bei meinen Einkäufen beraten ? 6. An seiner Stelle wäre ich sofort zurückgekommen.

72 1. Er betrachtet mich als seinen Freund. 2. Er betrachtet sich als mein Freund. 3. Man hält ihn für einen tüchtigen Arzt. 4. Er hält sich für einen guten Arzt. 5. Ich sehe ihn als einen guten Piloten an. 6. Er hält sich für einen guten Piloten.

73 1. Zuerst laufen wir durch den Wald. 2. Im Wald kann man sich verlaufen. 3. Stell dich vors Fenster ! 4. Kann ich mich aufs Bett setzen ? 5. Er kommt von der Schule zurück. 6. Warum läuft er so ums Haus ?

74 **A.** 1. Berlin, den neunten elften neunzehnhundertneunundachtzig. 2. Bonn, den dreißigsten neunten achtzehnhundertsiebzig. 3. Düsseldorf, den sechzehnten zwölften neunzehnhundertachtzig. 4. München, den ersten ersten neunzehnhundertfünfundneunzig. 5. Stuttgart, den vierten siebten neunzehnhundertsechsundsechzig.

B. 1. Er ist am 15. Januar 1972 gestorben. 2. Kannst du am Mittwoch, dem 3. Juli 1995 (Mittwoch, den...) kommen ? 3. Vom 3. August bis zum 1. September bin ich in Deutschland (werde... sein). 4. Samstag, den 25. Oktober 1986 (Am Samstag, dem...) feiert er seinen vierzigsten Geburtstag (wird... feiern). 5. Ich möchte drei Plätze für Donnerstag, den 7. November.

75 **A.** 1. Er ist mir nicht bekannt. 2. Ich habe ihr nicht helfen können. 3. Ich habe Ihnen einen Blumenstrauß gebracht. 4. Ist dir jetzt warm ? 5. Ich gratuliere dir zum Geburtstag. 6. Das Wasser ist mir zu kalt.

B. 1. Er hat meinem Vater mit einem Messer gedroht. 2. Wem hast du dieses Buch geliehen ? 3. Ich bin ihm bis zum Bahnhof gefolgt. 4. Er springt mir auf die Schultern. 5. Ist dir dieses Buch nützlich ?

76 **A.** 1. Er kann sich nicht entschließen, seine Freundin zu heiraten. 2. Er kann sich nicht entscheiden, welche Freundin er heiraten soll. 3. Er ist zu allem entschlossen. 4. Das ist entschieden zuviel ! 5. Hast du endlich deinen Entschluß gefaßt ? 6. Es wurde beschlossen, ein neues Schwimmbad zu bauen. 7. Was hat dich dazu bewogen, so zu entscheiden ?

B. 1. Dieses Ereignis entschied über sein Leben. 2. Die Studenten beschlossen zu streiken. 3. Wir haben uns entschlossen, einen Wagen zu kaufen. 4. Im Augenblick ist nichts entschieden. 5. Du mußt entscheiden, ob es notwendig ist. 6. Ich habe ihn dazu bewegen können, mitzukommen.

77 **A.** 1. Er hat mich gebeten, einen Vortrag zu halten. 2. An der Grenze wurden unsere Papiere verlangt. 3. Ich frage mich, was aus ihm geworden ist. 4. Kommst du mit ? - Ja, aber ich muß erst noch um Erlaubnis bitten. 5. Er hat uns nach unserer Meinung gefragt. 6. Darf ich Sie um den nächsten Tanz bitten ?

B. 1. Ich frage mich, ob ich ihn nicht schon gesehen habe. 2. Darf ich Sie um eine Zigarette bitten ? 3. Er bittet mich um eine Erklärung. - Er verlangt eine Erklärung von mir. 4. Er hat mich gefragt, ob ich kommen wolle. 5. Er hat uns gebeten, auf ihn zu warten. 6. Verlange nicht Unmögliches !

78 1. Meine Großmutter starb im selben Jahr wie mein Großvater. 2. Wir haben dieses Jahr den gleichen Winter wie voriges Jahr. 3. Peter und Hans gehen auf dieselbe Schule. 4. Sie haben aber nicht dieselben Lehrer. 5. Hast du die gleiche Meinung darüber ? 6. Nein, ich bin nicht der gleichen Ansicht.

CORRIGÉS DES EXERCICES

79 1. Du darfst nicht über die Straße gehen, ohne nach links und rechts zu schauen. 2. Sie schulden mir nichts mehr. 3. Er verdankt seinen Eltern alles (alles seinen Eltern). 4. Peter muß jetzt zu Hause sein. 5. Ich schulde ihnen eine Einladung. 6. Alle Menschen müssen sterben. 7. Ich verdanke ihnen mein Leben. 8. Du hättest ihm diesen Brief nicht schicken sollen.

80 **A.** 1. Ich lege das Buch auf den Stuhl. 2. Peter sitzt in seinem Sessel. 3. Ein Mann steht vor der Tür. 4. Kommt er in den Garten ? 5. Fährt er in die Türkei ? 6. Der Koffer steht auf dem Tisch.
B. 1. Er ist bei seinem Onkel angekommen. 2. Wirst du ins Elsaß fahren ? 3. Ich bin in den Wald gegangen. 4. Paul ist im Kino ; ich gehe auch hin. 5. Der Hund läuft im Garten herum. 6. Ich fahre nach Italien.

81 **A.** 1. Hans fragt, wo Paul wohne. 2. Inges Mutter sagt, daß sie sofort zurückkommen solle. 3. Paul sagt, daß er auf einem Schiff geschlafen habe. 4. Die Touristen sagen, daß sie alle Durst gehabt hätten. 5. Der Angeklagte sagt, daß er dann nach Hause gegangen sei. 6. Ursula fragt, ob ich schon ihre neuen Schuhe gesehen hätte.
B. 1. Hans fragt, wo Paul wohnt. 2. Inges Mutter sagt, daß sie sofort zurückkommen soll. 3. Paul sagt, daß er auf einem Schiff geschlafen hat. 4. Die Touristen sagen, daß sie alle Durst gehabt hatten. 5. Der Angeklagte sagt, daß er dann nach Hause gegangen ist. 6. Ursula fragt, ob ich schon ihre neuen Schuhe gesehen habe.
C. 1. Hans fragt, wo Paul wohne. 2. Inges Mutter sagt, sie solle sofort zurückkommen. 3. Paul sagt, er habe auf einem Schiff geschlafen. 4. Die Touristen sagen, sie hätten alle Durst gehabt. 5. Der Angeklagte sagt, er sei dann nach Hause gegangen. 6. Ursula fragt, ob ich schon ihre neuen Schuhe gesehen hätte.

82 1. Peter ist ein Schüler, mit dem ich zufrieden bin. 2. Das ist eine Geschichte, über die man lachen kann. 3. Dieter, dessen Bruder du kennst, kommt morgen. 4. Die Krankheit, an der er gestorben ist, verbreitet sich immer mehr. 5. Kennst du einen Schauspieler, dessen Name mit einem D anfängt ? 6. Das ist ein Hund, vor dem er Angst hat. 7. Meine Katzen, von denen zwei schwarz sind, spielen im Hof.

83 1. Darf ich mit meinem Geld ein Buch kaufen ? 2. Er dürfte morgen kommen. 3. Jetzt dürfen wir den Rasen betreten. 4. Hier darf nicht geraucht werden (darf man nicht rauchen). 5. Darf ich Sie um den Pfeffer bitten ?

84 1. Paul hat ein Motorrad gekauft, Heinrich ein Fahrrad. 2. Ich glaube, daß er um 8 angekommen und um 11 wieder fortgegangen ist. 3. Wenn er ein Stück Brot gegessen hätte und nicht so schnell gelaufen wäre, wäre er nicht müde. 4. Er hat ebenso viel Bier getrunken wie sein Bruder. 5. Ich laufe schneller als er. 6. Die Reise dauert länger als ich dachte. 7. Peter hat von seinen Eltern, Johann von seinem Onkel Abschied genommen. 8. Willst du in die Stadt ?

85 1. Ich habe Zigaretten ; willst du welche ? 2. Sie hat mit ihrem Vater darüber gesprochen. 3. Sie haben einen Hund. Ich habe Angst vor ihm. 4. Ich möchte ein Pfund davon. 5. Ich danke dir dafür. 6. Er ist daran gestorben. 7. Seine Mutter ist krank. Er kümmert sich gar nicht um sie. 8. Er hatte einen alten Wagen ; er ist ihn losgeworden. 9. Er ist ihm dafür dankbar (dankbar dafür). 10. Deine Zigarren gefallen mir ; ich nehme noch eine.

86 1. Man kann sie nur sehen, wenn man auf eine Leiter steigt. 2. Ich bin gefallen, als ich die Treppe hinunterging. 3. Er hat ferngesehen und dabei

Pfeife geraucht. 4. Vergiß nicht, die Tür zu schließen (zuzumachen), wenn du fortgehst. 5. Als ich deinen Brief las, erinnerte ich mich an die Ferien, die wir in Griechenland verbracht hatten.

87 1. Zuerst habe ich gelesen, dann habe ich ferngesehen und schließlich bin ich zu Bett gegangen. 2. Er hat mir endlich meine Bücher wiedergegeben. 3. Es hat lange gedauert, aber schließlich haben wir ihn überzeugen können. 4. Bist du endlich fertig ?

88 1. Er läßt sich immer telefonisch wecken. 2. Wegen des starken Kaffees bin ich erst um Mitternacht eingeschlafen. 3. Für die Operation wurde er eingeschläfert. 4. Mitten in der Nacht wachte ich plötzlich auf (erwachte ich...). 5. Der Lärm eines Motorrades hat mich geweckt. 6. Ohne leise Musik kann sie nicht einschlafen. 7. Wann möchten Sie geweckt werden ? 8. Ich wache jeden Morgen zur gleichen Zeit auf. (Ich erwache...)

89 1. Er kam erst, als das Fest vorbei war. 2. Ich komme nur für fünf Minuten. 3. Es ist erst sieben Uhr. 4. Sie sind erst heute abgefahren. 5. Ich habe nur zehn Mark bei mir. 6. Er ist erst seit zwei Tagen unterwegs. 7. Er bleibt nur zwei Wochen in Deutschland. 8. Ich brauche nur fünf Minuten bis zur Schule.

90 1. Heute schneit es. 2. Jetzt wird aber gearbeitet ! 3. 1980 ist es gebaut worden. 4. Dann kamen zwei Polizisten. 5. Jetzt scheint es zu regnen. 6. In diesem Text handelt es sich um die französische Revolution.

91 1. Ihre Entlassung steht kurz bevor. 2. Er ist gerade dabei, Kartoffeln zu schälen. 3. Sie war gerade am Einschlafen, als ein Hund bellte. 4. Die Kinder sind beim Lesen. 5. Ich war im Begriff, einen Arzt zu rufen. - Ich wollte gerade einen Arzt rufen. 6. Wir waren dabei, unsere Vokabeln zu wiederholen.

92 1. Alle außer mir brachen in Lachen aus. 2. Alle mit Ausnahme der Katze schliefen. 3. Er ist immer der Erste, außer wenn es darum geht, Sport zu treiben. 4. Alle Bäume mit Ausnahme der Eichen sind krank.

93 1. Ist das ein schönes Haus ! (Wie schön ist dieses Haus !, Wie schön dieses Haus ist !) 2. Wie schnell er läuft ! (Wie schnell läuft er !) 3. Welch schöne Farben ! 4. Was für dummes Zeug du da redest ! (... redest du da !) 5. Wie groß er geworden ist ! (Wie groß ist er geworden !) 6. Du hast aber schöne Spielsachen !

94 1. Ich bitte Sie um Entschuldigung, ich war gestern krank. 2. Entschuldigen Sie bitte, könnten Sie mir helfen ? 3. Verzeihung, wie spät ist es ? 4. Ich bedauere, daß ich Ihnen keine Auskunft geben kann. 5. Es ist schade, daß du heute nachmittag nicht frei bist. 6. Entschuldigen Sie bitte, daß ich Sie so spät anrufe. 7. Leider ist der Direktor abwesend. 8. Verzeihung, ich hatte Sie nicht gesehen. 9. Ich bitte Sie um Verzeihung.

95 1. Er läßt sich die Übung erklären. 2. Er hat seinen Rasen mähen lassen. 3. Er hat sich ein Buch aus Deutschland schicken lassen. 4. Er ist von seinem Bruder geschlagen worden. 5. Sie haben die Brücke gesprengt. 6. Er ist an der Kreuzung von der Polizei angehalten worden.

97 1. Herzlichen Glückwunsch zu deinem Geburtstag ! 2. Ich wünsche Ihnen schöne Ferien am Meer ! 3. Wir beglückwünschen dich zu deiner bestandenen Fahrprüfung ! 4. Alle guten Wünsche zu Eurer Verlobung ! 5. Ich °wünsche dir viel Glück bei deiner Arbeit !

6. Wir wünschen Euch (Ihnen) ein frohes Weihnachtsfest und ein glückliches und gesundes Neues Jahr !

98 1. Wir waren um Mitternacht mit dem Abendessen fertig. 2. Der Film ist aus. 3. Ich will meine Suppe nicht aufessen. 4. Das Konzert ist um 11 Uhr zu Ende. 5. Schließlich hat sie ihre Mathematikaufgabe begriffen. 6. Trink bitt dein Glas aus !

99 **A.** 1. du wirst spazierengehen 2. wir werden trinken 3. er (sie, es) wird aufstehen 4. sie werden anrufen 5. ich werde schlafen

B. 1. Morgen wird er sein Auto verkauft haben. 2. Zu Weihnachten werden seine (ihre) Eltern ihm (ihr) ein Fahrrad schenken. 3. Wir werden im Restaurant essen. 4. Wenn du die Zeitung gelesen hast, kannst du das Licht ausmachen. 5. Wir werden dich ins Theater mitnehmen.

100 1. Er geht jeden Nachmittag spazieren. 2. Er ist den ganzen Nachmittag spazierengegangen. 3. Ist das wirklich die ganze Wahrheit ? 4. Er kann jeden Augenblick kommen. 5. Die Straßenbahn fährt alle Viertelstunde(n). 6. Sie hat nicht das ganze Buch gelesen. 7. Jeden Abend liest er ein Gedicht. 8. Alle Menschen sind sterblich. 9. Er hat alles, was er besaß, verkauft (alles verkauft, was...). 10. Alle drei Tage bekommt er eine Spritze. 11. Sie hat ihr ganzes Leben gearbeitet. 12. Jeder denkt zuerst an sich.

101 1. Das Gegenteil von "warm" ist "kalt". 2. Im Gegensatz zu seiner Schwester hat er blaue Augen. 3. Die Gegensätze heben sich auf. 4. War in Italien schönes Wetter ? - Im Gegenteil ! Es hat die ganze Zeit geregnet. 5. Er ist ganz das Gegenteil von seinem Vater. 6. Im Gegensatz zu seinem Bruder zahlt er nicht viele Steuern. 7. Er tut das Gegenteil von dem, was ihm gesagt wurde. 8. Willst du schon gehen ? - Im Gegenteil ! Ich möchte gern noch eine Weile bleiben.

102 1. Gehört dir dieser Füller ? 2. Zu dieser Gymnastikübung gehört viel Geschicklichkeit. 3. Zehn Jahre lang gehörte er der Kommunistischen Partei an. 4. Gehörst du auch zu den Grünen ? 5. Der Jugend gehört die Zukunft. 6. Der Panther gehört zu den Raubkatzen. 7. Gehört euch dieses Haus ? 8. Renate gehört nicht zu den besten Schülerinnen ihrer Klasse.

103 1. Das ist das Haus meiner Schwester. 2. Eins seiner (ihrer) Kinder lebt in der Schweiz. 3. Die Öffnungszeiten der Geschäfte sind geändert worden. 4. Eines Tages klopfte er an die Tür. 5. Das Schloß des Königs ist zerstört worden. 6. Er ist sich seiner Schuld bewußt. 7. Sie bemächtigten sich des Kindes.

104 1. Heinrich Bölls Romane sind sehr bekannt. 2. Nach Wilhelms Tod verließ sie Frankreich. 3. Ich habe einige Kirchen von Rom besichtigt. 4. Ein Freund von Peter ist gestern abend angekommen. 5. Von Johanns Zimmer aus erblickt man die Berge. 6. Das Fahrrad meiner Schwester Helene ist gestohlen worden. 7. Ich habe den Bürgermeister der Stadt Köln gesehen.

105 1. die Gesundheit - 2. der Politiker - 3. die Taschenlampe - 4. der März - 5. die Zeitung - 6. das Silber - 7. die Buche - 8. die Bäckerei - 9. die Wirtschaft - 10. die Schülerin - 11. der Dienstag - 12. die Beschleunigung - 13. die Fahrschule - 14. der Zeitungsartikel - 15. die Portion - 16. die Lehrerin - 17. das O - 18. die Null - 19. die Lilie - 20. das Testament

106 1. Ist das Wasser heiß genug zum Baden ? 2. Unser Lehrer ist ziemlich nett. 3. Er ist ein ziemlich guter

Schauspieler. 4. Hast du genug Zeit für diese Arbeit ? 5. Ja, ich habe Zeit genug. 6. Das Buch ist ziemlich gut.

108 **A.** 1. zu meiner Tante gehe 2. sehr schnell läuft 3. ziemlich groß ist 4. einen Mantel braucht 5. glaube
B. 1. keine Verspätung hat 2. zu viel Wein getrunken hat 3. in München arbeitet 4. gesund ist 5. ein Auto gekauft haben

110 **A.** 1. Bis wann seid ihr dort geblieben ? 2. Ich habe die ganze Nacht geträumt. 3. Er ist gestern bei uns gewesen. 4. Sie ist (sind) dann in einen anderen Saal hineingetanzt. 5. Sie hat (haben) ein Kilo Fleisch gekauft. 6. Wir haben den ganzen Tag gesegelt. 7. Ich habe im Wartesaal eine Stunde gesessen. 8. Das Paket ist angekommen.
B. 1. Hast du dich heute morgen gekämmt ? 2. Ich bin durch den Fluß geritten. 3. Ich habe den Wein getrunken, der übrigblieb. 4. Ich bin bis zum Haus gerannt. 5. Hast du an deine Mutter geschrieben ? 6. Wie lange hat die Operation gedauert ? 7. Wer hat dieses Haus gebaut ? 8. Hat er schon ein Auto gehabt ?

111 1. Die Flasche ist halb leer. - Die Flasche ist zur Hälfte leer. 2. Ich stelle dir meine Halbschwester vor. 3. Ich bin die halbe Nacht wach geblieben. 4. Mehr als die Hälfte der Kinder hatte / hatten die Grippe. 5. Er arbeitet halb soviel wie seine Schwester. 6. Das halbe Dorf war zum Ball gekommen. 7. Um halb sechs (Uhr) habe ich eine Verabredung. 8. Es ist fünf Minuten nach halb sechs. 9. Ich habe halb soviel Freizeit wie voriges Jahr. 10. Vor einem halben Jahrhundert war die Luft nur halb so verschmutzt wie heute.

112 1. Wo ist er gestern abend hingegangen (Wohin ist er gestern abend gegangen) ? 2. Komm herein ! 3. Woher

kommt dieser Hund ? 4. Siehst du diesen Baum dort ? Die Katze ist hinaufgeklettert. 5. Komm von der Leiter herunter !

113 1. Stell bitte die Leiter (die Leitern) an den Baum. 2. Der Leiter unserer Theatergruppe ist erkrankt. (Die Leiter... sind...). 3. Unser Onkel in Amerika hat uns ein großes Erbe hinterlassen. 4. Paul ist der Leiter (x sind die Leiter...) einer großen Autofirma. 5. An der Straße stehen viele Verkehrsschilder. 6. Im Mittelalter trugen die Ritter Schwerter und Schilde. 7. Wieviel Bände hat die neue Goethe-Ausgabe ? 8. Die Volkstracht ist mit hübschen Bändern geschmückt.

114 1. Hast du dir den Vortrag über Afrika angehört ? 2. Hörst du den Hund bellen ? 3. Ich habe gehört, daß Fritz das Rennen gewonnen hat. 4. Kannst du mir nicht wenigstens fünf Minuten zuhören ? 5. Sie werden bald wieder von mir hören. 6. Der Junge will nicht auf mich hören. 7. Schon seit drei Wochen haben sie nichts von sich hören lassen. 8. Ich habe von dem Arzt viel Gutes gehört. 9. Haben Sie ihn singen hören ? 10. Seine Musik kann ich nicht hören.

115 1. Wir haben ihn vor einem Jahr kennengelernt. 2. Seit drei Wochen kennen wir uns. 3. Seit langem hast du mir versprochen, mich ins Kino mitzunehmen. 4. Sie hat vor einer Woche geheiratet. 5. Vor hundert Jahren kannte man das Fernsehen noch nicht. 6. Es ist hundert Jahre her, daß das Telefon erfunden wurde. 7. Es ist drei Tage her, daß er mir von diesem Plan erzählt hat. 8. Schon einen Monat (seit einem Monat) wird an dieser Brücke gebaut.

116 1. Steht Wein auf dem Tisch ? 2. Jemand ist (steht) vor der Tür. - Es ist (steht) jemand vor der Tür. 3. Es wird einen Sturm geben. 4. Im Garten war eine Katze. - Es war eine Katze im Garten. 5. Möchte jemand ein Referat halten ? 6. Es gibt Leute, die Schlangen mögen. 7. Es waren viele Leute auf der Versammlung. - Auf der Versammlung waren viele Leute. 8. Gibt es hier ein Kino ?

117 1. Es ist immer noch niemand im Saal. 2. Er treibt immer noch keinen Sport. 3. Er hat immer noch keine Arbeit gefunden. 4. Ich sehe immer noch niemand aus dem Haus kommen. 5. Rauchst du immer noch nicht ?

118 **A.** 1. hilf ! 2. tragt ! 3. bringen Sie ! 4. schrei(e) ! 5. gebt !
B. 1. Erschrick nicht ! 2. Wirf den Apfel weg ! 3. Sei nicht traurig ! 4. Iß deine Suppe ! 5. Bringen Sie mir die Zeitung ! 6. Gehen wir spazieren !

120 1. Er steht früh auf, um besser arbeiten zu können. 2. Anstatt in die Schule zu gehen, ist er zu einem Freund gegangen. 3. Er ist fortgegangen, ohne mir zu danken. 4. Er ist um 3 Uhr angekommen, ohne daß ich es gemerkt habe. 5. Um die Zeitung zu lesen, brauche ich eine Brille.

121 1. Sein (Ihr) Lächeln gefällt mir nicht. 2. Sie ist beim Waschen. 3. Das Stehen macht mich müde. 4. Er hat sich beim Baden erkältet. 5. Wird er an unserem Treffen teilnehmen ?

122 1. Es kommt manchmal vor, daß er mich nicht erkennt. 2. Er glaubt alles besser zu wissen als die anderen. 3. Er ist der einzige, der meine Telefonnummer kennt. 4. Es tut mir leid, ihn ganz allein zu lassen. 5. Er hat sich daran gewöhnt, Wein zu trinken. 6. Sie hat mir gesagt, daß ich ihre Mutter anrufen soll. 7. Wir hoffen, schönes Wetter zu haben. 8. Sie spielen weiter.

123 1. Erinnerst du dich, um wieviel Uhr er fortgefahren ist ? Um zehn ? 2. Hast du Paul etwas geschenkt ? 3. Frag ihn, ob er Blumen gekauft hat. 4. Ich weiß nicht, wo er hingegangen ist (wohin er gegangen ist). 5. Wem hast du den Schlüssel gegeben ? 6. Ich frage mich, wen ich dort sehen werde. 7. Welches ist die schönste Stadt Italiens (von Italien) ?

124 1. Welches (Was) war der Titel des Films ? 2. An wen erinnerst du dich ? 3. Sie haben zwei Kinder ; welchem haben sie ein Motorrad geschenkt ? 4. Was machst du hier ? 5. Welches / was sind seine (ihre) Absichten ?

125 **A.** 1. Wann fährst du nach Frankreich ? 2. Bis wann bleibst du auf dem Lande ? 3. Wie lang ist der Tisch ? 4. Woran denkst du ? 5. Wie lange dauert das Spiel ?
B. 1. Wie alt sind deine Eltern ? 2. Wie lange brauchst du, um in die Stadt zu fahren ? 3. Woher / von wo kommt der Zug ? 4. Wonach riecht es ? 5. Woran ist er gestorben ?

126 1. Für welchen Freund hast du diese Schallplatte gekauft ? 2. Wieviel Geld hast du bekommen ? 3. Welcher französische Schüler könnte auf diese Frage antworten ? 4. Mit wieviel Autos sind sie dorthin gefahren ? 5. Welche Sprachen sprichst du ?

127 1. Ich kenne niemand. Ich frage mich, wen ich benachrichtigen soll. 2. Hier gibt es keine Diebe. Warum machst du (macht ihr) denn die Tür zu ? 3. Alle sind weg. Was soll ich (sollen wir) machen ? 4. Wie kann man das Wort "gemütlich" ins Französische übersetzen ? 5. Ich weiß nicht, wo ich in den Osterferien hinfahren soll.

128 1. Hast du je (jemals) deutschen Wein getrunken ? 2. Hier habe ich nie jemand anders gesehen. 3. Wird er je (jemals) sein Abitur bestehen ? 4. Er hat mich nie (niemals) mehr angeschaut. 5. Wirst du nie (niemals) nach Deutschland kommen ? 6. Werde ich je in die Vereinigten Staaten fliegen ?

129 1. Ich werde bis gegen 7 Uhr auf Sie (euch) warten. 2. Bis wann wird unsere Versammlung dauern ? 3. Ich werde dir bis ans Ende der Welt folgen. 4. Diese Fabrik stellt bis zu 1 000 Wagen pro Tag her. 5. Kannst du mich bis nach Hause begleiten ? 6. Sie hat bis zum Abend geschlafen. 7. Die Häuser wurden bis auf das letzte abgerissen.

131 1. Gerade darüber wollte ich mit dir sprechen. 2. Das Brot hat gerade noch gereicht. 3. Es ist genau Mitternacht. 4. Ich komme gerade von Berlin. 5. Ausgerechnet °mein Auto hat einen Strafzettel bekommen. 6. Er hat gerade noch genug Geld für eine Woche. 7. Darf ich Sie nur eine Sekunde sprechen ? 8. Das ist ge°nau das Buch, das ich haben wollte.

132 1. Kaum hatte er den Hörer aufgelegt, als das Telefon schon wieder klingelte. 2. Er kann den Vorlesungen kaum folgen. 3. Kaum war sie eingeschlafen, da (so) wurde sie geweckt. 4. Ich habe sie kaum gekannt. 5. Kaum daß er im Haus eingebrochen hatte, kam die Polizei. 6. Man kann sich kaum eine andere Lösung vorstellen.

133 1. Kann er Französisch ? 2. Es kann in zehn Minuten regnen. 3. Kann ich Ihnen helfen ? 4. Er kann Schach spielen. 5. Könnten Sie mir meinen Koffer holen ? 6. Können Sie mir Ihren Bleistift leihen ?

134 1. Es ist schon lange her, daß er mir nicht geschrieben hat. / Schon lange hat er mir nicht geschrieben. 2. Nicht lange nach seiner Abfahrt hatte er einen Unfall. 3. Sekundenlang (Eine Sekunde

lang) glaubte er, das Flugzeug werde abstürzen (, daß das Flugzeug abstürzen werde). 4. Das Zimmer ist 4 m lang und 2 m 50 hoch. 5. Er hat eine lange Nase. 6. Das ist die längste Brücke der Welt. 7. Wir haben länger warten müssen als das letzte Mal. 8. Sein ganzes Leben lang hat er für die Gerechtigkeit gekämpft. 9 Er hat mir einen langen Brief geschrieben. 10. Einen Monat lang war sie abwesend.

135 1. Er müßte schon längst da sein. 2. Längs der Autobahn stirbt der Wald ab. 3. Ich bin längst nicht so geschickt wie du. 4. Ich weiß es längst.

136 1. Könntest du mir deine Zeitung leihen ? 2. Ich leihe sie dir, wenn du sie mir wiedergibst. 3. Der Skiverleih ist ab 9 Uhr geöffnet. 4. Ich möchte mir für eine Woche Skier (Schier) ausleihen. 5. Ich habe mir von ihm seine Schreibmaschine geliehen. (Ich habe mir bei ihm seine Schreibmaschine ausgeliehen.) 6. Nur den Reichen wird geliehen. (Man leiht nur den Reichen.)

137 1. Sehr geehrter Herr Müller ! Ich habe Ihren Brief vom... gut erhalten. Sehr geehrter Herr Müller, ich habe Ihren Brief vom... gut erhalten. 2. Herrn Herbert Schmitt. 3. An das Finanzamt. 4. Sehr geehrtes Fräulein Ursula Schulz ! Ich danke ihnen für... Sehr geehrtes Fräulein Schulz, ich danke Ihnen für... 5. Lieber Peter ! Ich hoffe, es geht Dir gut... Lieber Peter, ich hoffe, es geht Dir gut...

138 1. Gehst du schon schlafen ? 2. Die Sonne geht um 4 Uhr morgens auf. 3. Um wieviel Uhr wollen Sie aufstehen ? 4. Alle Sterne sind schon untergegangen. 5. Peter geht jeden Tag um Mitternacht zu Bett. 6. Hast du diesen herrlichen Sonnenuntergang gesehen ? 7. Ich stehe nicht gern sehr früh auf. 8. Bei Sonnenaufgang war er schon aufgestanden.

CORRIGÉS DES EXERCICES

139 **A.** 1. Wohnst du bei deinen Eltern ? 2. Rechts sieht man einen Bauernhof. 3. Vor der Kirche steht ein Lindenbaum. 4. Um das Haus (herum) hat man eine Mauer gebaut (errichtet). 5. Ein Kind saß neben mir.
B. 1. Zu Hause haben wir einen Hund. 2. Jenseits des Flusses sieht man einen großen Wald. 3. Draußen vor der Tür liegt eine Katze. 4. Wir essen heute bei meinen Eltern. 5. Sie sitzt auf einem weißen Stuhl.

141 1. Kennst du den Studenten, der über uns wohnt ? 2. Sie haben ihre Wohnung an einen Schweden verkauft. 3. Man hat die Partitur des Komponisten wiedergefunden. 4. Die Bayern sind fröhlich. 5. Er hat Angst vor dem Affen.

142 1. Kennst du den Namen der Firma ? 2. Sie kann schon alle russischen Buchstaben schreiben. 3. Er kämpft für den Frieden. 4. Er blieb vor dem Haufen Kartoffeln stehen. 5. Das war bei bestem Willen nicht möglich.

143 1. In den meisten Großstädten muß man sich beeilen. 2. Im November regnet es am meisten. 3. Meistens bleiben wir am Strand. 4. Unser Nachbar hat die meisten Kühe. 5. Er hat die meisten Stimmen gehabt.

144 1. Sie haben ein Schwein mit einem Gewicht von 200 Pfund / ein 200 Pfund schweres Schwein verkauft. 2. Der Garten ist 350 Meter lang. 3. Hast du die drei Glas Bier getrunken ? 4. Ich habe drei Flaschen guten Wein gekauft. 5. Wieviel kosten zwei Dutzend Eier ? 6. Ich habe ein zehn Meter langes Schiff gesehen. 7. Er hat drei Stück Kuchen gegessen. 8. Während des Krieges fragte man nach dem Preis eines Stück Brotes (eines Stückes Brot).

145 **A.** 1. In den Ferien haben wir ein Berghaus in der Schweiz gemietet. 2. Alle Dorfbewohner vermieten einen Teil ihres Hauses.

B. 1. Ich wollte ein Zimmer mieten, aber alle waren schon vermietet. 2. Es ist schwierig, in München eine Wohnung zu mieten.

146 1. Was mag er wohl um diese Zeit machen ? 2. Ich möchte ein Pfund Tomaten. 3. Was er auch immer tun mag, er wird es gestehen müssen. 4. Ich mag keine Apfelsinen. 5. Er mag wohl die besten Restaurants der Stadt kennen. 6. Möchten Sie eine Tasse Tee ?

147 1. Ich muß Milch kaufen. 2. Das muß wahr sein. 3. Heute morgen brauchst du nicht zu arbeiten / mußt du nicht arbeiten. 4. Jetzt müssen sie angekommen sein.

148 **A.** 1. Herr Weber fährt heute nicht nach Düsseldorf. 2. Am Sonntag bleibe ich nicht zu Hause. 3. Sein Sohn arbeitet nicht sehr gut. 4. Morgen darf ich nicht ins Kino gehen. 5. Sein Lehrer ist nicht sehr beliebt.
B. 1. Er ist nicht in Bonn geboren, sondern in Köln. 2. Bist du nicht zu deiner Schwester gegangen ? 3. Er kommt nicht heute, sondern in drei Tagen. 4. Das Haus ist nicht sehr schön. 5. Ich habe dieses Buch nicht interessant gefunden.

149 1. Mir ist nicht kalt. 2. Zu Hause haben wir keinen Fernseher. 3. Das ist kein Silber. 4. Ich esse kein Fleisch. 5. Ich trinke nicht gern Wein.

150 1. Ich habe kein Geld mehr. 2. Warum geht er nicht mehr in die Schule ? 3. Er wohnt nicht mehr hier. 4. Ich habe keinen Wagen mehr. 5. Es ist (liegt) kein Schnee mehr auf den Straßen. 6. Er arbeitet nicht mehr ; er ist pensioniert.

151 1. Ich habe nichts anderes gehört. 2. Es war etwas (was) Schwarzes. 3. Haben Sie nichts Größeres ? 4. Ich habe gestern abend etwas (was) sehr Interessantes gesehen. 5. Haben Sie etwas (was) anderes ? 6. Ich habe ihm (ihr) etwas Nützliches geschenkt. 7. Ich habe nichts sehr Teueres gekauft. 8. Nichts Neues ?

152 1. Sie spielt nicht nur Flöte, sondern auch Klavier. 2. Sie haben nicht nur das Haus abgerissen, sondern auch die Bäume gefällt. 3 Er wird nicht morgen kommen, sondern erst nächsten Donnerstag. 4. Meine Uhr ist nicht aus Gold, sondern aus Silber. 5. Das Geschält liegt nicht im Zentrum, sondern außerhalb der Stadt.

153 1. Ich kann Ihnen noch nicht sagen, wann er kommt. 2. Ich glaube, daß er noch keinen Wagen hat. 3. Er hat noch keine Wohnung gefunden. 4. Haben Sie (Habt ihr) schon Hunger ? - Nein, noch nicht. 5. Mein Bruder geht noch nicht in die Schule. 6. Er hat noch keine Zähne. 7. Er ist noch nicht wach. 8. Dieses Buch hat er noch nicht gelesen.

154 **A.** neunundsiebzig, / (ein)hundert(und)fünf, / zwölf, / siebenhundert(und)neunzig, / dreitausendachtundneunzig, / fünfundvierzigtausendhundert(und)fünfunddreißig, / sechshundertzehntausendsechshundert(und)achtzehn, / acht Millionen neunhundertvierzehntausenddreiundvierzig.

B. achtundneunzig, / einundsechzig, / dreihundert(und)einundneunzig, / elftausendsiebenhundert(und)achtundzwanzig, / fünfundfünfzigtausendzweihundert(und)zweiundzwanzig, / hundertzweiundsechzigtausendsechshundert(und)zweiunddreißig, / sechs Millionen zweihundertfünfzehntausendsechshundert(und)eins.

C. 1. Einige tausend Personen erwarteten die Ankunft des Präsidenten. 2. Etwa dreißig Kinder spielten vor der Tür. 3. Ich habe ungefähr 260 Personen gezählt. 4. Er hat Hunderte von Briefmarken.

155 1. ... dem Zweiten... 2. ... vierundzwanzigsten... 3. ... der Sechste... 4. ... ersten... 5. ... den Fünften...

156 1. Das ist ein braver Hund. 2. Das scheint ein unbewohntes Haus zu sein. 3. Unser ehemaliger Bürgermeister ist vor zwei Wochen gestorben. 4. Mein lieber Peter, ich habe dir ein Buch über Deutschland mitgebracht. 5. Das ist Paul, ein Freund meiner Schwester.

157 **A.** 1. der Gemüsemarkt 2. der Krankenhausdirektor 3.der Rosengarten 4. die Jahreszeit 5. die Pilotenschule 6. der Höflichkeitsbesuch 7. der Wirtschaftsminister 8. das Bücherregal 9. der Universitätsprofessor 10. der Kirchplatz

B. 1. die Schreibmaschine 2. die Holzbank 3. die Präsidentenreise 4. der Schulweg 5. der Zeitungskiosk 6. der Mondflug 7. das Kinderspielzeug 8. die Arbeitszeit 9. das Bierglas 10. die Tanzbar

158 1. der Pariser - 2. der Zweibrükker - 3. der Frankfurter - 4. der Bonner - 5. der Kölner - 6. der Dresdner - 7. der Göttinger - 8. der Salzgitteraner - 9. der Meißner - 10. der Dortmunder

159 1. Er ist in der Schweiz geboren. 2. Ganz Belgien weiß es. 3. Er hat das wilhelminische Deutschland gekannt. 4. In England hat er einen seiner Freunde getroffen. 5. Ich habe eine Woche im Elsaß verbracht. 6. Ich fliege in die Vereinigten Staaten.

160 der °Norweger - der °Türke - der °Spanier - der °Luxemburger - der Portu°giese - der Afri°kaner - der °Holländer - der °Schotte - der °Korse - der °Preuße - der Ru°mäne - der Argen°tinier - der Aus°tralier - der Ja°paner - der Ka°nadier - der Togo°lese

161 **A.** 1. Ludwig van Beethovens Symphonien, die Symphonien Ludwig van Beethovens, die Symphonien von

Ludwig van Beethoven. 2. Die Schlösser Ludwigs des Zweiten, die Schlösser von Ludwig dem Zweiten. 3. Das ist das Zimmer unseres großen Wolfgang. 4. War er der einzige Bruder Ludwigs des Vierzehnten (von Ludwig dem vierzehnten) ? 5. Kennst du die Eltern von Fritz ? Kennst du Fritz' Eltern ?

B. 1. Die Siege des Kaisers Karl des Großen. - Die Siege Kaiser Karls des Großen. 2. Ich habe einen Brief für Herrn Professor Meyer. 3. Er ist bei unserem Direktor Herrn Müller. 4. War das Pferd des Königs Heinrich des Vierten weiß ? - War das Pferd König Heinrichs des Vierten weiß ? 5. Die Rede des Kanzlers Schmidt ist veröffentlicht worden. 6. Ich habe an Herrn Dr. Braun geschrieben.

162 1. une sonate en Fa majeur 2. un concerto en Do mineur 3. une symphonie en Mi bémol majeur 4. une sonate en Mi mineur 5. le quintette pour clarinette en La majeur

163 1. An die Arbeit ! 2. Bitte nicht parken ! 3. Jetzt wird gearbeitet ! 4. Schneller ! 5. Bitte nicht hinauslehnen ! 6. Vorsicht Stufe !

164 **A.** 1. mit einem Freund ins Kino gehen dürfen 2. sehr krank gewesen sein 3. vom Lehrer beobachtet werden 4. gern zu seinem Onkel fahren 5. sich an die Ferien erinnern

B. 1. Äpfel essen 2. in Gefahr sein 3. für seinen Freund ein Buch bestellen 4. bei Regen auf den Bus warten 5. nachts aufstehen

165 **A.** 1. Hast du schon gegessen ? 2. Ich weiß nicht, ob er kommen wird. 3. Gestern hat es hier sehr stark geregnet. 4. Ich glaube, daß er nicht hat kommen wollen. 5. In Deutschland bleibt er bis Ende August. 6. Warum darf er nicht mitkommen ?

B. 1. Seit drei Jahren wohnt er in dieser Wohnung. 2. Gib ihm das Buch, wenn du ihn morgen siehst. 3. Er hat nicht bis morgen bleiben wollen. 4. Wieviel Fische hat er gefischt ? 5. Gestern bin ich trotz des Regens spazieren gegangen. 6. Ich frage mich, ob er wirklich krank ist.

166 **A.** 1. Aber mein Hund beißt nicht. 2. Daß du krank warst, habe ich letzten Sonntag erfahren. 3. Gestern hat es in Paris viel geregnet. 4. In München, der schönsten Stadt Deutschlands, habe ich zwei Wochen verbracht. 5. Während der Osterferien und im Monat Juli muß ich arbeiten.

B. 1. Und morgen stehe (werde) ich um 5 Uhr auf(stehen). 2. Um den Park zu besichtigen, muß man 5 Mark zahlen. 3. Wenn du kommst, werde ich dir zeigen, was ich gekauft habe. 4. Gestern um 5 Uhr habe ich Paul getroffen. 5. Dieses Gemälde, das schönste der Ausstellung, ist von einem Ausländer gekauft worden.

167 **A.** 1. Morgen ist die Bäckerei zu. 2. In die Stadt kannst du doch nicht zu Fuß gehen. 3. Ihm habe ich es schon gegeben. 4. Gestern war der Lehrer nicht in die Schule gekommen. 5. Wir fahren zu Ostern mit unseren Freunden wahrscheinlich nach Italien.

B. 1. Weißt du, ob im Keller eine Leiter ist ? (… ob eine Leiter im Keller ist ?) 2. Ich glaube, daß unser Nachbar einen Hund gekauft hat. 3. Ich hoffe, daß morgen abend die Sendung interessant ist. 4. Wenn dich Peter anruft, sag ihm, daß es mir hier gefällt. 5. Ich bleibe heute zu Hause, weil draußen das Wetter wirklich zu schlecht ist.

168 1. Er geht morgen bestimmt nicht in die Schule. 2. Er hat in der Nacht wahrscheinlich Angst gehabt. 3. Ich glaube, daß er nicht sehr reich ist. 4. Er wohnt bekanntlich in einem vornehmen Viertel. 5. Er ist verhaftet worden, weil er vor einer Woche vermutlich einen Radfahrer überfahren hat. 6. Um fünf Uhr hatte er keinen Tee trinken wollen.

169 **A.** 1. Haben deine Eltern eine Wohnung gemietet ? 2. Dieter hat vor dem Kino auf seine Freundin gewartet. 3. Mein Vater ist gestern abend bestimmt sehr spät nach Hause gekommen. 4. Erinnerst du dich an die Ferien ? 5. Unser Sohn hatte letztes Jahr einen sehr guten Lehrer.

B. 1. Ich habe schon bei einer Freundin Tee getrunken. 2. Mit meinem Neffen habe ich von zwei bis vier das Museum besichtigt. 3. In Amerika möchte ich studieren. 4. Für die Mutter von Herrn Schmidt habe ich heute morgen auf dem Markt einen Blumenstrauß gekauft. 5. Er ißt seit drei Jahren kein Fleisch mehr.

170 **A.** 1. nachdem sein Bruder den Brief geschrieben hatte 2. daß sein Vater seit zehn Jahren (seit zehn Jahren sein Vater) in Deutschland arbeitet 3. weil das Auto auf der Autobahn (auf der Autobahn das Auto) zu schnell gefahren ist 4. ob er zu Hause vielleicht einen Computer hat 5. weil er nicht sehr sportlich ist 6. daß im Bus kein Platz mehr war 7. obwohl das Auto bestimmt nicht sehr neu war 8. daß sie ihm wahrscheinlich ein Buch schenken wird 9. daß er jetzt Tee trinken möchte 10. seitdem sein Bruder Deutsch lernt

B. 1. Weißt du, daß er in England studiert ? 2. Wenn er heute morgen kein Brot kauft, wird es bis Dienstag keins geben. 3. Ich denke, daß er vielleicht mit dem Wagen kommt. 4. Er sagt, daß sein Vater bestimmt den Wagen hat überholen wollen, der vor ihm fuhr. 5. Warum hast du diesen Baum hierhin gepflanzt ? - Weil ich vor der Küche Schatten haben wollte.

171 **A.** 1. Glaubst du, daß morgen Brigitte (Brigitte morgen) zu Hause sein wird ? 2. Wenn mein Bruder während der Ferien (während der Ferien mein Bruder) nach Deutschland gefahren wäre, könnte er heute besser Deutsch sprechen. 3. Ich frage mich, ob ihr Freund in Berlin (in Berlin ihr Freund)

eine Wohnung gefunden hat. 4. Ich weiß nicht, warum Peter heute (heute Peter) so nervös ist. 5. Ich frage mich, wer gestern die Schokolade gegessen hat.

B. 1. Er weint, weil er gern bis um 5 Ski laufen möchte. 2. Ich glaube, daß er um diese Zeit in seinem Sessel die Zeitung las. 3. Weißt du, ob ich deinem Bruder die Kinokarten gegeben habe ? 4. Obwohl er letztes Jahr schon nach Deutschland gefahren ist, hat er die Absicht, während der Ferien wieder hinzufahren. 5. Ich glaube, daß er seit drei Jahren in Paris studiert.

173 1. vergrößern - 2. der Haß - 3. küssen - 4. der Gruß - 5. der Nußbaum - 6. das Faß - 7. die Küsse - 8. die Grüße - 9. der Schlüssel - 10. du mußt

174 1. diktiert - 2. ausgesprochen - 3. gekannt - 4. anerkannt - 5. umgekippt - 6. unterschieden - 7. geschrieben - 8. gebracht - 9. aufgegessen - 10. überflogen - 11. eingebildet - 12. ausgesprochen - 13. einbezogen - 14. prophezeit - 15. festgesetzt

175 1. Es hat den ganzen Tag geregnet. 2. Dieser in Hamburg eingeworfene Brief ist erst heute angekommen. 3. Abgesehen vom Benzin, hat diese Reise 1 000 Mark gekostet. 4. Ich habe einen betrunkenen Mann getroffen. (Ich bin einem betrunkenen Mann begegnet.) 5. Der Koffer ist verloren gegangen. 6. Der Ball ist verloren. 7. Der Brief, von seinem (ihrem) Vater unterzeichnet (unterschrieben), sollte alles in Ordnung bringen.

176 1. Ich habe nicht ausgehen dürfen. 2. Er hat es nicht gewollt. 3. Er hat nicht schwimmen können. 4. Hast du arbeiten müssen ? 5. Wirst du um 5 Uhr kommen können ? 6. Wird er so früh aufstehen wollen ? 7. Sie hatte ihn am Bahnhof abholen wollen.

391

CORRIGÉS DES EXERCICES

177 **A.** 1. lachend - 2. sammelnd - 3. einladend - 4. erschreckend - 5. spannend - 6. wimmelnd - 7. fordernd - 8. eilend - 9. ertragend - 10. stürzend

B. 1. Es war ein spannendes Buch. 2. Auf dem Boden liegend, rauchte er eine Zigarette. 3. Wir haben ein in einem Sessel sitzendes Kind gesehen. 4. Er ist schreiend ins Haus gekommen.

178 **A.** 1. Ein Angestellter hat an die Tür geklopft. 2. Die Gefangenen sind befreit worden. 3. Kennst du ihren Geliebten ? 4. Alle Reisenden haben einen Koffer. 5. Sie wohnt bei einem Bekannten.

179 1. aber 2. denn 3. doch 4. denn 5. ja 6. eigentlich 7. mal 8. denn 9. nun mal / halt / eben 10. ja

181 **A.** 1. ich werde geschlagen - 2. er wird gebissen werden - 3. wir wurden gefragt - 4. sie sind gegessen worden - 5. du warst gefunden worden

B. 1. Dieses Haus ist in sechs Monaten gebaut worden. 2. Folgende Sonate wird von einer Japanerin interpretiert. 3. Das Geschirr wird vom Vater gespült. 4. Der Briefträger war vom Hund gebissen worden. 5. Diese Geschichte war von der Großmutter erzählt worden.

C. 1. Es ist eine Handtasche gefunden worden. 2. Die Ware ist an den Verkäufer geliefert worden. 3. Er ist an der Grenze verhaftet worden. 4. Er ist vor dieser Gefahr gewarnt worden.

182 **A.** 1. Gestern ist viel getrunken worden. 2. Dann wurde plötzlich geschwiegen. 3. Vor acht Tagen wurde geerntet. 4. Jetzt wird aber geschlafen. 5. Den ganzen Tag ist über ihn gespottet worden.

B. 1. Ihm wurde bei der Hausaufgabe geholfen. 2. Mir wurde von allen zugestimmt. 3. Über seine finanzielle Lage ist diskutiert worden. 4. In der Zeitung ist von einem schweren Unfall berichtet worden. 5. Auf diese Reise mußte verzichtet werden.

183 1. Wann wird dir ein neues Fahrrad geschenkt ? 2. Die Waschmaschine wird uns ins Haus geliefert. 3. Wie kann das erklärt werden ? 4. Warum kann das Problem nicht gelöst werden ?

184 1. die Namen - 2. die Bankiers - 3. die Pferde - 4. die Höhlen - 5. die Füchse - 6. die Schwänze - 7. die Tücher - 8. die Wagen - 9. die Spiele - 10. die Menschen - 11. die Affen - 12. die Abende - 13. die Irrtümer - 14. die Ohren - 15. die Kräfte - 16. die Segel - 17. die Würmer - 18. die Kühe - 19. die Öfen - 20. die Herren - 21. die Augen - 22. die Hände - 23. die Knoten - 24. die Feste - 25. die Seiten - 26. die Kiefern - 27. die Schiffe - 28. die Städte - 29. die Haare - 30. die Würste.

186 1. Im Zentrum von London gibt es viele Banken. 2. Die Bänke im Park wurden frisch gestrichen. 3. Der Redner beendete seine Rede mit feierlichen Worten. 4. Du mußt die unbekannten Wörter im Wörterbuch nachschlagen. 5. Gestern habe ich mir ein paar Drucke von Picassos Bildern gekauft. 6. Der Einbrecher hat überall Fingerabdrücke hinterlassen. 7. Riesige Eisblöcke versperrten den Weg. 8. Gestern habe ich zwei neue Notizblocks gekauft.

187 1. Er reist lieber mit dem Zug als mit dem Flugzeug. 2. Sie zieht Tennis allen (anderen) Sportarten vor. / Vor allen (anderen) Sportarten bevorzugt sie das Tennis. 3. Wir fahren lieber ins Gebirge als ans Meer. 4. Ich ziehe ein Theaterstück einer Oper vor. 5. Er ist ihr Lieblingssänger. / Er ist ihr liebster Sänger. 6. Ißt du lieber Schwarzbrot oder Weißbrot ? 7. Ich warte lieber ein bißchen. 8. Sie zieht Brigitte allen ihren anderen Freundinnen vor.

188 1. Felix ist als erster angekommen. 2. Klara ist als letzte (weg)gegangen. 3. Lutz ist als einziger geblieben.

4. Die Erste der Klasse hat als einzige die Mathematikaufgabe verstanden (Die Erste der Klasse ist die einzige, die...). 5. Wir haben die Neuigkeit als erste erfahren (Wir waren die ersten, die...). 6. Als einzige haben uns Hans und Peter geholfen (Sie sind die einzigen, die...). 7. Er will nicht der Letzte seiner Gruppe bleiben. 8. Der alte Mann sprach als letzter diese Sprache (Er war der Letzte, der...).

189 1. Gegen wen hast du gekämpft ? 2. Ohne seinen (ihren) Vater hätte ich nie den Weg gefunden. 3. Um die Kirche (herum) sind Bäume. 4. Ist es für mich ? 5. Wir sind um Mitternacht angekommen. 6. Ich komme (werde... kommen) gegen drei Uhr.

190 1. Ich fahre nach Hause. 2. Willst du Milch zu deinem Kaffee ? 3. Ich habe ihn seit zwei Wochen nicht gesehen. 4. Bei schlechtem Wetter fahre ich mit dem Zug. 5. Das sind Fotos aus meiner Jugend. 6. Dieses Gedicht von Heine ist berühmt. 7. Er wurde zum Präsidenten gewählt. 8. In drei Tagen darfst du wieder aufstehen. 9. Er fährt zu seinem Bruder. 10. Er trinkt zum ersten Mal Wein.

191 1. Jenseits des Gebirges spricht man Italienisch. 2. Während des zweiten Weltkrieges haben sie ins Exil gehen müssen. 3. Trotz seiner Kranheit ist er aufgestanden, um uns zu begrüßen. 4. Innerhalb einer Woche hat der Baum alle seine Blätter verloren. 5. Bist du meinetwegen fortgegangen ?

192 **A.** 1. Er sitzt neben deinem Freund. 2. Leg das Päckchen auf den Tisch ! 3. Such die Tasche in meinem Zimmer ! 4. Der Zug fährt über die Brücke. 5. Stell dich vor das Auto !
B. 1. Neben dem Bahnhof sieht man einen großen Platz. 2. Was liegt auf dem Schreibtisch ? 3. Ist er hinter dem Haus ? 4. Über dem Meer sind Wolken. 5. Ich hole dich am Bahnhof ab.

193 1. Wir sind zweimal um das Haus gefahren. 2. Heute morgen bin ich mit dem Fahrrad hinter ihm hergefahren. 3. Sie gehen an der Mauer entlang. 4. Ich habe eine Katze hinter der Hütte hervorkommen sehen. 5. Setz(e) dich neben ihn ! 6. Der Vogel ist gegen die Fensterscheibe geflogen. 7. Er ist an mir vorbeigerannt. 8. Das Auto, das auf uns zukommt (= deux mobiles), (das uns entgegenkommt = un seul mobile), fährt sehr schnell.

194 1. Die Katze sitzt am Feuer. 2. Erlangen liegt bei Nürnberg (in der Nähe von Nürnberg). 3. An die 4 000 Personen waren auf dem Platz versammelt. 4. Ich werde ihn nicht so schnell / so schnell nicht wieder einladen. 5. Er wohnt ganz in der Nähe der Kirche. 6. Unser Haus steht nahe beim Dorf.

196 1. Wann kommst du zurück ? 2. Er ist noch nicht angekommen. 3. Bist du schon mal hingefahren ? 4. Hörst du mir zu ? 5. Gestern hat er mich ausgelacht. 6. Um wieviel Uhr fährt der Zug ab ? 7. Paß auf ! 8. Bist du ihn losgeworden ? 9. Er fährt mit. 10. Ich laufe ihm nach.

197 1. Wo bist du ihr begegnet ? 2. Der Boden ist mit Blättern bedeckt. 3. Hast du diese Frage beantworten können ? 4. Ich habe meine Schwester besucht. 5. Wer hat ihn mit einer Waffe bedroht ?

198 1. Der Präsident hat eine Statue enthüllt. 2. Er hat mir dieses Buch empfohlen. 3. Was hast du dabei empfunden ? 4. Wer hat Amerika entdeckt ? 5. Wie ist er entlaufen ?

199 1. Wo hast du das erfahren ? 2. Kannst du die Liste ergänzen ? 3. Erzähl(e) mir deine Geschichte. 4. Wer hat dieses Spiel erfunden ?

CORRIGÉS DES EXERCICES

200 1. Hast du dich an deine neue Wohnung gewöhnt ? 2. Es ist mir nicht gelungen, ihn (sie) davon zu überzeugen. 3. Wem gehört dieser Mantel ? 4. Es gefällt ihm dort.

201 1. Sie hat ihre Familie verlassen. 2. Sie haben sich verlaufen. 3. Ich habe das Buch verbrannt. 4. Sie haben ihre Kinder verwöhnt.

202 1. Das Haus ist zerstört worden. 2. Warum zerschneidest du dieses Blatt Papier ? 3. Wer hat die Vase zerschlagen ? 4. Dein Hemd ist ganz zerlöchert.

203 1. Er hat das Buch durchgelesen. 2. Hast du das Huhn überfahren ? 3. Er hat mich umarmt. 4. Wo hat er übernachtet ? 5. Wo hast du ihn überholt ? 6. Habe ich den Brief unterschrieben ? 7. Wer hat diesen Text übersetzt ? 8. Er hat sich mit meiner Mutter unterhalten. 9. Wir ziehen morgen um. 10. Ich wiederhole die Frage.

204 **A.** 1. Derjenige, der kommt, ist ein Freund von mir. 2. Ich habe zwei Schallplatten gekauft : diese (die) für meinen Vater und jene (die) für meine Schwester. 3. Sie hat zwei Mäntel ; diesen (den da) hat sie noch nie angezogen. 4. Ich habe verschiedene Kleider ; möchten Sie so eins ? 5. Ich habe Paul gesehen, seinen Vater und dessen Schwester.
B. 1. Peter ist zu Besuch ; dem habe ich heute Montmartre gezeigt. 2. Unsere Nachbarn sind zum Glück ausgezogen ; die waren sowieso immer unfreundlich. 3. Erinnerst du dich an den, der neben uns stand ? 4. Schau dir die Westen an ; hast du die schon mal anprobiert ?

205 1. Du wolltest ein Boot ; hast du eins (eines) gekauft ? 2. Keins (keines) dieser Bücher hat mich interessiert. 3. Niemand hat mir etwas gesagt.

4. Man weiß nie, was einem passieren kann. 5. Er braucht nichts. 6. Einer meiner Freunde hat mich angerufen. 7. Hast du jemand (en) getroffen ?

206 1. Habt ihr Kleingeld ? 2. Herr Meyer, waren Sie schon einmal in Paris ? 3. Gib ihm sein Buch zurück ! 4. Rita hat morgen Geburtstag ; schenk ihr Blumen ! 5. Frau Schmitt, soll ich Ihnen einen Stuhl bringen ? 6. Kinder, soll ich euch zeigen, was ich gekauft habe ?

207 1. °Sie denken nur an die °Ferien. 2. °Ich habe die Tür aufgemacht. 3. °Ihr habe ich den Schlüssel gegeben. 4. °Du bist ein °Lügner ! 5. °Mir haben sie °nichts gegeben. 6. °Er, der immer so schöne °Autos hatte... 7. Bei °uns hätten sie übernachten sollen. 8. Bist °du es ? (bist °du da ?) 9. °Wir bleiben zu °Hause. 10. °Ich fahre nach I °talien.

208 1. Warum hast du ihm (ihr) seine (ihre) Brieftasche versteckt ? 2. Ich habe sie ihm heute morgen zurückgegeben. 3. Ich weiß, daß du sie ihm zurückgegeben hast. 4. Glaubst du, daß sie morgen da sein wird ? 5. Ich habe ihr für ihren Brief gedankt. 6. Was hast du ihm (ihr) geschenkt ? 7. Hast du ihm (ihr) die Zeitung gebracht ?

209 **A.** 1. Hier sind Bücher ; sind es deine ? 2. Sie haben zwei Kinder ? Unsere sind heute im Kino. 3. Laß diesen Mantel ! Es ist nicht deiner. 4. Schau dir dieses Boot an ! Ist das ihres ? 5. Eine Brieftasche... Peter, ist das Ihre ?
B. 1. Du hast auch einen Plattenspieler ; nimm doch deinen mit ! 2. Wem gehört dieser Regenschirm, Paul ? Ist das deiner ? 3. Hast du ein Auto ? Ist das deins ? 4. Schmitts haben zwei Hunde. Das sind ihre. 5. Ich habe auch ein Schachspiel ; ich komme mit meinem.

210 **A.** 1. Wer viel Geld verdient, muß auch viele Steuern zahlen. 2. Kennst du ein Land, wo Apfelsinen wachsen ?

394

3. Der Freund, mit dem ich nach Schweden gefahren bin, wohnt in Köln. 4. Die Nachbarn, deren Auto vor der Garage steht, waren in der Türkei. 5. Das war die schönste Stadt, die ich je gesehen habe. 6. Das ist alles, was ich sagen kann.

B. 1. Der Wein, den ich in Spanien getrunken habe, war sehr gut. 2. Was du dort in der Ferne siehst, ist ein Kriegsschiff. 3. Ich habe ein Schloß besichtigt, dessen Besitzer letztes Jahr gestorben ist. 4. Der Zug, auf den wir warten, kommt aus Lyon. 5. Alles, was ich mitgebracht hatte, ist gegessen worden.

211 1. Er ist an einem ersten April geboren ; ich erinnere mich daran. 2. Ich wollte nach England fahren (fliegen) ; aber ich habe darauf verzichten müssen. 3. Ich habe es ihm gesagt, daß er einen Hut aufsetzen sollte. 4. Gestern hat es den ganzen Tag geregnet ; deswegen (deshalb) habe ich nicht Tennis spielen können. 5. Ich habe darüber nachgedacht, was ich ihm (ihr) sagen könnte. 6. Er hatte damit gerechnet, daß der Zug fünf Minuten Verspätung hätte.

213 1. Der vor der Tür stehende Mann wartet auf seinen Freund. 2. Das draußen im Garten spielende Kind ist unser Sohn. 3. Der in Deutschland am meisten verkaufte Wagen ist der Volkswagen. 4. Die gestern abend angekommenen Freunde fahren heute weiter nach Paris. 5. Vor unserem Haus gibt es eine 6 Meter breite Straße.

214 1. Welches ist dein Name ? 2. Welches ist der längste Fluß Südamerikas ? 3. Welches sind die schönsten Sendungen, die du gesehen hast ? 4. Welches ist die Hauptstadt der BRD ? 5. Welches waren deiner Meinung nach die schönsten Bilder der Ausstellung ?

215 1. In der Zeitung ist von einem neuen Impfstoff die Rede. 2. In Brüssel wird ein neues Gipfeltreffen erwogen (in

Betracht gezogen). 3. Schulen sollen geschlossen werden. / Es heißt, Schulen würden geschlossen. 4. Hier soll ein Stadion gebaut werden. / Es heißt, hier werde ein Stadion gebaut. 5. Es kommt nicht in Frage, daß ich diesen Brief unterschreibe ! 6. Seit drei Tagen ist von einem Regierungswechsel die Rede. 7. In diesem Roman handelt es sich um einen Streik der Bergarbeiter. 8. Ich möchte gern heute abend ausgehen. - Das kommt nicht in Frage !

219 1. Der Ober hat das Trinkgeld abgelehnt. 2. Die Fremdarbeiter wurden an der Grenze zurückgewiesen. 3. Wir können ihm diesen Gefallen (diesen Dienst) nicht abschlagen. 4. Er hat die Zahlung der Steuern verweigert. 5. Ich frage mich, warum er uns diese Unterredung abgeschlagen (verweigert) hat. 6. Jeden Abend hat das Theater Zuschauer zurückweisen müssen. 7. Sie weigert sich, ihre Schulden zu bezahlen. 8. Er hat den Gehorsam verweigert. 9. Er lehnt es ab, darüber zu sprechen.

220 1. Der Versuch ist gescheitert (mißlungen, mißglückt). 2. Die Herzoperation ist gut gelungen. 3. Unsere Ferienphotos sind sehr gut gelungen (geglückt). 4. Wegen seiner Krankheit ist er beim Abitur durchgefallen. 5. Die Verhandlungen sind gescheitert. 6. Die Architektur des Rathauses ist wirklich gelungen. 7. Es ist ihm gelungen, die Grenze zu überschreiten. 8. Alle Kinder haben ihre Schwimmprüfung bestanden.

221 1. Die Rechnung ist richtig. 2. Sein Urteil war nicht gerecht. 3. Du hast für dein Kommen den richtigen Augenblick gewählt. 4. Findest du es richtig, daß sie heute abend ausgeht ? 5. Ich habe dich nicht recht verstanden. 6. Ist er nicht gerecht gegen alle ? 7. Das ist ein recht interessanter Artikel. 8. Glaubst du wirklich, daß du recht hast ?

CORRIGÉS DES EXERCICES

222 **A.** 1. Sie spricht ausgezeichnet Russisch. 2. Er redet schon zwei Stunden und ist immer noch nicht fertig. 3. Sie sagte uns gestern, wir möchten Sie anrufen. 4. Ist der Direktor jetzt zu sprechen ? 5. Wovon habt ihr denn so lange geredet ? 6. Dieser Fehler hat nichts zu sagen.
B. 1. Sie hat uns das Gegenteil gesagt. 2. Er will uns unbedingt sprechen. 3. Wovon wolltest du sprechen (reden) ? 4. Er sagt (redet) nur Unsinn. 5. Er spricht nicht gern von seiner Krankheit. 6. Bitte sprechen (reden) Sie lauter !

223 1. Grüß dich, Peter, wie geht's ? - Danke, es geht, und dir ? Ich habe dich schon lange nicht gesehen. Was machst du denn so ? - Das ist Monika, eine Freundin. Willst du mitkommen ? Wir gehen ins Kino. - Nein, leider habe ich keine Zeit. Ich muß jetzt weg. Tschüs, Peter ! - Tschüs, Paul ! - Bis bald ! 2. Guten Abend, Frau Schwarz, wie geht es Ihnen ? - Danke, sehr gut, Herr Braun, und Ihnen ? - Darf ich Ihnen meinen Kollegen, Herrn Weiß, vorstellen ? - Ich freue mich, Sie kennenzulernen. - Wir fahren mit demselben Zug. Wollen Sie mit uns kommen ? - Nein, leider fahre ich etwas später. Auf Wiedersehen, Herr Braun ! - Guten Abend, Frau Schwarz, ich habe mich sehr gefreut, Sie wiederzusehen.

224 1. Der Mond scheint hell. 2. Diese Zeitschrift erscheint täglich. 3. Es scheint, als wolle es regnen. 4. Das scheint mir falsch zu sein. 5. Sie ist zum Ball in einem neuen Kleid erschienen. 6. Er ist jünger, als er scheint. 7. Es erscheint mir ratsam, einen Arzt zu fragen. 8. Sie scheinen neue Nachbarn zu haben.

225 1. Sie hat ihn lächelnd angesehen. 2. Siehst du schon das Meer ? 3. Ich habe ihm beim Malen zugesehen. 4. Darf ich mir das Buch einen Augen-

blick ansehen (anschauen) ? 5. Ich habe ihn nicht hereinkommen sehen. 6. Seit einer Woche habe ich nicht ferngesehen. 7. Wir schauen den Kindern beim Spielen zu. 8. Siehst du, wie der Regen fällt ? - Siehst du den Regen fallen ?

226 1. Wir schätzen ihn sehr. 2. Er weiß zuviel. 3. Ich freue mich sehr, dich zu sehen. 4. Zu Weihnachten haben wir viel Schach gespielt. 5. Er ist ein sehr berühmter Pianist. 6. Ich habe sehr auf dich gewartet ! 7. Sie ißt wirklich zuviel ! 8. Ich danke dir sehr !

228 1. Du warst nicht vorgesehen. 2. Der Brief ist vor einer Woche eingeworfen (abgeschickt) worden. 3. Das Haus ist ganz zerstört. 4. Es war auf einem Hügel gebaut worden. 5. Morgen wird er zum Präsidenten gewählt werden. 6. Ich war enttäuscht. 7. Der Baum ist in der Nacht gefällt worden.

229 1. Sie liest immer dieselben Bücher. 2. Selbstgebackenes Brot schmeckt viel besser. 3. Die Selbstbedienungsläden sind sogar am Sonntag geöffnet. 4. Ich erinnere mich nicht einmal mehr daran. 5. Das war eine Überraschung für alle, selbst (sogar) für mich. 6. Sie selbst glaubten nicht, daß das geschehen könnte. 7. Ohne auch nur um Erlaubnis zu bitten, hat er sich meinen Wagen ausgeliehen. 8. Im selben Jahr hat sie ihr Abitur abgelegt.

230 1. Die beiden (zwei) Mannschaften spielen gegeneinander. 2. Sie trösten sich gegenseitig. 3. Sie haben sich vor dem Bahnhof getroffen. 4. Sie kennen sich seit drei Jahren. 5. Sie spielen miteinander im Garten.

231 1. Im Wald hat er sich warmgelaufen. 2. Vor seinen Schülern hat er sich heiser geschrien. 3. Mit seinen Geschichten hat er mir die Ohren voll geschrien. 4. Ich habe mir die Taschen mit Pflaumen vollgestopft. 5. Wenn er Geschichten erzählt, lacht man sich tot.

232 1. Ist dieses Buch so interessant wie das erste ? 2. Das schreibt sich so. 3. Er hat so viel getrunken, daß er nicht mehr aufstehen kann. 4. Er ist umso schneller gefahren. 5. Ich bin so müde, daß ich nicht mehr gehen kann. 6. Ich habe noch nie einen so guten Kuchen gegessen.

233 1. Wen sollst du anrufen ? 2. Er sollte drei Wochen später sterben. 3. Er soll ein großes Haus geerbt haben. 4. Ich soll so schnell wie möglich antworten. 5. Du sollst nicht lügen. 6. Solltest du früher ankommen, dann ruf mich sofort an.

234 1. du waschest dich - 2. wir gehen - 3. er, es, sie arbeite - 4. ihr schlafet - 5. ich überlege - 6. sie sprechen - 7. du bringest - 8. wir rennen - 9. ihr laufet - 10. er, es, sie gewinne

235 1. Es lebe der König ! 2. Hoffen wir, daß nichts passiert ! 3. Kommen Sie morgen früh um 9 Uhr. 4. Er tut, als ob er arbeite. 5. Er wird sicher da sein, es sei denn, daß er krank ist.

236 1. er, es, sie wäre, würde sein 2. wir fielen, würden fallen 3. du liefest, würdest laufen 4. ihr könntet, würdet können 5. wir müßten, würden müssen 6. sie nähmen, würden nehmen 7. du sähest, würdest sehen 8. ich sollte, würde sollen 9. er, es, sie ließe, würde lassen 10. ihr bliebet, würdet bleiben

237 1. wir hätten gewußt 2. er, es, sie wäre gefallen 3. ihr hättet vergessen 4. ich hätte kommen können 5. sie hätten geweint 6. du hättest essen sollen 7. er, es, sie wäre aufgestanden 8. ich wäre gewesen 9. sie hätten gehabt 10. du wär(e)st spazieren gegangen

238 **A.** 1. Ich hätte gern eine Uhr gekauft. 2. An seiner Stelle würde ich nicht baden gehen. 3. Ich hätte fast ver-

gessen, ihn abzuholen. 4. Mit meinem Vater hätte ich keine Schwierigkeiten gehabt. 5. Er würde gern mit dir in die Stadt fahren. 6. Wäre ich doch gestern abend zu Hause geblieben !

B. 1. An deiner Stelle würde ich in Paris bleiben / bliebe ich in Paris. 2. Ich wäre gern in den Bergen spazieren gegangen. 3. Ich wäre beinahe hingefallen. 4. Ohne ihn hätte ich nie das Haus meines Freundes gefunden. 5. Hätte er doch die Tür zugemacht ! (geschlossen !)

239 **A.** 1. Er tut, als hätte er sich ein Bein gebrochen. 2. Er kümmert sich um den Jungen, als wäre er sein eigener Sohn. 3. Ihr war, als wäre sie plötzlich von einer Biene gestochen worden. 4. Er läßt sich auf den Boden fallen, als könnte er nicht mehr laufen.

B. 1. Er tut, als ob er einen Schlag auf den Kopf bekommen hätte. 2. Sie tut, als ob sie nicht krank wäre. 3. Sie tun, als ob sie glücklich wären. 4. Sie gehen, als ob sie betrunken wären. 5. Er schläft nicht ; er tut, als ob.

240 1. Der Hund ist mir bis zum Bahnhof gefolgt. 2. Auf den Winter folgt der Frühling. 3. Die Gebrauchsanweisung muß befolgt werden. (Man muß die Gebrauchsanweisung befolgen.) 4. Sie möchte einen Tanzkurs besuchen. 5. Sie ist dem Schauspiel aufmerksam gefolgt. 6. Die Flugzeuge fliegen hintereinander her. 7. Wir sind ihm unauffällig gefolgt. 8. Sie sind ihnen bis zur Grenze nachgefahren.

241 **A.** 1. Peter ist der älteste Schüler der Klasse. 2. Dieser Bleistift schreibt am besten. 3. Der größere von beiden ist mein Freund. 4. Die meisten Sportler führen ein gesundes Leben. 5. Es ist der kälteste Winter seit 1975. 6. Im Januar regnet es am meisten.

B. 1. Das ist der spannendste Roman, den ich gelesen habe; 2. Hast du deinen wärmsten Mantel angezogen ?

3. Er was der nervöseste von allen.
4. August ist der heißeste Monat gewesen. 5. Peter ißt am meisten.

242 1. Ich weiß genau, wer die Vase zerbrochen hat. 2. Ich zweifle daran, daß dies eine gute Idee ist. 3. Mir scheint, daß es geläutet hat. 4. Ich bin sicher, daß es am Ende der Welt ist. 5. Ich nehme an, daß dir dies (es dir) egal ist. 6. Ich weiß wirklich nicht, wie er heißt. 7. Wie kannst du an meiner Treue zweifeln ? 8. Wie alt mag sie wohl sein ? 9. Ich nehme an, daß du dich darüber lustig machst. 10. Ich zweifle nicht daran, daß er heute abend kommt (kommen wird).

244 1. Wo schläfst du heute nacht ? 2. Du kannst mich gegen 11 Uhr anrufen. 3. Um 12 Uhr ißt er im Restaurant. 4. Im Augenblick (momentan, augenblicklich) ist er in der Badewanne. 5. Heute nachmittag gehe ich nicht in die Schule. 6. Zur Zeit ist er in Bonn.

245 1. Er ist (wurde) vor siebzehn Jahren geboren. 2. Er ist 1969 (im Jahre 1969) geboren. 3. Er ist am 4. April 1969 geboren. 4. Er ist (am) Dienstag gekommen ; am Tag zuvor (am Vortag) hatte es viel geschneit. 5. Zu Ostern habe ich zwei Wochen in Deutschland verbracht. 6. Gestern abend gegen 8 Uhr habe ich einen Hund bellen hören. 7. Letzten Winter ist er sehr krank gewesen. 8. Ich habe sie gegen 11 Uhr morgens getroffen. 9. Er ist am 9. Februar gekommen ; drei Wochen später (danach) hat er einen Autounfall gehabt. 10. Er ist nach zwei Monaten weggegangen (weggefahren).

246 1. In drei Wochen ist Weihnachten. 2. Morgen nachmittag um 3 Uhr werde ich schon in Berlin sein (bin ich schon in Berlin). 3. Nächste Woche gehen wir ins Theater. 4. In vierzehn Tagen werden die Blumen verwelkt sein.

5. Am 25. werde ich in Hamburg sein (bin ich in Hamburg), und drei Tage zuvor (vorher) in Köln. 6. Nach Weihnachten kommen wir nach Frankreich zurück. 7. Wo gehst du übermorgen hin ? (Wohin gehst du übermorgen ?)

247 1. Bis wann bleibst du in München ? 2. Seit drei Monaten hat es nicht geregnet. 3. Das Konzert hat drei Stunden gedauert. 4. Ich bleibe einen Monat in den Alpen. 5. Von Weihnachten bis Ostern werde ich viel Arbeit haben. 6. Seit drei Jahren war das Haus nicht geheizt worden. 7. Von Donnerstag ab (ab Donnerstag) soll das Wetter schön sein.

248 1. Jeden Monat besucht er seinen Onkel. 2. Zweimal im Jahr fährt er nach Deutschland. 3. Jeden Abend sehen sie fern. 4. Morgens kann ich nie aufstehen. 5. Die Olympischen Spiele finden alle vier Jahre statt.

249 1. Nehmen wir an, daß er erst um 3 Uhr kommt. 2. Ich möchte, daß du pünktlich bist. 3. Kauf(e) Brot, damit wir wenigstens etwas zu essen haben. 4. Obwohl ich dieses Buch vor kurzem gelesen habe, erinnere ich mich nicht mehr an die Geschichte. 5. Kennst du ein Restaurant, das nicht zu teuer ist ? 6. Bevor du kamst, hatte er schon drei Glas Wein getrunken.

250 **A.** 1. Seit wann ist er tot ? 2. Er hat sich zu Tode gearbeitet. 3. Weißt du, daß sie eine tote Maus gesehen hat ? 4. Sie hat keine Angst vor dem Tode.
   B. 1. Goethe ist 1832 (im Jahre 1832) gestorben. 2. An welcher Krankheit ist er gestorben ? 3. Er ist schon seit 20 Jahren tot. 4. Der Wald stirbt. 5. Heute wäre er nicht tot, wenn man dieses Medikament früher entdeckt hätte.

251 1. Arbeitest du denn immer noch ? 2. Die Abwesenden haben immer unrecht. 3. Warum fängst du immer wieder damit an ! 4. Sie hat den Schauspieler schon immer verehrt. 5. Hast du den Großeltern immer noch nicht geschrieben ? 6. Sein Benehmen war schon immer etwas merkwürdig.

252 1. Bist du schon durch den Mont-Blanc-Tunnel gefahren ? 2. Die Enten schwimmen über den Teich. 3. Wir sind durch den Schwarzwald gewandert. 4. Wegen des Verkehrs ist es unmöglich, zu Fuß über den Platz zu gehen. 5. Sie tanzen durch das Zimmer. 6. Ein Schmetterling ist durch das Fenster geflattert (geflogen). 7. Wir sind über die Alpen geflogen. (Wir haben die Alpen überflogen). 8. Sie sind mit dem Fahrrad durch den Wald gefahren. 9. Man darf nie über die Straße gehen, ohne nach links und nach rechts zu schauen. 10. Sie ist über den See geschwommen.

253 1. Ich weiß überhaupt nichts. 2. Er liest überhaupt keine Romane mehr. 3. Er spielt überhaupt nicht mehr mit Paul. 4. Ich glaube, daß er überhaupt nichts mehr finden wird. 5. Ich lade überhaupt niemand(en) ein. 6. Ich höre überhaupt nichts mehr. 7. Er trinkt überhaupt keinen Alkohol.

254 1. Ist noch Kaffee übrig ? 2. Übrigens, ich habe vergessen, es ihm zu sagen. (Übrigens habe ich vergessen...). 3. Es bleibt dir nichts anderes übrig, als wieder anzufangen. 4. Es bleibt zu hoffen, daß er (wieder) gesund wird.

255 1. Ist dieser Teppich teuer ? / Kostet dieser Teppich viel ? / Ist dieser Teppich viel wert ? 2. Es wäre besser, noch einmal anzufangen. 3. Wieviel kosten diese Theaterkarten ? 4. Es lohnt sich nicht, es zu versuchen. 5. Berlin ist eine Reise wert. 6. Dieses Buch kostet fünfzig Mark. 7. Die Besichtigung dieses Museums hat sich gelohnt. (Es hat sich gelohnt, dieses Museum zu besichtigen).

8. Es wäre besser gewesen, den Arzt sofort zu rufen. (Es wäre besser gewesen, wenn man den Arzt sofort gerufen hätte.)

256 1. Sie wollen kommenden Sonntag Tennis spielen. 2. Ich habe gerade ein Buch ausgelesen. 3. Fangen wir mit der Arbeit an ! 4. Sie hatten soeben (gerade) zu Mittag gegessen. 5. Es schneit gleich. 6. Ich habe gerade festgestellt, daß ich mein Portemonnaie verloren habe. 7. Ich wollte Sie (euch) gerade anrufen.

259 1. du siehst, er sieht 2. du säufst, er säuft 3. du empfiehlst, er empfiehlt 4. du nimmst, er nimmt 5. du fährst, er fährt 6. du ißt, er ißt 7. du erschrickst, er erschrickt 8. du wächst, er wächst 9. du triffst, er trifft 10. du schläfst, er schläft 11. du redest, er redet 12. du lädst, er lädt 13. du atmest, er atmet 14. du rätst, er rät 15. du zitterst, er zittert 16. du setzt, er setzt 17. du beißt, er beißt 18. du wartest, er wartet 19. du läßt, er läßt 20. du klingelst, er klingelt

260 1. Wieviel Kinder haben Sie ? 2. Hat man Ihnen meine Adresse gegeben ? 3. Ihr Haus ist sehr schön. 4. Beeilen Sie sich ! 5. Haben Sie schon gegessen ? 6. Wir rufen Sie heute abend an. 7. Geben Sie mir Ihren Mantel !

261 1. Wie hast du das Feuer gelöscht ? 2. Er ist mit dem Wagen in die Stadt gefahren. 3. Was hatte dich erschreckt ? 4. Der Schnee ist geschmolzen. 5. Warum bist du erschrocken ?

264 1. Seit drei Tagen schneit es. 2. In diesem Dorf gibt es keinen Bahnhof. 3. In diesem Zeitungsartikel handelt es sich um Italien. 4. Hörst du, wie es knistert ? 5. Jeden Abend rattert es bis um 11 Uhr.

265 1. Ich weiß nicht, ob er zu Hause ist. 2. Er muß in die Schule gehen. 3. Willst du mitfahren ? 4. Er kann nicht mehr aufstehen. 5. Das mag wahr sein. 6. Weißt du, ob er krank ist ? 7. Er soll jetzt aufstehen.

266 1. Stell(e) den Teller auf den Tisch ! 2. Er setzt sich auf die Bank. 3. Das Buch liegt auf dem Tisch. 4. Er sitzt neben mir. 5. Er hat Sterne an den Weihnachtsbaum gehängt. 6. Stell die Kiste in die Garage !

267 1. Warum beeilen Sie sich (beeilt ihr euch) so sehr ? 2. Wir haben uns im Gebirge erholt. 3. Wie hat sie sich benommen ? 4. Ich mußte mich bücken, um meine Tasche aufzuheben. 5. Ich habe mich geschämt.

268 1. Den ganzen Tag habe ich mich gelangweilt. 2. Der Hund ist im Fluß ertrunken. 3. Er hat sich auf den Boden gesetzt. 4. Er ist um 8 Uhr aufgestanden. 5. In der letzten Zeit hat sich Peter sehr geändert. 6. In der Nacht bin ich dreimal aufgewacht. 7. Er hat sich warm angezogen. 8. Warum drehst du dich um ? 9. Hol dir einen Stuhl ! 10. Sie haben sich eine Wohnung gekauft.

269 1. Hattest du Gelegenheit zu schwimmen ? 2. Er tut, als ob er etwas wüßte. 3. Er hofft, bald nach Frankreich fahren zu dürfen. 4. Diese Geschichte, die habe ich schon einmal gehört. 5. Seine Schwester wohnt in Amerika, und sein Bruder lebt in Spanien. 6. Du kannst kommen, wenn du Lust hast und wenn deine Eltern einverstanden sind. 7. Kannst du mir das Buch geben, ohne aufzustehen ? 8. Ich möchte nicht, daß du zu lange wartest und daß du dich langweilst.

270 1. Entweder bleibe ich (ich bleibe) in Paris, oder ich fahre nach Deutschland. 2. Ich habe weder seinen (ihren) Vater noch seine (ihre) Mutter gesehen. 3. Sie haben weder Hund, noch Katze noch Vögel. 4. Ich werde mir entweder ein Buch oder eine Schallplatte kaufen. 5. Ich habe weder das Museum noch die Kirche besichtigt. 6. Entweder kaufe ich ihm (ich kaufe ihm) Bücher, oder ich gebe ihm Geld.

271 1. Sie wohnen eine Autostunde (weit) von ihren Eltern entfernt. 2. Berlin ist 1 000 km weit von Paris (entfernt). 3. Wie weit ist der Flughafen von hier (entfernt) ? 4. Ist das Schloß weit von der Autobahn (entfernt) ? 5. Meine Großeltern wohnen weit von der Stadt (entfernt). 6. Das nächste Dorf liegt nicht sehr weit von hier (entfernt).

272 1. Was für Bücher hast du am liebsten ? 2. Welches willst du deinem Vater kaufen ? 3. In welchem Land fährt man links ? 4. In was für einem Schiff hast du die Nacht verbracht ? 5. Was für eine Maschine ?

273 A. 1. Frag ihn doch, ob er mit dem Zug kommt oder mit dem Auto. 2. Wenn du willst, kannst du bei mir schlafen. 3. Ob er am Sonntag zu Hause bleibt, ist noch nicht sicher. 4. Weißt du, ob in Deutschland die Geschwindigkeit begrenzt ist ? 5. Ich weiß nicht, ob er zufrieden gewesen wäre, wenn ich ihm dieses Buch geschenkt hätte.

B. 1. Ich frage mich, ob er noch in Frankreich wohnt. 2. Wenn du weggehst, vergiß nicht, die Tür zuzumachen. 3. Ich gebe dir das Geschenk, wenn du mich besuchen kommst. 4. Er weiß nicht, ob er sein Examen bestanden hat. 5. Glaubst du, daß die Aufführung stattfinden wird, wenn es regnet ?

274 1. Wenn es schneit, sind die Kinder froh. 2. Weißt du, wann der Film anfängt ? 3. Wann hast du den Brief geschrieben ? 4. Wenn er in England ist, hält man ihn für einen Deutschen. 5. Wann kommst du zurück ?

276 **A.** 1. Kennst du dich in Informatik aus ? 2. Sie weiß keinen Ausweg mehr. 3. Er kann ausgezeichnet Ski laufen. 4. In dieser Stadt weiß ich gut Bescheid. 5. Kennst du seinen Großvater ? 6. Kann ich heute meine Freunde einladen ? 7. Wißt ihr, ob alle benachrichtigt sind ? 8. Dürfte ich Sie einen Augenblick sprechen ? 9. Wie konntest du das tun ! 10. Er kann verreist sein, er könnte aber auch umgezogen sein.
B. 1. Ich kann nicht aufstehen. 2. Sie kann nicht schwimmen. 3. Könnte ich ein Kilo Äpfel haben ? 4. Sie kennt sich in Geographie gut aus. / Sie weiß in Geographie gut Bescheid. 5. Weißt du, wie er heißt ? 6. Er kann krank sein. (Es kann sein, daß er krank ist.) 7. Ich habe es nicht wissen können. 8. Ich habe ihn letztes Jahr kennengelernt. 9. Weißt du über die letzten Neuigkeiten Bescheid ? 10. Er kennt keine Furcht.

277 1. Heute abend will ich zu Hause bleiben. 2. Sie will erst 30 Jahre alt sein. 3. Er will unbedingt, daß ich ihn bis zum Bahnhof bringe (begleite). 4. Willst du an meiner Stelle hingehen ?

278 1. Dort bin ich schon einmal gewesen. 2. Hast du morgen Schule ? Gehst du hin ? 3. Es ist zu teuer ; ich muß darauf verzichten. 4. Er hat dir doch einen Brief geschickt ; hast du schon darauf geantwortet ? 5. Morgen veranstalten wir ein Fußballspiel ; willst du daran teilnehmen ?

279 1. Die Kinder zählen die Tage bis Weihnachten. 2. Mit welchem Geld willst du das zahlen (bezahlen) ? 3. Für morgen abend rechne ich auf deine Freunde. 4. Was habe ich zu zahlen ?

5. Ich rechne zwei Stunden bis Hamburg. 6. Hast du die Kinder gezählt ? 7. Wie soll ich das Kleid bezahlen ?

280 1. Willst du eine halbe Stunde länger bleiben ? Es ist Vesperzeit. 2. Der Zug ist um 15 Uhr 45 abgefahren. 3. Ich habe eine Verabredung um halb sechs (Uhr). 4. Er wurde in einer Viertelstunde geschlagen. 5. Wie spät ist es ? Es ist fünf Minuten vor zehn (Uhr). 6. Jemand hat kurz vor sieben (Uhr) angerufen. 7. Ich habe anderthalb Stunden beim Arzt warten müssen. 8. Um wieviel Uhr bist du zu Bett gegangen ? - Kurz nach Mitternacht. 9. Er ist um Viertel vor neun (Uhr) (dreiviertel neun) angekommen. 10. Er ist um Viertel nach 10 (Uhr) / viertel elf wieder weggegangen.

281 1. Hast du Lust, ins Restaurant zu gehen ? 2. Ich habe Angst hinzufallen. 3. Hast du Zeit, das Museum zu besichtigen ? 4. Hast du die Absicht, nach Deutschland zu fahren ? 5. Ich bin froh, aufstehen zu können.

282 1. Ist dieses Auto zu verkaufen ? 2. Er glaubt, alles zu wissen. 3. Kann er schwimmen ? 4. Hast du Zeit, zu mir zu kommen ? 5. Hat er Angst, Ski zu laufen ? 6. Hilf der Dame, über die Straße zu gehen.

283 1. Er ist doppelt so alt wie ich. 2. Viele Grüße von uns beiden. 3. Das Doppelfenster ist zerbrochen. 4. Der Versuch der beiden amerikanischen Astronauten… 5. Ich brauche eine Rechnung in doppelter Ausfertigung. 6. Läufst du Ski oder fährst du Schlitten ? 7. Man sieht sie immer zu zweit. 8. Welcher / wer von euch beiden möchte mir helfen ?

Index

à cause de, 191
à côté de, 192, 193
à droite, 15, 80
à force de, 231
à gauche, 15, 80
à l'intérieur de, 191
à ma (ta...) place, 71, 238
à moins que, 68, 235
à mon avis, 40
à partir de, 1
à peu près, 154
à pied, 190
à propos de, 189
à supposer que, 175
à travers, 189, 193
à trois, 190
à vos ordres, 190
ab, 1
abattre, 261
aber, 2
   aber et *sondern,* 3, 152
abgesehen von, 175
ablehnen, 219
abreuver, 261
abschlagen, 219
absteigen, 80
accord (être d'accord), 26, 40

ACCUSATIF
 – dans l'apposition, 24
 – des compléments directionnels, 193
 – des compléments de l'espace parcouru, 4
 – des compléments de temps, 244, 247
 – emplois, 4
 – après les prépositions, 189
 – de la rection des verbes, 218
 – de la rection des adjectifs, 216
accusé (l'), 178
achten, 5
achtgeben, 5
adéquat, 221

ADJECTIFS
 – attribut, 6
 – rection, 216
 – dérivé, 11

ADJECTIFS COMPOSÉS, 12
ADJECTIFS DÉMONSTRATIFS, 13
 – *dieser, dieses, diese,* 13
 – *der, das, die,* 13
 – *jener, jenes, jene,* 13
 – *solcher, solches, solche,* 13

ADJECTIF ÉPITHÈTE
 – de couleur, 9
 – invariable, 24
 – marques du type 1, 6, 107
 – marques du type 2, 6, 107
 – noms d'habitants de villes en fonction d'épithètes, 9
 – place et marques, 6

ADJECTIFS POSSESSIFS, 14
 – forme de politesse, 14, 260
 – genre du possesseur, 14
 – possesseur unique, 14
 – possesseurs multiples, 14

ADJECTIFS SUBSTANTIVÉS, 10
 – après *nichts* et *etwas,* 151
 – nationalités, 160
admettons que, 175

ADVERBES DE LIAISON
 – place des adverbes de liaison dans la phrase, 168
 – place des adverbes de liaison dans les subordonnées, 170

ADVERBES DE LIEU, 15
ADVERBES DE TEMPS, 16
aider, 75
ailleurs, 22
aimer, 17, 146
   aimer mieux, 187
air (avoir l'air), 41, 224
all-, alle, alles, 100
 – dans les groupes nominaux, 8
allein, 18
(l') allemand, 160
allemand, 160
aller
   aller à pied, en voiture, en train, 19
   aller faire qqch., 256
   Comment allez-vous ?, 223

allmählich + verbe, 62
als
 – après un comparatif, 64
 – introduisant une subordonnée équivalente à "en + participe 1 (présent)", 86
 – au sens de *als ob,* 239
 – *als* ou *wenn* ?, 20
 – *als daß,* 70
als ob, als wenn, 239, 249
 – forme du verbe après *als (ob),* 235, 238
alt, 21
ALTERNANCE VOCALIQUE, 259
 – à l'impératif, 118
am + infinitif substantivé, 91
an, 194
 – contraction, 73
 – préposition spatiale, 192, 193
an + datif... *entlang,* 193
an + datif *vorüber, vorbei,* 193
an deiner Stelle, 71
an meiner (deiner...) Stelle, 238
anbelangen, 66
ancien, 21
ander-, anderes, anders, 22
ander-
 – dans les groupes nominaux, 8
 – après *etwas* ou *nichts,* 151
ändern, 61
andernfalls, 68
anderswo, 22
anderthalb
   anderthab Stunden, 111, 280
Anfang, 23
anfangen, 62
angehen, 66
angehören, 102
(der) Angeklage, 178
angenommen, daß, 175
(der) Angestellte, 178
Angst haben, 45
anhalten, 28
anhören
   sich etw. anhören, 114
ankommen, 29, 80
annehmen, 242
anschauen
   sich etw. anschauen, 225

ansehen
  sich ansehen als, 72
  sich etw. ansehen, 225
Ansicht, 40
anstatt... zu, 120
apparaître, 224
appartenir, 102

APPOSITION, 24
  – avec article, 30, 31
  – définition, 24
  – nominatif, 156
  – place, 24
  – et la première place dans la proposition, 166
  – sortes, 24
apprendre, 25
  apprendre des nouvelles, 114
approuver, 26
après, 27, 190
après + infinitif, 27
arrêter, s'arrêter, 28, 54
arriver, 29, 80
  il arrive de + infinitif, 122

ARTICLE
  – noms de pays, 159

ARTICLE DÉFINI : FORMES ET EMPLOIS, 30
  – présent en allemand - absent en français, 30
  – absent en allemand - présent en français, 30

ARTICLE INDÉFINI : FORMES ET EMPLOIS, 31
  – présent en allemand - absent en français, 31
  – absent en allemand - présent en français, 31
  – présent en allemand - article indéfini en français, 31
assez, 106
  en avoir assez, 106
attendre, 32
  s'attendre à, 32
attention (faire attention), 5
atterrir, 80

ATTRIBUT, 33
  – article, 31
  – attribut de l'objet, 33
  – attribut du sujet, 33
  – nominatif, 33, 156
au bout de, 190, 246
au-delà de, 191
au-dessus de, 192, 193
auch, 34
auch nicht, auch kein, auch nicht mehr, auch kein... mehr, 35

au contraire, 101
aucun, 36, 205
auf, 192
auf + verbe, 98
auf... zu, 193
aufessen, 98
Auffassung, 40
aufgehen, 138
aufhören, 28, 57, 98
aufpassen, 5
aufstehen, 138
aufwachen, 88
auparavant, 37, 245
aus + verbe, 98
aus, 190, 193
ausgerechnet, 130
ausleihen, 136
  – *ausleih* (composés), 136
au lieu de + infinitif, 120
au moyen de, 189
auslesen, 98
Ausnahme (mit A. von), 92
aussehen, 41
außer, 92
  außer daß, außer wenn, 92
aussi, 34
austrinken, 98
autant, 38
  autant de, autant que, d'autant que, d'autant plus (moins) que, 38
auto- (composés), 229
autre, 22
  les uns les autres, 22
  autrement, 22
autre (après **quelque chose d'** ou **rien d'**), 151
autrement, 22
d'autres, 8
avancer, 15
avant, 39, 245
avant de + infinitif, 39
avec, 190
avis, 40
  être d'avis que, être du même avis, 40
avoir beau, 47
avoir chaud, 42
avoir des difficultés à, 132
avoir de la peine à, 132
avoir du mal à, 132
avoir envie, 43
avoir faim, 44
avoir froid, 42
avoir l'air, 41
avoir mal, 42

avoir peur, 45
avoir soif, 44
avoir sommeil, 44
avoir raison, 46
avoir tort, 46

bald, 241
be -, 197
beachten, 5
beau, (avoir beau), 47
beaucoup, 48, 226
  beaucoup trop, 226
beaucoup de..., 8
bedauern, 94
befolgen, 240
beginnen, 62
beglückwünschen, 97
Begriff (im Begriff sein), 91
begrüßen, 223
  Begrüßungsformeln, 223
bei
  – contraction, 73
  – groupe prépositionnel à valeur conditionnelle, 68
  – groupe prépositionnel locatif, 139
  – + infinitif substantivé, 91
  – ***nahe bei ; dicht bei,*** 194
  – préposition suivie du datif, 190
  – préposition spatiale, 192
beibringen, 25
beid-
  – ***beide,*** 283
  – ***einer von beiden ; keiner von beiden,*** 283
  – dans les groupes nominaux, 8
beinahe, 49, 238
bekannt, 75
bekannt machen, 223
bekanntlich
Bekanntschaft machen, 223
bekommen + participe 2 (passé), 183
benutzen, 50
beraten, 71
Bescheid wissen, 276
beschließen, 76
  einen Beschluß fassen, 76
besoin (avoir besoin), 50, 55

b

besser, 64
   es wäre besser, wenn,
   187, 255
best-, 241
bestehen
   eine Prüfung bestehen,
   220
bestimmen zu, 76
bestimmt, 59, 168
besuchen
   eine Schule besuchen,
   240
Betracht
   in Betracht ziehen, 215
betrachten
   (sich) betrachten als, 72
betreffen, 66
   betreffs, betrifft, 66
Bett
   zu Bett gehen, 138
bevor, 39, 70
bevorstehen, 91
bevorzugen, 187
bewegen zu, 76
bewußt, 51, 103
bezeichnen
   (sich) bezeichnen als, 72
bezweifeln, 242
bien, 52, 221, 226
   bien de, 52
bien plus, 52
   bien sûr, 26, 52
bien trop, 52
bientôt, à bientôt, 223
bis
   – *bis zu, bis nach, bis*
   auf, 129
   – *bis morgen, bis bald,*
   223
   – conjonction de subordination (jusqu'à ce que), 70
bitten, 53, 77
bleiben, 54
   bleiben + verbe de position, 54
boire, 261
bon, 221
brauchen, 55
briller, 224
der Buchstabe, 142

c

car, 69
ce matin (soir...), 244
ce que, qui, 210

ce sont eux, 58
certain, 56
d'un certain..., 64
cependant, 2
certes, 2
cesser, 57
c'est.../il est..., 58
c'est à... de..., 60
c'est moi qui..., 58, 59, 207
c'est... qui ; c'est... que, 59
chacun, 100
changer, 61
chaque, 100
chaque fois que, 20
chaud (avoir chaud), 42
cher, 75
chez, 190, 193

CHIFFRES
   – article, 30
   – genre, 105
commencer, 62
   commencer à ; commen-
   cer par, 98
comment + infinitif, 127
comme si, 235, 239

COMPARAISON
   – ellipse du verbe, 84

COMPARATIF
   – d'égalité, 63
   – d'infériorité, 63
   – avec *je..., desto...,* 65
   – de supériorité, 64

COMPLÉMENT D'AGENT, 181

COMPLÉMENTS DE LIEU, 193

COMPLÉMENTS DE TEMPS
   – antériorité, 39, 245
   – avec article, 30
   – et les temps du verbe,
   243, 244, 245, 246, 247,
   248
   – l'heure, 244, 245, 246
   – la date, 244, 245, 246
   – les époques, 244, 245,
   246
   – les fêtes, 244, 245, 246
   – le jour, 244, 245, 246,
   248
   – les moments de la journée, 244, 245, 246, 248
   – postériorité, 27, 246
   – les saisons, 244, 245,
   246
   – les années, 244, 245,
   246
   – les mois, 244, 245, 246
compte
   tenir compte de, 5
   en fin de compte, 87
   se rendre compte, 51

compter, 279
   compter parmi, 102
concerner, 66
   **en ce qui concerne ; con-
   cernant,** 66

CONCESSION
   – expression de la
   concession, 67
   – subordonnées conces-
   sives, 70

CONCESSIVES, 47

CONCORDANCE DES TEMPS
   – avec *bevor,* 39

CONDITION
   – expression de la condition, 68
   – correspondance des
   formes verbales, 68
à condition de + infinitif
122
conduire, 261
congé
   prendre congé ; formules
   d'adieux, 223

CONJONCTIONS DE COORDINATION,
69
   – et la place des mots
   dans la proposition, 166

CONJONCTIONS DE SUBORDINATION,
70

CONJUGAISON DES VERBES
   – section principale, 259
   – conjugaison de *haben,*
   109
   – conjugaison des **prétérito-présents** *(können, dür-*
   fen, sollen, müssen, mögen,
   wollen, wissen), 265
   – conjugaison des **verbes
   faibles** *(lernen),* 257
   – conjugaison des **verbes
   forts** *(schlafen),* 258
   – conjugaison des **verbes
   au passif** *(schlagen),* 180
   – conjugaison de *sein,* 227
   – conjugaison de *werden,*
   275
connaissance
   faire connaissance, 223,
   276
   avoir connaissance, 276
connaître ; se connaître, 276
   s'y connaître, 276
connu, 75
conseil (donner un conseil),
71
   conseiller, 71
considérer, 5
   se considérer comme, 72
continuer, 57

CONTRACTIONS : PRÉPOSITIONS + ARTICLE DÉFINI, 73

contraire, 101

contredire, 75

contre, 189, 190, 193

convenir
cela me convient, 26, 221
comme il convient, 221

COORDINATION
– conjonctions de coordination, 69
– ellipse de verbe, 84

(se) coucher, 138
le coucher, 138

courant
être au courant, 276

coûter (valoir), 255

craindre (avoir peur), 45

croire (avis), 40

d

da, 70

*da + (r) + **préposition***
– d'annonce et de reprise, 211
– démonstratifs adverbiaux locatifs, 139
– traduction de en (pronom), 85
– traduction de y (pronom), 278

dabei, 86

dabei sein, 91

dadurch, daß, 86

d'ailleurs, 254

damit
– conjonction de subordination, 70, 235, 249
– à la place de *um... zu,* 120

danach, 27, 245

danken, 53, 75, 182

dans, 192

darum, 211

d'après, 190

das ist, es ist, 58

daß, 70
– au discours indirect, 81

DATE 74, 244
– nombres ordinaux, 155

DATIF
– emplois, 75
– des compléments locatifs, 192, 193
– de la rection des verbes, 218

– de la rection des adjectifs, 216
– après les prépositions, 190

davon, 85

davor, 39

début, 23

décider, 76
se décider, 76
rendre une décision, 76
décidément, 76

DÉCLINAISON
– des masculins faibles, 141
– des masculins et neutres forts, 140
– des masculins mixtes, 142
– des noms propres, 161
– des titres et noms propres, 161

dedans, 15

dehors, 15

dein, 14

de... jusqu'à (temps du verbe et durée), 247

demain
à demain, 223

demain matin (midi...), 246

demander, 4, 53, 77
demander pardon, 94
se demander, 242

demi, 111
à demi, 111
demi-heure, 280
denen, 204, 210

denn, 69

DÉPLACEMENTS À DEUX, 193

depuis, 1, 190
depuis toujours, 251
depuis longtemps, 134, 135

der, das, die...
– article défini, 30
– pronom démonstratif, 204
– équivalent d'un pronom personnel, 207
– pronom relatif, 210

deren, 204, 210

derer, 204, 210

DÉRIVÉS, 11

derjenige..., 204

der meine..., 209

der meinige..., 209

dernier
le dernier, 188
le dernier à + infinitif, 122, 188

derrière, 15
de derrière, 193

derselbe/der gleiche, 78

dès, 1

descendre (dans un hôtel), 80

deshalb, 211

désirer, 146

dessen, 82, 210, 211, 213
– traduction de en (pronom), 85

deswegen, 211

de ce côté-ci, 191

de dessous (prép. spat.), 193

de l'autre côté, 15

de l'autre côté de, 191

de la part de, 190

deux
les deux..., 8, 283
tous les deux ; à deux ; par deux ; deux fois plus ; l'un des deux ; aucun des deux, 283

devant, 15, 192, 193

devoir, 79

devoir (probablement), 146

devoir (obligatoirement), 147

devoir (= il est très probable que), 147

devoir (interdits ou obligations morales, il convient de, ordre, prospectif, on dit que...), 233

dicht bei, 194

dieser, dieses, diese...
– adjectif démonstratif, 13
– pronom démonstratif, 204

différemment *(ander-),* 22

dire, 222
dire de + infinitif, 122

DIRECTIONNEL, 80
– adverbes de lieu, 15
– ellipse du verbe, 84
– avec les prépositions spatiales, 192

discours
faire un discours, 222

DISCOURS INDIRECT, 81
– prière, demande, souhait, 81, 146

discuter, 222

distance
à quelle distance est... ?, 271

docteur, 161

Doktor, 161

d

dommage
c'est dommage, 94
dont, 82
doppelt
doppelt soviel ; Doppel-,
157, 283
dorthin, 80
double, 283
DOUBLE ACCUSATIF, 4
douter, 242
sans doute ; il n'y a pas
de doute, 242
Dr., 161
dran sein, 60
drohen, 75, 182
droit
avoir le droit, 276
durant, 134
durch
– contraction, 73
– préposition suivie de
l'accusatif, 189
– verbe + *durch,* 252
durch-
– *durch* + verbe, 252
– préverbe ou particule,
203
durchfallen
bei einer Prüfung durch-
fallen, 220
durchqueren, 252
DURÉE, 247
dürfen, 83, 176, 181
– conjugaison
– emplois, 83
– *nicht dürfen,* 79, 163
Durst haben, 44
durstig sein, 44
Dutzend, 144

e

eben
eben, soeben etw. getan
haben, 256
eben das, 131
ebenso viel, 38
ebenso... wie, 63
échouer, 220
écouter, 114
ehe, 39, 70
ehemalig, 21
eher, 64
ehest-, 241
ein, eine...
– article indéfini, 31
– pronom indéfini, 205

– traduction de en (pro-
nom), 85
ein paar, 154
einander ou *sich ?,* 230
eindeutig, 76
einer, eines, eine...
– pronom indéfini, 205
einig-
– dans les groupes nomi-
naux, 8
einschlafen, 88
einschläfern, 88
eintreffen, 80
einverstanden sein, 26, 40
einzig, 18
einziger
als einziger (premier),
188
ELLIPSE DU VERBE, 84
éloigné, 271
emp-, 198
(l') employé, 178
employer, 50
emprunter, 136
en (pronom), 85
en + année, 245
en + mois, 245
en + participe 1 (présent),
86
en + saison, 245
pas encore, 153
en-dessous de, 191
en bas, 15
en face de, 193
en haut, 15
en l'espace de, 191, 247
en provenance de, 190
endlich/schließlich, 87
(s') endormir, 88
enfin, 87
enseigner, 25
ent-, 198
entier, 100
entgegen, 193
entlang, 135, 193
entendre, 114
entendre dire ; entendre
parler, 25, 114
entre, 192, 193
(s') entretenir, 222
entscheiden
eine Entscheidung tref-
fen, 76
entschließen
einen Entschluß fassen,
76
(sich) entschuldigen, 94

Entschuldigung,
Entschuldigungsformeln, 94
entweder..., oder..., 270
envie, 43
erfahren, 25
erscheinen
es erscheint..., daß, 224
er-, 199
erlöschen, 261
erschrecken, 261
erst/nur, 89
erster
als erster ; der Erste, 188
erwachen, 88
erwägen
etw. wird erwogen, 215
erwarten, 32
es, 90
– d'annonce et de reprise,
90, 211
– différentes fonctions de
es, 90
– traduction de en (pro-
nom), 85
– dans la construction
passive, 181, 182
– avec les verbes imper-
sonnels, 264
– traduction de y (pro-
nom), 278
es sei denn, daß..., 68
ESPACE PARCOURU, 4
espérer, 223
l'essentiel, c'est de + infi-
nitif, 122
estimer qqn, 5
et, 69
(s') éteindre, 261
étranger, 75
être conscient, 51
être en train de, 91
être fini, 98
être imminent, 91
être membre de, 102
être obligé de, 147
être près de, 91
être sur le point de, 91
être + participe passé (*sein*
ou *werden*), 228
etwa, 154
etwas
– avec adjectifs substan-
tivés, 151
– pronom indéfini, 205
euer, 14
éveiller
s'éveiller, 88
excepté, à l'exception de,
92

406

EXCLAMATION
- exclamatives, 93
- au futur avec valeur injonctive, 99
excuser, 94
s'excuser ; formules d'excuse, 94
exiger, 77
(s') exprimer, 222

f

FACE À FACE, 193
fahren, 19, 261
- *haben* ou *sein* au parfait, 110
faillir, 49
faim, 44
faire attention, 5
faire bouger, 95
faire fondre, 261
faire manger, 95
faire partie de, 102
faire sauter, 95
faire savoir, 95
(se) faire + infinitif, 95
- faire comme si, 239
fallen, 261
fällen, 261
im Falle, daß, 68
falloir
il me faut ; il ne faut pas, 55, 147
il faut (du courage) pour..., 102
falls, 68
falsch, 221
fast, 49
faute de + infinitif, 122
faux, 221
FAUX AMIS, 96
féliciter, 75, 97

FÉMININS
- pluriel, 184, 185
fertig
mit etw. fertig sein, 98
fertig werden, 98
fertigbringen, 220
festnehmen, 28
fidèle, 75
fier de..., 4
finalement, 87
finden, 26, 40
finir
finir de ; finir par, 98
finir par + infinitif, 87

fliegen, 19
folgen
folgen auf, 75, 240
folgend-
- dans les groupes nominaux, 8
fondre, 261
FORME DE POLITESSE, 260
- de l'adjectif possessif, 260
- à l'impératif, 118
- du pronom personnel, 206
FORMES IRRÉGULIÈRES
- du comparatif de supériorité de l'adjectif-adverbe, 64
- du superlatif, 241
Frage
nicht in Frage kommen, 215
fragen, 77
sich fragen, 242
(le) français, 160
français, 160
fremd, 75
der Friede(n), 142
frieren, 42
froid
avoir froid, 42
führen, 261
der Funke(n), 142
für
- contraction, 73
- préposition suivie de l'accusatif, 189
fürchten
sich fürchten, 45
FUTUR
- expression du futur, 99, 256

g

ganz, 100, 159
ganz sicher ; ganz bestimmt, 76
gar + négation, 253
garde
prendre garde, 5
garder, 5
ge- ou pas ge- ? au participe 2 (passé), 174
ge-, 199
geben
es gibt, 116
gebrauchen, 50

der Gedanke, 142
gedenken, 103
gefaßt sein, 32
gegen, 189, 244, 280
Gegensatz, 101
Gegenteil, 101
gegenüber, 193
gehen, 19
es geht um, 215
Wie geht es Ihnen ?, 223
gehören, 102
gehören zu ; angehören, 102
(der) Gelehrte, 178
gelingen
es gelingt mir, 29, 220
gelten, 255
genau, 130, 131, 221
genau das, 130, 131
genauso viel, 38

GÉNITIF
- emplois, 103
- génitif saxon, 104
- avec noms de mesures et quantités, 144
- du pronom relatif, 104, 210
- rection des verbes, 265
- avec les prépositions, 191
- rection des adjectifs-adverbes, 216

GENRE
- des noms communs, 105
- des noms de pays, 159
- et sens différents des homonymes, 113, 186
genug, 106
gerade
gerade dabei sein, 91
gerade etw. tun (wollen), 91, 256
gerade, gerade so, gerade noch, 130, 131
gerecht, 221
gern, 52, 238, 241
gern haben ; lieber haben, 17
gern tun ; lieber tun, 17
geschehen, 29
gestern morgen (mittag...), 245
gewiß, 56, 168
Glas, 144
der Glaube(n), 142
glauben, 40, 282
gleich
gleich etw. tun, 91, 256
der gleiche, 78

Glück
   Glück wünschen ; Glückwunschformeln, 97
glücken, 220
es glückt mir, 220
grâce à, 189
Grad, 144
gratulieren, 75, 97, 182
groß, 241

GROUPE INFINITIF (voir aussi INFINITIF), 122
   – ordre fondamental du groupe infinitif, 164
   – place de *zu,* 281
– présence ou absence de *zu,* 282

GROUPES INFINITIFS SUBORDONNÉS,
   um... zu, ohne... zu, anstatt... zu, 120

GROUPE NOMINAL
   – définition, 107

GROUPE NOMINAL AVEC ADJECTIF ÉPITHÈTE
   – les deux types (1 et 2), 107
   – avec *all-, ander-, beid-, einig-, folgend-, manch-, mehrer-, solch-, sämtlich-, viel-, welch-,* 8

GROUPE VERBAL
   – définition, 108
   – résultatif, 231
   – dans les subordonnées, 171
   – sujet dans le groupe verbal, 167
grüßen
   Grußformeln, 223
gut, 52, 241

haben
   – au parfait, 110
   – conjugaison, 109
   – + *zu* + infinitif, 282
HABITANTS (VILLES), 9
halb, 111
   – avec noms de pays, 159
   – *halb... halb...,* 111
   – *halb so groß ; halb soviel,* 111
   – dans les composés, 157
Hälfte
   zur Hälfte, 111
halten für, 72

handeln
   sich handeln um, 215
hängen, 116
der Haufen, 142
heißen, 223, 282
   es heißt, 215
helfen, 75, 176, 182, 282
her, 112
   – *es ist... her, daß,* 115
   – *hergehen ; herfahren (hinter jmm),* 240
der Herr, 141, 161
das Herz, 140
heure, 244, 280
   quelle heure est-il ? un quart d'heure ; une demi-heure, 280
   heute morgen (früh, mittag...), 244
hier matin (soir...), 245
hin, 80, 112
hinter
   – contraction, 73
   – *hinter jmm hergehen, herfahren,* 240
   – préposition spatiale, 192
   hinter... her, 193
   hinter + datif... hervor, heraus, 193
höchstens, 135
HOMONYMES DE GENRE ET DE SENS DIFFÉRENTS, 113
hören, 25, 114, 176, 282
   hören von ; hören auf ; anhören ; zuhören, 114
hors de, 191
hundert, 154
Hunger haben, 44
   hungrig sein, 44
HYPOTHÈSE, 235, 238

ici, 15
ihr, 14
il faut, 102
il s'agit de, 90
il y a, 115, 116
immer, 251
   – *immer noch ; schon immer ; immer wieder,* 251
   – *immer noch ; immer wieder,* 57
   – *immer* + comparatif, 64
   – *immer noch nicht, immer noch kein,* 117

IMPÉRATIF
   – au discours indirect, 81
   – formes, 118
   – expression de l'ordre, 163
in
   – contraction, 73
   – préposition spatiale, 192
indem, 70
   – introduisant une subordonnée équivalente à en + participe 1 (présent), 70, 86
INDICATIF
   – dans les concessives, 67
   – dans les conditionnelles, 68
   – au discours indirect, 81
INFINITIF : FORMES, FONCTIONS, EMPLOIS
   – infinitif substantivé, 121
   – infinitif sujet, 122
   – infinitif complément, 122
   – expression de l'ordre, 163
   – présence ou absence de *zu,* 282
   – place du *zu,* 281
   – infinitifs français traduits par des subordonnées en allemand, 122
   – infinitif français dans l'interrogation, 127
informé
   être informé, 276
innehalten, 28
innerhalb, 247
INTERROGATION
   – directe globale, 123
   – directe partielle, 123
   – au discours indirect, 81
   – indirecte globale, 123
   – indirecte partielle, 123
   – interrogatifs autonomes déclinables, 124
   – interrogatifs autonomes invariables, 125
   – interrogatifs + infinitif, 127
   – interrogatifs non autonomes, 126
investir (du temps), 50

ja, 168
jährlich, 248
jamais, 128

jamais auparavant, 37
je ou **jemals,** 128
je..., desto..., 65
je..., um so..., 65
jeden dritt- (zweit-...), 248
jeder, 100
jemand, 205
jener
– adjectif démonstratif, 13
– pronom démonstratif, 204
juger bon, 26
jusque ; jusqu'à, 129
juste, 130, 221
tout juste ; justement, 130, 131

kalt
mir ist kalt, 42
kaum, 132
kaum, daß... ; kaum, als..., 132
kein
– **kein** ou **nicht ?,** 149
– **kein einzig-,** 36
– **kein... mehr,** 150
keiner, keines, keine..., 205
keineswegs, 168
kennen, 276
– **(sich) kennenlernen,** 223, 276
– **sich auskennen in,** 276
Kilo, 144
klettern, 110
können, 29, 176, 276, 282
– conjugaison, 265
– emplois, 133
– **es kann sein, es könnte sein,** 242
kosten, 4, 255
kurz
kurz vor ; kurz nach, 280

là, 15
l'un de, 205
là-bas, 15
la veille, 37

le matin, 248
le seul, 30
landen, 80
lang, 134
lange, 134
lange bevor ; lange darauf ; wie lange ; schon lange, seit langem, 134
längs, 135
langsam + verbe, 62
längst, 135
längstens, 135
lassen, 95, 176, 282
laufen, 19, 110
le (jour), 248
le (jour) suivant, 246
le (la, les) mien (mienne, miens), 209
lehren, 4, 25, 282
leid
es tut mir leid, 94
leider, 94
leihen, 136
ausleihen ; verleihen, 136
lequel..., 272
lernen, 25, 282
LETTRE EN ALLEMAND, **adresse, date, ponctuation,** 137
letzter, 188
als letzter ; der Letzte, 188
(se) lever, 138
le lever, 138
lieb, 75
lieben, 17
lieber, 17, 187
lieber haben, lieber tun, 187
liebhaben, 17
Lieblings- (composés), 187
liebst-, am liebsten, 187, 241
liegen, 116, 266
Liter, 144
LOCATIF, 139
– adverbes de lieu, 15
– avec les prépositions spatiales, 192
location
donner, prendre en location ; locataire, 145
lohnen, 255
es lohnt sich, daß..., 255
loin
– loin de, 271
– loin de, de loin, 135

long
– long de, 134, 191
– le long de..., 135, 193
longtemps
– depuis longtemps, 134, 135
– il y a longtemps, 134
lorsque, 23
löschen, 261
louer, 136, 145
Lust haben, 43

mais, 2, 3
– coordination, 69
– **sondern** après **nicht,** 152
MAJUSCULE, 172
– adjectifs substantivés, 10
– participes substantivés, 178
– absence de majuscule avec **ander-,** 22, 151
– du pronom personnel dans une lettre, 137
mal
– avoir mal, 42
– avoir du mal à, 132
malgré, 191
malheureusement, 94
man, 205
manch-
– dans les groupes nominaux, 8
MASCULINS
– faibles, 141, 160
– forts, 140
– forts en -er, 160
– mixtes, 142
– pluriel, 184, 185
me voici, 207
mehrer-
– dans les groupes nominaux, 8
mein, 14
meinen, 40
meiner, meines, meine..., 209
Meinung, 40
meist, meistens, am meisten, 143, 241
membre
être membre de, 102
même, 34, 229
– le même, 78
– même pas ; sans même, 229

menacer, 75
merci, 53
Meter, 144
mettre (du temps), 55
mi-, 23
mieten, 145
le mieux, c'est de + infinitif, 122
milieu, 23
mißlingen, 220
mit, 190
Mitte, 23
MODALISATEURS, 168
MODE DU VERBE
– non-correspondance avec le français, 249
– subjonctif 1, 234, 235
– subjonctif 2, 236, 237, 238
– dans le discours indirect, 81
mögen
– *mögen* (avoir beau...), 47
– dans les concessives, 67, 176, 282
– emplois, 146
– *es mag sein,* 242
– *ich möchte...,* 17, 43
moi, je..., 207
moi qui..., 207, 210
moitié
à moitié ; la moitié de..., 111
monatlich, 248
montags (dienstags...), 248
morgens, 248
morgen früh (mittag...), 246
la mort, 250
mort, 250
mourir, 250
mourir de rire, 231
MOUVEMENTS DE SORTIE VERS L'EXTÉRIEUR, 193
müde sein, 44
Mühe
die (der) Mühe wert sein, 255
müssen, 55, 60, 79, 147, 176, 282
– conjugaison, 265
– emplois, 147

n'avoir rien contre, 26
nach
– après temporel, 27, 244, 245
– préposition suivie du datif, 190
– *nach (rechts, links, oben, unten),* 80
nachdem, 27, 70
nachgehen, 240
nachher, 27
nachlaufen, 240
nächst-, 241
nah, 241
nahe
– *nahe bei,* 194
– *nahe daran sein, nahe dabei sein,* 91, 194
Nähe
in der Nähe von, 194
der Name, 142
nämlich, 69
ne... guère, 132
ne... pas (plus) non plus, 35
ne pas être obligé de, 147
ne... que, 89
n'avoir qu'à..., 55
neben, 192, 194
neben... her, 193
NÉGATION
– traduction de **non plus,** 35
– la négation *nicht* partielle et globale, 148, 168
– traduction de **du tout, absolument pas...,** 253
– traduction de **ne... plus (de),** 150
– place de la négation *nicht,* 168
négliger, 5
NEUTRES, 140
– PLURIEL, 184, 185
ni..., ni..., 270
nicht
– *nicht* ou *kein* **?,** 149
– *nicht ein,* 36
– *nicht einmal,* 229
– *nicht mehr,* 57, 150
– *nicht nur..., sondern auch,* 3, 152
– place de *nicht,* 168
nichts
– avec adjectif substantivé, 151
– pronom indéfini, 205
nie ou *niemals,* 128
niemand, 205
noch kein, 153
noch nicht, 153
noch so, 67
noch so sehr, 47

NOMBRES CARDINAUX, 154
NOMBRES ORDINAUX, 155
NOMINATIF, **emplois,** 156
NOMS
– rection, 217
NOMS COMPOSÉS, 157
– genre, 105
NOMS DÉRIVÉS, 11
– genre, 105
NOMS D'ÊTRES ANIMÉS
– déclinaison des masculins faibles, 141
NOMS D'HABITANTS DE VILLES, 158
NOMS DE MESURES ET DE QUANTITÉS, 144
NOMS D'ORIGINE ÉTRANGÈRE
– déclinaison des masculins faibles, 141
NOMS DE PAYS
– article et genre, 159
– nationalités, 160
NOMS PROPRES
– avec article, 30
– déclinaison, 161
– au génitif, 104
non
– **non plus,** 34, 35
– **non seulement..., mais aussi,** 3, 152
NOTES DE MUSIQUE, 162
nuire, 75
nur, 89, 130
nützlich, 75

ob, 70
– au discours indirect, 81
– dans l'interrogation, 123
– *wenn* ou *ob,* 273
obéir
obgleich, 67, 70, 249
obschon, 67, 70
observer, 5
obwohl, 67, 70
occasion
d'occasion, 50
oder, 69, 270
oder (et la virgule), 269
ohne
ohne überhaupt ; ohne auch nur, 229
ohne daß, 120

ohne... zu, 120
ohne et le subj. II, 238
on, 205
on dit que, 233
EXPRESSION DE L'ORDRE, 163
ORDRE
— fondamental du groupe infinitif, 164
— des mots dans les subordonnées, 171
— des mots : place des adverbes de liaison, 168
— des mots : place du sujet, 167
— des mots : la première place dans la proposition, 166
— des mots dans la qualificative, 213
— place des compléments dans la phrase, 169
— des pronoms personnels, 208
originaire de, 190
ORTHOGRAPHE
— majuscule ou minuscule ?, 172
ou (coordination), 69
ou..., ou..., 270

par, 189, 190
par dessus, 193
par exemple, 190
par l'intermédiaire de, 189
par suite de, 191
paraître, 41, 224
  il paraît que, 224
pardon
  demander pardon, 94
pardonner, 94
PARFAIT, A10
— avec *haben* ou *sein*, 110
parler, 222
PARTICIPE 1 (PRÉSENT)
— formes et emplois, 177
— dans la qualificative, 213
PARTICIPE 2 (PASSÉ)
— et accent du verbe, 174
— emplois, 175
— à forme d'infinitif, 176
— formes, 174
— expression de l'ordre, 163

— place de *ge-*, 196
— dans la qualificative, 213
PARTICIPES SUBSTANTIVÉS, 178
PARTICULES MODALES (particules du discours), 179
partie
  faire partie de, 102
PARTITIF
— article, 30
pas un seul, 36
(se) passer, 29
passer pour, 72
passieren, 29
PASSIF PERSONNEL, 181
— conjugaison, 180
— traduction de (se) faire, 95
— autres manières de rendre le passif, 183
PASSIF IMPERSONNEL, 182
— *es,* 90
— expression de l'ordre, 163
peine
  à peine ; avoir de la peine à, 132
pendant, 134, 191
penser, 40
personne, 205
personne d'autre, 22
peu
— peu de temps auparavant, 37
— peu avant ; peu après, 280
— pour un peu, 49
peur, 45
Pfund, 144
PLACE (voir aussi ORDRE)
— des compléments dans les subordonnées, 171
— la première place dans la phrase, 165, 166
— du verbe, 165
la plupart, 143
la plupart du temps, 143
PLURIEL DES NOMS, 184, 185, 186
plus
— de plus en plus, 64, 251
— le plus, 241
— plus + adjectif-adverbe, 64
— plus..., plus..., 65
— ne... plus (de), 150
plus d'un..., 8
plusieurs..., 8
le plus, 143

le plus souvent, 143
au point de + infinitif, 122
pour, 189, 190
pour la dernière fois, 190
pour un peu, 49
pour + infinitif, 120
pouvoir
— avoir la permission, le droit, 83
— être capable de, 133
— il se peut que, 83, 133, 242, 276
— il se pourrait que, 242, 276
— = savoir, 133
préférer, 17, 187
premier
— le premier ; le premier à, 188
— le premier à + **infinitif,** 188
prendre
— se prendre pour, 72
— prendre congé ; formules d'adieux, 223
prendre garde, 5
PRÉPOSITIONS
— contractées, 73
— suivies de l'accusatif, 189
— suivies du datif, 190
— suivies du datif dans un groupe prépositionnel locatif, 139
— suivies du génitif, 191
— suivies du génitif dans un groupe prépositionnel locatif, 139
— spatiales + locatif ou directionnel, 192
— spatiales et les compléments de lieu, 193
près de, 194
présenter
— **présenter qqn ;** formules de présentation, 223
— **présenter ses vœux,** 97
président (le), 178
presque, 49
prêter, 136
PRÉVERBES ACCENTUÉS, 196
PRÉVERBES INACCENTUÉS
— *be-,* 197
— *ent-/emp-,* 198
— *er-,* 199
— *ge-,* 200
— *ver-,* 201
— *zer-,* 202

PRÉVERBE OU PARTICULE ?, 203
prier, 53, 77
professeur, 161
Professor, 161
profiter, 50
PRONOMS ET ADVERBES D'ANNONCE ET DE REPRISE, 211
PRONOMS DÉMONSTRATIFS, 204
PRONOMS INDÉFINIS, 205
PRONOMS INTERROGATIFS, 124, 125
PRONOMS PERSONNELS
– emplois, 207
– traduction de en (pronom), 85
– formes, 206
– place et ordre, 208
PRONOMS POSSESSIFS, 209
PRONOMS RELATIFS, 210
PRONONCIATION DE L'ALLEMAND, 212
PROVENANCE
– adverbes de lieu, 15
Prüfung
eine Prüfung bestehen ; bei einer Prüfung durchfallen, 220

LA QUALIFICATIVE, 213
quand, 20, 274
quart d'heure, 280
quel..., 126, 272
– **quelle heure...,** 280
– groupe nominal avec quel, 8
– quel – lequel, 272
– traduction de quel est... ?, 124, 214
quelqu'un, 205
quelqu'un d'autre, 22
quelqu'un de bien, 52
quelque chose, 205
quelque chose d'autre, 22
quelque chose de + adjectif, 151
quelques, 8
question
il est question de, 215
qui, que, 210
quoi
il n'y a pas de quoi, 53

raison, 46
Rat geben, 71
raten, 71
rechnen, 279
recht, 52, 221
– *recht haben,* 46, 221
– *recht sein,* 26
RECTION
– des noms, 217
– des verbes, 218
– des adjectifs, 216
reculer, 15
Rede
die Rede sein von, 215
reden, 222
redoubler, 54
refuser, 219
regarder, 225
REGRET
– exprimé par le subjonctif, 238
– expression de regret, 94
regretter, 94, 223
Reihe
an der Reihe sein, 60
(*der*) *Reisende,* 178
reiten, 110
relative, 82, 210
relativement, 106
remercier, 53, 75
RÉPÉTITION, 4, 248
résoudre
se résoudre à, 76
respecter, 5
reste, 54
rester à faire, 54
rester accroché, 54
rester assis, 54
rester couché, 54
rester debout, 54
rester suspendu, 54
réussir, 29, 220
réveiller
se réveiller, 88
richtig, 52, 221
richtig finden, 26
rien
– rien d'autre, 22
– **rien de + adjectif,** 151, 205
– de rien, 53
rund, 194

s'effrayer, 261
s'emparer de, 103
s'occuper de, 103
Sack, 144
sagen, 222
saluer ; formules de salutation, 223
der Samen, 142
sämtlich-
– dans les groupes nominaux, 8
sans, 189
sans aucun, 36
sans tenir compte de, 175
sans + infinitif, 120
satt haben, 106
sauf, 92
(le) savant, 178
savoir, 242, 276
savoir faire, 276
schade
es ist schade, 94
der Schaden, 142
schaffen, 29
schauen
anschauen ; zuschauen, 225
scheinen, 41, 224
– *es scheint, daß ; es scheint, als ob,* 224
– *mir scheint, daß,* 242
– *wie es scheint,* 224
scheitern, 220
schlafen gehen, 138
schläfrig sein, 44
schließlich, 87, 98
schmelzen, 261
schon + compl. de temps, 115
schulden, 79
schwimmen, 110
se passer, 29
se produire, 29
se rendre compte, 51
se souvenir de, 103
segeln, 110
sehen, 176, 225, 282
ansehen ; zusehen, 225
sehr, 48, 52, 226
sein
– conjugaison, 227
– au parfait, 110
– ou *werden* ?, 228
– *zu* + infinitif, 183

seit, 70, 115
 – préposition suivie du datif, 190
seitdem, 70
selb-, 229
 selbst, 229
selbst-, 157, 229
selon, 190
sembler, 41, 224
 il (me) semble que, 224, 242
servir, 75
servir, se servir de, 50
seul, 18
 le seul à + infinitif, 122, 188
seulement, 18, 89
si, 70, 273
si seulement, 238
sich
 – verbes pronominaux et réfléchis, 267, 268
 – dans les groupes verbaux résultatifs, 231
 – ou *einander* ?, 230
sich annehmen, 103
sich bemächtigen, 103
sich erinnern, 103
sich fühlen, 52
sich kümmern, 103
sicher
 (nicht) sicher sein, 56, 242
sicher, 168
sicherlich, 168
sinon, 68
sitzen, 116, 266
so, 13, 232
 – *so viel,* 38
 – *so sehr auch ; so viel auch,* 47
so... auch, 67, 232
so... daß, 232
so einer..., 204
so... wie, 63, 232
sobald, 70
sogar, 129, 229
soif, avoir soif, 44
solange, 70
solch-
 – dans les groupes nominaux, 8
 – pronom démonstratif, 204
solcher, 13
sollen, 79, 176, 215, 282
 – conjugaison, 265
 – emplois, 161, 233
sommeil, avoir sommeil, 44

sondern, 148, 152
sonst, 68
sooft, 70
SOUHAIT, 235
souhaiter, 97
sous, 192, 193
soviel, 38
soweit, 38
spät
 Wie spät ist es ?, 280
später, 27
sprechen, 222
 – *sprechen lernen,* 222
 – *sprechen von,* 215
springen, 110
ss ou *ß ?,* 173
stehen, 116, 266
stehenbleiben, 28
sterben, 250
Stück, 144
Stunde, 280
 Viertelstunde, 280
STYLE INDIRECT voir DISCOURS INDIRECT
SUBJONCTIF
 – dans les concessives, 67
 – dans les conditionnelles, 68
 – au discours indirect, 81
 – à valeur d'impératif, 118
SUBJONCTIF 1
 – emplois, 235
 – formation, 234
SUBJONCTIF 2 HYPOTHÉTIQUE : FORMATION, 236
SUBJONCTIF 2 IRRÉEL : FORMATION, 237
SUBJONCTIF 2 : EMPLOIS, 238
SUBORDINATION
 – conjonctions de subordination, 70
SUBORDONNÉES
 – ordre des mots dans les subordonnées, 170
 – subordonnées de comparaison, 239
 – subordonnées avec *daß,* 70
 – subordonnées avec *ob,* 70
 – subordonnées relatives sujets, 70
 – subordonnées temporelles, 70
 – subordonnées causales, 70
 – subordonnées concessives, 67

 – subordonnées concessives et la première place dans la proposition (phrase), 166
 – subordonnées finales, 70
 – subordonnées de conséquence, 70
suffisamment, 106
les... suivants, 8
suivre, 75, 240
suivre (des conseils), 114
SUJET
 – nominatif, 156
 – place, 167
SUPERLATIF DES ADJECTIFS ET ADVERBES, 241
supposer, 242
sur, 192, 193
sûr
 être sûr ; ne pas être sûr, 242

tant mieux, 38
tanzen, 110
tard
 au plus tard, 135
tatsächlich, 76
tausend, 154
de tels..., 8
temps, 280
 combien de temps, 134
TEMPS DU VERBE
 – introduction, 243
 – tableau de conjugaison, 257, 258, 259
 – et les compléments de temps, 244, 245, 246, 247, 248
 – et la durée, 247
 – le futur, 99, 243
 – le parfait, 110, 243
 – le plus-que-parfait, 243
 – le passé, 243
 – le présent, 259, 243
 – le prétérit, 259, 243
 – et la répétition, 248
TEMPS ET MODE DU VERBE : NON-CORRESPONDANCE AVEC LE FRANÇAIS, 249
tenir qqn pour, 72
teuer sein, 255
TITRES
 – article, 30
 – nombres ordinaux, 155
TITRES ET NOMS PROPRES : DÉCLINAISON, 161

(der) Tod, 250
tort (avoir tort), 46
tot, 250
toujours, 251
  – avec négation, 117
  – pour toujours ; depuis toujours ; toujours plus, 251
tout
  – tous ; tout le monde, 100
  – pas du tout, 253
  – tout les..., 8
  – tous les deux, 283
  – tous les deux (trois...) jours, 248
  – tous les mois (ans...), 248
  – tout (+ nom de pays), 30
tränken, 261
travers, à travers, 252
traverser, 252
très, 221, 226
treu, 75
trinken, 261
trop
  beaucoup trop, 226
trotz, 67, 191
trotzdem, 67, 211
trouver
  – trouver bien, 26
  – trouver, 40

über, 192, 193, 252
  – contraction, 73
  – préposition spatiale, 185, 192, 193
  – verbe + *über,* 218
über- préverbe ou particule, 203
überhaupt nicht/kein, 253
überqueren, 252
übersetzen, 174
übrigbleiben, 254
übrig sein, 54
übrigens, 54
Uhr, 280
  Wieviel Uhr ist es ?, 280
um
  – avec un groupe prépositionnel locatif, 137
  – préposition suivie de l'accusatif, 189

  – um temporel, 244, 245, 246, 280
um-
  – préverbe ou particule, 203
  – *um* + verbe, 61
***um so* + comparatif,** 65, 232
um so mehr als ; um so weniger als, 38
um ... zu, 120
umsteigen, 61
umziehen, 61
un, 31
un seul, 18, 31
unaufhörlich, 57
und, 69
  und (et la virgule), 269
ungefähr, 154, 194
ungerecht, 221
uniquement, 89
unrecht
  unrecht haben, 46, 221
unser, 14
unter
  – contraction, 73
  – préposition spatiale, 192, 193
unter* + datif... *hervor, heraus, 193
unter- préverbe ou particule, 203
Untergang, 138
untergehen, 138
usagé, 50
utile, 75
utiliser, 50

valoir, 255
  valoir la peine, 255
venir de + inf., 256
ver-, 201
(sich) verabschieden, 223
VERBE
  – ellipse, 84
  – faibles : conjugaison, 257
  – faible et fort (factitifs) ?, 261
  – faible ou participe 2 (passé), 174
  – verbes faibles irréguliers, 262
  – forts : conjugaison, 258
  – liste des principaux verbes forts, 263

  – fort et participe 2 (passé), 174
  – verbes impersonnels, 264
  – mixte et participe 2 (passé), 174
  – intransitif, 110
  – place, 165
  – de position : section principale, 266
  – de position, 110
  – de position dans la qualificative, 213
  – verbes de modalité, 265
  – à préverbes inaccentués, 197, 198, 199, 200, 201, 202
  – verbe pronominal : définition, 267
  – pronominal, 110
  – rection, 218
  – réfléchi : définition, 268
  – réfléchi, 110
  – transitif, 110, 181

VERBE DE MODALITÉ
  – de modalité : conjugaison, 265
  – pour traduire un infinitif français précédé d'un interrogatif, 127
  – avec un infinitif passif, 181
  – expression de l'ordre, 163
  – participe 2 (passé) à forme d'infinitif, 176
verdanken, 79
verhaften, 28
verlangen, 77
verleihen, 136
vermieten, 145
vermuten, 242
vermutlich, 168
vers, 189, 190, 193
vers le bas, 80
vers le haut, 80
verschwinden, 80
verweigern, 219
verwenden, 50
verzeihen, 94
Verzeihung, 94
viel, 48, 52, 226, 241
viel-
  – dans les groupes nominaux, 8
vielleicht, 168
vieux, 21

VIRGULE
  – section principale, 269
  – dans l'apposition, 24

VOCATIF
– nominatif, 156
vœux
présenter ses vœux ; formules de vœux, 97
voir + infinitif, 225
voll- préverbe ou particule, 203
von
– avec le complément d'agent du passif, 181
– contraction, 73
– mouvement de sortie vers l'extérieur, 193
– préposition suivie du datif, 190
– *von... an ; von... auf ; von... aus,* 1
vor, 39, 115, 192, 244, 245
vor... her, 193
Vorabend ; Vortag, 37
voran, 193
voraus, 193
vorausgesetzt, daß..., 68, 175
vorher, 37, 39, 246
Vorsicht, 5
(der) Vorsitzende, 178
vorstellen, 223
vorziehen, 187
vouloir, 277
vouloir bien, 146
vous, 205
(le) voyageur, 178

während, 70, 191, 247
wahrhaftig, 76
wahrscheinlich, 168
warm
    mir ist warm, 42
warten, 32
was
– interrogatifs autonomes déclinables, 124
– équivalent de *etwas,* 205
– pronom relatif, 210
– *was für,* 93, 126, 272
wechseln, 61
wecken, 88
weder..., noch..., 270
weh
    mir tut etwas weh, 42
(sich) weigern, 219
weil, 70

weit, 271
– ***weit entfernt von ; weit von,*** 271
– ***bei weitem,*** 135
weiter, 57
welch- ou was für ?, 93, 272
welch ein, 93
welcher...
– interrogatifs autonomes déclinables, 124
– interrogatifs non autonomes, 126
– traduction de en (pronom), 85
– dans les groupes nominaux, 8, 126
– pronom relatif, 210
wenn
– *wenn* ou *als ?,* 20
– *wenn* ou *ob ?,* 273
– *wenn* ou *wann ?,* 274
– *wenn,* 68, 249
– introduisant une subordonnée équivalente à en + participe 1 (présent), 86
wenn auch, 47, 70
wer...
– interrogatifs autonomes déclinables, 124
– pronom relatif, 210
wer, was, wo... auch, 67
werden
– conjugaison, 275
– futur, 99
– passif, 181, 182
– ou *sein ?,* 228
wert sein, 255
wessen, 124
wider- préverbe ou particule, 203
wie, 63, 93
wieder- préverbe ou particule, 203
wiedersehen, 223
wieviel, 126
der Wille, 142
wissen, 276, 282
– ***Bescheid wissen,*** 276
– ***(nicht) genau wissen,*** 242
– conjugaison, 265
– les verbes prétérito-présents, 265
wo + (r) + préposition
– pronom interrogatif (interr. autonomes invariables), 125
– pronom relatif, 210

wobei, 86
wöchentlich, 248
wohl, 52, 168
wollen, 91, 176, 256, 282
– conjugaison, 265
– emplois, 277
Wunsch, 97
wünschen, 97
würdig, 103

Y pronom : traduction, 278

zahlen, 279
zählen, 279
Zeit, 280
Zentner, 144
zer-, 202
ziemlich, 106
zu (préposition)
– contraction, 73
– préposition, 139
– préposition suivie du datif, 190
– préposition spatiale, 192
zu (avec infinitif)
– place de *zu* dans le groupe infinitif, 281
– présence ou absence de *zu* devant l'infinitif, 282
zuerst, 62, 98
zuhören, 114
zumal da, 38
zurückweisen, 219
zuschauen, 225
zusehen, 225
zustimmen, 26, 40
zuvor, 37, 39, 245
zwar, 67
    zwar ... aber, 2
zwei, 283
    zu zweit, 283
Zweifel (ohne Zweifel), 242
zweifeln
    nicht daran zweifeln ; bezweifeln, 242
zwischen, 192

Imprimé en France, par l'Imprimerie Hérissey, 27000 Évreux
Dépôt légal : 16660 - Mars 1998 / N° d'impression : 79703